大师们的家风

第三辑

刘未鸣　詹红旗　主编

中国文史出版社

图书在版编目（CIP）数据

大师们的家风．第三辑／刘未鸣，詹红旗主编．—
北京：中国文史出版社，2018.11
ISBN 978-7-5205-0752-3

Ⅰ．①大…　Ⅱ．①刘…　②詹…　Ⅲ．①家庭道德—中
国　Ⅳ．① B823.1

中国版本图书馆 CIP 数据核字（2018）第 256628 号

责任编辑： 刘　夏　孙　裕　牟国煜　李晓薇　高　贝　蔡丹诺
封面设计： 张　军

出版发行：**中国文史出版社**
社　　址：北京市海淀区西八里庄 69 号院　邮编：100142
电　　话：010-81136606　81136602　81136603（发行部）
传　　真：010-81136655
印　　装：北京温林源印刷有限公司
经　　销：全国新华书店
开　　本：787 × 1092　　1/16
印　　张：27.75　　字　　数：426 千字
版　　次：2019 年 3 月北京第 1 版
印　　次：2020 年 8 月第 2 次印刷
定　　价：82.00 元

目录

CONTENTS

叶圣陶

齐家

治学

处世

| 钱　穆 |

齐家

治学

处世

| 冯友兰 |

齐家

治学

处世

| 丰子恺 |

齐家

治学

处世

| 朱自清 |

齐家

治学

处世

叶圣陶

叶圣陶（1894—1988），原名叶绍钧，字秉臣、圣陶，江苏苏州人。中国现代著名作家、教育家、编辑家、出版家和社会活动家。中华人民共和国成立后，曾担任出版总署副署长、人民教育出版社社长、教育部副部长、全国政协副主席、民进中央主席等职务。以小说创作著称，同时也擅长散文、杂文、诗歌的创作。主要作品有我国第一部童话集《稻草人》、长篇小说《倪焕之》以及多部散文集等。

齐家

父亲的希望

为了把父亲的散文编成集子，又读了一遍他写的《做了父亲》。这篇文章是1930年发表在他编的《妇女杂志》上的。《妇女杂志》的读者不限于妇女，我父亲写这篇文章，是跟有儿女的读者谈谈他做了父亲的心情。我算了算，父亲那时36岁，三个儿女，我12岁，妹妹8岁，弟弟4岁。

文章分五节。开头一节，我父亲说：他自信不至于跟有些人那样，把没有儿女看作人生的缺憾，可是真个没有的话，“也许会感到非常寂寞，非常惆怅吧。”——不是一般的寂寞和惆怅，而是“非常”的，可见父亲是“非常”爱我们儿女的。这句话没有明说。

爱儿女自然要想到儿女的将来，想到目前对儿女的教育问题。中间三节，我父亲谈的就是这个问题。

第二节说，做了父母，即使不是教育专家，也得担起教育儿女的责任来。可是自己也没有把握，一切都在学习试验之中，怎么能把立身处世的道路预先规定好了，教给子女们呢？

第三节说到学校，说像个模样的学校实在太少，也不必非把儿女送进理想的学校不可。连小学也进不了的还多得很呢，他们一样要挺直身躯立定脚跟做人。

自己没有什么可以给儿女的，学校教育又未必有多大的作用，怎么办才好呢？在第四节我父亲说，只有让儿女凭自己的心思和能力去应付一切了。做父母的如果真个想给儿女点儿帮助，只有诱导他们，让他们在自己所处的环境中，锻炼应付一切的心思和能力。可是怎样诱导呢？又觉得茫然。

父亲说的都是真心话，是就30年代的情况说，搬到现在来未必合适。在我的记忆中，从父亲那里，我没有听到过应该怎样立身处世的说教。他跟他的几位朋友一个样，对当时的学校教育不存什么奢望，这正是他们办起《中学生》杂志来的主要原因之一。对待《中学生》的读者，他们跟对待儿女一个样，总是鼓励和诱导读者自学——在自己所处的环境中锻炼自己的心思和能力。这样的鼓励和诱导，从父亲那里，我得到的可不少。在我父亲，也许都是试探性的，他不是说了吗："一切都在学习试验之中。"父亲的鼓励和诱导在我身上是起了作用的，使我对文学艺术和科学技术产生了广泛的兴趣。至于见解的肤浅和幼稚是怪不得父亲的，我喜欢新鲜而又浅尝辄止，从不肯下功夫深入。

在那篇文章的最后一节，父亲才说到对我们儿女的希望，"对于儿女也有我的希望。""一句话而已，希望他们胜似我。"这两句话本来可以并作一段，甚至并作一句，父亲特意分做两段，我读着，好像听到了他当时斩钉截铁的口气。

为什么希望儿女胜似自己？我父亲说，他希望社会进步，而社会是一个一个的人构成的。"如果后代无异于前代，那就是站在老地方没有前进，徒然送去了一代的时光，已属不妙。或者更甚一点，竟然'一代不如一代'，试问人间社会经得起几回这样的七折八扣呢！"话是对有儿女的读者说的，他希望所有做父母的跟他一样，为了社会的进步，都希望自己的儿女胜过自己。

对自己的儿女，我父亲希望在哪些方面胜过自己呢？第一是身体。他认为自己的身体完全不行：爬上葛岭那样的山就会喘气，提十斤重的东西走一两里路，胳膊就得酸几天，因而希望我们儿女有强壮的身体。第二是心灵。他认为自己的心灵完全不行：人家问一句话，会一时答不上来，事务当前会十分茫然，不知怎样处置或判断，因而希望我们儿女有明澈的心灵。第三是职业，留在后边说。

我不喜欢体育，跟父亲一个样，长得比父亲高大，是否比父亲强壮，可难说了。就说登山吧，父亲61岁上的黄山，是人家用轿子抬上去的；我63岁上的黄山，凭自己的两条腿爬上去的。从这个孤证看，我的身体比父亲强壮。可是就作为发动机的心脏说，父亲73岁害了心肌梗死，后来没发过，我却61岁就得了冠心病，心绞痛发过好几回。到底谁胜于谁，恐怕医生也无法回答。加上近几年不断加码的超负荷运转，我恐怕到不了父亲的高龄。至于心灵，既不能用天平称，也不能用尺子量，就更难说了，只觉得对有些问题，我和父亲一样糊涂，甚至比父亲更糊涂。这样看来，身体和心灵，在我身上都打了折扣，只不知这个折扣打得多大了。

说到职业，我就更糟了，父亲不希望儿女承继他的职业。他说："说到职业，现在干的是笔墨的事，要说那干系之大，当然可以戴上文化或教育的高帽子，于是仿佛觉得并非无聊。但是能够像工人农人一样，拿出一件供人家切实应用的东西来吗？没有！自家却使用了人家生产的切实应用的东西，岂非也成了可羞的剥削阶级？文化或教育的高帽子只能掩饰丑脸，聊自解嘲而已，别无意义。这样想时，更菲薄自己，达于极点。"他希望我们子女不要像他那样专干笔墨的事，希望我们子女至少能够站在人前宣告："凭我们的劳力，产生了切实应用的东西，这里就是！"

自己靠别人生产的东西生活，却生产不出一件东西来供别人使用，使我父亲感到非常羞愧。就此成了"剥削阶级"是不会的，我体会父亲所以这样说，正出于他"菲薄自己，达于极点"。这样的想法，这样的感情，在我父亲的好些篇小说童话和散文中都可以看到。诚然，我父亲是注重作文的，他写过不少指导读者作文的文章，只因为作文跟说话一个样，是做人的必需，是生活和工作的必需。他从未鼓励读者学他的样，专干笔墨的事，也从未鼓励我们儿女学他的样，专干笔墨的事。他希望我们儿女跟工人农人一样从事物质生产，能生产出供人家切实有用的东西来，还跟我说过，如果真的有了感受，写诗写散文写小说都可以，写成了发表也可以，作为日记留着自己看也可以，可不要因为发表了几篇东西，就把写东西作为自己的职业。

受了父亲的鼓励和诱导，我非常羡慕工人农人的劳动。所以念完中学之后，我学的是农产制造，用现在的话来说，就是农产品加工。学农产制造是我自己的选择，父亲当然非常支持，还到学校去看同学们怎样实验怎样实习。他也许梦想真有那么一天，能看到我站在人前作他所盼望的庄严宣告。我当时是认真学习，毕业之后还认真干过。如果是现在，我会一直干下去的，也许能有所发明有所创造，拿出一两件新鲜的东西来供人家使用。可那是抗战时期，在国民党统治的“大后方”，农产品成了囤积居奇的筹码，哪儿谈得上正经的加工。我碰了几处壁，结果走上了父亲走的路，先是当教员，后来当编辑，编编写写 40 多年，跟父亲一个样，尽干笔墨的事，从未生产出一件可供别人切实有用的东西来。

尽干笔墨的事并非我的本愿，已经干了 40 多年，现在也没有什么可后悔的了，何况编辑这一行总得有人干，认真干起来也挺有滋味。只是每次重读父亲在 30 年代初写的这篇《做了父亲》，我总不免感到羞愧，这种羞愧绝非“无名英雄”“灵魂工程师”这类“高帽子”能掩饰得了的。真正的无名英雄是从事物质生产的工人和农民。关于“灵魂工程师”，自己也一切都在学习试验之中，哪里拿得出一张现成的图纸来呢?

（选自叶至善《父亲的希望》）

陪父亲喝酒

30 年前，父亲将八十初度，写了首《老境》:“居然臻老境，差幸未颓唐。把酒非谋醉，看书不厌忘。睡酣云夜短，步缓任街长。偶发园游兴，小休坐画廊。”

那些年，父亲每天午餐晚餐都喝酒，由我陪着，一喝就是个把钟头。有亲戚朋友来，就拉着一块儿喝。父亲喝张裕白兰地，我喝剑南春或五粮液。客人随意挑，不喝也可以。

“把酒非谋醉”，酒是喝不多的，为的摆龙门阵、闲聊。天上地下，国内海外，可聊的话题多的是：哥德巴赫猜想，猎犬号远航，直到那时的“内部电影”，以及报纸上常见的“形势越来越好，不是小好，而是大好”，当然也有谈论诗文的时候。

有一回，记不起从哪儿开的头，我说毛主席的两首《沁园春》，念起来实在带劲儿。父亲点头说:“不但意境开朗，调子也选得准。仄声韵的调子，跟两首的情调都不相配，用不着考虑。平声韵的像《水调歌头》，五字句多，‘又食武昌鱼’，‘极目楚天舒’，念起来顺溜，使人感到舒坦。就《沁园春》特别，几乎全用四字句，还排列得整整齐齐，别成一种情调。你背一首试试，就背毛主席的《雪》。”父亲端起酒杯听我背，听到“顿失滔滔”，急忙呷了一小口，“你听听，”他说，“这一连串四字句，像不像一支接受检阅的队伍。‘北国风光’，像举着一面大旗在前头开路。‘千里冰封，万里雪飘’，紧跟两位护旗的战士。接着的‘望长城内外’，可不是一般的五字句，头里的‘望’字像位司令员，带领着‘长城’‘大河’，各四个字两句，成双成对大踏步走来，合着进行曲的拍子。你先前念，有没有过这样的感觉？”

“不曾注意，”我说，“我没想到跟别的调子做比较。只觉得这个‘望’字还得往下贯：‘山舞银蛇，原驰蜡象’，又一对四字句，直到‘欲与天公试比高’才能收住。为了勾勒出雪晴之后‘红装素裹’的景色，竟调动了这样气派的一支队伍。”

父亲又呷了口酒，我知道为的奖励我。他说：“《沁园春》这样填法，毛主席似乎成了习惯。《雪》的下半阕，举例评说历代名王，用的领字是‘惜、秦皇汉武，唐宗宋祖，连同成吉思汗，当然都包括在内。再看他早年的那首《长沙》，上半阕中的领字‘看’，下半阕中的领字‘恰’，处的位置，起的作用，不也一个样吗？当然，没有开阔的意境，硬学是成不了器的。‘功夫在诗外’，意境来自对生活的体验，丝毫勉强不得。”

我也呷了口酒，问：“从前，譬如说宋代的那些大家，有没有这样填法的呢？”

“只好说不知道，”父亲说，“我念得太少，记性又不好。俞先生父亲的那本词选，在你的桌上吧。有空翻翻看。”

父亲指的是《唐五代两宋词选释》，我第二天就翻了，《沁园春》总共才十来首。只刘克庄的一首，后半阕有些近似。“怅燕然未勒，南归草草；长安不见，北望迢迢。老去胸中，有些磊块，歌罢犹须著酒浇。”只能说形式上近似，这后三句意思够明白了，也够完整了，用不着前头那个“怅”字来领，而且念完了那四句成双成对的四字句，还是多休止个半拍再往后念为好。不信，可以试试。

近几年在电视屏幕上，常看到关于重庆谈判的文献纪录片和历史故事片，几乎都有《沁园春 · 雪》公开发表的一段情节。毛主席 8 月底到重庆，并非下雪的季节。查了人文版的《毛泽东诗词选》的注，才知道这首词作于 1936 年 2 月，正准备从陕北过黄河进入山西。这就对了，词中写的，不就是眼前长城黄河，雪飘冰封的景色吗？不就是当时乘胜开拓的气概吗？好像提前九年半，预先为柳亚老“索句渝州”做好了准备。

重庆谈判谈了43天，柳亚老“索句”，已经10月初了。毛主席以《雪》相赠绝非偶然，可以肯定，他喜欢自己的这首旧作，更因为这首《沁园春》所表达的感情，又一阵一阵，在胸中翻腾。柳亚老收到了哪肯秘而不宣呢？想来毛主席方回到延安，重庆就传抄开了。最早公开发表的是11月14日，重庆《新民报晚刊》。

真个是陪父亲喝酒的好谈资，可惜到明年2月16日，父亲去世已满15年了。我是个彻底的神灭论者，决不会在父亲的遗像前供上一杯白兰地，可是写到这里，竟捏不住眼泪。

（选自叶至善《陪父亲喝酒》）

乐山大火

1938年初冬，我们家从重庆搬到了乐山，先住的是商务成都分店嘉定分栈的余屋；这个分栈的主屋结构非常别致，其设计思想显然着重于防盗防火，因而猜想本来是一家大当铺的仓库。四四方方的一座用上好木材造的走马楼；上下两层的“口”字中间，架起个四面都是玻璃窗的亭子。紧贴走马楼四周，厚厚实实的砖墙高出屋脊。进出口只有两个，都是钉着铁片的双扇大门；一个在左墙，稍靠前，外边是临街的店堂，住着分栈主任黄幼卿先生和老刘师傅俩；另一个在后墙正中，开出门去是个有天井的小院落。乐山的木材便宜，所有的住房都有地板、天花板、护壁板。天井的左首是狭长的一统间，正好排下五张单人床，住祖母和我们四个孩子；对门一间较方正，先由父亲母亲俩住着。厨房在右首后角落里，是大灶，买樵子砍自山上的杂柴来烧。前半个天井搭着玻璃天棚，后半个盖上了瓦，正好做会客室。后墙正中也有两扇大门通向后街，用护壁板遮掩着。当铺在库房后边造这么座院落，想来是供管事和守护人员住的。乐山有电厂之日，这家当铺大概已经倒闭了，没赶上拉电线。我们只好复古，晚上点油盏。父亲在《初至乐山》那首词中有一句：“更锣灯蕊如中古”，完全是写实。半夜偶尔醒来，不但听得锣声，还听得干涩的喉咙一声又一声喊：“天干河浅，火烛小心！”

乐山是座小城，较场坝顾名思义，早先应该是城门外的练兵场，这片空地后来逐渐扩建成为街市，于是沿着岷江又造了一座城墙，较场坝就此成了街名。老城墙还留着，在我们家的后边。大街南头的城门叫安澜门，安大渡河的澜。

大渡河跟北边来的青衣江汇合，向东流了 40 里，流过安澜门下，顺着左首那条叫做九龙滩的鹅卵石堆成的大堤流入岷江；大堤对岸却是卵石滩，涨水时成为一片汪洋。岷江自北而南，水浅时有九龙滩拦着，只能通过东端的滩口跟大渡河汇合；到江水大涨时漫过九龙滩，也成为一片汪洋，那哗哗的水声，睡在床上都能听见。

1939 年 8 月上旬我父亲到成都讲学。19 日上午 9 时到祠堂街开明等朋友，又一同访朋友；还没到朋友家，警报来了，先“预行”，后“空袭”。1 时许，警报“解除”，待返开明，始闻人言今日所炸系乐山，立时大惊恐，心绪麻乱；犹赴商务成都分店之招宴，希望能探听到确凿的消息。最确凿的消息来自航空公司，乃渝蓉客机返航时所见：乐山已炸去 3/4，尚在燃烧中。较场坝哪能逃得脱这一劫？父亲回宿舍跟同事们商量，要求教育厅次日派汽车送大家回乐山。

父亲在成都听到大惊恐消息的时候，我在乐山已经查看过还在冒烟的较场坝了。那天 11 点过发的警报，我们一家人除了父亲全都在，还来了一位武大的毕业生吴安贞，母亲留她一起吃中饭。饭后不久听到飞机声，我就登上前面仓库顶上的亭子里去看；只觉得声音特大，好像从岷江对岸的丘陵后面传过来的，其实敌机已经到了屋顶上空。忽然“轰”的一声，只一声，炸弹全部扔了下来。我觉得周身被空气击得很痛，立刻蹿下楼梯，躺在书箱底下，以为炸弹扔过就没事了。忽听得母亲在后边喊：“火！火！”前面的老刘师傅、幼卿先生和他的三个朋友都往后逃，嘴里喊着“快出后门”。父亲的书桌飞了出来，护壁板成了碎片，玻璃天窗一片火光。这时候才发现，新铺的地板比后门的下沿高出了一尺多。两扇后门不但厚实，还包着铁皮，任几个人怎么拉也拉它不动。老刘去灶上找了把柴刀来，使劲砍地板。柴刀是一向不开刃的，哪儿砍得动一分一毫。幼卿先生吓得跪在地上直发抖，眼泪都流出来了。幸亏我还没有慌，一下子想出了两个办法来。我看到大门的木枢跟它插进的石窝之间，大约有三寸距离，要大家一齐用力，把左边那扇大门抬高，使木枢的下端脱离石窝，再把门向左边推；果然在左右两扇门之间，出现了一斜条可以挤出一个人去的缝隙。一眨眼间，幼卿先生等四位钻了出去，不见了影踪。我探出头去一看，后边的老城墙映着火光，只靠在城墙上的一座小草屋起了火，看来也快熄了，回身来叫至美、至诚扶着母亲和病着的满子先钻出去，跟着老刘师傅往安澜门的方向走。还留下三个人，我祖母的背驼得厉害，于是让吴安贞先出去，在外面拉，我在里边使劲往外推，总算把祖母推出了这条狭窄的生死关口。

屋子里只剩我一个了，我听见轰轰的火声，看见蹿进天窗来的火星。有点儿留恋似的各处看了一遍，拿些什么好呢？索性什么都不拿。看到父亲常用的澄泥砚躺在书桌底下，就捡了起来插进了口袋。走到前边商务的栈房去看看，那高而且厚的防火墙还真管用，书还没有着火。我明知毫无用处，还是把两扇门拉上了，也从后门的缝隙钻了出来，到安澜门会齐了一家人和老刘。母亲问我带着这一大家子上哪儿去好，我说只有去找贺（昌群）先生贺师母。城里早已没法走了，只是一片望不见边际的大火。于是雇了条船过岷江，沿着江的左岸慢慢向上游走。可以望见对岸的熊熊的大火快烧到嘉乐门了。好容易到了半边街对岸，我们又雇船回到岷江右岸。老刘对我说："我就不跟你们走了，得赶快去成都报个信。"说完就挤进了往北去的人流。贺先生夫妇俩已经从山坡上迎下来了，大家都泪流满面。父亲是第二天傍晚才与一家人团聚的。他在 20 日的日记上记着，那天教育厅好不容易弄到了一辆小汽车，8 点 20 分离成都，五小时后在夹江，与徒步北去的难民先头队伍相遇，真个是"近乡心更怯，不敢问来人"。离乐山五里，在人丛中见武大的事务员董君，"问之，则言较场坝完全烧光，余家人口不知下落。呜呼，余心碎矣！"到乐山，进嘉乐门，车不能再进。"忽吴安贞走来，高声言余全家人口均安，已在昌群所，彼正出城往视。余乃大慰，人口均安，身外物毁亦无足惜矣。"

乐山被炸之后，我们家"无衣无褐，何以卒岁"，可也没就此趴下或散伙，亲友们推衣赠袍的不少，父亲一一记在日记上，就因为感铭于心。日记上经常叹息"买不完的布"，有时还记着种类和疋数，花了多少钱。家里像个成衣铺，除去至诚还小，别人没有闲着手不动针线的。祖母快 75 了，还能自己穿针引线。父亲和我是生手，都学会了好几种针脚，知道在哪儿必须用哪种针脚。剪裁全仗母亲，从衬衫、单褂、夹袄、棉袍到罩衫，她都能一手落。最次的土布是木机织的，才一尺二寸宽，要五六幅才拼得成一幅被里子。至诚说“蹭痒痒倒挺舒服”，其实他穿的衬衫也是这种土布。母亲不知从哪里学会了用靛青把土布染成蓝色，给我做长裤，给至美做大衣；用栀子把土布染成黄色，给至诚做童军装。父亲的日记上好像没有说到床。床就是有四条腿的一个大木框，床板是两张粗篾条编成的大箬篷竹篦子，再铺上一尺多厚的干净稻草，一条薄薄的褥子。起初是坑坑洼洼的，睡上一个来星期，稻草就差不多被压平了。

父亲在被炸的第二天从成都赶回乐山，当夜给上海的亲友写了封短信，一报全家老小人口平安，二报身外之物全部烧光，结语是“重新来过就是了”。到阴历年底差不多半年，满子的病还在中间插了一杠子，居然做到了“我复何所求，一笑堪卒岁”。衣被齐全，生活方面已够满足，没有更高的要求了；可这“一笑”，却变得越来越勉强。

1938 年底，汉奸汪精卫等公然出逃，叛国投敌；国民党当局却不立即声讨，政界军界中各种小道消息飞短流长。父亲在旧历除夕作了首七律，尾联是：“午夜角声思战士，厌听窃窃说和戎。”川军当年出三峡开赴国战前线，那纠纠桓桓的场面，下江人都见过的，谁知进了四川，莫说敲锣打鼓夹道欢送了，看见的尽是用麻绳拴成串的，精瘦的会让一阵风给吹跑了的壮丁。物价是哪天涨起的，也说不清了；开始还是悄悄的，一成两成地涨；成倍地撒野往上翻，是一年以后的事，可已经有这里那里闹抢米的风声了。1939 年就这样杂乱无章地过去了。

（选自叶至善《父亲长长的一生》）

要时时处处为他人着想

我今年 62 岁了，可是拿不好筷子。人家拿筷子，拇指上一只，食指上一只，吃起来，两只筷平行地向碗里伸去，或扒或拣，灵活方便；我却是拇指、食指和中指合捏一双筷子，想要吃什么，交叉着两只筷子往菜碗里伸。妻子取笑我说："人家吃菜是拣的，你吃菜是叉的。"还跟小孙女讲："不要学你爷爷，你爷爷拿筷多难看。"我就接着说："是呀，我爸爸妈妈从来没管我怎么拿筷子，我自小就没学会。"

还有一件我无论如何干不好的事，就是写毛笔字。参加什么会议，看到会场门口摆着墨盘、毛笔、签到簿，我心里就嘀咕："又得出一回洋相了。"好容易毕恭毕敬把名字写上，自己再不敢多看一眼，只好出门不认货，掉头就走。这当然要怪我自己从小没有下功夫练过，然而父亲却也从来没问过我毛笔字写得怎么样这件事。直到后来我学着写散文了，父亲也只管我稿子写得是不是清楚，不管我的字是不是好看。

父亲也有管着我的事，譬如让我递给他一支笔，我随手递过去，不想把笔头交在了父亲手里，父亲就跟我说："递一样东西给人家，要想着人家接到了手方便不方便，一支笔，是不是脱下笔帽就能写；你把笔头递过去，人家还要把它倒转来，倘若没有笔帽，还要弄人家一手墨水。刀子剪刀这一些更是这样，绝不可以拿刀口刀尖对着人家，把人家的手戳破了呢？！"直到如今，我递任何东西给别人，总是把捏手的一边交给对方，报纸书本也让人家接到手就能看。

冬天，我走出屋子没把门带上，父亲在背后喊："怕把尾巴夹着了吗？"次数一多，不必再用这么长的句子，父亲只喊：“尾巴，尾巴！”就这样渐渐养成了我冷天进出屋子随手关门的习惯。另外，父亲还告诫我开关房门要想到屋里还有别人，不可以“砰”的一声把门推开，“砰”的一声把门带上，要轻轻地开，轻轻地关，我也从此遵循到现在。

后来我想：父亲不管我的，都是只关系我个人的事，在这方面，父亲很讲民主，给我极大的自主权，有时候在喜爱的事情上帮我一把，譬如为我儿时集邮册页的楠木夹板雕刻篆字题签，给我们手足三个修改文章，等等；而父亲管我的，都是涉及我和他人之间的关系的事，在这方面，父亲反反复复地要我懂得，我是生活在人们中间的，在我以外，更有他人，要时时处处为他人着想。

（选自叶至诚《父亲叶圣陶对我的学前教育》）

听父亲讲故事

叶圣陶是个慈爱的父亲，小墨幼小的时候，最喜欢的一件事就是听父亲讲故事。

每当晚饭后，全家人围坐在灯下，小墨倚靠着父亲的膝头坐在当中。他那一边各有浅浅的酒窝的红润丰满的两颊，覆盖着额头而又剪得整整齐齐的短发，在灯光里显得格外可爱。父亲母亲和祖母以小墨为中心围成个半圆，三个大人温和而又甜美地望着这个轴心微笑。一到这时，小墨就知道，那些新奇美妙的故事又要从父亲嘴里流淌出来了。

“再讲一个吧，爹爹。”一天傍晚，小墨又缠着父亲讲故事了。在父亲描绘的那个可喜可爱的童话世界里，小墨的心宁静得几乎什么都忘了。突然，先是母亲有所觉察，怎么身子有点摇动，桌上的花瓶也晃动了。随后便听到窗外有哗哗的声响，房屋的骨架也咯咯吱吱地响了起来。母亲这才想到是地震了。于是父亲的讲说戛然中止了。小墨并不知道地震是怎样恐怖的事情，他只是大睁着两眼，呆呆地望着大人们。屋子里一片静默，只听得狂风似的声音从窗外的远空掠过，又觉得仿佛置身在惊涛骇浪的小船里，身体猛烈地震荡。“我们下楼去吧，到场上去吧，这里危险！”父亲轻轻说着，却不知为何，并没有起身。祖母干枯的脸上也露出不安的神色。过了 40 多秒，地震才停止了。小墨一声：“这是什么呀！”打破了室内的沉默。虽然还有点担心，但大人们逐渐恢复了常态。祖母就讲起她早年的经历：哪一年地动，招来了“长毛”；哪一年地动，入秋大雨 40 天，田中颗粒无收。小墨静静地听着，他满足了爱听故事的欲望，并且学得了“地动”这个名词，亲身体会了什么是“地动”。

第二天讲故事时，父亲就给他讲“地动”：“有一天地动了，动得很厉害，比昨晚还厉害。那个地方有座塔，很高很高，几乎插入云中。”

“比我们这里的方塔还要高吗？”附近有个方塔，父亲曾抱着小墨登上方塔的最高层，指着地面的行人叫他看。小墨看不见行人，只说看见几只苍蝇在那里慢慢地走。他因此认识了方塔。

“高得多呢，有四个方塔那样高。地面动个不停，那个塔便向四面乱晃，像个将要滚倒的陀螺。它实在站不住了，倒下来断成六截，塔就这样坏了。后来来了个匠人，看见塔断了很可惜，就去取一桶糨糊来，涂在每一段的断处，一段段粘起来。他忙活了半天，那个塔复原了，同先前一模一样的一个塔横躺大地上。太阳还没有回去的时候，他已将那个塔竖在原来的地方了。”

祖母和母亲都笑了。她们知道，这故事是圣陶随口编的。而小墨却听得出了神，身体一动也不动。听父亲不讲了，他才咂着嘴巴，追问道：“还有吗？”“完了，没有了，塔已经竖在原来的地方了。”

“那么再讲一个吧，爹爹。”小墨恳求道。墨林也帮着他恳求道：“再讲一个吧，就讲讲地动时候的一个小孩子。”

这是他们夫妻的惯例。从小墨很小的时候起，他俩就轮流给他讲故事，而那些故事，许多就是从身边的事临时想几句话编成的。

屋内充满美妙的静默，父亲又开始讲故事了：“那一天也是地动，也比昨晚还厉害。桌子上的花瓶、水盂，墙脚边的痰盂，树上的鸟卵，宝宝的皮球，全都在地面滚个不停，好像活起来了。有一个孩子，他本来站在场上。地动了，他似乎脚下一滑，就跌倒了。不好了！他自己做不了主，身体只是一仰一俯地滚。他滚过了昆山，滚过了上海，再滚过去就是大海了。海面又平又滑，他滚得格外快，只觉得面孔一会儿着水一会儿朝天。”

小墨屏住呼吸紧张地听着，睁大眼睛问：“后来怎样了呢？”

“他滚过了海面，又在外国的地面只是滚。最后，给一堵高墙挡住，不滚了。”

小墨长长呼出一口气，用力把头点了几点。

“他躺在墙下，那里有棵碧绿的树，树下种着青菜，他觉得就像躺在自己家床上一样。一个人走了过来，看见一个孩子躺在那里，就像捡苹果一样把孩子捡了起来，放进一个很大的口袋里。”

“那个人回到家，吃过饭，就坐在那儿看报。”

“还要写信呢，看书呢。”小墨提示父亲，大概他常常见到父亲做这些事吧。

“是的，他看完了报，又写信、看书，完全把口袋里的小孩儿忘了。后来，他困了，想去睡觉，忽然口袋里的孩子叫唤起来了。”

小墨脸上露出紧张和害怕的表情，仰起脸来看了看母亲的脸。

“那人才想起口袋里有个捡来的孩子。他把孩子取出来，问他，‘你为什么叫唤？’‘我没有吃饭，我要母亲。”’

小墨小嘴紧紧地抿着，下唇渐渐突出，眼眶里有泪珠在转。父亲没有注意到他表情的变化，继续往下讲：“那个人说，‘你的家离这里远着呢，我先给你饭吃，母亲呢，恐怕一时见不到了。’”

“哇”的一声，小墨哭了起来，他往后缩着身子，似乎要从那悲哀的境遇里躲开。母亲便抱他起来，把他贴在怀里，亲着他的小脸，柔声说：“妈妈在这里呢，妈妈在这里呢。”

祖母也连忙安慰他说：“小墨别怕，你的妈妈不是在这里吗？”

可是没有用，小墨完全沉浸在故事里，哭得呜呜咽咽了。父亲连忙接着讲：“小孩说，‘多谢你，今晚就送我回去吧！’那个人说：‘你给我唱一支歌，我就送你回去。’小孩便唱了一支《种田牛》，唱得真好听。那个人听完了，就取一张邮票，贴在小孩脑门上，把他交给邮政局。邮差当夜就把他送回家了。小孩儿的妈妈正等着他呢。见心爱的儿子回来，母亲一把抱住他，娘儿俩快活极了。”

这下小墨才止住了哭，但小身子还是一抽一抽的，呼吸又粗又急。那小孩的遭遇久久地占据着他幼小的心灵。

叶圣陶后来提到这段往事时说：“好似这最初的悲哀也是永久的，已经深深地镂入了他的回忆里了。”对此，成年后的叶至善却一点也记不起来了，看了父亲的记载才知道有过这么一回事。可他承认父亲说得有道理：“说实在的，我是十分恋家的，跟父亲一个样。”

在这篇以小墨为原型的小说《地动》里，叶圣陶写道，孩子才 30 来个月就尝到了听故事的滋味。而小墨这时还不会知道，他那会讲许许多多美妙故事的父亲，正是我国现代童话的开拓者。他从 1913 年在言子庙当小学教师时就开始给孩子们讲童话了。给爱子即兴创作的童话，更是大大丰富了叶圣陶的童话想象和创作。从 1912 年他写出第一篇童话《小白船》后，一篇又一篇充满童心童趣，瑰丽多姿，启迪心智的动人童话从他笔下接连不断地汩汩流出，他的童话集《稻草人》更是“给中国的童话开了一条自己创作的路”。而叶圣陶在童话中始终能够用孩子纯真明亮的眼睛去观照世界，用轻灵的笔触写出孩子们童真的稚拙和奇思异想，又不能不说是从儿子的身上受到了启发。从这个意义上说，做了父亲的叶圣陶和他天真可爱的幼子之间，还真有点“教学相长”的味道呢！

和听故事一样，小墨从小喜欢唱歌，也许是父亲的遗传吧，他还没有认字就学会了不少儿歌，这些儿歌都是当教员的父亲母亲教的。他五岁那年，苏州难得下了一场大雪，可把父子俩乐坏了。父亲拿了块木板，冒着纷飞的雪花，从院子里取了一大堆雪回屋里，堆成了一个弥陀佛，露着个大肚子，咧着一张嘴，比寺庙里面对山门坐着的那尊还乐呢。父亲带着小墨一同唱起来：

雪花堆个雪弥陀，
袒着肚皮雪上坐。
你在那里想什么？
为何向我笑呵呵？
我来对你唱个诺，
南无阿弥陀佛！

叶圣陶还写过一首新诗《成功的喜悦》，写的是不满三岁的小墨爬凳子的事：

儿欲爬上凳子，
玩弄桌上摆着的
积木、摇鼓、小锡船、耍孩儿。
他用膝支着凳面，耸身屡屡，
可是力量不济，
不能成就他的尝试。

老太太看见了，
把他抱起来，让他坐上凳子，
她的动作十分轻易。
但是，这使他十分失意，
啼声乍发，身子一溜，
两脚又站在地。

为什么哭泣？
要锻炼你奋发的天才？
要发展你独创的潜力？
要期求你意志的自由？
要享受你成功的喜悦？

他不作什么说明，
只要继续他的尝试。
忽然身子一耸，两脚离地，
他又坐上了凳子。

玩具在他的手里，

笑容浮上了他的两颐。

诗中的老太太是小墨的祖母，还是太外祖母——祖母的母亲呢？时隔多年，父子俩却记不清了。但这首诗叶至善到老都记忆犹新。诗中一连串提出的四个问题，幼小的小墨当然不可能明白，但当他长大，却是越来越深刻地体会出一个道理：“父亲是不主张把我抱上凳子去的。”

（选自叶至善《父与子》）

“顺其自然”的教育

叶圣陶的长子叶至善是父亲的一个杰作。他一生追随父亲，后来继承父业，成了著名作家和出版家，担任了中国少年儿童出版社的社长兼总编辑。然而在他小的时候，却不是一个用功读书的孩子。

叶至善晚年时对记者说，自己的童年“很傻，很笨”。在他的记忆里，对自己童年的学习，做作业、复习、考试等方面，几乎没有留下什么印象，以至于当年小学的 12 次升级考试，竟有 4 次是不及格，别人读 6 年的小学他不得不读了 8 年。

奇怪的是，不仅他自己没把学校课业当回事，毕生从事教育，被人称为大教育家的父亲叶圣陶，也从没有因为他的学习而着过急。父亲从不逼着他考个好分数，也从不强迫他将来一定要上大学。父亲对他实施的似乎是一种“顺其自然”的教育。

也正因此，他的童年常常能够做一些自己喜欢的事。

父亲曾给他买过很多玩具，但他最喜欢做的却是拆这些玩具。小马车拆了，爸爸没有生气；小风车拆了，爸爸装没看见；小木马拆了，爸爸并不责怪，一笑了之……拆啊拆啊，拆东西成了叶至善小时候最钟爱的游戏，家里到处堆着玩具的残肢碎片，有时拆得兴起，连家里的马蹄表也不能幸免。

与大多数孩子一样，拆完之后虽然想再重新装起来，但小墨满头大汗努力的结果往往是：面对一大堆散落一地的零件不知如何是好。

在这拆啊装啊的游戏中，小墨却渐渐摸索出了一些门道。上初中时，他按照杂志上的图纸，自己安装了一台矿石收音机，听起来效果还蛮不错呢。不过，它最终也没有逃过被拆的命运，因为他又发现了一张新的图纸……

除了拆装玩具，小墨还喜欢养蚕。当小学生的时候，他差不多每年春天都喂蚕。蚕是用省下的零花钱，从校门口一个卖糖的小老头儿的担子上买来的。小墨买的是较便宜的一种，也得陆续买上一个星期才凑足三四十条。他把蚕放在大香烟盒子里，怕蚕闷死，盒盖上还用小刀戳了无数小孔，一刻不离地带在身边，一下课就捧出来，跟同学比谁的蚕长得大些、肥些。那卖蚕的老头儿也带卖桑叶，小墨他们把买糖的铜子省下来，一天也只能买十几片桑叶。为了不让蚕儿挨饿，他费尽心机地和同学到乡下去寻找，只要听说哪儿有桑树，无论多么远，他们非赶去不可。上课时把装蚕的盒子放在台板底下，听到蚕“沙沙”吃桑叶的声音，简直比自己吃锡纸包的雪茄形咖啡糖还高兴。待到蚕儿吐丝、结茧，又变成蛾儿产卵后死去，小墨就会“整日价闷闷不乐”，懊恨自己多事喂那些蚕，平白惹来这些无谓的惆怅。但到了第二年春天，他又忘了这一切，争着和同学们比着买蚕、打桑叶的主意了。

小墨自小还对胡同里的小作坊特别感兴趣。放学后，他的脚步总是被街口的小铺子吸引住，木匠铺、铁匠铺、卖水铺、烧饼铺……一家家的小作坊里，常常晃动着他流连忘返的小小身影。

“直到现在，我都非常羡慕那些工匠！”晚年的叶至善对记者说起儿时情形来，仍是那么神往，“烧饼铺的伙计就一个人，他一边要和面、打饼、烤饼，一边还要随时翻动几块瓦片来调节炉温，来了客人还要卖烧饼，一切都是一个人完成，安排得那么有条不紊，仿佛这里就是他的舞台，看得我这个‘观众’直入迷……”

铁匠铺里，小墨正呆呆地观看师徒俩打铁，老师傅的一把小锤引领着徒弟的大锤，带着呼呼的风声，叮叮当当不一会儿，一小块铁疙瘩就变成了一把铁铲、一只螺栓，像变魔术似的；就连小伙计拉的风箱，对他来说也充满了诱惑：

随着小伙计的一推一拉，炉中的火苗一会儿蓝，一会儿黄，大大小小的铁块也慢慢地从黑色变成了淡淡的金色。他觉得，这个世界简直太奇妙了。

叶至善就是在这个五色斑斓的世界中，无拘无束、自然而然地成长着。

（选自庞旸《为父之道》）

在生活中学习做人的道理

实际上，作为教育家的叶圣陶，对儿女的教育并不是漫不经心的，恰恰相反，他有一套不同于常人的，独特的教育理念和为父之道。他在《作了父亲》一文中，详细地阐述了自己的家教观。

他承认，“为父母就得兼充（教育）专家也是事实”，但他又指出，“非专家的专家担起教育的责任来，大概走两条路：一是尽许多不必要的心，结果是‘非徒无益，而又害之’；一是给了个‘无所有’，本应在儿女的生活中给充实些什么，可是并没有把该充实的付与儿女”。他认为，包括自己在内的多数父母“自家就没有什么把握，一切都在学习实验之中，怎么能给后一代人预先把立身处世的道理规定好了教给他们呢？”

至于学校，他认为“也不是与儿女有什么了不起的关系的。学习一些符号，懂得一些常识，结交若干朋友，度过若干岁月，如是而已”。

因此，他主张的是这样的教育：“儿女的生长只有在环境的限制之内，凭他们自己的心思能力去应付一切。这里所谓环境，包括他们所有遭值的事和人物，一饮一啄，一猫一狗，父母教师，街市田野，都在里头。”也就是说，让儿女去尽量体味生活，在生活中学习做人的知识。而“做父亲的真欲帮助儿女仅有一途，就是诱导他们，让他们锻炼这种心思能力”。他认为“将来送不送他们进大学倒没有多大关系。因为适宜的诱导是在他们生命的机械里加添燃料，而送进大学仅是给他们文凭、地位，以便剥削他人而已”。

叶圣陶身为教师，对学校教育的弊端自然比常人多一分理解，因此他作此情激之语。

叶至善在《父亲的希望》一文中说："在我的记忆中，我没有听到过应该怎样立身处世的说教，他跟他的几位朋友一个样，不太满意当时的学校教育，这正是他们办起《中学生》杂志来的主要原因之一。"

当然，叶圣陶对于儿女是抱有很高希望的："一句话而已，希望他们胜似我。"这种希望，是建立在社会必须不断进步的基础上的，认为后代应当胜过前代。但这种"胜过"，却不像一般常人理解的那样，以功成名就、光宗耀祖为标志，而指的是真正在身体、心智和能力上的"胜过"。

（选自庞旸《为父之道》）

爱的教育

叶圣陶一向主张“爱的教育”，认为培养儿童的爱心和同情心，养成健全的人格，是比什么都重要的。

叶圣陶有篇小说《小蚬的回家》，就是以叶至善小时候的一件故事为原型的：有一次，孩子见到厨师用刀剖鱼肚，便跟着学样。他捉来一只小虾，用小钱当厨刀，想剖开虾的肚皮。小钱很钝，剖不开，他就把小虾割成几段。父亲见了就对他说：“你这样做，它母亲在家里哭了，它怎能再回去见母亲呢？”

“虾也有母亲吗？”孩子好奇地问。

“你有母亲，虾当然也有母亲。什么东西都有母亲：虾有、鱼有、蟛蜞有、螃蟹有、杨梅有、桃子有、荸荠有、甘蔗有。它们的母亲同你的母亲一样，非常喜欢它们呢。”

孩子默不作声了。

“你想想，虾偶然出来游玩，也许正是它母亲叫它出来的，现在，它不能回去了，它母亲左等右等它不回家，该是怎样的难过？”

孩子听了，用同情和忧愁的眼光看着父亲。

“你再想，它被你切断的时候怎样的难过？它想到再也见不到母亲了，心都会碎了。它希望母亲来救它，希望你放了它，可是它发不出声音。它只得默默地远远地对母亲说：‘妈妈呀，你叫我出来游玩，如今却回不了家了。我遇见了个凶狠的小孩，他把我，你的好宝贝，杀死了！’……”

听到这里，孩子流泪了，他没有哭出声，只是把羞愧的面孔紧紧贴着父亲的身体。

过了几天，父亲牵着孩子的手到眠牛泾旁看小鱼。一个渔妇见这孩子可爱，送给他一个蚬让他玩。

他们来到眠牛泾旁，孩子先注意对岸有两条小黄牛，其中一条伸出还未长角的前额，凑近另一条，互相轻轻地摩擦着，它们微微合着眼，很舒服很惬意的样子。孩子问："它们在做什么？"

"它们在相好呢。"父亲随口答道。

孩子突然问道："要不要让小蚬回去看它母亲？"

"很好，就让它去看母亲吧。"父亲回答。

于是，河面上"咚"地响了一声，孩子送小蚬回家了。

就这样，叶圣陶在孩子心里培养起了爱。有一次，邻家的佣妇用巴掌打自己 12 岁的童养媳，被小墨看见。小墨无力制止这成人的暴力，只好张开大嘴，哭了起来，叶圣陶却"从这哭声里领略到了人类同情心的滋味"。

（选自庞旸《为父之道》）

恋家的人

叶圣陶结婚后，成了个恋家的人。对他十分了解的好友朱自清曾这样描写叶圣陶对家庭的依恋："他的家实在太好了，他的衣着，一向都是家里管。我常想，他好像一个小孩子；像小孩子的天真，也像小孩子的离不开家里人。必须离开家里人时，他也得找些熟朋友伴着；孤独在他简直是有些可怕的。"

由于恋家，叶圣陶在杭州只待了两个月，"放寒假前，他便匆匆地回去了；他实在离不开家，临去时让我告诉学校当局，无论如何不回来了"。自从1919年那次与墨林在南通新婚别后，叶圣陶似乎一刻也离不开妻子了。在他的日记中常有这样的话："墨不在家，便觉异样"，"墨不在家，余则寂然无聊"。

然而他毕竟已是一个出名的作家，为了工作和文学上的事情，也不得不常常离开家。1922年2月，他应北京大学校长蔡元培、中文系主任马裕藻的邀请，任北大预科讲师，教作文课。他与郑振铎和俄国盲诗人曼罗先珂同车赴京，虽有这两位作家、诗人相伴，他还是抑制不住地想家。还在途中，他就写了两首"念家"的小诗《想》和《津浦车中的晚上》。《想》写的是他离家前的心境："不想也罢了，/想到渐渐地接近别离，/心便怅惘了。/忘了吧，不要想起吧。/越是不要想起，/越是时时想起，/吃饭想起，/做活想起，/梦里也想起了。"《津浦车中的晚上》第一节，猜测墨林正在家中思念他；第二节写自己的心情：随着"一声声的汽笛"，他感到离家"远了，更远了"，然而却顾自慰藉道，那"将未有期的归程"，"近了，更近了"，还未到目的地就想到了归程，可见他思家之切。

这是叶圣陶第一次到北京。在北大，他初识了周作人、孙伏园、潘家洵等人。他的寓所在大石作，里面住的都是苏州人。叶圣陶和王伯祥共住一室，同睡一铺砖炕。北大的聘书是两年，但他只教了一个多月的作文课就请假回甪直了。好在有王伯祥慨然答允代课。他南归的理由是"墨林将分娩，余须伴之到苏州就产医生"，其实，墨林 4 月下旬的预产期是早就知道的，胡墨林也赞成他这次"北上"，夫妻二人大概是约定墨林生产时他不回来的。但叶圣陶怎么也难以抑制对即将分娩的妻子的眷念，就找了这么个正当的理由，匆匆打道回府了。

4 月 20 日，胡墨林生下了女儿至美，就此离开了甪直小学。秋天，一家人从甪直迁回了苏州大太平巷。

叶圣陶对这个初生的小女儿十分喜爱。他曾这样动情地描写过一个父亲眼中的女婴："女孩诞生到今足有七个月了。她已能极清楚地发出'妈'这个声音，当她感到有什么不满足的时候。她又能独自坐着，不用扶护或依倚。她能笑得很热烈，能用小手抓眼前的东西，能注视活动或有色彩的品物。"

叶圣陶还注意到，女孩的性格不大安定，在抱她的时候，她"身体时时翻动，似欲挣脱而去的样子"，他写道："她最难感到被抱的舒适。或是她的母亲，她的祖母，或是我，有时抱到手里，她便轻轻舞动四肢，间歇而低微地啼着。我们自以为十分当心了，因她啼哭更换个抱法，但不能便收效验。我们都以抱她为最难的功课。"

有时，叶圣陶还亲自动手，为心爱的小女儿做衣服。至美六七岁时，一天，父亲买来一块红花布，要为女儿做件连衣裙。他让女儿站好不要动，拿一把剪刀在女儿身上比来比去地剪样子。父亲剪得那么认真，以至于女儿站得过久都不耐烦了。最终，一件无袖直筒子的连衣裙做成了，式样在当时还挺时髦呢。虽然这件裙子在别人眼里并不怎么好看，可叶圣陶自己却颇为得意。

1923 年春天，由朱经农介绍，叶圣陶到商务印书馆编译所国文部当编辑，他把家从苏州搬到了上海闸北永兴路鸿兴坊。到了 7 月，在福州协和大学任教的郭绍虞又来信，热诚邀请他到协和大学任教授，讲授新文学。叶圣陶本不打算离家远游，但经不住郭绍虞恳切的催促，他又想到，如今风气大变，就连协和大学这样美国人创办的教会学校也开设新文学课程了。他答应应聘。临行前，他却又感到一种“深深的惆怅”，他怀着“怅怅然”的“麻乱”的“心绪”，写下了散文《将离》：他“走进家里，看见才洗而缝好的被褥、衫袴长袍之类一叠叠地堆在案子上”，他感到“离别的利刃要把我们分割来了”。胡墨林买了梨和香蕉给丈夫送行。到了码头，叶圣陶庆幸此时正是“晴朗的正午的离别”，而不像几天前设想的那样在秋日的黄昏中“风凄雨惨”般离别。他忘了自己是快要启程的旅客，把妻子送到船栏边，又走下扶梯送到岸上。胡墨林与他“默默地挤在一起”，嘱咐“快写信来”，叶圣陶“只仿佛心里突然一空似的”，随后想起应该上船，便跨上扶梯，“倚着船栏，看岸上的人去得不远，而且正回身向这里招呼。自己的右手不待命令，也就飞扬跋扈地舞动于头顶之上”。此时，他深深体会到“离别的滋味假若是酸的，这里又掺入一些苦辛的味道了”。

在此之前，叶圣陶还不曾亲近过南国的江山，到福州后，他觉得“趣味丰富极了”：“书室的窗外，只隔一片草场，闲闲地流着闽江，彼岸的山绵延重叠，有时露出青翠的新妆，有时披上轻薄的雾帔，有时不知从什么地方来了好些云，却与山通起家来，于是更见得那些山郁郁然有奇观了。”“卧室的窗对着山麓，望去有裸露的黑石，有矮矮的松林，有泉水冲过的涧道”，窗外有牧人在放牧牛羊，有樵夫在山顶采樵。在这世外桃源般的环境里，叶圣陶跟着郭绍虞夫妇“前山后山地走，认识了两相仿佛的荔枝树与龙眼树，也认识了长臂飘飘的生着气根的榕树”，眺望了他们所住的那座山，又看了胭脂似的西边的暮云。然而，福州虽好，毕竟是客居异乡。白天，他在课堂上讲新小说，讲新诗，讲鲁迅、周作人、郁达夫、朱自清，讲得津津有味，但一到晚上，他躺在床上，望着山那边的月亮，听着秋虫的合奏，“总是抑制不住对亲人的恋念”。郭绍虞夫妇猜得出叶圣陶的乡愁，他们请他住到自己家里，对他关怀备至。一天傍晚，满天是云，江面黯然，西风震动着窗棂咯咯作响，引得叶圣陶心情又寂寥起来。郭绍虞见叶圣陶正倚窗怅望，便邀他一同到江边散步。水波被滩石所挡，激触有声，叶圣陶不由得忆起七年以前他送墨林去南通那晚的情景，叹道：“唉，又是潮声，又是客绪！”他说这“客绪”“正像冬天的浓云一般，风吹不散，只是越凝集越厚”，什么“药”都无法医治，就连江面的海船似乎也带上了“凄恻孤零的况味”。

他每天翘首以望那“切盼而难得的邮件”，收到家信，“又把心挤得紧一点”，不由得发出一种“呻吟”。他自责自己的“怯弱”：“既非鹣鹆，又何至于因为飞开了而呻吟？”但他又老实地承认：“只因一种愿与最爱与同居的人同居的心情，忽然不得满足罢了。除了与最爱与同居的人同居，人间的趣味在哪里？因为不得满足而呻吟，正是至诚的话，有什么怯弱不怯弱？那么，又何必不要呻吟呢？”

这是叶圣陶的恋家宣言，也是爱的宣言。

一到寒假，他就辞职了。当然，水土不服也是一个因素，但想家，离不开家，是辞职的主要原因。他回到上海与家人团聚了，从此，一直没有远离过家。

（选自庞旸《恋家的人》）

跟父亲学写作

1942 年，叶家的三个子女开始跟着父亲学写作了。

当时，叶圣陶正主编《国文杂志》月刊，这是个帮助中学生学习语文的刊物，需要登载一些中学生写的东西。叶圣陶当时已离开武汉大学，也不在中学教语文，中学生写的东西从哪里来呢？于是他就发动家中的三个孩子给《国文杂志》写文章。最初是女儿至美写了一篇，叶圣陶看了很高兴，认为就当时高中学生的程度来说，算得上是篇好作文，只要稍稍修改一下，登在《国文杂志》上一点也不坍台。于是，胡墨林就怂恿三官也写出一篇初中程度的好作文来。

对于写作，三官叶至诚自小就产生了浓烈的兴趣。他还记得幼时看父亲写作时的情景：

父亲坐在那张大书桌前，手里握着一支大号派克自来水笔，橘红色的笔杆镶着乌黑一道边，看上去沉甸甸的。明亮的光线从窗口射进里屋，书桌上摊着带格子的稿纸……

我推门进去，只见父亲侧着头，眼睛正好对着我推开的那扇门……他准是看到我了，他会怎么样呢？我想。

可是，过了好一会儿，他仍旧侧着头，眼睛望着我推开的那扇门，不说话，也不动，好像并没有看到我，更好像什么也没有看到。这是怎么回事？

“不要去，不要去，爹爹在写文章呢！”母亲着急地低声把我喊了出去，随手带上被我推开的那扇门。

写文章!

写文章? ……

写文章给我的最初印象就是这样:有点神秘,有点神圣。

这段话,生动地写出了作家的孩子所受到的那种潜移默化的影响。三官后来发现,父亲的小说里有许多就是写的自己、哥哥、姐姐、母亲,写他们经历过的事情。在学校里他不怕作文,尤其不怕自由命题的作文,他学父亲写自己最熟悉的事,很少为找不到话说苦思苦想。

这一次,姐姐获得的成功强烈地鼓动和引诱着他,他勇气百倍地开始写了。

三官最熟悉的事是集邮。从小学五年级起,到那时他已有四年的集邮史了,收集到的古今中外各种邮票已有一千几百张。对于一个十四五岁的中学生来说,这确实不是件容易的事,“要经过多少钻头觅缝地寻找,费嘴劳神地索讨,掂斤拨两地交换,这中间有欢乐也有苦恼,有梦想也有失望,既有丰富的知识,更有浓厚的兴趣”。于是,他就写了一篇《集邮》。

叶圣陶很赞成三官自己选定的这个题目,他将小儿子的作文逐字逐句进行修改后,连同“叶至诚”的名字一起登上了《国文杂志》。看到自己写的东西居然上了杂志,给了至诚莫大的鼓舞,他感到自信,甚至有点骄傲。

弟弟妹妹的成功感染了叶至善,他也写了起来。从此这个一篇,那个一篇,三兄妹不断有文章交到父亲手里,由他选择和修改。这些文章绝大多数是散文,记叙的、抒情的、议论的、随笔、速写,各种体裁都有,全都是自由命题,从各自熟悉的生活里取材。至美和至诚多写抗战期间后方学校的生活,像至美的《我是女生》《课余散记》,至诚的《班图书馆》《宣传》;后来视野逐渐扩大,写的生活面也广了,至美写了《江大娘》《母与子》,至诚写了《成都农家的春天》《拉路车的》。

至善毕竟年长些,那时已经走出学校,有了几年社会阅历,又有结婚生子的生活经历,观察和思考都比弟妹来得细致、深入。除了写大自然和学校生活的《成都盆地的溪沟》《集体创作》等外,他还写了抗战期间后方的一些社会现象，如《司机们》《寄卖所》《雅安山水人物》等。叶至诚后来回忆他们三兄妹这段跟父亲学写的经历时，由衷体会到，父亲正是引导他们走“由散文入手开始学写，从自己熟悉的生活里边取材”这样一条“顺其自然”的写作道路的。

（选自庞旸《教子写文章》）

为子女改文章

虽是“顺其自然”，但叶圣陶对三个子女的培养还是充满匠心的，这集中体现在他为子女改文章上。叶至善在三兄妹的合集《花萼》出版时的《自序》中，记叙了当时的情景：

吃罢晚饭，碗筷收拾过了，植物油灯移到了桌子的中央。父亲戴起老花眼镜，坐下来改我们的文章。我们各据桌子的一边，眼睛盯住父亲手里的笔尖儿，你一句，我一句，互相指摘、争辩。有时候，让父亲指出了可笑的谬误，我们就尽情地笑了起来。每改罢一段，父亲朗诵一遍，看语气是否顺适，我们就跟着他默诵。我们的原稿好像从乡间采回来的野花，蓬蓬松松的一大把，经过了父亲的选剔跟修剪，插在瓶子里才还像个样儿。

叶至诚也描写了父子们一起改文章的情景：

父亲先不说应该怎么改，让我们一起来说。你也想，我也想，父亲也想，一会儿提出了好几种不同的改法。经过掂量比较，选择最好的一种，然后修改定稿……除了文法不通、语气不顺和用字用词不恰当之外，有些空泛的议论和抽象的描写也常常给指出来要我们改。父亲不赞成在文章里多用“喜悦”“愤怒”“悲哀”之类抽象的词儿，也不赞成堆砌许多比喻和抒情的辞句。他喜爱白描的手法……每看到我们的文章里有传神的描写，他会满意地说，“这里可以吃圈”。

叶圣陶在 1942 年 2 月 24 日的日记中写道：“二官作短文，论文章之开端与结尾。今日余为之找例证，并附加说明。伏案竟日，仅成其半。”1942 年 7

月 23 日："晨起改二官文一篇，三官文一篇，二官文题曰《会考》，三官文题曰《乐山遇炸记》，皆预备入'国志'《习作展览》者。" 1942 年 9 月 5 日："小墨与三官合作小说一篇，曰《头发的故事》，长至七八千言。灯下为之修润，至三分之一而止。" 1943 年 4 月 12 日："午后，为二官改所作独幕剧《明儿吃喜酒》，此篇以女学生生活为题材，尚可。" 1943 年 4 月 19 日："灯下与三官杂谈小说。" 4 月 21 日："竟日改二官小说，至夜而毕，篇名《转变》。"

这样的记载，在叶圣陶 1942 年到 1945 年的日记中比比皆是。由此可以看出，叶圣陶为扶持子女的写作，很是下了一番功夫。

三个孩子，至善比至美大四岁，至美又比至诚大四岁，三人一起跟着父亲学写作，仿佛在进行一场竞赛，每个人都暗自憋着劲要超过其他人，多吃父亲嘉奖的"红圈"。

他们的原稿写得很潦草，经父亲一改，圈掉的圈掉，添上的添上，连他们自己都不容易念下去了。父亲总是对孩子们说："要想到别人。"交到印刷厂付排的稿子，要为排字工人着想，他自己的稿子，总是誊抄得一清二楚。这时候，母亲胡墨林就显出了特别的耐心，像收拾孩子们脱下的衣衫一样，自告奋勇为他们抄稿。她用毛笔正楷，将潦草的原稿一一誊清，字迹工工整整。誊抄好了，少数投到杂志社去，多数细心收藏起来。

一年下来，三兄弟写的稿子积成厚厚的一摞。有几位父亲的朋友从杂志上看到他们的文章，就怂恿说："你们兄弟三个何妨合起来出一本集子。"三兄弟想，当初写这些文章，为的是练习，合将起来，岂不成了作文本？但又想，学校里同学之间不也喜欢传看作文本吗，或者有人想看看我们的。于是，就把存稿编排了一下，请父亲复看一遍，删去若干篇，编成了一本集子。叶圣陶替三兄弟的这第一本文集题了书名，叫作《花萼》。

宋云彬先生为《花萼》写了序，序文满含感情地赞叹了叶圣陶的家庭："尤其使我艳羡不置的，是他那个美满的家庭。他上有七十高龄而很健康的老母。他的夫人胡墨林先生，是一位教育家同时是一位贤主妇。他的长公子小墨（至善）已毕业于专门学校，女公子至美已进了大学，而他的第三个公子至诚我们一向叫他‘小三官’的，六七年不见，已经是一个中学生，而且写得出那样情文并茂的作品来了。他们家庭中永远充满着融融泄泄的空气。……在这种家庭环境里面学习写作，进步一定是很快的，除非是天生钝质。所以我常常对我的子女说：‘小墨他们是幸福的。’”

（选自庞旸《教子写文章》）

干校家书

叶至善、叶至美先生在《〈叶圣陶集〉编后记》中写道："'文革'期间至善去了干校，子女也全都下乡了，一向朝夕相处的人分散在天南地北，全靠写信互通消息，作者（指叶圣陶）成了这个通信网的中心，写的信自然就多了。"叶老做事喜欢利索，接到信就赶紧回复，是他多年的习惯。20世纪60年代末70年代初，给分处祖国各地的家人写信，成了叶老生活的一项主要内容，八条的家，成了下放农村边疆的叶家儿女和孙辈们精神上的坚强后盾和物质上的"加油站"。

2007年，叶小沫和叶永和编成出版了长达70万字的《干校家书》，这本书收入自1969年5月2日到1972年12月21日，叶圣陶和叶至善父子间466封家信。学者朱正写文章《家书可征国史》，评价"这部家书极生动地、深刻地反映了我国的一段历史"。

叶至善1969年4月随中青社下放到河南省潢川县黄湖农场团中央五七干校，当了一名养牛的牛倌。最多的时候，他一个人要照管30多头牛。叶至善的牛倌生涯是很辛苦的。他写道："早上五点开始用牛，七点半歇工，九点半又上工，十一点半休息。下午二点半上工，到六点半歇工。这样一来，养牛的工作跟着紧张起来，早上三点就得开始喂牛。我自愿担负早上喂牛的工作。现在是两点三刻起床，三点喂牛，给牛吃铡好的草和泡好的豆饼。五点牛上工，可以再睡一会儿，其实也睡不着了。早饭以后，清理牛场上的尿粪，切豆饼，洗刷牛槽，下午可以睡个午觉，以后就铡草，挑水，泡好晚上喂的和第二天早上喂的豆饼，在槽里放好草，为第二天早晨做准备。”

尽管辛苦，但叶至善对养牛很有兴趣。他懂得牛，与牛建立了感情。在每星期按例写给父亲的两三封信里，他谈的主要都是养牛的事。牛爱吃什么样的草啦；怎样阉牛或给牛接生啦；母牛不爱给小牛吃奶，如何做它的“思想工作啦”；怎样又利落又无痛苦地给牛穿鼻绳啦，等等。本来瘦弱的牛，经过叶至善的精心调理，个个变得健壮滚圆。干校里的牛舍狭窄憋闷，牛一头挨一头地站着，很不利于健康。为了保持牛舍卫生，叶至善每天晚上都要拉牛到外边撒尿，一次拉 3 头，30 头牛，就要拉 10 趟，待所有的牛都“方便”完休息了，常常已是夜深了。

叶至善在潢川干校冬天放牛。“骑（牛）起来与骑马不同，不是骑在腰里，而是骑在两块后胯骨上，这部位较平，好像自行车的坐垫，当然要大得多。……”（叶至善 1970 年 11 月 15 日给父亲叶圣陶的信）

对叶至善来信谈养牛的事，叶老饶有兴趣。他给儿子写信说：“我与牛有缘共三度：一是幼时看香作里的几头牛，二是在角直时候常从田里小道走，看见牛，三是张大爷家的牛。”他鼓励叶至善：“管牛是集体生产劳动中的一个重要项目，自当竭心尽力把牛管好。”下一封信，又特意在“项目”之下补上一句“像管理拖拉机站一样”。父子俩一来一往的通信中，许多篇幅是用来切磋探讨“养牛经”的。对此叶老在给小沫、永和的信中描述道：“你们爸养牛处处用心，牛的吃，吃后休息，牛的脾气，牛与牛的关系，牛与环境的关系，牛与用牛的人的关系，诸如此类，他都用尽心思，务求搞得妥当。因为我喜欢知道这些事儿，他每次来信说得很详细，加起来总有好几万字了。”

有一阵子，为了给牛穿鼻绳，叶至善煞费苦心。他先是尝试用塑料管包粗铁丝。他请父亲和妻子在北京采购适当的塑料管。夏满子跑了许多地方，买不到合适的，叶老就给他出主意：“可否换个想法，用塑料丝密密地裹在粗铁丝外面，一层不够裹两层，想来也可以代替塑料管了。似乎不妨试一试。”叶老进一步为牛着想：既然“马用络头套上，就可以把它管住，就可以牵来牵去，从来没有在马的鼻子里穿个孔打主意的。牛为什么不也用络头呢”？“此外驴和骡也不穿鼻子，独有牛穿鼻子。要是真能改用络头，小牛就可以免除穿鼻子的痛苦了。”在1970年5月18日的信中，叶至善为了向父亲说明怎样穿牛鼻绳，还特意画了五幅示意图，下面有详细的说明，颇似一篇短短的科普文章。透过字里行间，人们可以感受到叶氏父子对牛和一切有灵性的生命的关切和爱心。

（选自庞旸《家信春秋》）

浓浓爷孙情

叶老的几个孙儿：泰康的大奎，黑龙江依兰农场的小沫和陕西延长县的永和，也频频将自己的生活、劳动、思想情况随时写信给八条的爷爷，还时常寄去自己写的一些东西，他们每次都能及时收到爷爷热情鼓励和谆谆教诲的回信。叶老看哪个孙儿信写得好，还转给其他的人交流、共勉，祖父的八条的确成了几个兄弟姐妹和父亲“通信网”的中枢。

叶老给孙儿们写信，除了在思想上的鼓励外，还时常注意培养孩子们好的思维和写作习惯。他像语文老师评改作文一样，看到写得好的地方，一定称赞，发现错误，也一定指出。他赞赏小弟（永和）“对人对事能认真分析研究”，常对他说：“写信要为接信的人着想，只要料想接信的人乐于知道什么，就决不漏掉什么……写信人的什么思想、感情、经验、体会，要让接信人知道，也非写上不可”，如果有一方没能切实做到，“彼此心思相通”就会大打折扣。永和在离家后第一封信里，说路上的情形用了“一言难尽”这个词，引起全家人不安，满子尤其担心，以为儿子在路上遇到什么不如意的事。叶老给他回信说：“我当时料想，你用这个‘一言难尽’，不过是所见所想很多，一两句话说不完的意思，并非遇到了什么不如意的事。小妹与你姑母也同样看法，待看到你第二封信，果然我们料想得不错。”他进一步指出：“‘一言难尽’带有厌恶、痛恨之类的感情色彩”，不能用在这里。虽没有一句责怪的话，但足以令小弟感到，无意间用错一个词，就会闯下祸。

有一阵子，小沫写信常有错别字，叶老总是一一挑出来，写在旧台历纸背面，回信的时候附给她，让她今后留意。有一张台历纸上写着：“‘目的’写错了三回，这是最普通的字，只要留心，就不至于错。这些都是音近而误。写了无论什么东西，自己检查一遍是一种好习惯。”他还在信中对小沫说：“说话写东西都要求精确简洁，这不是无关紧要的小事”，“乱，不仅是作文作不好的问题，而是思想没条理的问题”。小沫在农场当了教师，叶老将自己多年的教育经验传授给她：“我有一个说法，叫做‘教是为了做到不用教’……打个比喻，‘教’好比牵着小孩的手带他走路。他开头不会走，故而要牵着他的手带他走，目的在于他自己能够走。待他自己能够走了，就把手放了，这就是‘做到不用教’了。教师有这样的思想，他的‘教’才是活的。教师如果存着另外的思想，以为我是教师就该永远‘教’下去，这就是‘死’的了，他的学生必然永远处于被动地位，学不到什么真东西。从前的老师，‘死’教的很多，一星期又一星期，一学年又一学年，除了哗啦哗啦讲一通再谈别的事，真是岂有此理。……你一定不要做那样的教师。”为了支持孙女“活”的教学，叶老特意买了一大张中国地图托人带给小沫，说：“我猜想，你和你的学生对于全国地图，只怕未必有个明确的概念。……望你自己，并望你劝导你的学生，通过看地图而熟悉全国地理。于是看报，听广播，闻知各地情况，将会感到亲切。”后来，叶老又寄去了一张世界地图。

通过地图传播知识，是叶老独到的教育方式。他还给在延长县插队的永和寄去了三大张地图，两幅中国的，一幅世界的，特别嘱咐说：“三大张地图，我希望你贴在适当的地方让大伙儿看，如果大队有较大的会场，就贴在会场里（当然要取得同意）。大家看报纸，本国的事，外国的事，总要知道那些事发生在什么地方，距离多远，所以看地图是很必要的。千万不要放在自己身边一个人独看。”叶老很少给农村、边疆的孙儿们寄生活用品或吃食，但对他们学习工作需要的东西，却千方百计地予以满足。永和当“赤脚医生”，来信要医疗器械，叶老看了非常高兴，专门带着来北京治病的小孙儿兆言来到王府井，买了医学书和注射针头、注射管、听诊器、压舌板等器械，请夏满子寄去。

叶老给孙儿们寄世界地图的细节是很值得回味的。那毕竟是在一个闭关锁国的年代，叶老不愿意割断自己与世界的联系，也不愿自己身边的人和中国的儿童、群众成为井底之蛙。他建立了“家庭信息服务中心”，给分散在各地的亲人寄书寄期刊，传递能够得到的各种消息，使大家尽可能地不至于闭塞。通过向儿孙们插队的地方寄世界地图，叶老向人们传递了这样一个信息：中国毕竟是世界大家庭的一员，不仅要关心中国的事情，还要关心世界的事情。

（选自庞旸《家信春秋》）

一株枝繁叶茂的常青树

一株常青树，在太湖之滨发芽，移到黄浦江畔，又漂泊嘉陵江上，再回到申江，最后落户北京城里深巷中，经历了百年风霜雨雪，长成参天乔木，枝繁叶茂，郁郁葱葱，浓荫如盖，行人驻足，远近知名。

这就是叶圣陶老人和他的一家。

在中国几千年文化史上，人才辈出，星座粲然，为世界上任何一个民族所罕见。汉晋以后，历经唐宋明清直到近代，出现过不少文人家族，父子、兄弟、祖孙、夫妇，都以诗文书画名世成为文林艺苑佳话。随手拈来，就有枚乘枚皋父子、班固班昭兄妹、秦嘉徐淑夫妇、蔡邕蔡琰父女、曹操曹丕曹植父子、陆机陆云兄弟、张载张协张亢兄弟、谢安谢道韫叔侄、王羲之王献之父子、谢灵运谢惠连兄弟、鲍照鲍令晖兄妹、徐悱刘令娴夫妇、萧统萧纲萧绎兄弟、庾肩吾庾信父子、晏殊晏几道父子、苏洵苏轼苏辙父子、袁伯修袁宏道袁小修兄弟……他们作品成就不同，高低有别，但是作为亲属同时或先后出现文坛，各领风骚，就构成中国文化史上一种独具特色的人文现象。

到了现代，也有不少父子文人、兄弟作家、夫妇诗人，受到人们的羡慕和赞赏。家族和家庭的文化传统、文学氛围、艺术底蕴、人文素质，都在家族成员间互相促进，互为影响，相辅相成。这其中，叶圣陶先生和他的一家是一个比较突出的家庭。我在上面列举了那么一大堆名字，并无要将叶圣陶老人一家同他们类比的意思，我以为，用“书香门第”“文学世家”“编辑世家”之类的一般词汇来形容这个文化家庭是远远不够的。它的成就，它的特色，同古往今来那许多赫赫有名的父子、兄弟和夫妇文人相比，别有一番风光。人们尊重他们，称颂他们，首先由于对叶圣陶先生这位“五四”以来文化巨人的敬佩。他是第一代的老文学家、老教育家、老编辑家、老出版家。他对中国现代文化事业的开拓和发展，付出了极其辛勤的劳动，开辟蒿莱，披荆斩棘，身体力行，几十年如一日。他的高风亮节、道德文章赢得一代代知识分子的敬佩。

《左传》:“太上有立德，其次有立功。其次有立言，虽久不废，此之谓三不朽。”我认为叶圣陶老人在中国现代文化史上，立德、立功、立言三方面都有杰出的贡献，他的成就和业绩是不朽的。如果不是这样一位德高望重的老人做表率，言传身教，那么即使满门才子才女，丁当作响，摇曳多姿，也不一定会赢得人们的青睐，说不定只是给小报提供些花边新闻罢了。叶老很早就将“真善美”三字镌刻在子女的名字上（至善、至诚、至美），要后代以这三个字的人生真谛奉为圭臬，永志不忘。他的后辈们果然遵从父教，以这三个字作为一生做事为人的准则规范，并且又传给再下一代。我先后拜读至善同志大作《父亲的希望》《我是编辑》和他们三兄妹的合集《花萼与三叶》的时候，都仿佛见到叶老的身影在闪动，也仿佛听到老人吴侬软语的叮咛声。

我年轻时有幸在上海见过圣陶老人。1947 年春，为了翻译家耿济之病逝，他写信给我当时工作的《联合晚报》副刊，说有些悼念文字，问副刊能否刊登，我就到福州路开明书店楼上编辑室拜见叶老，叶老身穿蓝色长袍，诚挚、谦逊地接待我这个二十出头的年轻编辑，一点不像是个名满中外的大作家。50 多年前最初的感受，一直保持到如今。近一二十年同至善、至诚两位同志交往，也接触过兆言、小沫，在真诚、谦恭、平和、质朴这些为人品德的基本方面，他们都保持圣陶老人的一贯风格，似乎已成为叶氏家风，代代相传了。文人家族，可以有各种类型、各种内容、各种表现，最重要、最珍贵，也最使人难忘的，可能就是这种难以言传，只能感受的家风。

家庭是社会的一个细胞，是构成社会的最基础成员。只有每一个家庭的文化素质提高了，全社会的文化素质才有可能日臻完美，这是不言而喻的。

（选自袁鹰《一株枝繁叶茂的常青树》）

治学

习惯成自然

“习惯成自然”，这句老话很有意思。

我们走路为什么总是左脚往前，右脚往前，两只胳膊跟着动荡，保持身体的均衡，不会跌倒在地上？我们说话，为什么总是依照心里的意思，先一句，后一句，一直连贯下来，把要说的都说明了？因为我们从小习惯了走路，习惯了说话，而且“成自然”了。什么叫作“成自然”？就是不必故意费什么心，仿佛本来就像那样子的意思。

走路和说话是我们最需要的两种基本能力。推广开来，无论哪一种能力，要达到了习惯成自然的地步，才算是我们有了那种能力。不达到习惯成自然的地步，勉勉强强地做一做，就算不得我们有了那种能力。如果连勉勉强强做一做都不干，当然更说不上我们有了那种能力了。

听人家说对于样样事物要仔细观察，才能懂得明白，心里相信这个话很有道理。这时，并不是我们就有了观察的能力。听人家说劳动是人人应做的事，一切的生活资料，一切的文明文化，都从劳动产生出来，心里相信这个话很有道理。这时，并不是我们就有了劳动的能力。听人家说读书是充实自己的一个重要法门，书本里包含着古人今人的经验，读书就是向许多古人今人学习，心里相信这个话很有道理。这时，并不是我们就有了读书的能力。听人家说必须做个好公民，现在是民主时代，各个公民尽责守分，才能有个好秩序，成个好局面，自己幸福，大家幸福，心里相信这个话很有道理。这时，并不是我们就有了做好公民的能力。

这样说下去是说不完的，就此打住，不再列举吧。

要有观察的能力，必须真的用心去观察；要有劳动的能力，必须真的动手去劳动；要有读书的能力，必须真的去把书本打开；要有做好公民的能力，必须真的去做公民应做的一切事情。在相信人家的话很有道理的时候，只是个“知”罢了，“知”比“不知”似乎好些，但仅仅是“知”，实际上与“不知”并无两样。到了真的去观察去劳动去读书的时候，“知”才会渐渐化为我们的习惯，习惯成自然，才是我们的能力。

通常说某人能力不强，就是某人没有养成多少习惯的意思。譬如说张三记忆力不强，就是张三没有把看见的听见的一些事物好好记住的习惯。譬如说李四发表力不强，就是李四没有把自己的思想和感情说出来写出来的习惯。

习惯养成的愈多，那个人的能力愈强。我们做人做事，需要种种能力，所以最要紧的是养成种种习惯。

养成习惯，换个说法，就是教育。教育不限于学校，也不限于读书。学校教育只是教育的一部分，读书这门事也只是教育的一部分。我们在学校里受教育，目的在养成习惯。我们离开了学校，仍然要从种种方面受教育，并且要自己教育，目的还是在养成习惯，增强能力。习惯越自然越好，能力越增强越好，孔子一生“学而不倦”，就是看透了这个道理。

（选自叶圣陶《习惯成自然》）

我给父亲念《论语》

我进了中学才接触《论语》，在国文课上读过若干片段，总共不满二十章，而每一章又如此之短，真个少得可怜。《学而篇第一》的第一章倒学过好几遍，孔老夫子的这三句话，我总算记熟了。第一句劝勉学生要反复学习。第二句说有朋友从远方来，心里很快活。——这也是理所当然。第三句说别人不知道，心里不懊恼，不也是个“君子”吗？——好像是安慰那些急于扬名的学生的。都是好话，我想，却并无深文大义，用不着多费心思；只有那个“说”字得记住，它不是“说”而是“悦”。可是记住了用处也不大，在后来念到的文言文中，没碰到哪位“泥古”的作者愣把“悦”写成“説”的。有趣的是后来出了简化字的本子，把“學而时习之”改排作“学而时习之”，“説”也改成了“说”，可是谁也不肯（或者不敢）把它径直改作“悦”了事。

一本正经读《论语》，是 1987 年秋天。那年 4 月初，父亲长期住院回家，身体仍衰弱，躺在床上的时候多。如何消遣呢，主要听孙辈们读报刊，每天两个来小时。有一天父亲对我说，《论语》是小时候能背的，现在却多半想不起来了；记得 30 年前中华书局出过一本杨伯峻的《论语译注》，当时翻过，好像不错，书就在床边的小书架上。听到这里我就明白了，接茬儿说：就让我来念吧。父亲笑了，说是得让你念，他们都念不了文言，许多繁体字他们也不认得；叫我一字不落从头念，要慢，每天至多念十个“配其”（英文 page 的译音，即“页”），大概两个月能念完。我说好，就这么办。年届古稀才读《论语》，说出来也难为情。

杨伯峻先生的《论语译注》按本文分章排，白话译文跟在本文后头；下边才是词语的“注释”，还有扼要阐明中心思想的“余论”。《学而篇第一》的第一章，译文如下：

> 孔子说：“学了，然后按一定的时间去实习它，不也高兴吗？有志同道合的人从远处来，不也快乐吗？人家不了解我，我却不怨恨，这样的人，不也是君子吗？”

我边念边想，不由得心里发毛，早先自以为懂得了，其实是望文生义，似是而非。念完之后我问父亲：后边的“注释”念不念？父亲说，念。他就要听听杨先生是怎么注的。

杨先生的注释很有特色，看得出来，他是处处替不曾念过文言的读者着想的。头一章三句只 32 个字，他作了八条注，有的似乎用不着注，念过了再想想，的确得注，甚至非注不可。第一条就注开头的“子”字。他说在这部《论语》中，“子曰”的“子”，都指孔子。对头一回读《论语》的人来说，这是必须知道的，哪能不交代清楚呢？第二条注的是那个“时”字。杨先生说：“‘时’字在周秦时候若作副字用，等于《孟子·梁惠王上》‘斧斤以时入山林’的‘以时’，即‘在一定的时候’或者‘在适当的时候’的意思。王肃的《论语注》正是这样解释的。朱熹的《论语集注》把它解为‘时常’，是用后代的词义解释古书。”

念到这儿我说：我一直把“时”当成“时常”，没想到朱熹这位祖师爷也会犯同样的错。父亲说：用后代的词义注古书，本是常见的毛病。朱熹这一错，影响就大了，他的“集注”一向是解释《论语》的权威，老师们照着它一代又一代往下教，用不着怀疑，也没人敢怀疑。杨先生点朱熹的名，等于提醒读者不要盲目相信权威。要是在前清，他这样做很可能掉脑袋。我问父亲：那么杨先生的解释，是否完全符合孔子的想法呢？父亲说：朱熹所以出错，推想起来就因为这个“时”字太寻常，下笔轻率了一些。杨先生觉得朱熹的解释讲不大通，他像查账似的，查了不少周秦时候的古书，才轧出这么个结论来，还找到了一个佐证；跟朱熹的相比，他的解释自然可靠得多。

第三条注“时”字后头的“习”字。杨先生说：一般人把“习”解释成“温习”，但是在古书中，“习”还有“演习”和“实习”的意义。他举了好几个例子，说在这儿以解释成“实习”为好。我非常赞同为了强调实践，把“学习”两个字的意义分开；拿现而今作比，读文件听传达，那是“学”，碰到适当的时机就按照体会的精神去做，去检验并加深理解，才是“习”。我举“温故而知新”作例，对父亲说：古书上如果说“温习”，恐怕不用“习”而单用一个“温”字。父亲想了想说有这个可能，光凭一个例子可不能作准，何况在“温故而知新”中，“温”是动词，“温习”的“温”却是副词，得多找些例子来作比较。

第四条就注那个“说”字。杨先生也没说明为什么在这儿，非把“悦”写成“说”不可。我说孔夫子是山东人，山东口音，“悦”和“说”差不太多。负责记录的定是个外地人，孔夫子说的是“不亦悦乎”，他偏偏听错了，在竹简上把“悦”刻成了“说”。圣人的话谁敢妄改？所以一直错到现在。——父亲让我给逗乐了。

孔子的头一句话，杨先生作了四条注；第二句却只注了开头两个字——“有朋”。这条注着重说明把“朋”字译作“志同道合的人”，并非他独出心裁，出典在《史记》的“孔子世家”中。父亲和我都赞同这个译法，志同道合的人不远千里而来，交流切磋学和习的体会，其快乐可想而知。“不亦悦乎”就有了着落。父亲说，老师在讲解的时候，不妨作这样的补充。

第三句话，杨先生作了三条注，先注开头的“人不知”。他说后头少了个宾语，有人解释作“人家不知道我所讲述的”；他“嫌牵强”，可是想不出“人不知”的究竟是什么，只好袭用“一般的解释”，译作“人家不了解我”，口气之间不怎么满意。父亲听我念到这儿也摇了摇头，说人家老远来找他，可见是了解他的，不能把“不知”译作“不了解他”。我想了一阵子才说：孔夫子对学生们讲这三句话的时候，意思一定是连贯的。第二句说“有朋自远方来”，那位

“朋”当然知道他在“学而时习之”，所以老远赶来向他请教。可是没有“朋”来也是可能的，孔夫子怕学生泄气，所以劝他们说：“人不知而不愠，不亦君子乎。”父亲听了莞尔而笑，说《论语》上可没有这样的话。我说想当年孔夫子坐在上面作报告，学生们一边听，一边不停手做笔记，用小刀刻竹简。书写工具不凑手，使他们不得不删繁就简，结果只记下了三条结论，没记下问题是怎么提出来的。

最后两条注很简短：一条是“愠”，杨先生注作“怨恨”。我说分量似乎太重，不如注作“懊恼”。父亲说可以考虑。一条是“君子”，注得极其地道，说“君子”在《论语》中，“有时指‘有德者’，有时指‘有位者’，这里是指‘有德者’。”

念完“注释”，接着念“余论”。杨先生说：“这一章是孔子叙述求学的方法和态度。‘时习’是方法，‘有朋自远方来’是乐趣，‘人不知而不愠’是态度。”父亲说：在语文课本中，这样的话放在正文前头，作为“提示”，杨先生让读者念完了正文，再提纲挈领给他们做些指点，从读者来说，思路似乎顺一些。

这样边念边议，自然很费功夫。父亲有点儿倦了，说反正不急，明天再念吧。我合上书，心想这么个念法好是好，但一个来钟头才念了一个半“配其”，两个月是无论如何念不完的。

（选自叶至善《我给父亲念〈论语〉》）

开明书店的“开明风”

抗日战争爆发，开明和在上海的许多出版业一个样，受到很大损失，暂时处于停顿状态。他离开了开明，携家进入四川。《中学生》在桂林复刊，他挂上了主编的名义，可是人在乐山，无法参加实际工作。那时他感到很寂寞，由于离开了日夕相处的老朋友，也由于放下了编辑工作。

1940 年秋天，他接受四川省教育科学馆的聘请，名义好像是什么督导员，主要的工作却是编写语文教学的辅助读物。在业余，他给成都当地的书店编课本编刊物，取得一些报酬来贴补日益贫困的生活。他还担任《笔阵》的主编，这是中国文艺界抗战后援会成都分会的机关刊物。

1942 年，开明书店在成都设立编辑部办事处。他回到开明，主持办事处的工作。在编辑方面，除了主编《中学生》，别的图书也全归他管，助手只有我母亲一个。到 1945 年《开明少年》创刊，才添了一个我。这并非父亲的主意，是朋友们实在过意不去，而我又早在帮父亲的忙了。父亲似乎还有用不完的精力，几家小书店请他帮助编辑图书期刊，只要是他认为值得出版的，他都乐于接受。

抗战胜利后回到上海，开明大体上恢复了原来的规模，人员却比战前精简多了。编辑部包括专业校对在内，不足 20 人，几乎一个人就相当于现在的出版社的一个编辑室。我父亲担任编辑部主任，好在都是熟朋友，出什么书，刊物怎么编，大家随时商量。他负责终审《中学生》《开明少年》《国文月刊》的稿件，书稿也大多归他最后审读。为了试验中学语文教学的改革，他还和朋友们一同编了好几套国文课本。

1949年初，父亲离开上海，绕道香港进入解放区，也就从此脱离了开明。直到“文革”开始，这16年间，他的精力主要用在中小学教科书的编辑出版上，只要看他担任的职务就可以知道：先是担任华北人民政府教科书编审委员会主任；新中国成立后，担任出版总署副署长，分管编审局，编审什么呢？主要是中小学教科书。过了不久，出版总署的任务明确了，主要抓管理，就把业务部门逐个划分出来，于是成立了人民教育出版社，由我父亲兼任社长兼总编辑。出版总署撤销后，他担任教育部副部长，仍旧主管人教社，职务没有变动。

父亲屡次说，他当不了领导，最适合的是让他当个责任编辑。在人教社，他主要做的实际上正是责任编辑应该做的工作：根据各科的教学大纲制定选题，编写或组织稿件，审读，修改，定稿，设计版式，直到校对付印，检查成品，他都事必躬亲。有人以为他只管语文课本，其实不然，数、理、化他也管，也参与定选题，改稿件，看校样，尤其是生物课本，花的力气不小。别的机关和出版社、杂志社请他看各种稿件，他都认真审阅；朋友们托他看著作稿或翻译稿，他也从不拒绝，此外，他还对标点符号的用法作了规定，在印刷字体的统一和排版格式的改进方面，也做了不少工作。

在十年浩劫中，父亲跟出版界绝大多数人一个样，被剥夺了工作的权利。“文革”以后，父亲没有再担负出版方面的职务，可是老关系还在，请他审阅或修改稿件的出版社、杂志社，还有老朋友，又渐渐多起来，他都应承下来，有的征求意见稿用小五号字印得密密麻麻，把他的眼睛也看坏了。有一次在给我弟弟的信上说起又在看什么稿子，跟下来一句是“总之都是中国的事”，意思没有说清楚。我体会他说，凡是中国的事，不论谁要他干，只要他还能干，他就得尽力干，最后审读的可能是《周恩来统一战线文选》的注释，那是1984年10月，他正好90岁。在他长长的一生中，他经手的图书期刊到底有多少种，实在很难估计。

父亲的编辑思想，跟他的文艺思想和教育思想是一致的。他早年曾猛烈抨击《礼拜六》派把文艺作为纯消遣品的游戏态度，同时指出生活是文艺作品的泉源，文艺作品应该反映时代，应该担负起唤起读者、改革社会的责任。还指出儿童文学的教育作用在于感染，不应该采取教训甚至恫吓的手段。他认为改革社会要从基础教育做起，要帮助学生树立正确的人生观，使他们得到全面的发展，成为自觉进取的、能为社会做出贡献的合格公民。他也说过，出版工作也是教育工作，对编辑青年读物和少年儿童读物来说尤其如此。

开明书店成立于1926年，1930年创刊《中学生》，等于公开声明从此把青年作为主要的读者对象，包括在校的和失学的青年，创刊人夏丏尊在《中学生》上接连发表文章，阐明受教材不等于受教育，青年不能关在学校里光读教科书，应该认清自己所处的时代和社会，学会如何做人如何处事。这许多话正是我父亲要说的，无怪乎他宁可减少薪俸，接受了开明的招邀。他在开明编辑部感到很愉快，朋友们不但看法相同，作风也相同。他们大多教师出身，不满意当时的学校教育。他们知道哪些知识是青年所必需的，哪些问题是青年所关注的；又熟悉青年的阅读兴趣和理解水平。他们编写读物从来不用教训的口吻，而是跟朋友谈心一样，和读者平等地商讨问题。他们都善于跟作者交朋友，尊重作者的意见，保护作者的权益，因为他们也都写文章在别家报刊发表，对作者有充分的理解。他们还熟知印制技术，尽可能给印制工人，尤其是排版工人以方便，遇到困难能一同商量解决。他们注重出版物的质量，既对读者负责，又对作者负责，总起来说就是对社会负责。当时在文化界、出版界，把他们的作风称作“开明风”。

（选自叶至善《叶圣陶和编辑工作》）

青年作家的向导

叶圣陶曾多次说过，“如果有人问起我的职业，我就告诉他，第一是编辑，第二是教员”。

叶圣陶当专职编辑，是从 1923 年春进商务印书馆编译所开始的。商务印书馆在上海宝山路，叶圣陶也从那时起，把家从苏州搬到上海闸北永兴路鸿兴坊。叶圣陶说，进了商务印书馆，他才正式学做编辑，“记得第一次校对，我把校样读了一遍，不曾对原稿，校样上漏了一大段，我竟没有发现。一位专职校对看出来了，他用红笔在校样上批了几个字退给我，弄得我很不好意思。我才知道编辑不好当，丝毫马虎不得，必须认认真真一边干一边学”。从此，他始终以认真严谨的精神从事编辑工作。赵景深在《叶绍钧》一文中这样写道：“我们看他代编《小说月报》，主编《妇女杂志》和《中学生》，几乎没有一次不是用全力来对付的，一切琐碎的事，甚至校对，都由他自己动手。投稿人有信给他，如果是需要答复的，他也亲自写回信去。他的字圆润丰满，正显出他那谦和而又诚实的心。”

叶圣陶当编辑还有个突出特点，就是善于发现和培养年轻的作家。

在新文学史上最为人称道的，是叶圣陶对茅盾的扶持。

1927 年 5 月，叶圣陶把家从上海西区斜桥天祥里搬到横滨路景云里 11 号。景云里是个文化人聚居之处，开明书店的许多先生都把家安在这里。而且，这里位于租界与华界的交界处，比较僻静。8 月下旬，沈雁冰从牯岭回到上海，叶圣陶帮他租下了景云里 11 号半，两家成了贴邻。当时，作为共产党人的沈雁冰正遭国民党反动派通缉，潜回上海之后，整整十个月足不出户，非常寂寞苦闷。叶圣陶几乎每天晚上都到隔壁去看他，为他转送朋友们的信件，给他传达文艺界的信息，沈雁冰则把大革命中的经历和见闻讲给叶圣陶听。

郑振铎赴欧躲避白色恐怖前，委托叶圣陶代为主编《小说月报》。此时，叶圣陶正为《小说月报》脱期发愁呢。他对沈雁冰说：你把这些写下来吧，这正是我们梦寐以求的好稿子！沈雁冰也正有写小说的打算，就一口答应下来。两个星期后，沈雁冰把《幻灭》的前半部分拿给叶圣陶看。他觉得原来的笔名“玄珠”“郎埙”等，此时都不能用了，而《幻灭》写的是小资产阶级知识分子在这大变动时代的矛盾以及自己思想上生活上的苦闷与矛盾，就取了个新的笔名叫“矛盾”。叶圣陶把小说稿带回家，一口气看完，欣喜异常，第二天就急匆匆过来找沈雁冰，说：“写得好，《小说月报》正缺这样的稿件，就准备登在9月份的杂志上，今天就发稿。”沈雁冰吃惊地说：“可小说还没写完呢！”叶圣陶说：“不妨事，9月号登一半，10月号再登后一半。”又解释道，“9月号再有10天就要出版，等你写完是来不及的。”

关于“矛盾”这个笔名，叶圣陶说：“矛盾”一看就知道是假名，如果国民党方面有人来查问原作者，我们就为难了。不如“矛”上加个草头，“茅”姓甚多，不会引起注意。沈雁冰感激叶圣陶为他的安全设想得这么周到，自然答应下来，并从此用了“茅盾”这个名字，至于他的原名，反不如“茅盾”那么响亮了。

当即，叶圣陶在马上就要付印的《小说月报》第18卷第8号的最后一页，添加了一段对《幻灭》的宣传文字：“下期的创作有茅盾君的中篇小说《幻灭》，主人翁是一个神经质的女子，她在现在这不寻常的时代里，要求个安身立命之所，因而留下种种可以感动的痕迹。”10天以后，《幻灭》就以“茅盾”为笔名发表在《小说月报》9月号的头条位置上。这部小说的发表，“引起了读者界的普遍注意，大家要打听这位‘茅盾’究竟是谁”。徐志摩曾问叶圣陶：“《幻灭》是你的东西吧？”叶圣陶摇摇头：“我哪里写得出这样的东西。”迫于沈雁冰的特殊处境，叶圣陶还不便公开“茅盾”的真实身份，徐志摩也就不好再追问了。

叶圣陶将《小说月报》办得有声有色，他以文会友，广交朋友，不仅热情邀请鲁迅、陈望道、郁达夫、胡愈之、俞平伯、朱自清、郭绍虞、丰子恺、许地山、庐隐、夏丏尊、周作人、周建人等名家为《小说月报》撰稿，还特别重视沙里淘金般地选取和扶植尚不知名的青年作者。许多后来在现代文学史上熠熠生辉的知名作家，都是在叶圣陶热心的发现、鼓励和指导下，才走上文学道路的。茅盾是这样，丁玲、巴金、戴望舒等人，也是这样。

叶圣陶后来接手编辑《中学生》杂志，特辟了《青年论坛》和《青年文艺》两个栏目，欢迎青年作者投稿，由此发现和培养了不少青年作家。比如后来成为名记者的徐盈和彭子冈夫妇，著名学者胡绳和吴全衡夫妇以及金仲华夫妇等，都是在给《中学生》投稿时被叶圣陶发现，得到鼓励，从而崭露头角的。金仲华说，他们的结合还是《中学生》促成的呢。作为编辑，叶圣陶提携、奖掖、培养年轻作家的事例不胜枚举。他把为青年作家开路作为自己终生的事业。正像巴金先生所说，叶圣陶这位“不声不响的向导”，不知为多少文学青年开辟了一条光明宽广的道路。

（选自庞旸《青年作家的向导》）

鲜明的家学传统

在中国传统社会，对于一些崇文重学的家庭和家族来说，家学不仅可以形成传统，并且对家教和家风大有助益。叶至善回忆说："我生长在这样一个编辑家庭里，从小看惯了编辑工作。记得9岁那年，我跟几个小朋友玩儿，他们的父亲也是当编辑的，有一回几个人商量，要自己编一本书。"中华人民共和国成立之初，叶圣陶夫人胡墨林"以高小自然校样嘱至善阅看，至善发见其书多粗糙含糊之语，谓实非善本"，叶圣陶"遂发心与至善共同修改"。还有一次，叶圣陶"改乔木之文，至美来，渠观乔木之文，于余所改者颇能领会，又能指出余所未及注意处。俟其去，与至善共为商量，至善亦复如是"。可见，编辑工作深深地融入了叶家的日常生活，他们一家人在互相切磋中互相提高，形成了鲜明的家学传统。这种传统，主要体现在三个方面。

一是把编辑事业视为教育事业。对于叶圣陶的编辑思想，叶至善曾经总结说："从总体上来说，我父亲的编辑思想跟他的教育观点文学观点是一致的，主要在于推进社会的改革，他认为出版工作是教育工作的一个重要组成部分，在实践中，他就是把编辑工作作为教育工作来做的。"的确，在实际工作中，叶圣陶始终把编辑出版作为"教育工作的一个组成部分，一个不可缺少的重要组成部分"，通过推出高质量高品位的图书和刊物，孜孜不倦地教育着一代又一代年轻人。叶至善继承发扬了这一家学传统。曾经轰动一时的优秀长篇童话《小布头奇遇记》，因不像童话而被一家出版社退稿，后来叶至善看到这部书稿，首先考虑的不是它像不像童话，而是它是否有益于少年儿童成长，是否符合时代需要，并以此为依据判断这部书稿的价值，通过精心的编辑加工，最终打造了一部深受少年儿童喜爱的出版精品。

二是重视编辑的学习和修养。对于如何做好编辑工作，叶圣陶提出要有两个方面的训练，一要练眼光，二要练笔。练眼光就是选择内容好的稿件，对读者有益处的；练笔就是进行文字加工要精益求精，给读者拿出最好的东西。要练眼光，就要不断汲取知识，锻炼辨别能力。为此，叶圣陶提出编辑“要做个杂家”。对于如何做个杂家，叶至善认为“要养成随时随地学习的习惯，审读稿件时学，向作者约稿时学，向专家请教时学，总之时时处处都要留心”。要练笔，就要自己写稿子，锻炼文字能力。叶圣陶父子在从事编辑工作的过程中写下了大量序跋文字，不仅是其练笔的成果，其中充溢着的编辑思想，对于做好图书编辑尤其大有裨益。叶至善为父亲编辑过《叶圣陶序跋集》，他的子女也编辑了一本《叶至善序跋集》，把这种序跋文字作为“一个编辑一生工作经验的积累”，作为“那些刚刚迈入编辑大门的编辑的一本绝好的教科书”奉献给读者。

三是尊重和依靠著作者。叶圣陶认为，“著作家的成绩好比泉源，不依靠著作家，出版业就成为无源之本。”他在长期的编辑工作中，始终把作者当作朋友，不仅从工作、学习上关心，还在他们遇到困难时，从生活上给以帮助。叶至善从做《开明少年》的编辑始，就跟父亲学了两个办法：一是依靠读者，许多稿件是从投稿和来信中挑出来的；二是依靠信得过的作者按期供稿。他对“为他人做嫁衣裳”的编辑观点提出了不同看法：首先，编辑和作家服务的对象是广大读者，成功是共同的成功，失败是共同的失败。其次，编辑做了一些文字加工，把作者的文章发表出来，完全是职责范围的事。在这方面不存在什么谁占了便宜谁吃了亏的问题。在叶至善指导下，叶小沫在做科普编辑的那些年里，抓住机会向专家和作者学习，建立起了一支各个学科的作者队伍，还在来稿中发现和培养了一批作者，达到了更好地为读者服务的目标。

（选自刘兰肖、刘宇新《一个编辑出版家的家风——谈叶圣陶家族的文化传承》）

处世

“赋别寄哀思”

去年3月，沈雁冰先生逝世，我父亲写了四首七绝寄托他的哀思，发表在《人民日报》上：

赋别四绝挽雁冰兄

联席涵芬楼上日，不辞而别省何之。
广州武汉无书至，正是风雷迅猛时。

悄然送别浦江滨，且寄扶桑小隐身。
刊稿传书宁老母，两家亲若一家人。

应邀初作赤都游，饯别深宵醉未休。
最喜获尝先睹快，见闻录稿校从头。

忆回暂别重相见，今日何堪永别悲。
往事如尘难悉忆，第言赋别寄哀思。

我父亲第一次跟沈先生见面，是1921年3月，到去年3月齐头六十年。1923年初，我父亲由朱经农先生介绍，进商务印书馆编译所国文部工作，沈先生正好从《小说月报》社调回国文部。商务的编译所在“涵芬楼”二楼上，一大间屋子，用隔扇隔成若干间，中间是过道，过道两边每一间一个部。父亲告诉我说，当时国文部中每四张书桌为一组，他和沈先生对面坐，旁边是丁晓先先生；还有一位是谁，他记不起来了。沈先生和丁先生是共产党员，编《学生杂志》的杨贤江先生也是，我父亲是知道的。凡是公开的活动，他们要他参加，他出于对他们的信任和景慕，大多去参加，其余的，他们不说，他从不打听。1926年元旦后开工，沈先生没有上班，一连几天不见面，父亲就猜到他去广州了，并且料想革命将会有新的发展。因为在当时，广州是革命的中心。

到了3月底边，沈先生回上海了，我父亲见了他也不问他去广州干什么。商务婉言辞退了沈先生，其实沈先生也没有工夫再给商务编书了。那时候我家住在香山路仁余里二十八号，我父亲在工余兼管文学研究会的杂务，如回复和传递信件，办理出版物的函购，住所大门上还钉着一块蓝底白字的“文学研究会”的搪瓷牌子。沈先生大概看中了这幢房子有这样一个公开身份，每天邮差送来的信件又多，就托我父亲代他收信，凡是信封上写着“钟英先生收”的，收拣在一边，说待有人来取就交与。有些晚上还借我家开会，会场就在客堂后间的楼梯底下。我父亲从不问他们开什么会，总是在晚饭以后，先从后门进来一个我父亲认得的人，我父亲把把门的大权交给了他，管自上楼去做自己的工作了。前面的客堂里睡着祖母和我。我已经懂点儿事了。知道在板壁后面低声说话的是“革命党”，而“革命党”被抓住了是要杀头的。北火车站的电线杆上就曾经挂过小竹笼，笼里盛着“革命党”的脑袋。我走过那里连头也不敢抬。在宝山路上，我经常看到那些凶巴巴的“执法队”在巡逻，身背刀把上飘着红绸的明晃晃的大刀。想着想着，我害怕起来，把身子贴近祖母胸前，不一会儿就睡着了，不知那些开会的“革命党”什么时候悄悄离去的。现在看了沈先生的回忆录，才知道他从广州回上海，代替恽代英同志担负起主管“交通局”的任务。那年年底，北伐军打下了武汉，第二年2月，沈先生和沈师母就一同去武汉工作了，动身之前也没有告诉我父亲。他们为什么突然离开上海，我父亲心里也大致有数。

“四一二”事变之后，先是宁汉分裂，既而宁汉合流，湖南、湖北、江西也大杀共产党了。沈师母在6月底先回上海。他们家本来住在宝山路鸿兴坊，大革命前，党内许多重要人物常在他们家歇脚，当然不能再在那幢房子里住下去了。景云里是一条新造的里弄，我们家右边还空着，沈师母就租了下来，我们两家就成了邻居。为他们家搬来的那天，我和妹妹都高兴极了，因为又多了两位小朋友——沈霞和沈桑。沈老太太是从来不讨厌孩子的，常戴着老花镜给我们讲《封神榜》。还有个小舅舅——沈师母的弟弟孔令杰。最会想方设法跟孩子们玩儿。沈先生不久也回来了，可是不常看到他，他耽在楼上难得下来。我也懂得他不能露面，只好躲在家里写文章。我父亲常在晚上去看他，或者取回稿子，或者转送书刊信件。第二年夏天，有个晚上，孩子们都在大门口乘凉，我父亲母亲和沈师母一同出去了，很晚才回来，我才知道他们是往轮船码头送沈先生去日本。沈先生在回忆录上只记着陈望道先生悄悄把他带上轮船，可见我父亲母亲和沈师母是随后赶去的。不一同走当然是为了避人耳目，因为景云里住着不少熟人，沈先生去了日本，我父亲就成了他在国内的“经理人”：稿子寄给我父亲，由我父亲分送给各种刊物发表；稿酬由我父亲代领，一部分汇到日本，一部分给沈师母作家用；还有许多转递书刊信件之类的杂事。我父亲从来怕管家务，为了让沈先生在日本能放心，把他的事办得井井有条；我母亲也常常到隔壁去陪老太太说话。这样持续了将近两年，1930年初，沈先生从日本回来了。他不回家里住，躲在法租界杨贤江先生家，后来把家搬出了景云里，我就难得见到他了。

我父亲挽沈先生的四首七绝，前两首讲的就是这两次“暂别”。以后这五年中，我父亲和沈先生经常见面，他们在好些声明上宣言上一同签了名，那些声明和宣言都是反对日本军国主义侵略和反对蒋介石法西斯统治的。后来抗日战争爆发了，朋友们聚散无常，不把“暂别”当成一回事了，可是在有些时候，时局发生了什么突变，相互的悬念还是免不了的。例如在独霸新疆的军阀盛世才突然捕杀共产党员和进步人士的时候，在日本军国主义者发动太平洋战争攻占香港的时候，我父亲都着实为沈先生的安全担忧。关于这两次脱险，沈先生都有回忆的文章，用不着我重复了。

1947 年 4 月 25 日，沈先生仍乘斯摩尔尼号回到上海。我父亲在日记上记着："雁冰夫妇游苏归来，于今日午后到埠。四时，偕彬然、调孚迎之于海关码头。友好二十余人先在，船已停泊，但尚未卸客与货。候至五时后，雁冰夫妇始乘驳船登岸。一别 5 月，彼此依然。记者访问，照相，又是一番忙碌。"以后又有各种欢迎活动，或是茶会，或是聚餐，或是讲演会，我父亲在日记上记着不少。沈先生忙碌了将近一个月，在那个年头，这样做很有必要，辛苦一点儿也值得。沈先生后来把旅苏的日记整理出来，加上三十多篇访问记，编成《苏联见闻录》，作为曹靖华先生主编的《中苏文化协会文艺丛书》之一，交给开明书店出版。从 11 月 20 日起，我父亲就断断续续地校阅沈先生的原稿。第二年 4 月，正是内战越打越激烈的时候，《苏联见闻录》出版了，读者的欢迎是意料中事。开明的同人也很高兴，心情跟编辑出版《抗战八年木刻选集》和《闻一多全集》的时候一样——至少又做了一件使蒋介石政权感到不太痛快的事。记得 1946 年 10 月 10 日，开明书店举行二十周年纪念会，沈先生不但参加了，还在会上演说，大意说开明这样的书店有它存在的必要，如果大家都赤膊上阵，结果被国民党封上了大门。许多本来可以做的事也做不成了。开明的同人听了他的话都很高兴。回顾开明那些年的工作，斗争当然谈不上，可是边鼓并没少敲。

解放后的 32 年间，我父亲和沈先生都在北京，可是各忙各的，几乎只在会场上见面："文化大革命"的十年倒是闲下来了，可惜大家都上了年纪，腿脚不便，不能经常往还；而且在那个年头，见了面也没有什么可说的。1976 年以后，大家又忙起来了，后来，沈先生的身体越来越衰弱，偶尔在集会上见着他，他好像疲惫得不能支持似的，每见到一次更加深一层挂念。但是听到他逝世的消息，我们一家都觉得很突然。那些天里，我父亲常常跟我们谈起沈先生，可是往事如烟，他大多想不清楚了，最后只好写四首七绝来寄托哀思。

（选自叶至善《"赋别寄哀思"》）

华枝春满　天心月圆

1927年10月初，弘一法师到上海，父亲与夏丏尊、丰子恺、李石岩、周予同及日本居士内山完造在功德林摆斋宴，欢迎弘一法师。斋宴后，一起去拜访印光法师。弘一法师是印光法师的皈依弟子，故一方敬礼甚恭，一方颠头受之。10月8日父亲写成的《两法师》，记叙了这次斋宴和拜访。这篇散文自“走上功德林的扶梯”起，几乎全部纪实，很像纪录片，至多在拍摄的角度和镜头的剪裁方面稍稍下了些功夫。文章中描写了弘一法师的相貌“清癯的脸，颔下有稀疏的长髯”，“带笑的容颜，细小的眼眸子放出晶莹的光”；衣着“他的脚是赤着的，穿一双布缕缠成的行脚鞋”；到寺院拜见印光法师时，弘一法师“取出一件大袖僧衣来（他平时穿的，袖子与我们的长衫袖子一样），恭而敬之地穿上身，眉宇间异样地静穆”；行止笑语“他的回答总是一句短语；可是殷勤极了，有如倾诉整个心愿”；“真所谓纯任自然，使人永不能忘”；“似乎他的心非常之安，躁忿全消，到处自得；似乎他以为这世间十分平和，十分宁静，自己处身其间，甚而至于会把它淡忘”。文章中对两位法师做了比较，称“印光法师乃是一般信徒用意想来装塑成功的偶像”。“他显然以传道者自任，故遇有机缘不惮尽力宣传，宣传家必有所执持又有所排抵，他自也不免。弘一法师可不同，他似乎春原上一株小树，毫不愧怍地欣欣向荣，却没有凌驾旁的卉木而之上的气概。”

对文章我再作些说明。“功德林”是爿素菜馆。《太平洋报》是1912年出版的，每期有一张石印的艺术副刊；书画当然是影印的，所有的诗文也由李叔同先生亲手誊写后影印。我父亲特别喜欢他的字，有好几个月，每天写日记也效学他的笔意。虎跑寺当时分前后两院：前院供着济公活佛，香火很盛；后院却很清静，是他出家的地方，如今好像合而为一了。丰先生在“文革”前发起造在寺旁的弘一法师纪念塔还在。西泠印社“印藏”里的印章已取了出来，陈列在某展览馆里。

父亲和夏丏尊先生是挚友。夏先生给《子恺漫画》写了一篇序，那篇序很有点特别。开头一段说：“新近因了某种因缘，和方外友弘一和尚聚居了好几日。和尚未出家时，曾是国内艺术界的先辈，披丏以后，专心念佛，见人也但劝念佛，不消说，艺术上的话是不谈起了的。可是我在这几日的观察中，却深深地受了艺术的刺激。”接下去就说几日来受到的刺激，行文自然比我父亲的那篇更加简洁。举了不足十条例子，夏先生说：“在他，世间竟没有不好的东西。一切都好……什么都有味，什么都了不得。”“这是何等风光啊！宗教上的话且不说，琐屑的日常生活到此境界，不是所谓生活的艺术化了吗？……对于一切事物，不为因袭的成见所缚，都还它一个本来面目，如实观照领略，这才是真解脱，真享乐。”

夏先生说：“艺术的生活，原是关照享乐的生活。在这一点上，艺术和宗教实有同一的归趋……真的艺术，不限在诗里，也不限在画里，到处都有，随时可得。能把他捕捉了用文字表现的是诗人，用形及色彩表现的是画家。不会作诗，不会作画，也不要紧，只要对于日常生活有观照玩味的能力……否则虽自号为诗人画家，仍是俗物。”“子恺为和尚未出家时的弟子，我序子恺画集，恰因当前所感，并述及了和尚的近事。这是什么不可思议的缘啊！南无阿弥陀佛！”

我父亲正是读了夏先生这篇序中，朴质简要描叙了弘一法师对待日常生活琐事的艺术态度，才“怀着似乎不曾有过的洁净的心情”，去会见弘一法师的。夏先生阐述生活与艺术的关系一段，我父亲完全信服，我摘录的时候仿佛又听到两位老人家把酒絮谈。

（选自《父亲长长的一生》）

托尔斯泰如是说

1983年1月5日，父亲收到巴金先生寄赠的新作《真话集》，第二天就回信致谢。巴老在家里从高处取书，滑了一跤，折了腿骨，躺在床上做牵引；赠书的扉页上除了签名和日期，还注明“于病床”。我父亲在信上说，“观此手迹，遥念不已”。又说自己于四年半前，“以割除胆石卧床三个月。以后起身，履地，举步，都像幼儿似的重新学习，渐渐恢复原有能力，此中亦有趣味。……见病床上能题字，且（似漏了‘听说’二字）能撰发言稿，殊感心慰”。父亲在1978年害的是胆石症，由于在旅途中耽搁了近一个月，闹得几乎不可收拾，很可能下不了手术台，在恢复的过程中又屡遭挫折。老人家在信上这样轻描淡写，是真个忘记了呢，还是为了慰抚要在病床上躺六个星期的巴老呢？

1984年3月15日，文艺界集会纪念老舍先生八十五岁诞辰。父亲说要参加，让兀真陪去。老人家回来，大家问见着了谁，谁在会上讲了话。他说握手的不少，没看清面目；讲话一句没听清楚。兀真说看爷爷抹眼泪来着，可能悲从中来，想起了半年前填的，“呵天甚意！”怀念老舍先生的那首《台城路》吧。也许会场中热，外头又太凉，老人家发起烧来，一连三天还不退，只好去医院求诊。医生说胸部有罗音，可能是肺炎，得住院检查。这可是全面检查，大小仪器都用遍了。结果是气管里有痰，还没发展成肺炎，注射些什么素就退烧了。倒是那已经纤维化了的胆囊不太安分，好像又要作祟。医生劝我父亲说，体温已恢复正常，好好养些天，下决心把这个废物割了吧。老人家回答得可爽快，他说：“各位认为我还经受得住，我愿意再试一回。”还写了张便条，算作字据。朋友们说："叶圣老都九十了，胆子恁大！"老人家说："割除了后患，胆子会更大。"这一回手术很顺利，恢复也快，前后不到两个月就出院了。

没想到回家才二十天，老人家吃了几颗草莓，染上了急性肠胃炎，又住了半个月医院。从此常来常往，11 月中旬，老人家体温突然增高，又住院检查，月底边才回家。才过 1985 年元旦，老人家食欲锐减，大家发觉他皮肤眼球都发黄，知道是肝脏又犯病了；好说歹说，到 11 日才把老人家劝进了医院。这一回可了不得，有一个来星期，老人家持续高烧，处于昏迷之中，闭着眼睛，有气无力尽说胡话。医院又向有关机关发出"病危通知"，说还在尽一切努力抢救。居然绝处逢生，老人家体温逐渐下降，让抢救回来了。他自己也记不清那一星期是怎么过的，只是噩梦不断，摆不掉又摔不脱，无地缝可钻。

医生说，这一回定要我父亲全部恢复了正常，才准许他出院回家。老人家对我们说，以后总是住院的日子比在家多了；而且终会有回不去的那一天。这一回放回了家，不要听他打一个喷嚏就把他往医院里送。又说，"不往医院里送又有什么办法呢？托尔斯泰就比较通达，他说人们并不一定相信医院能起死回生，但是总抱着这样的一线希望；于是把病人，连同责任和希望，一同托付给了医院，心理上的负担就减轻了许多；病人如果也抱着希望，痛苦或许可以减轻一些。托翁这些话是在《战争与和平》中说的，娜达莎走进医院的那个时候。"

父亲最后一遍读这部巨著，在"文革"中期。老人家把四大厚册拆开，分订成二十几本小本子。后来让我带到了干校，先是偷偷地读；别人发现了就偷偷地借去读，最后不知流落到了谁的手里。我才读过一遍，不记得托翁有这段旁白。老人家经过了这场肝昏迷，贮存在大脑里的信息受高温反复烧灼，大多不成片段，不知怎么地偏偏留下了这样几句。

（选自叶至善《最后五年》）

最后的会友时光

1986年7月24日，医生放我父亲出院。

老人家回了家总打不起精神，躺在床上的时候多，看来健康情况并未全部达标。挨过了年，又因重伤风送进了医院，到4月4日才放回来。这三个月的找补灵验得出奇，换回了老人家的生活习惯和情趣，回家来见两棵海棠已新叶熠熠，马上问长了骨朵没有。骨朵还没花椒粒大，指给他看，他也看不见；于是天天问，只怕骨朵被风吹蔫了。忽然叔湘先生来电话，问圣老是否出院了；他访问香港才回来，是去中文大学接受名誉博士学位的。父亲叫我回答说正想得紧，这一回可以在家里长谈了，请叔湘先生快些来，说完就站在廊下等了。叔湘先生谈起港台学者对文字改革有许多误解和偏见。我父亲闻所未闻，笑得非常开心。

父亲曾答应冰心阿姨，等海棠花开请她来我们家赏花；谁料到一连五年，父亲都在病床上消磨了大好春光。如今不该再错过了，可是连日大风，转眼又将落红成阵。老人家嘴上不说，心里说不定已经在犯嘀咕。我托在民进工作的朋友跟吴青姐约好，等风一停就如此这般……暂时还得保个密，两位老人要是知道了，准会兴奋得几夜合不上眼的。廿二日早上风居然停了，我们悄悄地通了电话，从各方面做好准备。直到父亲午睡醒来，才给他一个喜出望外，说冰心阿姨3点钟来看海棠。父亲走出卧室，看正屋里已收拾干净，又站在廊下等着。3点整，听得大门外汽车到了，父亲由我们搀着迎到二门口；冰心阿姨扶着助行器，由女儿女婿外孙拥簇着走了进来。两位老人握住手相看了好一会儿，都说想不到大家的身体都还好，于是在海棠花下拍了好些照片。我们请老人家进屋里坐。冰心阿姨说花开得这样好，何不在院子里坐些时候。我们赶快搬出椅子来，让二老坐在盛开的花下说话。父亲耳朵背得厉害，冰心阿姨凑在他耳朵边说，他还得把手拢在耳朵背后听，拍在相片上，像两个老小孩在说悄悄话。高兴了这半天，老人家都有些累了，分别的时候一再相互叮咛："千万保重。"

三天以后，举行朱自清先生石像的揭幕典礼。清华大学送来请柬，我问父亲去不去。老人家说：只要不刮风下雨，一定去；又说好些年没见着朱师母了，挂念得很。那一日又天从人愿，只是有点儿凉。老人家起得特别早，如厕，洗漱，早餐，再洗漱，程序是不可改变的，都加快了节奏。兀真给老人家穿得严严实实，由我和至诚扶上汽车，父子仨直奔清华。老人家也太性急了，到得会场，头一个进休息室。拿着请柬的人陆续来了，认识的都跟我父亲握手，说老人家精神还这样好，定能活一百岁；老人家似乎慨然允诺。朱师母由乔森兄扶着来了，握住了我父亲的手抚摩了半天，似乎有许多话要说，却一句没说出来。她已经双目失明了。

会场布置在荷塘右首。人们把朱师母和我父亲让到了来宾席上，跟叔湘先生夫妇同坐在头一排。我和至诚被挤到了后头，没听清主持人和几位来宾说了些什么；后来问父亲，他说也没听清。蒙在石像上的红绸落下来，就看见坐在岸边的朱先生面对着满塘阳光，水面上还没有一片荷叶。因而想到揭幕式似乎也太性急，如果等到仲夏时节月明风清，伴着丝竹弦管举行，岂不是好。我和至诚待人们散了，扶父亲沿着塘边，好容易走到石像跟前瞻仰了一会儿。在回家的路上，父亲问我们见了平伯先生没有。我们都说没有，兴许不曾来。老人家叫我打电话去问。平伯先生回说起身晚了，车又来迟了，到得荷塘边人已经散尽，在大太阳下赶了这一趟，身子倒舒服了。父亲也就放心了。

（选自叶至善《最后五年》）

人生旅程，知交相伴

乐山被炸以后，我们家迁到了乐山城外，张公桥雪地头。茅屋三间，疏竹一篱，靠山面水。所谓山，至多只有今日一般住宅的四五层楼高，水也不过是条小溪，名字挺秀美，竹公溪，只在涨水的日子稍有点儿汹涌之势。

房屋虽然简陋，客人倒还常有。父亲的客人多半是当时他在武汉大学中文系的同事，其中朱东润、朱光潜、陈通伯几位先生，更来得勤些；常常晚饭过后不久，或单个，或结伴，提了一支手杖，信步从城里走来；有时在我们家坐上一阵，有时邀父亲同去散步，父亲便穿上长衫，提了手杖，一同出门。

一天，父亲和朱东润先生出去。通常的走法，总是：出篱笆门左转，沿竹公溪边的小路到岔路口，下一个小土坡，从沙石条架成的张公桥跨过溪水，对岸不远的竹林间有个十来户人家的小镇，有茶馆可以歇脚。这一天，他们改变了路线，到岔路口不下土坡，傍着左手边的山脚，顺山路继续向前。乐山的山岩呈赭红色，山岩上矮树杂草野藤，一片青翠，父亲有过“翠巘丹崖为近邻”的诗句。山路曲曲弯弯，略有起伏；经过一个河谷，也有石板小桥架在溪上，只因远离人家，桥下潺潺的溪水，仿佛分外清澈。望着这并非常见的景物，朱先生感叹地说：“柳宗元在永州见到的，无非就是这般的景色吧！他观察细致又写得真切，成了千古流传的好文章！”父亲很赞赏朱先生这番话，拿来写在了他当天的日记里。

在父亲的日记里，又有一处记载着他和朋友关于游览的谈话，那是1945年秋，在重庆。这一天，开明书店的同人们一起去南岸郊游。路上，父亲对傅彬然先生说:“不少名胜,没有去以前只听说如何如何,到那里一看,也不过如此。”傅先生说:“游览的乐趣,其实只在有几个很好的旅伴,一路上谈谈说说,非常之畅快。”停了一会儿,又说:“其实,人生也是这样。”

父亲一生,旅行的次数不少,大多总有可以倾心交谈的旅伴。1961 年 7 月下旬到 9 月下旬,父亲出游内蒙古,和老舍先生不仅同行,而且同室;一路同出同进,一同闲谈,一同赋诗;过了大兴安岭,又一同发觉当地不闻蝉声,父亲有“高柳临流蝉绝响”的诗句,老舍先生有“蝉声不到兴安岭”的诗句。后来重读那五十多天的旅游日记,父亲禁不住写下了这样的话:“我跟他(老舍先生)在一块儿起居,听他幽默风趣的谈吐,咀嚼他那独到的引人深思的见解,真可以说是一种无比的享受。”

就人生的意义说,母亲和父亲同行了 41 年。母亲去世的当晚,父亲吟成一阕《扬州慢》:

山翠联肩,湖光并影,游踪初印杭州。怅江声岸火,记惜别通州。惯来去淞波卅六,蓬窗双倚,甪里苏州。蓦胡尘扶老西征,廛寄渝州。

丹崖碧巘,共登临差喜嘉州。又买棹回乡,歇风宿雨,东出夔州。乐赞旧邦新命,图南复北道青州。坐南山冬旭,终缘仍在杭州。

无限伤怀地略叙了他和母亲联肩并影的双双游踪。

除了前面提到的诸位父执,父亲更有自小同窗,前后相交了七十多年的顾颉刚先生和王伯祥先生;声气相投,共同创立了文学研究会的郑振铎先生和沈雁冰先生;合作撰写《文心》,由朋友结为亲家的夏丏尊先生;死别将三十年,一朝想起,依旧猛烈悲切的朱自清先生;“诵君文,莫计篇,交不浅,五十年”的巴金先生;中年相识,一见如故,钦慕不已的吕叔湘先生……如此众多“常措探谈易歇”的知交相伴,走完了一生漫长的旅程。

(选自叶至诚《关于父亲》)

钱穆

钱穆（1895—1990），字宾四，江苏无锡人。中国现代著名历史学家、思想家、教育家。1930 年因发表《刘向歆父子年谱》成名，被顾颉刚推荐，聘为燕京大学国文讲师，后历任北京大学、北平师范大学、西南联大、齐鲁大学、华西大学、四川大学、云南大学、江南大学教授。1949 年南赴香港，创办新亚书院（香港中文大学前身）。1967 年迁居台北，任中国文化学院（今中国文化大学）史学教授。1990 年在台北逝世。钱穆著述颇丰，代表作有《先秦诸子系年》《中国近三百年学术史》《国史大纲》等。他毕生弘扬中国传统文化，高举现代新儒家的旗帜，在大陆、香港、台湾都产生了巨大的影响。

齐家

五世同堂，贫富既分

七房中人丁衰旺不一，初则每房各得良田一万亩以上。继则丁旺者愈分愈少，丁衰者得长保其富，并日增日多。故数传后，七房贫富日以悬殊。大房丁最旺，余之六世祖以下，至余之伯父辈乃得五世同堂。余之曾祖父兄弟两人，长房七子，次房五子，又分为十二房。故余祖父辈共十二人。一宅前后共七进，每进七开间，中为厅堂，左右各三间，供居住。又每进间，东西两偏有厢房，亦供居住。宅之两侧，各有一长衖，皆称弄堂。长房七家由东弄堂出入，次房五家，由西弄堂出入。中间大门非遇事不开。其后每家又各生子女，先祖父鞠如公为东弄堂七房之长，即生四女两男共六人。故余有四姑母、一伯父，先父最小为一家之幼。其他家以此为推。故五世同堂各家，分得住屋甚少，田亩亦寡。自余幼时，一家有田百亩二百亩者称富有，余只数十亩。而余先伯父及先父，皆已不名一尺之地，沦为赤贫。老七房中有三房，其中两房，至余幼年皆单传，一房仅两兄弟，各拥田数千亩至万亩。其他三房，则亦贫如五世同堂。

贫富既分，一切情形亦相悬隔。老七房中之三房富者，轮为乡间绅士。上通官府，下管附近乡里赋税、差役等事。有他事争执，亦至绅士家裁判，可免进城涉讼。七房桥阖族中事，亦渐归三房轮为绅士者主持决夺。余四房避不参预。相传五世同堂内西弄堂一寡妇，尚称富有，一子未婚，一女未嫁。其子常犯规越矩，多行不法。其时，大家庭之规模尚存，而大家庭之礼法，已荡然不见。诸祖父叔伯兄长前辈，皆莫奈之何。其时为绅士者为老七房中之第三房，对之屡加教斥，亦不听。乃送之县狱。五世同堂内诸祖父皆竞赴老三房请求释放。不许，谓需拘禁有时，或可有悔改之望。不幸其子竟瘐毙狱中，值老三房绅士亦卧病在床。一夕，其瘐死者之母，忽梦子来诉，已在阴司申冤得直。请多烧冥镪，可供地下使用。使速毙。其母醒，告其女，女亦同梦此事。翌晨，告素常相亲诸家，亦有同获此梦者。乃赴市购大量锡箔。凡五世同堂中妇女，皆竞折之。堆门外大广场焚化。此间大堆纸锭烧完，西边老三房病绅亦告气绝。此事在余幼年，尚闻传述。则诸房间之感情隔阂，亦可想见。

五世同堂之大门，悬有五世同堂一立匾。第二进大厅为鸿议堂，为七房各宅中最大一厅，淮军讨洪杨驻此，集官绅共议防守事宜，因名。第三进为素书堂，后四进堂小无名。西弄堂五叔祖分得素书堂之西偏三间为其家屋。不知为何，一人亲自登屋拆除，惟素书堂，及堂匾尚保留。拆下砖瓦木石，尽以出卖。诸兄弟竟未能劝阻。鸿议堂本有楠木长窗二十四扇，精雕《西厢记》全部，亦为宅中人盗卖。堂中长案大桌及几椅等，亦盗卖一空。仅五世同堂一宅之内，其分崩离析，家法荡然已如此。其素书堂西偏拆去部分，称为塌屋基，竟亦未能重建。

至于子弟教育，更不堪言。余幼时所知，族中诸兄长及伯叔父辈，大率仅读《四书》。能读《诗经》《左传》，乃如凤毛麟角。殆绝无通《五经》者。虽老三房富有，力能延师，而溺情安富，不求上进。子弟学业上亦率与其他四房相类。科第功名，乃若与七房桥全族无缘。少数贫苦者出门经商，或为伙计，或开小店铺，获得温饱即止。大多数则依赖数十亩一两百亩田租，游荡不事生产。离七房桥西一华里许有一小市名鸿声里，亦由钱姓聚族而居者占大多数。晨旭方升，七房桥三十左右以上人，无论辈分，结队赴市上喝茶进面点，至午始返。午后不乏再去者。亦有中午不返，至晚始归者。在家则养黄雀，或养蟋蟀，春秋两节相聚决斗为娱。亦有远方来参加者，亦有分赴远方作斗者。斗鸟斗蟋蟀外，冬春之交，以放风筝为乐。风筝形状各异，大小不等。在老四房中，有一伯父，阁楼上藏蟋蟀盆五六百以上。雇佣在家，扎大风筝，须八人抬之，始可移至田野间。风筝上装弦筲，天空中呼啸声四起。入夜则结挂灯笼，大风筝可悬灯笼二十以上，光耀数里外。四围诸村落，皆以此称羡七房桥。七房桥族人老幼，亦以此自喜。大家庭之堕落，逮余幼年，殆已达于顶巅。

（选自钱穆《八十忆双亲》）

展阅纸上泪痕，把玩想念先祖

七房桥全族书香未断，则仅在五世同堂之大房。先曾祖父绣屏公，国学生。前清嘉庆庚午生。先祖父鞠如公，邑庠生，道光壬辰生。

先曾祖父绣屏公之事，余已无所知，不妄述。先祖父鞠如公，有手抄《五经》一函，由先父以黄杨木板穿绵带裹扎，并镌亲书“手泽尚存”四字。全书用上等白宣纸，字体大小，略如《四库全书》，而精整过之。首尾正楷，一笔不苟，全书一律。墨色浓淡，亦前后匀一，宛如同一日所写。所抄只正文，无注解。但有音切，皆书在眉端。先兄告余，先祖父所长在音韵。其所下音切，皆自有斟酌，非抄之旧籍。惜余于此未有深知。

先祖父中年即体弱多病，此书抄毕不久即辞世，年仅三十七。先兄指示余，在此书后半部，纸上皆沾有泪渍，稍一辨认即得。愈后渍痕愈多。因先祖其时患眼疾，临书时眼泪滴下，遂留此痕。余兄弟不能读《五经》白文，但时时展阅纸上泪痕，把玩想念不已。

家中又有大字本刻本《史记》一部，由先祖父五色圈点，并附批注，眉端行间皆满。余自知读书，即爱《史记》，皆由此书启之。读书渐多，乃知先祖父此书圈点，大体皆采之归方本，批注略似《史记菁华录》，皆可长人智慧。惟全书各篇皆有，盖多采旁书，亦多自出心裁也。

（选自钱穆《八十忆双亲》）

先父之幼年苦学

先父讳承沛，字季臣。前清同治丙寅年生。先祖父卒，先祖母年四十一，先父年仅三岁。自幼有神童之称。双目炯炯发光，如能透视一切之背后，亦称“净眼”，云能见鬼神，过十二岁始不能见。幼时发奋苦学。盖得先祖母之教督。家中无书房，在塌屋基后面，即素书堂后进西边有破屋三间。自素书堂西半被拆，此处无人居住，殆为坏了风水，皆已他迁。先父一人读书其中，寒暑不辍。夏夜苦多蚊，先父纳双足两酒瓮中，苦读如故。每至深夜，或过四更，仍不回家。时闻有人唤其速睡。翌晨询之，竟不知何人所唤。有业师，乃颛桥王翁，在七房桥南十里外。先父隔旬日半月，始徒步一往问业。

先父既卒，先兄及余所见，尚留有当时窗课两本，皆律赋及诗，不见有八股文及其他存稿。余时时喜诵此两册窗课，惜今皆忘之。犹忆两题，一曰《春山如笑赋》，乃短篇，余特爱其景色描写。由七房桥南望，仅见秦望山一抹。余长而喜诵魏晋以下及于清人之小品骈文，又爱自然山水，殆最先影响于此。又一题曰《岳武穆班师赋》，以“十年之功废于一旦”为韵，全篇共分八节，每节末一句，各以此八字押韵。乃集中最长一篇。余尤爱诵。余自幼即知民族观念，又特重忠义，盖渊源于此。至其押韵之巧，出神入化。余此后爱读宋人四六，每尚忆及先父此文。

先父以十六岁县试入泮，以案首第一名为秀才。主学政者特召见先父及同案第二名。面告先父：“汝文托意高，结体严，可期文学上乘，然恐不易遇识者。”又曰：“汝尚年幼，而为文老成有秋气。”又顾第二名，曰：“汝年长，乃屈居彼下，然为文有春气，他年福泽，当胜于彼。”

先父体素弱。入泮后，凡三赴南京乡试，皆在场中病倒，不终试而出。此后遂绝意场屋。有一次，试题为《齐人将筑薛》。先父仅完此题即出。文中用意，特写一将字，又模拟《公羊传》文体为之。一时人竞传诵，名大噪。远近来求从学，前后达四十人。然经先父指授得意者，亦多赴试不中。先父此后，遂亦不复从事于授徒教读之生活。

（选自钱穆《八十忆双亲》）

“先父母对子女，从无疾言厉色”

先父爱子女甚挚。尝语人：“我得一子，如人增田二百亩。”余之生，哭三日夜不休。先父抱之绕室，噢咻连声。语先母曰：“此儿当是命贵，误生吾家耳。”自余有知，先父自鸿声里夜归，必携食物一品，如蛋糕酥糖之类，置床前案上，覆以帽或碗。余晨起揭试，必得食。及余七岁入塾，晨起遂不见食品。先母告余曰：“汝已入塾，为小学生，当渐知学大人样，与兄姊为伍，晨起点心，可勿望矣。”余下一弟，先父最所钟爱，不幸早夭。先父抱之呼曰：“必重来我家。”次弟生，眉上有一大黑痣。先父喜曰：“我儿果重来矣。”

先父为先兄与放大风筝某伯父家一堂兄，聘一塾师，华姓，自七房桥东五里许荡口镇来，寓某伯父家。携一子，三人同塾。翌年秋，先父挈余往，先瞻拜至圣先师像，遂四人同熟。师患心痛疾，午睡起，必捧胸蹙额，绕室急步。余童无知。一日，二兄逗余，笑声纵。翌日上学，日读生字二十，忽增为三十。余幸能强记不忘，又增为四十。如是递增，日读生字至七八十，皆强勉记之。因离室小便，归座，塾师唤至其座前，曰：“汝何离座？”重击手心十掌。自是不敢离室小便，溺裤中尽湿。归为先母知，问余，不敢答。问先兄，以实告。先母默然。一日傍晚，先父来塾，立余后，适余诵《大学章句序》至“及孟子没”，时师尚未为余开讲。先父指没字问余，曰：“知此字义否？”余答，“如人落水，没头颠倒。”先父问：“汝何知此没字乃落水？”余答：“因字旁称三点水猜测之。”先父抚余头，语塾师曰：“此儿或可前生曾读书来。”塾师因赞余聪慧。先父归，以告先母，先母遂告先父余溺裤中事。年终，先父因谢师歇塾。

为余兄弟学业，移家至荡口，访得一名师，亦华姓，住大场上克复堂东偏！余家因赁居克复堂西偏，俾便往返。时余年八岁，师为余讲《史概节要》及《地球韵言》两书。余对《地球韵言》所讲如瑞典挪威日夜长短等事更感兴趣。讲两书毕，不幸师忽病，不能坐塾，诸生集庭中凿池养鱼，学业全废。余家遂又迁居。在大场上之北另一街，一大楼，已旧，北向，余一家居之。余兄弟遂不上塾。余竟日阅读小说，常藏身院中一大石堆后，背墙而坐。天色暗，又每爬墙上屋顶读之。余目近视，自此始。

先父母对子女，从无疾言厉色。子女偶有过失，转益温婉，冀自悔悟。先伯父家从兄来住吾家，一日傍晚，邀余同往七房桥。谓："汝当告婶母。"余往告先母。先母以余戏言，未理会。待晚饭，两人不至，乃知果往。先父偕侍从杨四宝，掌灯夜至七房桥。余已睡，披衣急起，随先父归。途中，先父绝不提此事。至镇上，先父挈余进一家汤团铺吃汤团，始回家，先母先姊先兄，一灯相候。先母先姊谓余："汝反吃得一碗汤团。"促速先睡。

先父每晚必到街口一鸦片馆。镇中有事，多在鸦片馆解决。一夕，杨四宝挈余同去，先父亦不禁。馆中鸦片铺三面环设，约可十许铺。一客忽言："闻汝能背诵《三国演义》，信否？"余点首。又一客言："今夕可一试否？"余又点首。又一客言："当由我命题。"因令背诵诸葛亮舌战群儒。是夕，余以背诵兼表演。为诸葛亮，立一处，为张昭诸人，另立他处。背诵既毕，诸客竞向先父赞余，先父唯唯不答一辞。翌日之夕，杨四宝又挈余去，先父亦不禁。路过一桥，先父问："识桥字否？"余点头曰："识。"问："桥字何旁？"答曰："木字旁。"问："以木字易马字为旁，识否？"余答曰："识，乃骄字。"先父又问："骄字何义，知否？"余又点首曰："知。"先父因挽余臂，轻声问曰："汝昨夜有近此骄字否？"余闻言如闻震雷，俯首默不语。至馆中，诸客见余，言今夜当易新题。一客言："今夕由我命题，试背诵诸葛亮骂死王朗。"诸客见余态忸怩不安，大异前夕，遂不相强。此后杨四宝遂亦不再邀余去鸦片馆，盖先父已预戒之矣。时余年方九岁。

先父每晚去鸦片馆，先母先姊皆先睡，由先兄候门。余见先兄一人独守，恒相伴不睡。先父必嘱先兄今夜读何书，归当考问。听楼下叩门声，先兄即促余速上床，一人下楼开门。某一时期，先父令先兄读《国朝先正事略》诸书，讲湘军平洪杨事。某夜，值曾国荃军队攻破金陵，李成典、萧孚泗等先入城有功。先父因言："此处语中有隐讳。"既为先兄讲述，因曰："读书当知言外意。写一字，或有三字未写。写一句，或有三句未写。遇此等处，当运用自己聪明，始解读书。"余枕上窃听，喜而不寐。此后乃以枕上窃听为常。先兄常逾十一时始得上床。先父犹披灯夜读，必过十二时始睡。

先父或自知体弱多病，教督先兄极严。先兄犹及赴晚清最末一期科举，然不第。时镇上新有果育小学校，为清末乡间新教育开始。先父命先兄及余往读。先兄入高等一年级，余入初等一年级。先父对余课程，似较放任，不加督促。某夕，有两客来闲谈，余卧隔室，闻先父告两客："此儿亦能粗通文字。"举余在学校中作文，及在家私效先兄作散篇论文，专据《三国演义》写《关羽论》《张飞论》等数十篇，私藏不予先兄知之，乃先父此夜亦提及，余惊愧不已。此后遇先父教导先兄时，亦许余旁听。谓若有知，不妨羼言。

先父体益衰，不再夜出赴鸦片馆，独一人在家据榻吸食。先母先姊灯下纺纱缝衣，先兄伴读一旁。先父每召余至鸦片榻前闲话，历一时两时不休。先母先姊先兄私笑余："汝在兄弟中貌最丑，陪侍父亲，却能多话。聒聒竟何语？"余恧然不能对。及后思之，亦不记当时先父对余何言。要之，先父似从不作正面教诲语，多作侧面启发语。何意愚昧，竟不能仰副先父当时之苦心灌输培植于万一！滋足愧也。

（选自钱穆《八十忆双亲》）

忆三兼小学的“共学之人”

一

民国元年，余年十八岁，初往秦家水渠三兼小学校任教。其先由鸿声里远房侄冰贤介绍。冰贤为人忠忱直爽，年龄在余兄弟间，与先兄交甚密。然似心怀隐忧，遇饮酒必大哭不已，醒即无言，亦不知其何故也。冰贤乃秦家之婿，言其内兄仲立，性古怪，应前清科举秀才试，缴白卷出场，一时群传为笑柄。后在无锡城中习物理化学。归，长日闭门。能自制一磨墨机，机上缚大墨五六支一手转墨，瞬刻墨汁满砚。又自制一自动桨，置其往返无锡城中之船上。先于水渠中驾一长木板试之，屡遭覆溺，后卒成。三兼小学校由其斥资创办，与其两弟分任课务，独需聘一英文教师。前任由无锡城中聘来，仲立不满意，已解聘。仲立常言，欲聘一人能与共学。倘宾四叔肯往，或可相得。先兄遂命余往。

余在常州中学时，先兄声一先生已在七房桥创办一又新小学。来读者皆七房桥族中子弟。学校自先兄为校长外，又聘一教师，亦先兄常州师范之同学，江阴人，已忘其姓名。其人先曾为一道士，后还俗遂进师范。年岁已长，于中国音乐诸器如箫如笛如笙如琵琶，皆所素习。余每自府中学堂归，小学校尚未放假，余晨夕必在小学中。及小学放假，余即移住学校。得暇常吹箫笛，先兄则喜笙与琵琶。某教师在校时，常三人合奏，如《梅花三弄》之类。余兄弟亦喜锣鼓，每于年假，集族中青年十数人合奏，大小锣鼓十数器，节拍疾徐，声响高低，皆由先兄指挥。族人闻之，皆争致夸谀。

又余既决意应三兼小学聘，念自此升学绝望，一意自读书。前在私塾时，《四书》仅读至《孟子·滕文公章句上》，此下即未读。念当读完《孟子》，再续及《五经》。民国元年之元旦，余即一人在又新小学闭门读《孟子》。前在果育上国文课，每篇文字大约过眼三遍即能背诵。至是，自限半日读《梁惠王章句上》，至能全体背诵始归家午膳。午后，又去又新闭户读《梁惠王章句下》。如是7日，读毕《孟子》七篇。

余又在家中先父遗书中获得大字木刻之《史记》一书，有批点，有圈注。余读而悦之，后知其圈点批注皆移录归方评点本，并旁采《史记菁华录》等书。皆出先祖父手笔。又得小字石印本毛大可《四书改错》一书，尽日攻读，至下午日光渐淡，常携赴庭中读之。书中谓朱子注有如是多之错误，大为惊奇。自后知读清代乾嘉诸儒书始此。

二

新年初，余一人赴三兼学校任。舟泊离水渠外半里许。先到学校，在水渠外，一老仆应门，放置行李毕，即命老仆领余至仲立家。家在水渠内，渠广圆，乃一湖。仲立兄弟三人及族中数家皆居渠内。架一桥，通渠外。夜间桥悬起，交通即绝。渠惟一口通大湖可直达无锡城。余叩门，由守门仆人直领至仲立书斋外，此斋直升入渠中，三面皆水，俗称旱船。仆叩门，门启，仲立坐室内。余进入，即向仲立鞠躬行礼，仲立不离座，微颔首。余念秦钱两家久系戚属，仲立妹嫁冰贤，余当为其长辈，惟其弟叔堆所娶，乃余近房姑母，则彼兄弟皆余之长辈。舍此不论，余年十八，仲立已过四十，论年辈乃余父执，遂不介意。仲立座前一长桌，命余坐桌对面一椅。余与仲立椅皆背窗，窗外即渠。桌之一端，上悬“在水中央”四字一横匾。横匾后，四壁书架占室中三之一。又后另一室，疑亦即书室也。

桌上放水旱烟管七八支，仲立言，汝能抽烟，可任取吸。因告余，上年一英文老师，乃从无锡县城中聘来，年老，半途自修，其英文程度恐不可信。君在常州府中学堂读英文，当可胜任愉快。因指桌上一药水瓶，上粘英文标签，问曰：“君视之，知是何药水？”余答：“中国文字与英文不同，中国特别名词皆以普通文字拼成，如轮船电灯之类。英文乃拼音文字，遇特别名词亦皆用其语言拼成，与普通文字有别。余在学校，只习普通文字，各种药水皆系特别名词，余所不识。”仲立告余：“我习照相，此瓶中乃照相中所用显形药水也。”又指一瓶问，余亦对不识。仲立曰：“此乃我以涂金术自制成。投进铜圆，经时即变成金色。”因指桌上一叠金色铜圆十数枚，曰：“此皆由浸此瓶中取出。”首次见面所谈，率尽此。余告辞起立鞠躬，仲立不离座，微颔首。

余归学校，又来一寄宿生滕德奎，乃秦家戚族。远道自荡口镇东滕族聚居之地，名大坟上来。年长于余约可四五岁。学校在楼上，楼下惟老仆一人，其余皆空屋。楼上有两教室，一为高级小学班，一为初级小学班，学生共约五十人。余占一寝室特大，德奎另占一室。尚有一办公室，及其他空室。一大楼上下共住三人。楼外乃一荒园，老树两百左右，枝叶蔽天。入夜，群鸮争鸣其上，余不能寐。取携来之《昭明文选》，枕上读之，极倦始入睡。累1月皆然。初夜睡前，德奎来问余：“能下象棋否？”余答：“能。”德奎因取象棋来，与余坐在办公室对弈。弈两局，德奎连败，乃深服余。服弟子礼甚恭，忘其年岁之长也。

嗣德奎又告余园中有狐魅作怪之事，绘形绘声，疑神疑鬼，如有其事，如在目前。而余此后亦确曾遭遇到。姑举一例。某夕深夜，余欲起床小解，开亮电灯，忽见床前地上两鞋，只剩一只。明是关着寝室门才上床，望寝室门依然关着，但床前那只鞋却不翼而飞，不见了。清晨遍觅不获，后见此鞋乃在帐顶之上。是必有衔之而上者，但究不知是何怪物。寝室既门窗紧闭，此怪物又何由而来。此类事，曾三数见。余告德奎，我二人讲狐魅并未开罪于他，但他却来作弄，余遂写一文，责狐不是。命德奎买些锭箔，余用黄纸朱笔恭写此文，命德奎焚之园中，以后此等事遂绝。德奎对余更是佩服不止。要之，此校园之凄凉寂寞阴森古怪之种种情状，亦由此可想而知。但自余言之，余当时只是一十八岁之青年，实际尚未足十七岁，即投入此一奇异环境中，而竟亦能磨炼自己在此情状下度过，此亦实堪回忆，乃使余至今不能忘。

时余又喜读《东方杂志》所载“碎琴楼”一说部，后曾屡访其著者，久始知其乃一贵州人，然亦终未与其人相识。盖余在此凄凉之环境中，宜对“碎琴楼”之凄凉有异样之同情也。

三

开学后，仲立来上课，见余办公桌上置《文选》一书，问：“君亦喜此耶？”余答因读《曾文正公家训》，知读此，但不甚解。仲立面露笑容曰：“余亦喜读《曾文正公家训》，君乃与我有同嗜。”其两弟来，则必专择书中僻字奥句为问，使余不能答为乐。

一日，余去仲立书斋，入门鞠躬，仲立点头，微耸其身，若欲离座而终未离。桌上放一《东方杂志》，告余：“君该社征文已录取，知之否？”余答：“尚未得通知。”仲立披卷，指余名，知共分五等，首奖百元，次奖五十，三奖二十五元。余名列第三等。盖去岁底，家居无事，适见报载《东方杂志》征文，可任自择题。余题《论民国今后之外交政策》，大意言：英法侵犯我东南海疆，日俄霸踞我西北边陲，一可谋和，一必交战。《东方杂志》每期刊载所录取之征文一篇。后来信，言吾文涉外交秘密”不拟刊出。此为余投寄报章杂志之第一文。而今则无其存稿矣。

是日，仲立告余，彼在商务印书馆进函授学校，近将毕业，考试题皆寄来，须一一作答，甚觉忙碌，有一作文题，君肯代撰否。余答，当撰后由先生改定。题名《言志》。余退，归撰此文毕，于星期六下午交仲立长子，在校读书，与余同年，命其带归。翌晨，余亲往，入门鞠躬一如往例。仲立乃起座答礼，肃余坐，手择一旱烟管，用桌上一湿毛巾屡擦烟管嘴，手送余口，亲为燃点纸卷烧烟，礼貌谦恭，得未尝有。仲立先致谢余为彼代撰一文事，乃告余：“君未来，冰贤告我，当为我介绍一共学之人，君真其选矣。”因指室后书架上书曰：“我虽毕生穷日夜之力何能尽读，每欲求一共学之人，以两人之力合成此业。君肯为我分读架上书，将书中大意告我，我可省再读之力。续加讨论，使我进步加速，君其允之否？”余答：“佳。”仲立遂于架上取一书，云：“此书久欲读而无暇，君试先读，何如？”余视之，乃严复译英人斯宾塞《群学肄言》。余答：“大佳。”仲立又另取一书示余，书中各页眉端，多粘纸条，广狭长短不等，满纸皆工楷小字。仲立曰：“我向例读书，遇不识生字，必查字典抄录，用薄浆糊粘上，如此。他日不需用，可逐条揭去，而不伤原书，君读严书，幸亦照此例。”仲立所藏严书，乃金陵刻线装本，与此后商务印书馆印行者不同。

余返学校，读严书，一一如仲立言，查字典，粘贴纸条。读至一半，自嫌所查生字太多，惭以示人。并欲加速完工，不免轻慢，不再一一查注。既读毕，携书去仲立斋。仲立问余书中大义，及余读后意见，仲立听之不倦，时露喜色。余所言告一段落，仲立言：“君真一善读书人。闻君语，甚胜我自读之矣。”随取书，检某页某行，指一“木窨”字，问余此字音义。余答：“当读‘音’，乃地下室也。”仲立言然，并云：“曾遍查《康熙字典》未得其字，只有“窨”字，解地窨。盖中国地下室仅一土穴，西洋地下室加木制，严氏乃特造此字耳。”而余在书中无纸条，乃未查字典而以意会之，闻仲立言，大惭恧。然后知仲立已先读过此书，或将所粘纸条撕去，特以试余耳。岂不愧对。然仲立自此益亲余而加敬，屡赞余善读书，能见人所未见。盖仲立听余对此书叙述大义及读后意见，乃特加欣赏也。仲立言：“今日起，当如前例，君试再取一书去。”余言：“愿续读严译。”遂取架上严译《穆勒名学》一书。仲立益大喜。盖仲立虽爱诵古籍，更喜近代西洋新学说，彼亦或已先读此书，故见余取此而更大喜耳。余自读此两书后，遂遍读严氏所译各书，然终以此两书受感最深，得益匪浅，则亦仲立之功也。

自此，仲立与余交益密，余常至其斋，畅言必逾时。一日，仲立取架上浦二田《古文眉诠》一册，大字木刻，装潢精美。浦氏西仓人，介七房桥水渠之间。浦族与钱秦两族代有戚谊。仲立言：“同是选几篇古文，何以姚氏《古文辞类纂》甚得后代推尊，而浦氏书视之远逊，两书高上果何在？”余曰：“此诚一大问题，幸先生教余。”仲立作愠色，曰：“我不知，故以问君，奈何反以难我？”余谢失言，因曰：“先生所问，余素未想及，然此实一好问题，他日研思有得，当再请益。”事逾数年，余思欲窥姚选用意，当遍读姚选以外之文。遂立意先读唐宋八家。至《王荆公集》，而余意大变。凡余于荆公集中所尤喜者，姚选多不录。于是又念紫翔师荡口暑期讲习班所授，乃从治古文转治理学家言，为余学问辟一新境界。而其时，仲立已卒。余此后亦渐不谈古文。而仲立当时此一问题，实启余良多也。

四

仲立又告余，生平有三大志愿，一为创办一学校，教育宗族乡党之子女，即三兼小学。又一为附近农村创办一诊疗所，治病施药，不收分文。仲立先曾从学于上海丁福保仲祜之函授学校，又遍读丁氏医书数十种，遂通医术。广购药品，自任门诊，此尚在创办三兼小学前。后以事忙，不克兼顾，命其账房蔡君亦读函授讲义及丁氏书，并亲为讲述。积有年，蔡君亦通医术，遂代仲立诊疗所之事务。又一为创办一报馆。仲立极留心时事，而无意政治。特注意县邑中事。日读地方报，更留心。手执朱笔；批抹满纸，或施一大杠，或扑一大点，或批“岂有此理”，或批“狗屁不通”。间或施圈。每曰：“贤奸不论，是非不辨；何以为人，何以做事。如此社会，岂不将沦丧以尽！”恨不能逐日逐人逐事，一一畅论之。惟以居乡，办报不易。仲立曰：“此一志愿，待他日终成之，以一吐胸中之积闷。”仲立虽居乡闭户，其疾恶好善之情有如此。

仲立又尝导余观其书斋之前室，一方桌上放书四十大厚册。仲立告余曰：“此先父四十年手书日记也。”积一年订一册，无一日缺。叹曰：“先人遗志，尽在此四十厚册中，每一展览，因念我兄弟三人承先人之遗产，乃不能承先人之遗志，不肖之罪，其何以辞？”

暑假后，余再往，仲立忽病。告余：“曾赴沪，求诊于丁先生仲祜，知为肺病。”桌上一显微镜，嘱余视之，曰：“此我痰中之血丝，君见之否？”命余移椅远坐，勿相近，恐传染。又嘱余即离去，勿久坐。

一日，余又往，仲立告余，有一事相烦。仲立谓：“生平以不识英文字为憾，近方进一世界语函授学校，他日通世界语，庶稍补我平日之积憾。不幸今又病，但幸为时不久，讲义尚不多，拟恳君补读。此后每月讲义寄来，由君代读代应试。俟我病愈，再由君面授。君通英文，治此当不难。”余急应之。遂携其讲义归。后仲立卒，余亦未终其业。

一日，余又往。仲立已卧楼上，不下楼数日矣。禁余不得上楼。余废然而返。及年假，余离水渠，赴仲立家辞行，坚请登楼一面。但仲立之家人一遵仲立命，坚不许余上楼，竟未获见。不久，仲立终以不治闻。余以十八岁幼龄，初涉世事，即获交仲立其人。实相处仅半载，而又竟未获最后一面，亦未克亲往吊唁。至今逾六十年，两世矣。每一念及，怆伤依然。

五

仲立家账房蔡君，忘其名，乃附近一农民，精手艺，能劈篾制筐箧，皆精绝。携赴县城中，豪户皆争购。仲立召来，聘为账房，为收田租。又教其习医术，代主诊疗所事。又告之曰：“汝今尚有暇，可试学古文。”因授以曾巩子固《寄欧阳舍人书》一文，命试读。告以遇惬心处，如何当加圈，如何当加点。数日，蔡君缴卷，仲立大赏之。曰：“君有宿慧，可治古文，盼勤加诵习勿倦。”遂授以姚氏《古文辞类纂》一书。蔡君得闲亦来学校。暑假后，来更频。常以夜间来，辄语至深夜。有一子，亦在三兼入学，聪慧异常。一日，在船上，失身溺水。救起，蔡君为下药，心慌乱，误其分量，即毙。蔡君从此恍惚如犯精神病，屡劝之弗愈。临别前一两月始平复。忽有意自造一自动发电机，欲媲美舶来品而价廉。往杭州上海苏州电灯厂，访其工程师。归，自谓有把握。后闻其终有成，已在余离水渠一两年后。亦余平生所遇一异人也。

（选自钱穆《师友杂忆》）

严父的慈爱

听到噩耗，我的心都颤抖起来。父亲啊！您怎么能就这样离我们而去？我已计划好 10 月再去台北陪伴、侍奉您，现在竟成了永不能实现的梦。不，我原打算 8 月去的，直到 7 月中旬才因种种原因改变了计划。父亲，您是不是在责怪女儿拖延了行期？

我从孩提时代就与父亲分离，再见面时已过不惑之年。父亲很严厉，即使我们相见时间很短，即使子女们头发已见花白，父亲也常有责备和教训。但父亲又是多么慈爱，他的慈爱使我曾忐忑不安的心平静了下来，他的慈爱使早为人母的我，又觉得自己年轻了许多，他的慈爱更使我自惭。作为女儿，我对父亲的侍奉和孝顺，实在是太少太少。

记得 1981 年在香港与父亲久别后第一次重逢，父亲关切地问及我家中的每个人，要我告诉他我们兄妹五人的经历、生活、脾性、家庭。听我说及几位嫂嫂都很贤惠，能很好照料丈夫、子女，他欣慰地笑着说："这就好，这就好！"知道十个孙儿女都聪明好学，考上了重点大学、重点中学，他更是眉开眼笑。谈起曾有过的艰难困苦，他唏嘘感叹，并说："吃些苦没什么，我只希望你们做好一个中国人，用功读书做学问。"他又说："我对你们也没尽到责任，尤其是小女儿，总觉对她惭愧。"父亲对子女、亲人、民族、国家的深沉的爱，溢于言表，使我永难忘怀。

当时蒙香港中文大学马临校长和新亚书院金耀基院长的关照，父母亲、堂兄伟长先生和我，住在中文大学宾馆，楼上三间卧室、楼下客厅和饭厅，只供我们一家使用。我曾对父亲说："在这里真像过家庭生活一样。"父亲先说："你觉得开心就好。"接着沉吟半晌，又说："这里怎么能和家相比？什么时候你能到我台北家中住一阵就好了。"

父亲的这个愿望，在我心里生了根。1981 年至 1983 年，我在美国工作了两年，曾想利用这个机会去台北探望父亲，终因障碍重重，未能实现。1984 年父亲九十大寿，我们也仍只能到香港向父亲拜寿。日复一日，年复一年，竟等待了七年多。1988 年，我在荷兰工作，听说父亲病重，两月不能起床，不能正常进食，甚至话都很少说，真是心焦如焚，11 月初，终于得到了获准入台的消息。

当我真的飞越了阻隔骨肉同胞四十载的海峡，踏进父亲生活了二十年的素书楼时，我兴奋、激动的心情难以形容。记得我直奔二楼，一下扑倒在坐在楼廊中藤椅上的父亲面前，叫道："爸爸！女儿来了！女儿看望您来了！"父亲满脸笑容，拉起我的手抚摸着，连声说："好！好！你终于来了！"当晚，父亲破例走下楼，与家人一起用晚餐，饭后又与我谈了许久。他问了我一大串问题：你是不是从欧洲来？为什么到欧洲去？北京的两家怎样？苏州的两家怎样？……谈话中一直拉着我的手。啊，父亲的手多么柔软，他的抚摸又是多么深情啊！

我在台一个月，父亲的胃口一天好似一天，精神也日渐恢复。父亲又开始在楼廊中散步，最喜欢有客人来访，并在一起谈今论古。我常给父亲读报、读文章，父亲还爱听电视新闻。在我到台北的第七天，父亲突然要我为他准备纸笔，然后伏案写作起来。以后又写了好几次，有时一口气可写两个小时，得十来页文字。我又惊又喜，久久地注视着书桌前的父亲。他一会儿深埋着头，下笔的手用劲大，动作快，一会儿又抬起头来，眼光凝聚在远方，完全入了神，浑然不觉周围事物。我在心头低声呼唤，父亲，我今天才看到了您在素书楼的真正生活，我今天才明白了您为几十部著作和难以计数的文章讲稿，所付出的心血。您至今仍是思潮汹涌，文笔不衰，您还不老，您的日子还很长很长。

这段日子里，我们父女谈家常的时间更多。父亲能清楚地描述家乡七房桥的旧宅，更喜欢和我一起回忆在苏州度过的时光。那里的书房虽小，却是他完成得到史学界高度评价的早期著作《先秦诸子系年》的地方。书房外有一小花园，池塘、假山俱全，正是散步休憩的好处所。父亲关心地问及这些房子的近况，黯然地说："看来我是回不去了。"我听了心酸，安慰他说："好好保养身体，父亲是能够回去的。"父亲告诉我，他在江南大学执教期间，常爱驾小舟在太湖荡漾，"那才是人间最惬意的事啊！"一脸喜悦，心向神往，我也仿佛随他重游了太湖的绮丽风光。有一次，父母亲陪我去游阳明山，父亲远望着层层叠叠的山景，又一次对我讲起他当年游览泰山、庐山的情形。父亲告诉我，他登泰山时，学生们曾为他租了轿子，他却一口气自己爬上了山顶。又谈及曾在庐山住过几夜，结识了一位老和尚……听着父亲动情地追亿，我不禁想，谁说父亲远离故土、不爱祖国，父亲的心一天也没离开过他为之奋斗了毕生的故土山河。他对祖国的爱，又是多么具体、深沉！

最有意思的是，父亲总把我看成"小孩"。他常常问我："你今年几岁了？"听到回答后，又总是大吃一惊："喔？！"这样的问答，不知重复了多少遍。父亲常爱一声不出地旁听我和客人的谈话，夜晚他会告诉继母："我的女儿很懂事的，她长大了。"父亲见我总在家陪伴他，关切地问道："你怎么不出去玩玩呀？"可他夜间从睡梦中醒来，又常要问身边的继母："我的女儿在哪里？"听说我在睡觉，他不满地嘀咕："她怎么老要睡觉？"曾有几晚，我睡在他卧室里陪伴他，当我听到稍有动静，立即翻身下床上前侍候时，父亲总是抚摸着我的手臂，说："快去睡，别着了凉。"有一次我为父亲洗澡擦背，他连声说："好舒服呵！这是我女儿第一次为我擦背。"我不禁泪水盈眶，喉头哽咽。父亲，不是女儿不孝，是女儿力不从心啊！

（选自钱易《回忆严父的慈爱》）

忆我与父亲最后的见面

父亲离我们而去了，不胜悲痛之中，思绪纷纷，无以言表。30 日，我给父亲写信，代家乡友人请父亲准予转载《师友杂忆》中有关父亲在家乡就读和从教的几段文字，我并遥祝父亲健康快乐。不料此信将永不能寄达父亲手中。噩耗传来，恰逢台风过境，风狂雨暴，天地同悲。

我在父亲身边生活的日子甚少，而父亲给予我的甚多，只是我曾经似乎并不十分珍惜。现在想来，真是泣血痛心，追悔莫及。

父亲曾为我提名“晦”。七七抗战，我们全家移居苏州，父亲随学校去了后方。后为侍奉祖母，父亲曾于 1939 年隐姓埋名，深居苏州耦园历一年，1940 年夏又独自返回重庆。父亲曾多次遭遇空袭，亲见到处一片破瓦残垣，百姓惨遭涂炭。有一两回，他竟然几乎是独宿空城。在这家书抵万金的日子里，父亲得到祖母病亡、幼女降生的家讯，一介书生，为国家民族不能尽忠，为生身母亲不能尽孝，父亲日夜伤悼而为我取名“晦”。以寄托他拳拳爱国之心，切切爱女之情。然而，这个名字我不过用到六岁。那是抗战胜利那年，我正升入小学二年级，当时不过只识了几个字，便任性地将“晦”字改成了“辉”，自以为这才是又响亮、又闪光的好名字。岁月流逝，当自已成了两个孩子的妈妈之后，我才深切意识到，父亲为我题名时对我的期望和教诲。我曾想请求父亲原谅我当年的幼稚和任性，但终于并未有过什么表示。“辉”字沿用至今四十余年，已极难改正，又似无十分必要，只能将父亲对我的爱，连同这一“晦”字，永远珍藏心间了。

父亲同我曾有过一张合影，那大约是 1948 年的事。抗战胜利后，父亲曾去云南昆明，后又到无锡工作。那一天，难得父亲回到家中，我正好参加演讲比赛得了奖，父亲笑着抱我在他膝上，留下了一张珍贵的照片。这张照片在很长的岁月里，让我依稀记起父亲温暖的怀抱，并暗自以父亲的学问、品德为楷模，走我的人生道路。我曾珍藏过它，而最终还是遗失了它，还似乎淡化了父女亲情。

父亲曾给我们两次、三十七天、八百八十八小时共同生活的机会。1980 年和 1984 年夏天，两次都在香港，看哪些该看的，吃哪些好吃的，父亲都为我们一一考虑，精心安排。记得初次见面那七天，父亲白天携我们同游，晚上与我们谈话，每每谈到凌晨二时，还兴致勃勃、滔滔不绝。是我常常打断父亲的话头，提出休息的要求，而父亲则常常宽厚地原谅我的不孝。父亲希望我们详尽地告诉他，我们所经历过的一切，正如他详尽地告诉我们，阔别四十余年间他所经历的一切。然而，我的叙述往往是过于简单，而使父亲失望。还有一次，父亲想吃面饼，我竟因不知父亲口味，而不敢贸然掌勺。如此难得的八百八十八个小时中，我为父亲做了些什么？深深的自责困扰着我。当十年书信往来，缩短了时间和空间造成的距离之时，我急切地热望能去素书楼侍奉于父亲左右，尽我之孝心。学父亲之为人，补做几十年间应做而未做的一切。可是，这种热望最终也未能成为现实，必令我遗恨终生。

（选自钱辉《哀思无尽　悔无尽》）

治学

“你只要真喜爱读书，便会有前途”

5月来信早读到，你读《论语新解》能与《朱子集注》以及《十三经注疏》中之《论语》并读，甚佳。但《论语》一书含义甚深，该反求诸己，配合当前所处的世界，逐一思考，则更可深得。重要当在自己做人上，即一字一句亦可终身受用无穷。此刻你已返苏州，《孔子传》当已见到，不知已细读一过否。圣人所讲道理，不必即能行之当世，但即在孔子当世，闻其教而受益的也就不少了，如颜渊即其一例。你该问自己如何来学孔子，且莫管孔子之道不能行于当时，此始为切问而近思。

你喜欢文学亦大佳事，最好能先读《诗经》，即先从朱子的注入门，能诵唐宋诗词亦佳。又贵能推广于唐宋韩欧八大家之古文，不必通读全集，能选择自己懂得的又喜爱的诵读数十篇，莫急切，只求有入门处。

先生要你们写论文，与你们自爱读何书不相妨，只求能从你爱读的书求写便是。做学问主要在自己觅得喜爱，不要急切求人道好，此层盼你细细记住也。莫要怕学问广、书籍多，只择你所好逐步上进，也并不吃力。主要总在保持自己的喜爱上。你刚才入大学二年级，千万莫心急，待你回到学校，遇到问题，尽不妨时时作书来问。我与你虽远隔两地，或不能一一详答。但择要告诉你几句，对你总有益。我未能进大学，十八岁即在乡村教书，亦没有先生问，但总还读了不少书，知道得许多学问。你只要真喜爱读书，便会有前途。孔子也说：“十有五而志于学；三十而立。”你今只要能志学，距三十而立还尚远。读书能如此反身读，便够了。《四书释义》中的《论语要约》，也盼你一读。完了，下次待你来信再写。

（选自钱穆《致孙女钱婉约》）

祖父教我秉承中国人应有的道德精神

在孙辈十个兄妹中，我得到爷爷最多的关怀和教诲。在十兄妹中，我是唯一学文科的。我考进北京大学中文系后，写信向爷爷报告，很快就收到爷爷亲笔写的回信。爷爷在信上说：

> 婉约孙儿：你的来信已收到，知道你考进北京大学，而且有志研习中国古典文学，那是我十分喜欢的事。不论你此后成就如何，至少古典文学是我钱氏家风，你既承继，使家风不歇，那使我不喜欢？可惜的是我不在家，不能常亲切详尽地指点你，领导你，使你能突飞猛进，有一条承袭家风的路，又岂能使我不觉到可惜……

这里面包含了多么深切的期望和爱啊，又流露出多么深沉的遗憾和哀伤啊。

1984年，爷爷90岁。爷爷早就想要在90岁时与家人团聚了。在计划这次活动时，爷爷特别提出，要我也随爸爸、叔叔、姑姑一起去香港。他要检查我的学习情况，当面给我指导和教诲。这样，我有幸见到爷爷，并且亲聆了爷爷的教诲。在我们兄妹中，同去的只有我的一位堂哥。因为我伯父在一年前去世了，所以由他来代表他们一家。而我去，却是由于爷爷特别的关怀。

1984年7月4日到8月6日，我们和爷爷一起生活了一个月。由于海峡两岸的隔绝，这是我们兄妹第一次拜见爷爷，父亲他们也是在三十多年别离后，与爷爷第二次见面。我们到的当晚，奶奶到山下接我们，爷爷在中文大学新亚书院会友楼他的临时寓所坐等。由于海关手续的拖延，我们晚到了两个小时。推开家门，爷爷正坐在沙发上着急，他说他一个人在家等得实在焦急，没办法，就站起来在客厅里来回踱步，边走边数，一共走了三千步。见我们终于到了，他万分高兴。我们一一自我介绍，他眯着视力很弱的双眼，对我们一一端详。吃晚饭的时候，他兴致十足，高兴地说了很多很多，说着说着还不时哈哈地笑起来。这是三十多年来第一次三代同堂，天伦和乐的团圆饭啊！爷爷曾在《师友杂忆》中写道："余以穷书生，初意在乡间得衣食温饱，家人和乐团聚，亦于愿足矣。乃不料并此亦难得。"可知，他老人家对骨肉离散的痛苦，感受得要比我们晚辈深刻得多。

然而，爷爷远不是只要求儿孙绕膝、安享天伦的老人，他更是一位思想十分敏捷，对自己的文化信仰充满信心的师长。相聚的那些时日里，他更多的时间是查问我们各人的发展情况，教导我们做人、治学的道理。几乎每晚都要谈到十二点以后，他老人家还是精神饱满。有时，午睡了，他刚进卧室躺下，忽然又走到外屋，对我们讲起他刚想到的要关照我们的话。他尤其重视我们是否读过《论语》《孟子》等儒家经典，要求我们秉承一个中国人所应有的道德精神，依此去为人处世，求知治学。他反复教导我，做学问要重基础，要沉下心来，扎扎实实、认认真真地读书，读许多书，这样才能在学问上有所入门。尤其是要重视读原著，对古人的话懂多少就说多少，要在心里有所得，这样自己才不觉得空，才有充实感。切记不要无目的地多看现代人的杂著，不要有表现欲。还有，中国人搞学问要讲究"通"，经、史、子、集都要读，博通文、史、哲，才能慢慢懂得中国的文化。可惜，当时我学识粗浅，没有能深刻领会爷爷的教诲。然而与爷爷相聚的这一个多月，对我来说，内心实在是受到了有生以来最大的震撼。他的教诲，他的指点，他的批评，有一种巨大的力量，敦促我反省自身，告别无知、散漫，而急起奋发，认真地计划自己的未来，踏实地迈好人生的每一步，做一个堂堂正正、地地道道的中国人。

（选自钱婉约《珍贵的时日　难忘的教诲》）

忆钱师著书立说与努力写作

1928年秋，我年十七岁，考进苏州中学高中部，在城南三元坊。教室和宿舍都在校本部对面大操场南边的房屋内，称二院。校长汪典存（懋祖）全家，也住在最后进。

钱宾四先生早在一年前就来任教了。那时候，高中部分普通科和师范科，普通科又分文史地组和自然科学组，我选读文史地组，钱伟长选读自然科学组。国文、英文两课程，两组又合并依入学成绩分甲、乙、丙三组，我被分配在甲组，由国文首席教员钱宾四先生执教。

钱先生身躯不高，常穿布大褂，戴金丝眼镜，头发偏分，面露笑容，口才很好。讲解古文，巧譬善导，旁征博引。他的“国语尽皆吴音”，但音吐明白，娓娓动人。有时还高声朗诵，抑扬顿挫，余音绕梁。他教国文人和学术文两课程，其实学术文也是选读从古到今代表每一时代学术思想的文章，例如先秦时代，他选司马谈《论六家要旨》。讲课同时，他又讲当时学术思想的发展演变，还教学生做笔记。我因记录详细，并参考各书引证，受到钱先生的赞赏。

苏州中学高中部的前身，是江苏省立第一师范学校，建立于前清紫阳书院旧址。校园有山林之胜，山上有道山亭，山麓有尊经阁，设图书馆，藏书甚富。出校门有三元坊，上面写“三吴毓秀”四字。向南右折是孔庙，其前为南园遗址，有无梁殿。

靠近二院的南面，是可园和沧浪亭，隔溪对立。可园内是省立图书馆，还发行部分自刻古籍。沧浪亭为苏州名园，内设苏州美术专科学校，校长颜文梁和教师胡粹中，都曾在苏高中任教。

钱宾四先生在这样优美的环境里，从后来《师友杂忆》中看来，是很满意的。他说：“余终日流连徜徉其田野间，较之在梅村泰伯庙外散步，尤胜百倍。”出校门北行为护龙街，直至观前街，有许多旧书肆，钱先生时往购书。我们同学中爱好买书的，也乐此不疲。

那时候，苏高中的教师阵容，也很坚强。学术空气非常浓厚，许多老师都有著译在上海各大书局出版。钱宾四先生的《国学概论》后三章，就在这里讲授续成。这就是我在前面说的“学术文”讲义。该书于 1931 年在上海商务印书馆出版。

在这期间，钱先生又开始编著《先秦诸子系年》稿。钱先生《师友杂忆》中说：蒙文通“来苏州访余……读‘系年’稿未毕，但急欲行，遂携余稿返南京。文通有友专治墨学，见余稿，手抄其中有关墨家诸篇，特以刊载于南京某杂志，今后忘其名，是为余之《先秦诸子系年》稿最先惟一发表之一部分”。我记得当时南京柳治征、缪凤林等编辑出版的《史学杂志》，曾经刊出一部分《先秦诸子系年》稿。

我还记得钱先生曾说，《先秦诸子系年》拟改名《先秦诸子系年考辨》。后来列入商务印书馆《大学丛书》，仍用原名出版。

钱先生来苏高中前，在无锡江苏省立第三师范学校任教时，曾节译日本林泰辅著《周公》，又参考蟹江义丸著《孔子研究》，编著《论语要略》，先后在上海商务印书馆出版，同列入该馆的《国学小丛书》。

钱先生说：“十七年春，是为余任教苏中之第二（学）期，方壮猷曾毕业于清华大学之研究所（院），并为胡适之《章实斋年谱》作补编。一日，自沪上来苏州相访，告余：‘顷正为商务印书馆编《万有文库》，尚有两书：一《墨子》，一《王守仁》，未约定编撰者’。余告以可由余一手任之。方君谓：‘出版在即，能勿延时否？’余告当以一周成一书。……余即在是年春成此两书。”在这里，可以看到钱先生当年写作的紧张和治学的勤奋。

钱宾四先生和苏高中其他老师著书立说、努力写作的精神，蔚然成风，对当时学生也起了鼓舞的作用。那时候，我也积极向商务印书馆出版的杂志如《学生杂志》等和上海各报副刊写稿。还在大公里 3 号自修室门前出版了一份定期的《公三壁报》。同时立志专研史学，并对出版事业也发生了兴趣。

钱宾四先生在 1930 年离校，转入北平燕京大学任教。下一年，我也在苏高中毕业了。怎料家庭变故，父亲去世，家本寒素，到此濒于破产。遗下兄弟六人，我是长子，全家生活已经难于维持，当然谈不到升学了。当年秋天，我又患了严重的伤寒症，卧病数月，死去活来，病后非常焦急和苦闷，我就去信向钱师倾诉。不久，钱师给我复信，用毛笔字在毛边纸上写了两三张，给我安慰和鼓励，现在这封信屡经战乱，早已遗失了。但有一句话，钱师说："贫贱忧戚，玉汝于成。"我还铭记在心头。

1934 年秋，我在上海北新书局、徐州中学等处工作了三年以后，冒险到了北平，经济虽无着落，但仍争取升学，终于考进了清华大学历史学系。那时候，钱师已在北京大学任教，我特至他寓所，请他做入学保证人。钱师看了我一下，说："别的没有什么，只怕你的身体太瘦弱了！"他马上在入学申请书上填上了：保证人钱穆。

钱师在北平数易寓所，马大人胡同、府右街、钱粮胡同……清华在西郊清华园，远距城区近十公里，但我们在校都有自行车，每次骑车进城，常谒见钱师。钱师必询问修读课程、学习情况，等等。每有新作，亦必以单行本赠读。

我在清华大学读书时，兼任上海北新书局工作，月支 20 元，后增至 25 元。钱师知我经济困难，每有机会，就推荐我写稿，有一次吴晗主编某报副刊，钱师就介绍我写书评。钱师说：此等事只是糊口，若要做学问，必须选择专题，作精深的研究。

可是，当时的北平已经在日本帝国主义侵略的前线了，"华北之大，已经安放不下一张平静的书桌了"。1937 年 7 月，终于发生卢沟桥事变。钱师和我都被包围在日本侵略军的势力中。7 月 28 日，二十九军宋哲元部撤离北平，我只好从清华园暂时迁进城里，住在琉璃厂北新书局，但是他们不敢存放我从清华带出的笔记、照片和讲义等。不得已装满大柳条箱，送到钱师家里，请求寄存。

钱师收下了，但说：北平是沦陷了，首先还是要设法离开这里，回到南方去。当晚，钱师还留我在他家里吃了晚饭，坚要我坐他的车子，让车夫送我返回琉璃厂。

不久，我们先后都到了湖南长沙临时大学，再转入云南蒙自。

（选自胡嘉《钱师音容犹在》）

金玉之言，一生受用

1936年，我在北京师范大学历史系上学。这年的下半年，学校聘请钱宾四（穆）先生来系兼课，讲授秦汉史。宾四先生是北大的名教授，同学们早就想望风采，希望得亲炙受业。因此，课程表一公布，大家便奔走相告，莫不雀跃。始业前夕，一位高年级同学对我说："明天上秦汉史，咱们可得早点儿去，否则便没有座位了。"第二天，我们提前半小时进了教室，但前十几排座位已无虚席了。那时，北师大文学院在石驸马大街，最大的一个教室只能容二百人。而听讲者除本校学生外，别校一些学生也闻风而来，所以把教室挤得水泄不通。这种状况，直到学期末、课程结束时犹然。

宾四先生讲课，从未请过一次假，也没有过迟到、早退。每上课，铃声犹未落，便开始讲，没有一句题外话。特别给学生们感受最深的是，他一登上讲坛，便全神贯注，滔滔不绝地讲。以炽热的情感和令人心折的评议，把听讲者带入所讲述的历史环境中，如见其人，如闻其语，永远留在我们的脑海中。我在中学时，已阅读过《通鉴》《史记》和《汉书》；在读私塾时代，还背诵过《史记菁华录》以及《古文观止》中所选的秦汉文章，如《过秦论》《治安策》《贵粟疏》，等等。因此，初上课时，还自以为有点基础，并非毫无所知。不料，听了几次课后，我便不禁爽然自失。我简直是一张白纸啊！过去的读书，那算是什么读书呢。过去知道的东西，不过是一小堆杂乱无章的故事而已。我私自庆幸有机会遇到这样一位良师，闻所未闻，茅塞顿开，能多听到一句教言也好。所以每当下课，一些高年级同学陪着先生边走边质疑、请益，我也跟在后面侧耳而听。在这种时候，先生不仅解答疑难，而且还常常教人以读书治学之方。我觉得这比之课堂听讲，得到的益处有过之而无不及，真是难得的机会。

一天下课后，质疑的人不多，我便鼓起勇气，上前求教。先生诲人不倦，而且能导人使言，所以走到校门，意犹未尽。平常，先生一出校门便雇车回寓。这天，因话未讲完，便不雇车，徒步沿林荫道边谈边走，一直走到西单。在西单，先生踌躇了一下，问我："你下面有课吗？"我回答："没有。"于是先生说："那我们到中山公园去坐片刻吧。"到了中山公园，在来今雨轩坐下，先生平易地教导我说："你过去念过的书，也不能说是白念。以后再念，也不是一遍便足。有些书，像史汉通鉴，要反复读，读熟，一两遍是不行的，你现在觉得过去读书是白读，这是一大进境。可是后之视今，亦犹今之视昔。古人说，学然后知不足，教然后知困，学无止境呀！现在你应该着力的，一是立志，二是用功。学者贵自得师，只要能立志、能用功，何患乎无师。我就没有什么师承呀！……"这番教言，真可谓金玉良言。去今虽已五十多年，但每忆及，仿佛还在耳际。我自愧未能如先生的期许，成为栋梁之材，所幸也未曾违背师教，成为不可雕的朽木。先生的教导，真使我一生受用不尽啊。

大约这以后不久，我到北京大学去访友。谈及宾四先生的教诲，那友人说："我们北大有所谓'岁寒三友'，你知道吗？所谓三友，就是钱穆、汤用彤和蒙文通三位先生。钱先生的高明，汤先生的沉潜，蒙先生的汪洋恣肆，都是了不起的大学问家。你不来听听他们讲课，真太可惜了！"我回校后，反复考虑，决心转学北大。于是，次年暑期北师大南苑军训，我抗命不去，为的就是要应转学考试。

可是，"人生不如意事十之八九"。转学考试前夕，卢沟桥炮声响了。我仓皇南归，与诸师友相失。心想，要能再见宾四先生一面，可多好啊！何时再能见到宾四先生呢？

卢沟桥事变使我转学北大，从宾四先生问学的愿望，成为泡影。万料不到，一年之后我转入西南联合大学，又和宾四先生重相见了。宾四先生开"中国通史"课。按规定，我可以免修，但我仍选修了，而且把它定为自己着重努力的一门功课。

那时的西南联大，播迁未定，没有自己的校舍，临时租借昆明大西城内外的几所中学校，供文、理、法三个学院使用。城外的省立昆华农业学校和城内的省立昆华中学，是上课的地方。宾四先生的通史课，便排在农校主楼上的一个大教室。这是西南联大当时最大的教室，大约有 100 多套桌椅，可坐 200 多学生。为何要用这么大的一个教室？因为教务处凭以往经验料到，这个课的听课者，一定是为数甚多的。

果然不出所料，听课人数确乎不可胜数。那时，先生住宜良岩泉寺撰《国史大纲》，每星期四乘滇越火车赴昆明。当晚即讲授通史课，共两小时。星期六晚又续讲两小时，都是 7 点到 9 点。其所以排在晚间，原因是听课者众，昼间没有共同时间以满足大众的要求。西南联大继承北大自由讲学之风，允许校内校外人士旁听，而且尽可能兼顾其便。因此，其他大学的学生、中学的教师以及社会上有志于史的人们，皆来听讲，以致教室虽甚宽敞，仍不能使人各得其所。一张两人并用的课桌，总是三个人挤着坐。椅子坐满了，许多人便席地而坐。室内外的地上坐满了，便坐到窗台上。有的人连窗台也挤不上去，便倚墙而立。常见许多同学去上课时，都拿着一张报纸，为的是用以代席。这种状况，自开学以迄学年结束，始终一样，真是猗与盛哉！

（选自李埏《昔年从游之乐，今日终天之痛》）

不满已有成果，随时增补己作

在无锡荣巷时，我们几人读书的房间，就在宾四师起居室的外间。一次，宾四师说他自己手边没有《国史大纲》，他取去我的《国史大纲》，放在他案头很长一段时间。1948 年底，宾四师南下广州。其后隔了好几年，我偶然重读《国史大纲》，才发现书中夹有一纸条，满纸蝇头小楷，毫无疑问是宾四师的笔迹。现将纸条上宾四师所写的一段文字，抄录如下：

> 黄巢兵逼潼关，士子方流连曲中待试，为诗云：与君同访洞中仙，新月如眉拂户前。领取嫦娥攀桂子，任从陵谷一时迁。黄宗羲行朝录序谓其时中土文人无心肝如此，尤可为轻薄作例，较之郑綮，抑天壤矣。
>
> （356　二行附注）

以上是宾四师为《国史大纲》补充的一条夹注，应当注在《国史大纲》上册第 356 页（我所藏《国史大纲》下册的最后两页已缺，无法确定出版年月）。这一部分内容，属该书第二十九章《大时代之没落》（续）中的“三、唐中叶以后之朝士与朋党”。这一节论述晚唐进士之浮薄，举郑綮以歇后为相之事为例，从而可见整个唐末之政局。其中有一段讲郑綮，“其为庐州刺史，黄巢掠淮南，綮移檄请无犯州境，巢笑为敛兵。唐末文人轻薄，綮已为其中之卓者。要之亦不足担当国家重任。”宾四师所增补之夹注，指明在第356页第二行，也就是“要之亦不足担当国家重任”一句之下，是在说明晚唐文人之轻薄而无心肝，更有甚于郑綮者。

《国史大纲》全书完成于1939年，写这条夹注的时间应当是1948年。可见，宾四师在《国史大纲》已经完成的十年之后，仍然随时注意对原著有所增补。老一辈学者这种从不满足于已有成果，兢兢业业地认真治学的态度，永远值得我们学习。

据说从1974年以后，《国史大纲》在台湾出版过修订本，其后又不断再版。我手边没有台湾所出各种版本的《国史大纲》，无从查考在修订版中这条夹注是否已被补入。如果未见增补，今后再版时，应据此补入。

宾四师一生学术成就浩瀚无涯涘，我从学数年，受益良多。今日得略窥史学门径，皆宾四师所赐。唯资质鲁钝，至今了无所成，思之能不愧赧。

（选自郦家驹《追忆钱宾四师往事数则》）

毕生致力于中华文化和传统精神

先生治学朴实而严谨，于经史子集、中西文化学术，无不精研穷治，博达而宏通。其特点是不蹈袭旧说而务求真求实，不断章取义而重融会贯通，取汉学、宋学之长，融考据义理为一，卓然自成一家之言。先生之学始于治经、治诸子百家，而治史由断代而通史，而学术史、文化史而儒学史，由中国文化史而比较东西文化学术，遍及哲学、宗教、道德、文学、艺术、政治、教育诸领域。其蕴积既广且深。我国历史，有典籍可稽者约二千余年，历史文化光辉灿烂。而史册所载，或有遗漏，或者舛异，或有涂饰，或经窜改，或真或伪，或误或正。以致后来学者，各逞已说，异说纷繁，治丝而益棼。及西学东渐，疑古之风日炽，或为浮言华辞，否定历史之真实，诋毁固有传统，或乞灵于西学，以其概念范畴，樊篱权衡评议中国数千年历史文化。以至人心陷溺，世风日下。先生有鉴于此，承继汉学、宋学求真求实求义理之精神，去其烦琐丛碎，不囿宗派门户之见，于方法于学说，各取所长，融而一之，以考订史实，探索文化之精英，使之重现光华。其于先秦诸子精于考证，集乾嘉以来考据之大成，对诸子出身行事，缉逸徵坠，排比联络，校勘参证，辨伪纠误，正史料之所失，寻异同之所由。并从其相互关系，探学术之渊源，义理之脉络。用心至密，用力至勤。终于阐明诸子俱出于儒，墨启于儒，各家皆从儒墨生，世变而儒变，儒变而诸子出，儒家为中国学术文化之大宗。其于近三百年学术，详于史实，详于义理。究宋学之衍变，汉学之继承发展及其利弊得失。考求其来龙去脉，而寻义理发展变化之所以然。详征博引，论汉学导源于宋学。于黄梨洲、顾亭林之学术思想，着眼于国家民族之大节，条分缕析，赞扬备至，谓一致力于义理，一转向于考据，各有深心，不失为豪杰命世之士。于阎潜邱毛西河则称其考据之功，而讥其一意考订忽于心性义理，为学不德。于章实斋、陈兰甫则深誉其汉宋兼宋，以微言大义挽救颓风。凡此等等，足证先生于汉学、宋学之态度与治学之趋向。其于朱子学案，重在对义理精义之阐发以纠时偏。先生宏观博采，置朱子学于儒学发展之中，论证其集儒学之大成。并细读其全部著述，详尽用到系统地加以剖析，挖掘精义所在，阐明其价值。于理气、心性、阴阳、道器、体用、人心、道心、仁恕、善恶、涵养、省察、格物穷理，以及朱陆异同、读书方法等，无不遍及。于理气则谓系理气一体论，于心性则阐明其与理气之联系及区别。谓“就宇宙界言，似乎理乃是一主宰，但此主宰只能使气之一切活动不超出理之范畴，却不能主宰使作某种活动。就人生界言，则心能主宰理，即是能检点此理，配合于人生理想，使其能尽量发挥，由理想的人生界来达到理想的宇宙界。如是言之，则转成为气能主宰理”。诸如此类，不一而足。其以朱子著述发幽阐微证朱子思想，于释疑解误去惑辨诬，弘扬儒学传统，功不可没。

先生治学之另一特点，为中国人文学术研究之民族化、中国化。晚清以来，特别是“五四”后，西方学术渐浸渍蔓延于国内。由此，政治、经济、哲学、历史、文学、艺术，无不受西方学术观念所影响，以至于樊篱，国内学人多以西方学术观点，研究中国传统文化，以西方学术之范畴、概念、思想方法，解释阐述分析评价中国文化，是西方所是，非西方之所非，对中国学术曲为解说，不失于真，即失于偏。先生于此却如中流砥柱，以中国的学术观点、思想方法，研究中国的学术文化。先生于西方学术，非无研究，亦非全不接受。且曾花不少精力，学习体察比较。常谓西方自然科学是进步的，而人文科学则落后了。他们所研究的唯上帝或物质，而中国文化是积数千年来人们活动经验而发展的结晶，它自有一套宇宙论、认识论、人生论、道德论、历史观、文学观等理论与方法。他研究西方学术观点与方法，不是套袭沿用，而是比较异同，弃其所异，取其所同，弃其所短，取其所长，使之溶化于中国学术文化之中，溶化于弘扬民族文化之中。他从典籍中寻历史之真，以中国学术文化之实，求中国学术文化之理。他所有的著作，不受西方学术框架所束缚，不受西方思想所左右，是应所是，非合所非，形成了他人文学研究民族化、中国化的独特风格。

先生毕生所致力弘扬的中华民族文化及其传统精神，因以儒学为大宗，其于墨、道、名、法以至于佛学禅宗，苟其具有民族性，苟能互相补充，相互为用。凡有益于民族自尊心、自信心，有益于和睦团结，有益于治平，有益于世道人心者，无所不取，无不融合而贯通之。因此，内容极为广泛。简而言之，则是究天人之际，合当世所用。其核心是理不离气，性不离心，是天人合一，天以生物为心，人以仁爱为怀，道心人心，物我一体。于社会以礼治为主，法治为辅。于教化重道德育人，使人人察己省身，斟情酌理，不为私利，不落偏见，憩淡宁静，知命安命。以达于和谐统一、至善至美的境地，实现大同太平的理想。

其学也如此，其道德文章亦不离于此矩矱。先生胸怀宽阔，能容忍万物，不与世争，唯尽其力，唯求其宜，唯义理是从。其仁爱之心，从孝于亲友于兄弟慈于子女深情于师友弟子始，及于国家民族和人民。数十年来常忧患于民族文化、民族精神之坠失，忧患于国家、民族、人民长期分裂，不以个人得失为怀，不辞艰辛，不患困苦，创办书院，出外讲学，至耄耋之年，犹不倦于著书立说，弘扬民族文化与精神，无非是增强国人爱祖国、爱民族、爱人民的观念，增强向心力和凝聚力，于统一大业，于建设一个和谐团结的国家，有所贡献。其所写文章，囊括宇宙包罗万有，臧否得失各得其宜。而朴实凝练，有理有据，有情有实，词深意长，字里行间，无不寄托拳拳诚爱之心。

（选自诸宗海《国魂常在　师道永存》）

史学研究与爱国热情

先生治学涉及中国传统学问的各个领域，对经学、诸子学、史学、文学以至整个中国文化，都作了深入的探究，获得卓越的成就。值得注意的是，先生博览古今著述，却不为名家权威所迷惑，总是独立思考，辨别真伪，指明源流，自抒其真知灼见。同时，先生亦非纯粹为学术而学术，他是怀着维护祖国文化、挽救民族危机的宏愿来从事研究的。这里只谈他的爱国主义热忱的某些方面。

现在的青年人，当然不能体验到辛亥革命以来二三十年间中国国势江河日下。国将不国，有识之士惴惴不可终日的况味。先生曾说，年轻时听人说“中国必亡”。另有人写了一本书，叫《中国不亡论》。不亡当然好，但是中国恃何而不亡呢？从先生的语气看，这本书似乎没有讲出足以令人信服的道理来。先生的意思是，如果没有民族自尊心，没有民族自信力，总是不行的。先生说过，这次跟日本人打，中国人还有股劲：我就是看不起你，你跟我学的，倒反来欺侮我！假如现在侵略我们的不是日本，而是英、美等国，中国人内心里早就认输了。一切都不如他们，哪敢跟他们拼？先生还打个比方说，你当着一个小孩的面，训斥另一个小孩说，你总归不如他，你一辈子没出息。那么，这个小孩就自认我总归不如人家了。他还能有志气上进吗？先生关于中国文化精神，自有专著论述，这里只拈出他闲谈中的片言只语，稍存其语气神情于万一而已。还有，先生所说的，也只就他个人生活圈子里的所见所闻而言，并不能概括所有的中国人。

先生对胡适的“全盘西化论”，自然是不以为然的。先生曾说过，这是借尸还魂，纵使活转过来，也不真是我们自己了。先生又曾说起，胡适在北大曾召开座谈会，讨论中国人为什么不信基督教的问题。先生说，我当时心想：你们自己就不信基督教。先生的意思是，这个问题是不言自明的，中国自己有着比基督教更好的东西，中国人并不需要基督教。但是，先生对基督教在西洋所起的作用，还是认可的。他说，维系西洋社会组织的，一个是教堂，另一个是法院。诸如此类的问题，先生说，我用不着跟他们辩论，我只要写出几部像样的著作，就足以论证我自己的看法了。先生曾说过，傅斯年宴请外国学者，也邀先生作陪。傅向外国人介绍说，钱先生是某文、某书的作者。及至先生的《近三百年学术史》出版了，人问傅：此书如何？傅便说：这人写的东西，我从来不看。可见他们之间的分歧是很大的。

先生对留学生中鄙视祖国文化的人，极为反感。说这种人一登洋船，面目全非。先生更深恶外国人用对待殖民地的那一套，施之于中国。先生说，中国人自己的铁路，为什么车站站牌上，中国字下面偏要注上英文拼音？汪伪汉奸政府将它一律取消，这一点却做得痛快。只是他们将来会不会再注上日文，这可难说了。齐大是教会学校，每逢“圣诞节”要放假。先生在研究所里出张布告，写道：“12 月 25 日，全所循例放假一天。”美国教会派人来调查研究所情况，由先生接见。先生介绍说：民国某年研究所情况如何如何，某年又如何如何。那美国人问：那是一九多少年？先生严肃地说，我不知道。这里必须指明，我们现在采用公元纪年，跟采用国际计量标准同一意义。用拉丁字母拼音，是为了推广普通话。跟先生所指斥的外国人用于殖民地的那一套，完全是两回事。只要透过现象看本质，就可加以区别。

先生这样的态度，当然不适合教会学校的人事环境。本来美国教会之所以要办这类研究所，是由于美国锌大王出资委托。这锌大王未发迹时，发誓要提炼出纯锌来，却屡遭失败。他的一伙美国同学，对他倍加嘲弄，只有他的几个极少的中国同学，却对他慰勉有加。他终于成功了，因而感到中国文化中，必有某些为西洋文化所不及之处。所以，他在遗嘱中拨出一部分财产，专作研究中国文化之用。齐大既领得其中一小部分，必得请一位名人主办此事，就聘请了顾颉刚先生去，顾先生因邀钱先生同往。顾先生是比较注意人事关系的，钱先生曾幽默地说，顾先生是“太太邱道广”；这也无形中反衬出，他自己是“仲举性峻”的了。然而，连顾先生在那种环境中也无法应付，便跑去重庆，将所务交钱先生暂管。一到顾先生正式辞职，钱先生不久也就离开了。

先生为了树立民族信心，挽救民族危机，从中国文化之优良传统着眼，去讲通中国历史。先生爬梳了庞杂的史料，清理出发展线索，持之有故，言之成理，而卓然自成其一家之言。在二三十年代，外国已有了文化学、文化哲学这一类独立学科，中国是连这一类名词也没有听到过。只有梁漱溟独学孤诣，在20年代就进入这一学域。先生之不懂外文、不明外国学术动态，正与梁氏相同。却也冥索密索，自辟蹊径，从中国历史里开拓这一学域，去探求中国民族文化精神之所在。所以40年代之初，先生的《国史大纲》一出版，自然会使中国人对自己民族国家的历史，耳目为之一新。

《国史大纲》战时在香港发行，1942年才有重庆印本，我们在内地初次见到。我们哪里见过这样的中国通史？它表面上沿着王朝体系，实则打破了臃肿僵板的史料罗列格局，进行提要勾玄的讲述。有严密的考据，更有透辟的分析。行文有点像赵翼《廿二史札记》，但却从大处落墨，从精处着眼，繁简在心，寓整于散。无论大题或细目之间，都有一股潜在气脉，前后贯注着。这部史纲，主要抓住相对于贵族与门阀而言的士人政治，跟相对于御用官学而言的民间学术这两大环节，去看中国历史的演进面，即大一统局面之形成与巩固，以至各地区之开发与向心凝聚，从而阐明中国历史文化精神之所在。

先生一向反对中国人谈论中国问题，却要去征引外国人的看法，以取重于人。这里暂且违反一下先生的意愿，引用美国的中国专家叫费正清的，他对中国描述的几句话，引用的目的只是为了对比：一则取其站在庐山外面看庐山，但并非说他获得了庐山真面目，只取他会有个模糊的轮廓。二则取他以西洋人看中国，心中先有他们欧美国家社会的影子做底本，他说中国如何如何，实际也是在说欧美国家并非如此，不自觉地含有个中西对比在内。费正清说：“欧、美两洲十多亿人口，却有五十个国家；而十多亿人口，却统一在中国里，中国是个小宇宙。”“中国是国家、社会、文化三者异常超绝的统一体”，“是一个精巧的结构”。“各地不同的差异，分散的物质方法，都统一在一个形式的意识形态和历史创造的自我形象”。（引文散见于费正清:《伟大的中国革命》）费正清的这番话，是从另一个角度观察，用另一种方式表达的。他说的是中国的体大而整，教一而通，是属于静态方面的。我们回过头来再看先生所说的动态方面的，就更为显豁了。

只是这位外国专家在80年代所说的，仍是停留在表层上的观察，他的一双冷眼里，也不自禁地流露出惊奇之情，相比之下，一位热爱自己祖国历史文化的中国学者，在30年代目睹日寇侵凌日甚一日，终至全中华民族奋起抗战，一决存亡，而他正在对自己民族的历史文化作一番亲切的考察和深刻的反思；当他渊然以思、憬然以悟的时候，其精神之感奋、激昂，将为何如？人们在这场空前伟大的民族解放战争中，读了先生这部书，得以重新认识自己祖先所创造的历史文化价值之所在，一下豁然开朗的时候，其精神之感奋激昂，又将为何如？所以，此书之出版，真是适逢其时；它对鼓舞爱国精神，提高抗战信念，是有所贡献的。

《国史大纲》的“引言”，在全书未印出以前，先在云南报纸上单独发表。当时陈寅恪看到了，对来滇访问的张其昀说：“这里有篇大文章。”如果我们现在还能置身于30年代末期，人们对抗战必胜具有信心，高唱团结御侮、一致对外的历史环境中，平心阅读，是仍会有一番深切体味的。只要不存成见，不苛求个别论点，而细心加以寻绎，便会感到：若是没有对五六十年来我国学术思想动向作过一番考察与思辨，没有将中国数千年历史通体提挈出来两相对比的气魄和才智，没有哲理的睿见和洞察，没有艺术想象力和审美颖悟，没有爱国热情的鼓荡，是决不能写出这篇一万八千字的长文的。

先生曾说过，曾国藩教人读“两通”：一部《资治通鉴》，一部《文献通考》，把史事跟政制结合起来，以为经世之用。又说过，梁任公极有史才，而史识稍逊。晚年曾想将《资治通鉴》跟《明儒学案》结合起来讲，可惜有志未遂。先生之治史，取径或许跟他们有气脉相近之处。然而旧学翻新，后胜于前；

时世不同，见解悬异。先生在中国通史的某些方面，是取得创造性成就的。先生也曾发心学习英文，想研治西洋史，作中西文化的深入对比。又曾准备编一部“国史读本”，并将史实和制度绘图列表，使人一目了然。这大概是有取于无锡乡贤顾栋高的《春秋大事表》，而作这番设想的。可惜这些都属于先生未竟之业了。

先生关于中国文化精神的看法，自有其本身产生的根源。然而知人论世，其中一些时代背景仍是必须一提的。在二三十年代，知识界尤其在上层，有两种心理比较突出，不论其为公开的或潜在的，正经话或牢骚话：一是中国说什么都不如外国人；另一是这应该归罪于中国的历史和文化。这两者有内在联系。它们虽非无所见而云然，总不免流于偏颇和极端，其中也隐藏着可虑的后果。这里且举两个小故事为例。

钱玄同在北京，曾遇见一个拉人力车的，车厢上贴着耶稣像。跟他一攀谈，才知道他青年时竟是个义和团、烧教堂的，因问他何以前后相反。那人说，人家的菩萨灵。这个从抗拒到降顺的小故事，比起“月亮也是外国圆”的笑话来，更具讽刺性。当时，知识界的崇洋心理，实质上跟这个人是一条路子。

另一是，无锡出了个玩世不恭的怪人吴稚晖，有人称他是“坏透了顶的好人”，在清末民初也算个老新党。他说，他跟陈独秀相约：把线装书丢进茅坑里，二十年不看。在彼时他不过以狂言骇世，取快一时。他做梦也想不到，后人真会轰轰烈烈地干了出来。

无用多说，崇洋发展下去，便会媚外；而对历史文化抱虚无主义态度，也势必至于师心自用，其流弊是不堪言的。

先生生活在这样的环境气氛里，目击这类情况，自然不能无动于衷，而漠然不言。他对中国文化既知之深而爱之切，又身处民族存亡关头，觉得报国之道，亦唯在弘扬中华民族文化精神，以唤醒国魂。所以，先生对待中国历史文化的态度，是阐其精微而弃糟粕于不论，通其大体而置细节于不顾。这是为了匡正偏颇、补救时弊，自有其不得不然之处。人们对先生所论，也会随着时势不同而持有各种看法。这场学术是非，似乎现在已成陈迹了。然而，先生强调祖国文化的优点，既出自反对崇洋媚外的苦心，以至后来强调祖国统一大局，亦寓有反对忘本附外之深意。他的爱国主义精神，是始终不渝的。凡是爱国的中国人，对先生都会知道敬重的。

我们中华民族走过了漫长而坎坷的道路。前人为我们留下丰富精深的文化遗产，涵育出我们的理性思维、感情素质和价值判断。他们创造出来既不易，流传下来也不易，而我们生活在他们的沾被中，对此要有所识知却更不易。尽管前人一辈一辈地走过去了，但是他们的智慧之光、浩然之气，在人际关系中体认自我存在价值的淑世精神，撼动山河、涤荡乾坤的魄力，四海一家、天下大同的宏愿，如此等类，却长存于为历史文化所重新开辟、重新缔造的天地里。煦拂着亿万心灵，他们好比黑夜天空里的星星，不管星体有大小，亮度有明晦，光年有远近，它们都在各自的星躔里迎送着大地的运行；此隐彼现，发出微弱的光，映洒在我们民族的历史征途上；让我们在迷惘中有所辨察，有所寻思，感到亲切，感到慰勉。这就是我们民族文化精神的潜在作用，及其继长增强的生命力之所在吧？如果是这样，那么，这片迷蒙闪烁的星空里，有时也会从中透露出先生的一瞥心影、一丝热量的。

曾记得先生说过，人的生命是有限的，只要人们还记起他生前所说的话，他的心灵就活在人们的心灵里，他就是不朽。

我默祝先生精神永在。

（选自诵甘《纪念钱师宾四先生》）

处世

父亲说，读书与做人并重

回想起来，我与父亲一起生活的日子很少。幼年在北平的一段生活，因为我年幼，几乎没有留下什么印象。抗日战争爆发后，父亲去了后方，我们兄妹跟着母亲留在苏州，直到 1946 年父亲才回来。可是父亲在江南大学任教，还是不能在家常住，平日住无锡，一周或二周回家一次，暑假又常去上海讲课。当时我十三岁，上中学。父亲留给我的印象，是严肃的，甚至是严厉的，大半时间总在书房里。我要出去玩，要经过父亲的书房，书房外走廊上铺地的方砖，有一些已经活动了，踩上去就会发出声响。每次出去，我总是小心翼翼，不让这些砖弄出声来，以免被父亲知道。1949 年父亲离苏州南下，我才十五岁。可以说，直到这时，我对父亲还没有真正是自己的认识，只是接受了旁人的一些评论。这以后，父亲给我们来过信，但不久就中断了。我真正自己来认识父亲，是在隔绝了三十多年之后。

父亲到香港，办了新亚书院，最初是亚洲文商夜校，这件事是我从父亲的来信中早就知道的。但我那时只知道是办了个学校，完全不知道当时办学的艰辛，更不了解这所学校的精神和意义。1984 年，父亲九十岁，我们去香港为父亲祝寿，参加新亚书院举行的祝寿活动。

新亚校友们特地安排了一天时间，从最初的桂林街校址到其后的农圃道校址，缅怀新亚的发展历程。这一天给我很深的印象，最初校址的简陋，新亚的校友们的回忆，还有大家齐声高唱新亚校歌的情景……都使我进一步了解了新亚，也进一步了解了父亲。我从这些开始懂得，在当时那剧变的年月，许多人到香港，就如漂流到荒岛上，前途茫然。在失却了精神支柱的情况下，父亲创办新亚，在这块殖民地上，倡导做中国人，弘扬中国文化，不只是简单地办一所学校，给师生们提供一个工作、学习的机会。它体现了父亲对中国文化的深情，也表现出父亲对民族的前途、命运的信心和责任感。

以后几年，我读父亲的书逐渐多了一些，对父亲的认识也多了些，深了些。今年早些时候，父亲托人从台北给我们带来他的《新亚遗铎》。我很快地读了一遍之后，深受感动。父亲办新亚，读书与做人并重，而第一是教学生学会做人。每次开学典礼和毕业典礼，父亲讲话总要讲做人的道理。特别是关于父亲辞去新亚院长职务的那几篇材料，对我教育尤深。从这几篇，我看到了父亲的为人，看到父亲对自己所讲的做人道理身体力行的精神，从父亲的言论、父亲的处事，我进一步认识了中国文化的传统精神。开始懂得，新亚的精神，也就是中国文化精神，也就是父亲的精神。对于父亲的这种精神，我想用两句话来表达：

继先圣堂堂正正做中国人，
启后学切切偲偲为孺子师。

上面所说，只是父亲的一个侧面。说来十分惭愧，我对自己父亲的了解是很不够的。曾经有朋友建议我研究父亲的生平和学术，为父亲写传、写学案。我说，我的学力太浅，这是我力所不能及的。我所能做的，也是要更加努力去做的，是要更多地读父亲的书，更多更深地认识父亲，继承父亲热爱中国文化的精神，为中国文化的发展贡献自己的一份力量。我想，这也是对父亲的最好的纪念。

（选自钱逊《纪念父亲　了解父亲》）

对教学有高度的责任感

他总是在上课前几分钟便进入教室；而下课则要等答完学生的疑难，才离开。出了教室，总还有一些学生陪着他边走边谈，直到出了校门，上了车而后已。那时，他住在宜良城郊西山岩泉寺。宜良在昆明东南，距昆明七十余公里，有铁路和公路可通。但当时公路无客车行驶，旅客只能乘滇越火车。火车自宜良开往昆明，一日二次：第一次太早，从岩泉寺动身，无法赶上；第二次自开远来，中午十二时（今北京时间下午一时）过宜良，下午五时半抵昆明。宾四先生即乘此次车到昆明，上当晚七时的通史课。可是火车站在昆明城外东南角，联大在城外西北角，乘人力车约需一小时乃能达，而火车照例晚点，晚二三十分钟乃属常事。这就使宾四先生每次刚下火车，便上洋车，直趋课堂，连宿舍也不能进去一下，晚饭也顾不上吃。联大在东城财神巷（后改为才盛巷）租一院房子，作单身教授宿舍，宾四先生来昆明时，即下榻彼处。其所以如此紧张，当然是不愿迟到。实际上也只有一次，火车晚点几乎一小时，迟到约二十分钟。可是尽管如此，听讲者仍等候着，无一人离去。这是很少见的现象。当时一般情况是：上课铃响后几分钟教师还未来，学生便走了。我多次看见宾四先生满面通红、大汗淋淋地走进教室，从人缝中，甚至踩着课桌，登上讲台。

有同学请问，何不早一天来，免得如此紧张？宾四先生说，他正为这个课程写讲义，一切用书和资料都在宜良，来早一天便停写一天，所以不能早来。那讲义即后来由商务印书馆出版的《国史大纲》。由此可见，他把全部精力和心血都付与了这个课程。当时学校共开出三门中国通史课，学时、学分一样。有一门只讲到王莽，另一门讲到南北朝，唯有宾四先生担任的这一门，讲到清代，按计划完成。

（选自李埏《昔年从游之乐，今日终天之痛》）

有教无类，诲人不倦

先生讲课很严肃，不苟言笑；虽思如泉涌，但没有一句题外话。因此，初侍讲者常对先生有一种道貌岸然的印象，心存敬畏，不敢率尔发问。可是，课后一经先生接谈，无不感到“即之也温”，和蔼可亲，敬畏之心顿时变成了敬爱之情。于是，许多学生都无拘束地于每星期五、六的下午，到才盛巷宿舍去拜谒、请益。宿舍为一斗室，室内唯一榻、一桌、一椅。学生们或坐床上，或倚壁而立。一些人方辞出，一些人又进去，常常络绎不绝。但先生毫无倦怠不胜烦之意，必使来者人皆餍足而后已。

来拜谒求教的，并不全是联大学生。据我所见，有的是其他大学的学生，有的是中学教师，有的是在报馆、银行、机关工作的人，有的是读过先生所著书而未听过讲课的人……多数人是二三十岁的青年，但也有一些年逾不惑或知天命的中年人。对这一切来谒的人，先生是极少问其姓名、职业的。因此，若非其人自陈，先生便不知其为何许人，但不论知与不知，先生都一样和颜悦色地接待，真是一视同仁，有教无类。同时，有些问题也很浅近，殊不必烦先生一一作答，但先生还是认真地解答。因此，我尝请问：“有些人似是慕名而来，欲一瞻风采而已。何以先生也很认真地赐以教言？”先生说：“你知道张横渠谒范文正公的故事吗？北宋庆历间，范文正公以西夏兵事驻陕西。横渠时年十八，持兵书往谒。文正公授以《中庸》一卷，说：‘儒者自有名教可乐，何事于兵。’横渠听了，幡然而悟，遂成一代儒宗。可见有时话虽不多，而影响却不小。孔子说：‘知者不失人，亦不失言。’我宁失言，不肯失人。”我听后感到，先生之所以诲人不倦，是对求教者有厚望、有深意的。

（选自李埏《昔年从游之乐，今日终天之痛》）

《国史大纲》中的爱国情怀

当时教授们讲课，例有所谓“开场白”，就是，头一次课不讲课程内容，而讲一些与这门课程有关的问题，如本课程的重要性和教学计划，教本及参考书，作业与考试……宾四先生所讲有异于是。他主要讲：祖国历史有其独特之处；作为一个中国人，应感到它是可敬可爱的；大家读史、治史应取的正确态度（不应当以古非今，也不宜厚今薄古；不可崇洋，也不可自大……）；应认识统一和光明是中国历史的主流，分裂和黑暗只是中国历史的逆流（若非如此，中国历史岂能绵延数千载而不绝）……（凡此所述，俱见于后来出版的《国史大纲》书首所载“凡读本书请先具下列诸信念”及“引论”中。）回忆先生作此讲演时，感情是那样的奔放，声音是那样的强劲而有力，道理是那样深切着明。那时正是国难方殷，中原陷没，学校播迁甫定，师生们皆万分悲愤之际。因此，先生的讲演，更能感人动人，异乎寻常。两个小时的课，自始至终，人皆屏息而听，以致偌大一个教室，人挤得满满的，却好像阒无一人似的。从先生的讲授中，学生们不惟大大增加了国史的知识和兴趣，而且强化了爱国主义思想和民族自信心。有的人受历史虚无主义和全盘西化等思想的影响，对国史不甚重视，听后也有转变而大异往昔。这样的课堂讲授，岂止授业解惑而已。

但给听讲者以深刻印象和影响的，不只是这始业的第一堂课，以后的每一堂课，亦莫不如是，甚至更为深巨。因为随着课程的进展，从每章、每节的讲授中，我们不仅具体地、活生生地看到中国历史的可敬可爱之处，而且从先生讲授时所表现的、所流露的对国史的无限深情和崇高敬意，看到了榜样，感到了更大的感染力。但是，就我而言，大概由于鲁钝之故，一个学期之后，领悟才大为提高。这其间有一件最堪回忆的事，那就是先生的石林之游。当第一学期最末一周的星期五下午，我到才盛巷去看望先生时，先生说：“最近我写一篇文章《国史大纲·引论》，即将脱稿。拟脱稿后休息一下，看看滇中山水。听说石林很奇，就在你们路南。你寒假回家吗？能否陪我一游？”我听了喜出望外，于是约定行期，由我接送、导游。到约定时间，我先一日到宜良，次日中午乘滇越火车南行两站，至狗街子站下车。然后先生换乘滑竿，我则与随先生同往的一中年人骑马，山行四十华里，傍晚抵路南县城。次日游石林，又次日游芝云洞，第三日游大叠水瀑布，第四日上午送先生复经狗街子返宜良。此行经过，先生《师友杂忆》中有记述，我不过略为之注。我这里要说的是，当我去宜良迎候先生时，一见面先生便以《国史大纲·引论》原稿授我，说：“此稿于前二日写完，是我南来后最用力之作。等从石林回来，我便要送昆明《中央日报》去发表。你可在此数日内先读一读。”我于当夜即挑灯快读一遍，到路南后又细诵一遍。我何幸成了读此宏文的第一人！

“引论”要旨，通史始业第一课本已讲及，但课堂上迫于进度，为时间所限，先生只能简要地讲述，我的笔记又不免有脱漏讹误，所以领会极为不足。今获睹先生手稿，口而诵，心而维，认识乃有所加深，有所加广。同时，又得随侍左右请益，许多问题乃涣然冰释，学业大进一步。例如，尝与同学议论，对祖国历史当存敬爱之说，用于盛世固宜，也可用于衰乱之世吗？现在我明白了：我国数千年历史，屡经衰乱而不灭绝，而且每经一次衰乱，文明反而更进一境，足证我国家、我民族有强大的、坚韧不拔的生命力。作为这个国家民族的一分子，自应有自豪感；对这个国家民族的历史，当然应有敬意和感情。在送先生返宜良途中，我以这一体会质诸先生，先生遂乘便指教我，大意是：“治史须识大体、观大局、明大义，可以着重某一断代或某一专史，但不应密闭自封其中，不问其他。要通与专并重，以专求通，那才有大成就。晚近世尚专，轻视通史之学，对青年甚有害。滇中史学同仁不少，但愿为青年撰中国通史读本者，唯张荫麟先生与我，所以我们时相过从，话很投机。你有志治宋史，但通史也决不可忽。若不知有汉，无论魏晋，那就不好，勉之勉之！”先生的这番教导，我一直以为座右铭，虽不能至，但总是心向往之。

第二学期开学后不久，《国史大纲·引论》在昆明《中央日报》上刊布了。大西门外有一个报纸零售摊，未终朝，报纸便被联大史学系师生争购一空。一些同学未能买到，只好借来照抄。下午，同学们开始三三两两地聚集在小茶馆里或宿舍中，讨论起来。此后数日，大家都在谈论这篇文章。有的谈这个问题，有的谈那个问题。据闻，教授们也议论开了，有的赞许，有的反对，有的赞成某一部分而反对别的部分……联大自播迁南来，学术讨论之热烈以此为最。一天，先生对我说：“一篇文章引起如此轩然大波，是大佳事。若人们不屑一顾，无所可否，那就不好了。至于毁誉，我从来不问。孔子说得好：不如其善者好之，其不善者恶之。说到毁誉，不妨取王荆公《与杜醇书》一读。”我回校后，即到图书馆借王临川集读之。原来《与杜醇书》中，有如下几句话：“夫谤与誉，非君子所恤也，适于义而已矣。不日适于义，而唯谤之恤，是薄世终无君子也。唯先生图之！”我由是而知，在对待毁誉问题上，先生与荆公虽悬隔千载，却是很相契合的。

大概一是由于诵读“引论”得到的启发，二是由于上学期听讲得到的教益，第二学期我们所受的感染更深，先生的示范作用更大，我们对先生的崇敬也更高了。这学期，先生从唐代安史之乱讲起（也就是从《国史大纲》第二十七章起），这正是我最感兴趣的部分。当讲到庆历变政和熙丰变法何以发生、何以失败，以及范仲淹、王安石、司马光等人的政见、学术、人品时；当讲到宗教文化，如禅宗、理学，及其代表人物慧能、神秀和程朱陆王等等时；当讲到南北经济文化之转移时……我都觉得闻所未闻，有一种茅塞顿开之乐。那时，张荫麟先生也正为联大历史系开宋史课，采取专题讲授的方式，内容和通史课多不同。我同时选修，同样深受教益。我后来之所以专心研读宋代历史，不能不感激两先生诱导之赐。唉唉，卢沟桥之变是我国家民族的不幸，也是我的不幸。我被迫离开文化古都，流亡南下，几死者数。但料不到在昆明竟能与吴晗先生、张荫麟先生和宾四先生诸师相值，并承他们给以亲切的教诲，这又是不幸中之幸。现在呢，暌违宾四先生已近半个世纪，先生已归道山，但当年上通史课的情景，先生的声音、容貌犹在耳际目前。遥望海峡彼岸，我怎么献上这一炷心香？唯有在此遥遥心祭而已！

（选自李埏《昔年从游之乐，今日终天之痛》）

学史致用，再三言之

1943 年春，宾四先生应浙江大学的邀请，自成都赴贵州遵义讲学，为时 1 月。那时我也在浙江大学任教。想不到，既不在昆明，也不在成都，却在黔北这个山洼里的小城见到先生。自从送别先生离开昆明到此时，已经三年半了。真是“东山犹叹其远，况乃过之，思何可支”！我的欣喜，是无法形容的。

遵义城以湘江中分为二：在江西的部分为老城，在江东的部分为新城。先生抵后下榻老城水硐街，和我住处极近。中间只隔一座郑莫祠（奉祀郑珍、莫友芝的祠堂），步行三分钟可到。学校为先生雇一厨师治餐。先生约田德望教授夫妇和我参加共食。因此，我每天必见先生至少三次。遇到上课或有事时，那就成天在先生左右了。

先生自重庆到遵义这段路程，乘的是“邮政车”。那时滇、川、黔之间的交通唯有汽车。达官贵人和富商巨贾之辈，有小轿车专用，至于一般旅客，则只能乘“木炭车”（以烧木炭为动力的客车或货车）。木炭车极慢，又易“抛锚”，常常是一天的路程要走几天。邮政车（运送邮件的货车）烧汽油，较快；邮局出售司机旁的座位票，价较高，极难购得。因其虽不如小轿车的轻便舒适，但比之木炭车又算是好多了。先生在重庆得一北大毕业生之助，乃购得车票。到后，我问先生途中劳顿否？先生莞尔笑答道：“我是乘驴子车来的，还好。”我不解其意，再问：“何谓驴子车？”先生说：“你知道‘人骑骏马我骑驴’那首打油诗吗？我坐的是邮政车，虽不如轿车之佳，但胜木炭车多矣，故我称之为驴子车。”在座诸人听了皆大笑。先生偶尔说两句幽默的话，总是很风趣的。

到校后第三天上午，学校在新城中心丁字口一寺中，为先生举行盛大的欢迎会。（当时的遵义无大建筑。这寺最大，浙大租用为图书馆和大礼堂。）竺可桢校长主持，致欢迎词，盛赞先生的成就和治学精神。接着，请先生讲演。先生讲了大约一小时半，讲的是中国传统文化的特点，无一句致谢之类的客套话。这次讲演，可算是先生在浙大讲学的第一课，因为这正是所要讲的第一个题目。浙大校本部及文学院在遵义，全体师生和许多职工都不请自来，争一听先生宏论，以致寺院虽很宽敞，后来者仍无立锥之地。我来遵义已十阅月，从未见过如此隆重而热烈的盛况。

此次讲演之后，便开始讲学。新城有一大教室，可容百人。先生每周到那里讲课二次，系统讲授中国文化史专题。我每次都随先生一同去来，并遵嘱作笔记。讲了五周，课程结束，我以所作笔记呈先生。对先生后来撰著《中国文化史导论》，可能起了一点备忘的作用。

先生很喜欢散步。每晨早餐后，由我陪从，沿着湘江西岸顺流南行；大约走一小时，再沿着去时的岸边小道回老城。这样的散步，除天雨外，没有一天间断过。先生总是提着一根棕竹手杖，边走边谈。先生说，他很爱山水，尤爱流水，因为流水活泼，水声悦耳，可以清思虑，除烦恼，怡情养性。沿湘江散步便有此乐。在《师友杂忆》里，先生对这些谈话也有所记述，这里我就不重复了。

散步时先生的谈话，无异是对我的耳提面命，对我尔后的立身、为学，都是深有影响的。先生讲课、谈话极少重复，但对学史致用一事却谆谆再三言之。先生说：学史致用有两方面，一是为己，二是为人。为己的意思，是自己受用。若不能受用，对自己的修养毫无作用，那何必学呢？为人就是为国家、为社会。倘若所学对国家、社会毫无益处，那是玩物丧志，与博弈没有什么不同。近世史学界崇尚考订，不少学者孜孜矻矻，今日考这一事，明日考那一事，至于为何而考，则不暇问。这种风气，宋时朱子已批评过。你们决不宜盲目相从，只窥一斑，不睹全豹，要识其大者。先生关于治史的教言还很多，但这里不能备举了。

先生还应我的请求，为我讲述家世和生平。在讲述中，我看到先生有时很高兴，有时很感慨，不能自己，一连讲了三个早晨。我听了很感动。知道先生很早便志于学，又能刻苦自励，所以虽无师承，终成一代大师。我对先生说，孟子说的“若夫豪杰之士，虽无文王犹兴”，先生可以当之了。三年半后，先生将重游昆明讲学，我应五华学院之请，据先生所谈，写了一篇介绍先生生平大略的文章，刊于1946年10月的昆明《民意日报》上。风行草偃，它曾鼓舞了许多好学的青年。此文惜已久佚，但《八十忆双亲》及《师友杂忆》既出，我的那篇小文也没有什么用处了。

先生在遵义，尚有一事当记。那也是在散步中，先生问我近读何书，我答：方看完一本克鲁泡特金的《我的自传》。克氏是安那其主义巨子，我虽不赞成那种主义，但对克氏其人甚感钦佩。先生听了，索观其书，我旋即奉上。先生很快看了，也很感兴趣。于是命代觅其他有关安那其主义的书，得三数种。先生边看边对我讲：安那其主义与中国先秦道家思想，有可比较之处，也连续讲了两三个早晨。讲后，先生便作文一篇，题曰:《道家与安那其主义》，旋即刊于《思想与时代》杂志上，引起了读者的极大兴趣。

先生在遵义的这一个月，我觉得过得特别快。竺校长很想留先生长期设帐浙大，殷勤劝说，但先生终以主持齐鲁研究所工作之故，不克接受。所以仍按预定计划，再乘邮政车返川。行前二日，先生书一横幅赐我，上录杜甫《奉简高三十五使君》诗。其文如下：

> 当代论才子，如公复几人。骅骝开道路，鹰隼出风尘。
> 行色秋将晚，交情老更亲。天涯喜相见，披豁对吾真。
> 杜诗一首录赠　幼舟仁弟　　　　　　　　　　钱穆

多少年来，这条横幅，我一直悬于壁间。……

抗战胜利，西南联大等迁滇大学陆续复员离去，昆明最高学府唯遗一座云南大学，大家顿感寂寥。于是，联大留下的师范学院同仁们，拟扩建为“昆明师范学院”，同时，社会贤达于乃义昆仲，也筹建“私立五华学院”。于乃义字仲直，昆明人，自幼好学，尝从滇中前辈袁嘉穀、秦光玉诸先生治国学，亦治佛学。其兄乃仁（字伯安），善货殖，抗战期中积资巨万。于是有意捐资兴学，创办私立五华学院（清末有五华书院，学院亦名五华，有承其余绪之意）。仲直知我师事宾四先生久，因托我代致意，邀请来昆讲学。云大文史系主任方国瑜先生闻之，亦托我代为敦请。最后，决定由两校合聘。宾四先生因素爱昆明气候及景物，又感于方、于诸先生的诚意，遂同意南来，于 1946 年 10 月初乘飞机抵昆明，下榻翠湖公园中省立昆华图书馆内。先生还代五华及云大聘请李源澄、诸祖耿等先生来任教，不久也先后抵达。加上原已留昆的刘文典、罗庸等先生，昆明的学术空气为之一振。

（选自李埏《昔年从游之乐，今日终天之痛》）

有志经世，心系天下治乱

抗日战争后期的 1943 年，我在成都四川大学历史系读书。钱宾四师当时任教于华西大学，在四川大学兼课。从这时起，我有机会受业于宾四师。1946 年秋，我到上海复旦大学借读，1947 年毕业。这时，宾四师受聘于无锡江南大学，我被召至无锡，和宾四师朝夕相处，直到 1948 年宾四师南下广州。在这前后五年多时间里，宾四师不仅传道授业解惑，对我生活工作各方面都关怀备至。1949 年以后四十多年关山阻隔，不能再亲聆教诲。去年宾四师以九十六岁高龄病逝台北，当年循循善诱的音容笑貌，犹历历如在眼前，思之不禁泫然。谨追忆往事数则，以志怀念之忱！

1942 年暑假，我毕业于四川合川原国立第二中学，毕业时患肋膜炎。当时先君郦承铨先生任教于迁往贵州遵义的浙江大学，我返回遵义并赴贵阳住院就医，继之在家中休养了一年。这一年，我读了梁任公的《清代学术概论》以及《中国近三百年学术史》，又读了宾四师《中国近三百年学术史》，这是我第一次接触宾四师的著作。这几部书都能使一个青年从中了解学问天地之大。宾四师这部著作的写成，正是在“九一八”之后，所以在《自序》中说：“斯编初讲，正值九一八事变骤起，五载以来，身处故都，不啻边塞，大难目击，别有会心。”该书所论清代学人，贯串着一条基本线索，就是以是否有志经世，是否心在天下治乱，为重要准则。我虽年少无知，由此也稍稍知道一些学术与天下治乱的关系，知道民族文化在异族侵犯下而沦丧之堪忧。正在我读了《中国近三百年学术史》之后不久，宾四师于 1943 年春到贵州遵义浙江大学短期讲学，我以一名中学毕业生因读其书而仰慕其人，也前往旁听。一个极为简陋的大教室里挤满了人，我坐在最后。这已经是距今将近半个世纪的事了，讲课的具体内容已记忆不清。宾四师身材虽不高，但是大教室中那么多人，无不全神贯注，肃静非常。宾四师那无锡口音的普通话，抑扬顿挫，非常有吸引力。这是我第一次听宾四师讲课，印象至今难忘。

（选自郦家驹《追忆钱宾四师往事数则》）

教导学生“厚积薄发”“心无旁骛”

1943年秋，我到成都，入四川大学历史系。四川大学一年级学生在成都西南角的南校场新生院上课，宾四师曾应邀到新生院讲演。第二年，即1944年秋季开始，我们正式听宾四师讲“中国政治制度史”和“中国政治思想史”。这段时间，国内著名学者云集成都，如陈寅恪、萧公权、吴宓、蒙文通、徐中舒、丁山等先生，都在四川大学任课。我和蒙先生、徐先生以及宾四师接触最多。我们住在望江楼附近的四川大学宿舍，有时专程去华西坝向宾四师请教问题，或者送读书笔记请宾四师审阅，也有时在下课之后，陪送宾四师从川大漫步走回华西坝。1946年夏季，我和洪廷彦兄结伴循宝成路经河南，返回江南故乡。从1944年至此，约近两年时间，与宾四师接触既多，师生情谊日益深厚。宾四师对学生，除了日常解答疑难问题之外，总是反复强调要从从容容地读书，要有耐心，要细心体味，不能只顾翻书，只为查找需要的材料而读书。宾四师常谆谆教导根基要扎实，要能读常见书，而又从常见书中见人之所未见。他很不赞成读书急功近利，他认为读书多了，积累多了，自然会发现问题，找到解决问题的途径，这时就会有一种水到渠成的感受。形之为文章，也就必然能言之有物，能发前人之所未发。他常常告诫我们，想要速成，想要走捷径，是做学问的大忌，应当懂得“厚积而薄发”的道理。宾四师还不止一次说过，中国学问主通不主专，中国学术界贵通人不贵专家。据我所知，宾四师的这个意见，当年在成都时，就深为蒙文通师所赞赏。但是中国学术界也确有不少学者，是不同意这个论断的。

1946年秋，我到上海复旦大学历史系借读四年级。这时，宾四师写了一封信给我，信中告诉我，吕思勉（诚之）先生是他读常州府中学堂时的老师。吕先生情洽精深，治学严谨，为人质朴淳厚，让我多向吕先生请教。宾四师另写一介绍信，嘱我持信去见吕先生。当时，吕诚之先生和女公子吕翼仁先生，父女二人住光华大学校园内游泳池附近的平房里。吕先生因宾四师的介绍，待我极亲切。这时，吕先生也在复旦大学兼课，讲“中国古代政治制度史”。由于宾四师的介绍，从1946年起，我经常能得到吕先生的教诲。1949年以后一段时间，我在上海光华大学附属中学教历史，光华附中和光华大学校舍毗连，我住在附中宿舍，诚之先生于1952年之前，仍住在原来的宿舍。由于相距很近，我有更多请教的机会。吕诚之先生待人接物、立身处世，俨然古之纯儒。但是吕先生之治史，思想十分敏锐开阔，对西方哲学、史学以至马克思主义，绝无排斥之意，不留丝毫守旧之士大夫积习。

除了介绍我向吕诚之先生求教之外，宾四师还写了介绍信，嘱我和洪廷彦兄一同前往沪西合众图书馆，拜访顾廷龙（起潜）先生。宾四师一方面让我们向顾先生求教，同时也请顾先生给我们借阅合众图书馆的藏书以方便。当年，复旦大学藏书远不能和四川大学图书馆相比，文史方面的书少，线装书更少，而合众图书馆所藏善本，是海内闻名的。1946年秋到1947年暑假毕业这段时间，我们得到顾廷龙先生的照顾，至今铭感。我能有机会向吕诚之先生和顾廷龙先生请教，并且能利用合众图书馆藏书，可以看出宾四师爱护学生的真挚感情。

1947年春季，宾四师正在昆明五华书院，我在写毕业论文时，有问题写信向宾四师请教，宾四师复我一封长信。在宾四师给我的信件中，这一封最长，给我留下的印象也最深。这封信我保存了二十年，后不幸被毁。现在又过去二十多年了，已经无法准确复述信的内容。宾四师在信中主要是告诫我，读书、做学问，不要仅仅关心自己所注意的几个问题，那也是急功近利。写论文是一回事，要想到学问不在于一篇论文，要养成从容读书的习惯，要认识做学问是一辈子的事。读书而能提出一些问题，当然是好事，但是宾四师说在我给他的信中，流露出一种迫切的心情，所以在这封长信中不厌其烦地剀切教导。这封信还谆谆嘱咐世事动荡，更应当潜心读书。

1947 年暑假毕业后，我失业在家。约在 9 月间，得宾四师从上海来信，告知他已应聘出任无锡江南大学文学院院长，让我即去无锡荣巷。从 1947 年秋至 1948 年底，这一年多时间里，宾四师召来他的学生钱树棠、吴沛澜、洪廷彦和我四人，随他读书。我们生活和工作都在无锡荣巷荣德生先生住宅楼上，和宾四师朝夕相处。1948 年又有宾四师挚友诸祖耿先生之公子诸宗海兄，参加进来。

这段时间，宾四师除了经常指点我们读书之外，每逢假日，常约我们同游惠山或梅园、蠡园，每游必尽兴。一同出游时，宾四师也常常谈到如何读书，反复强调读书时要能一心用在书上，心无旁涉。而观赏风景时，也要一心用在山水之间，要能乘兴之所至。宾四师的意思，就是让学生知道读书有如游山一般，要能专心致志，心无二用，自然能从中感受到大有乐趣。宾四师还说过读书如登山，拾级而上，每登临一山峰，俯视山下，必有不同，殆至顶峰，然后方能领略一个全新的境界，方能“一览众山小”。读书也应如登山一般，随着读书越多，思考的问题越多，就能触类旁通，进入不同的思想境界，不至沾沾自喜于一隅之得，游山水也不能死守在一个狭窄的天地里。这一类的教诲，是宾四师常常要谈的一个主题。

（选自郦家驹《追忆钱宾四师往事数则》）

冯友兰

冯友兰（1895—1990），字芝生，河南唐河人。著名哲学家、教育家。1918 年毕业于北京大学哲学系，1924 年获美国哥伦比亚大学哲学博士学位。回国后历任中州大学、广东大学、燕京大学教授，清华大学文学院院长兼哲学系主任。抗战期间，任西南联大哲学系教授兼文学院院长。1946 年赴美任客座教授。1952 年后一直为北京大学哲学系教授。

其著作《中国哲学史》《中国哲学简史》《中国哲学史新编》《贞元六书》等已成为 20 世纪中国学术史上的重要经典，对中国现当代学界乃至国外学界影响深远。

齐家

母亲懿行，万言不能尽

我冯氏原籍山西高平县，始祖于清康熙五十五年经商来唐河之祁仪镇，因家焉，后遂为唐河望族。然历世虽久而宗祠尚阙，先妣恒以为念。及晚年返里，遂以建立宗祠为己任，积资蓄财，至去秋兴筑。用工百数十人，每日为备饭食，隔数日为设酒肉。又复亲临工地，监督指挥，天未明即起，或至出门尚未辨路径，则坐门外以待旦。居宅距宗祠工地约里许，每日往返多至七八次，如是者六十余日。宗祠正厅及一厢房甫成，而先妣已积劳遘疾不起。临终谓伯姊曰："吾之死，如抗战兵士之阵亡，然吾自甘之。吾死，宗祠必续修。至吾因修宗祠而积劳致疾，别人可言，汝辈不可多言也。"

先妣平日持家极俭。先考树侯府君于清光绪戊戌成进士，以知县分发湖北，先妣率友兰、景兰及妹叔兰三人随居武昌，家事无大小，躬自操作。及先考知崇阳县事，拟为置衣买婢，亦力辞，仍只用一女仆，操作如在武昌时。常曰："吾冯氏祖宗以勤俭起家，子孙敢逸豫乎？"然自奉虽简，而当用之钱，则挥斥无吝惜。修宗祠所费巨万，皆独任之。平日衣常故旧，食常粗粝，而宗祠之一砖一石必求美好，木料必求全新者。非常时巨材不易购，乃伐先考茔地巨木以为梁栋，以为不如是不足以示恭敬之意也。居武昌、崇阳时，有亲族来者，必厚贶之。先考尝责以"为人太多，自为太少"，则笑曰："吾生性如是，不如是心不安也。"又尝谓友兰等曰："自家吃饭可以不好，有客则不可以无肉。"亲族有家道中落者，每来乞借，先妣必依其行辈，待之如礼，临行必满其意。先考之乳母晚年无依，先妣迎至家，养之终其身。民国三十一二年间，豫北大饥，逃荒来唐河者络绎于途，先妣出所积谷，每日施粥，全活甚众。平生于取与之际，尤重毋苟。先考屡赴京会试，亲族乡里有赠路费者，及后先妣悉偿还之。先考疾终崇阳任所，幕友请报亏空，谓习惯如此，官殁既无可追，家属何苦不自为计，且谓先考素受知于藩司梁公节庵，更不致有追缴事。先妣愤然曰："是卖死者，使其负梁公也。"执以为不可。其临财不苟得如此。先考于清光绪三十四年捐馆舍，越三年而革命军起于武昌，时先妣已率子女回唐河家居，谓友兰等曰："汝父早死，亦不幸中之幸矣。不然，此时将何以自处？"唐河自宣统元年春至三年冬，地方不靖，先伯父请兵剿匪，匪首王八老虎视为深仇，家中一夕数惊，人皆逃避。先妣以先考停柩在堂，独不去。盖其临难不苟免之志亦昭昭也。

平生喜人读书，尤喜子女读书。在武昌日，收入不丰，不能为友兰延师教读。张文襄公初办学校，学生多贵族子弟，先考先妣恐友兰等或染纨绔习，不敢令入学校。先妣治家之余，亲自教子女读，不识之字，俟先考公毕返寓时问之。一二年间，友兰读毕《周易》《左传》《礼记》，景兰读毕《诗经》《书经》，妹叔兰读毕"四书"。每尽一册，先妣必为煮鸡蛋两枚，或以铜元四枚市五香牛肉一块以奖励之。及到崇阳，先寓于茶厘局内，行装甫卸，即教友兰等读，屋宇逼仄，书声闻于外。先考所聘刑幕某君曰："吾作幕多年，未见太太、少爷有如此好学者。"及迁入县署，先考为友兰等专延一师，然不数月即他去，仍由先妣督读。

先考捐馆舍时，友兰十四岁，景兰十一岁，妹叔兰九岁，先妣率之扶柩北归。到家甫定，即为延名师，束脩既厚，膳馔亦丰，每星期日必置酒以劳师生。及后友兰等游学开封、上海、北平，以及美洲、欧洲，凡有需用，先妣必按时供给，不令缺乏。常曰："若使学生在外日忧不给，有何心读书耶？"又常戒友兰等曰："汝等在外，吾不多予钱，恐汝等困乏，多予又怕汝等浪费，父母之心如此，汝等多善体之。"每送子女出外，未尝有戚容。当友兰等在外时，家事皆不令知，每奉家书，但云一切平安而已。即后友兰等有一技之长，服务社会，先妣亦不令照顾家中事务，盖恐分其为学治事之心也。至友兰等在外收入，则令诸媳各自经理，从不过问。尝曰："汝等如不能在外树立，家中有汝等吃的饭；若能在外树立，家中亦不累汝等也。"计自友兰等十余岁出外游学，迄今数十年间，不在先妣膝下之日，远过于能奉晨昏之时，从未接一招归之谕，或言家事困难之书。直至去秋宗祠兴工时，始来谕命设法返里，于宗祠落成时请神主入祠。此谕甫到昆明，而"母病盼归"之电亦至，此电尚系伯姊阴发者。盖先妣直至弥留前数日，始告伯姊曰："与他们打电罢。"电报耽搁，行路稽迟，友兰等至家，而先妣已逝世匝月矣。

先妣尝谓人曰："我死，他们必不在侧，盖我若不觉病重，不肯叫他们回来，及觉病重叫他们，必赶不及。"方先妣病时，从兄培兰方任教于唐河惠民中学，自县城返祁仪省视，先妣询知学校尚未放假，即谓曰："快回学校罢，耽误了学生功课！"其一生以事业为重如此。

其于诸媳，尝曰："我不要媳妇们在左右伺候，只要他们能过好人家。"诸媳或在社会任事，或在学校上学，诸孙之不随往者皆留家，由先妣抚育之，亲教之读，如在武昌课儿时。孙男钟豫，孙女钟芸、钟琏，或留学美国，或毕业西南联合大学，皆先妣自幼教读之力也。时家无钟表，画线于地，以志日影，影至某线休息，至某线读书写字，皆有定规，曰以为常。尝曰："吾教书无他长，但耐烦有恒耳。"

清宣统元年，县中初办女学，风气未开，家长多不肯令媳女出闺门。主其事者，唐河教育局局长吴简斋先生，先妣母家族弟也，请先妣出任监学，学生始大来。先妣尝曰："吾办学无他长，惟使师生间和而已。"

先妣教儿童，常使其存不及之心。友兰十二岁始学作文，甫成一二篇，先妣阴问先考曰："看友兰文，在昔科举时，能下场一试否？"先考曰："岂但可一试，即进秀才亦可。"先妣虽心喜，然直至友兰在清华任教之日始以相告。又尝曰："小儿如有错，须于其喜时开导之；若于其怒时折之，不但不易听从，且身体也易吃亏。"

平生不信医卜星相。在武昌日，黄鹤楼有一相面者驰名官场，一日先考归曰："此人为我相面，言我可至某官，且妻贤子孝。能至某官否不可知，妻贤子孝则已验矣。”先妣曰：“此奉承之言耳。彼以此谋衣食，岂敢说人妻不贤子不孝耶？”先考默然。或有扶乩者，谓能致人魂魄谈家事，试请先考之灵，乩笔甫书“夔府孤城落日斜”之句，先妣闻而怒，立令停止。后有父执王式三先生云，于民初随军入川，夜宿夔府，梦先考云为夔府城隍，及闻乩笔所书，为大惊异不置，然先妣亦不之信也。尝曰：“人死如灯灭，此喻良是。”又曰：“病须自思致病之由，详告医生，切不可使其专靠切脉，随意用药。切脉能断病否不可知，能切脉之医亦不可多得。”又曰：“精神愈用愈出，若能振刷精神，则病不能侵。养身莫良于饭食，药物不及也；饭食莫良于米面、蔬菜，珍馐不及也。”又曰：“忧最伤人，心常怡悦则身自平安。”平生未尝有大病，小病亦往往不服药。

清末鸦片流行，宾至不以鸦片盘子出者为不敬。先妣独于鸦片深恶痛绝。先考偶尔有应酬，先妣必极谏，至于涕泣。最后病笃，或告以鸦片可治，先妣曰：“奈何为此刺脑子之言？”

生性仁慈，爱诸侄如子女。先伯母孔太夫人殁时，从兄培兰、瀛兰皆尚幼，先婶母欧阳太夫人殁时，从妹纕兰方九岁，先妣辅助育教，使各有所树立。亲族间后辈之赖先妣鼓励协助而成立者尤众。在崇阳寓茶厘局时，先考治狱于厅事，先妣闻鞭笞声，辄惨然不怡。然处事刚决，尝曰：“遇事当让而不让，是为强梁，不可也；不当让而让，是为无用，亦不可也。”又尝曰：“吾用人若有过，则告之，不改亦不恶言责斥。但积过既多，则决去之，无论何人说情，亦不留也。”又曰：“会办事之人能走近路，故事半功倍；不会办事之人走冤枉路，故事倍功半。”

其治家条理井然，爱惜人力而事亦无不办。故虽好施与，而家道日兴。闻先妣初来数日，先曾祖妣茹太夫人即语人曰：“吴姐将来能置五顷地。”又数日，又告人曰：“能置十顷地。”先曾祖考性豪放，爱施与，家因中落，茹太夫人实中兴之，亦非常人也。先考应会试落第归，过汝坟桥题壁《忆内》诗云：“年来事事不如人，惯逐群仙步后尘。才调如卿堪第一，奈何偏现女儿身。”盖其处事明敏，才华富赡，先曾祖妣有知人之明，先考无过情之誉，俱为乡党所称道焉。

先妣晚年家居，自备后事，将田产分为二份，衣棺俱早置备。或劝置石椁，笑曰：“无万年不坏之墓也。”去年急修宗祠，若不及待，似预知其寿之将尽者。修宗祠过劳苦，伯姊劝其爱惜身体，为弟辈多照顾几年家事，先妣曰：“他们能靠我一辈子耶？”弥留之前一日，曰：“这一回可不会好了。”唐河语可者，久待而今始至之意。乃告伯姊用某处某树做椁；某家亲戚族人来，做孝衣几身；友兰等到家时，鞋如何做；并命取预备入殓之鞋，试着一次，过夜中而殁。盖死生之际人之所难，而先妣从容如此。

友兰等违侍膝下，于今九年。本望抗战胜利，举家团圆。今胜利虽可期，而团圆永无望矣。然先妣励志于宗祠之修建，全功未竟，而身先陨落。八十三年之人生如此终结，其庄严悲壮又非仅以团圆终者所可比拟。闻亲族言，先妣入殓时容貌悦愉，尤胜平时。盖死生之道，先妣尽之矣。

先妣姓吴氏，讳清芝，字静宜。其先闽人，清初随云南右路总兵涂公孝臣屯垦唐河，因家焉，居城南二十五里小吴庄。生于清同治元年九月初二日子时，卒于民国三十三年十二月二十二日即阴历十一月初八日丑时，享寿八十有三岁。生子男三人，长新兰早殇，次友兰、景兰；女二人，长温兰，次叔兰（沅君）。友兰等于先妣，生未能尽孝养，死未能视含殓，风木之悲，何时可已！妹沅君曰：“母亲懿行，万言不能尽也。”谨次大略以告当世，伏冀立言君子，推锡类之仁，惠赐铭诔，以光泉壤，感且不朽。

（选自冯友兰《先妣吴太夫人行状》）

佳偶绝配，举案齐眉

在 1918 年，我和任载坤结婚。载坤字叔明，是辛亥革命的前辈任芝铭先生的第三个女儿。任芝铭先生是清朝的举人，但是他反对清朝，在他的本县新蔡县反抗县官，还组织人劫狱，因此他的举人被革了，还受通缉，长期不能在家。他没有儿子，只有六个女儿。他在河南最先提倡妇女解放，叫他的女儿们都放脚，并送她们到外边上学。他的大女儿馥坤、二女儿纬坤（后改名任锐），都在清朝末年就在北京进了北京女子师范学校，任纬坤当时就参加了革命工作，在进步报馆里做事，和孙炳文相识。孙炳文是四川人，当时在北京京师大学堂预科上学。他们二人，不要“父母之命，媒妁之言”，自由恋爱，自由结婚，在当时是一种创举，也受到许多的诽谤。后来孙炳文烈士于第一次国共合作分裂时牺牲。任载坤于民国初年进了北京女子师范学校。我在上海上学的时候，有个同学是任芝铭先生的学生，介绍我与载坤订婚。我也不知道他向任芝铭先生怎么说的，一去信就得到回信，表示同意。我也写信回家告诉母亲，母亲也同意了。这一点也可以见母亲的开明。对任纬坤的一些诽谤之词，也传到她耳中，可是她向来主张女子要读书，愿意有一个读书的儿媳妇，就毅然同意了。

这样，我们两家定了亲。只有一个条件，就是必须等载坤在北京女子师范学校毕业以后才能结婚。当时北京女子师范学校设本科和专修科，关于婚姻问题，专修科没有什么限制，本科则只收未婚学生，如果中途结婚，就要中途退学。当时在北京，北京大学是男子最高学府，北京女子师范学校是女子最高学府，我们两个人各居一个最高学府。恰好我们都是在 1918 年毕业。我们同时毕业以后，就在开封结婚了。我们结婚以后，一同回唐河。当时有人担心，怕回到唐河以后，母亲不让叔明再出来了，也许要留她在家里帮助照料。我知道不会的。果然到家以后，住了几天，开学的日期快到了，母亲就催着我们走。她说："我不要媳妇在家帮助照料，也不要媳妇在我面前伺候，我不要媳妇这样，我只希望你们在外面好好地做事，有了小孩我替你们照管。"于是我们就又回到开封。叔明在河南女子师范学校任预科算术教员。

我的岳父家里，是有革命传统的。在抗日战争时期，岳父亲送他的第六个女儿，也是最小的女儿任平坤（后改名任均）到延安参加革命。我和叔明结婚以后，也从他们家里接触到一些革命气息，得到一些革命的消息。

（选自冯友兰《我的婚姻》）

言传身教，受益匪浅

“尚未上学，也就五六岁吧。”宗璞回忆，极像自语，目光淡远。那时冯友兰先生在清华当教授、文学院长，清华大学校长是梅贻琦先生。因为寓所邻近，两家过从甚密，宗璞和弟弟冯钟越以及梅校长的小女便常在一块嬉戏。童心无饰，玩着玩着就玩不到一起了：小弟钟越同梅家小女谈笑甚欢，有意无意冷落了一旁的“小姐姐”。面对那两个人的“统一战线”，宗璞一定表现出了委屈和不以为然。这不高兴被冯友兰看出来，平常不太过问家事的父亲便向宗璞招手：“你来你来！”

宗璞来到父亲面前，父亲问了缘由，说：“我今天教你背一首诗。”

诗是白居易的《百炼镜》：“百炼镜，熔铸非常规……太宗常以人为镜，鉴古鉴今不鉴容。四海安危居掌内，百王治乱悬心中，乃知天子别有镜，不是扬州百炼铜。”一边教一边解释：“唐太宗曾说，‘以铜为镜，可以正衣冠；以古为镜，可以知兴替；以人为镜，可以明得失’，就是说，从别人身上，自己应该学习领悟一些东西……”

道理被父亲讲得很浅显很明晰，而同时深深吸引她的，还有父亲那抑扬顿挫的朗诵声，这声音激发了宗璞对古诗词的强烈兴趣。

冯友兰发现了这种兴趣，以后有时间便继续教宗璞背古诗，背《长恨歌》、背《琵琶行》……到上小学，宗璞已养成了一个极好的习惯：每天早晨上学离家时，先背书包来到父母床前，把刚刚学会的诗句对着父母再背一遍。兄弟也如此。家中不自觉地就形成了那么一种气氛。

这气氛对孩子的成长很有影响。宗璞回忆，曾有一段时间，全家都在北京，逢到开饭，长幼围餐桌而坐，冯友兰先生也从纷繁的工作和思想中走出，和孩子们坐在一起，一边有滋有味地品尝着夫人做的可口饭菜，一边有声有色地讲述着时政文化历史哲学。所以从餐桌旁，孩子们得到的并不仅仅是生理方面的营养。宗璞留恋地说：那些内容，那种形式，想想似乎可以称作是“餐桌教育”。

宗璞说，父亲在家里更注重“言传身教”，我们小的时候，从他身上学到了许多东西，但他在孩子面前并不严厉，譬如对于家中学生的功课，他并不要求谁非要考多少多少分，也不要求开夜车加班加点，他自己从考大学到出国留学每次考试就从未开过夜车；对于家中学生所选择的专业，冯先生也只看各人兴趣。宗璞上大学时读的是外文专业，为的是替自己的文学创作再打开一个窗口，冯先生同样很尊重她的选择。他并不要求子女一定要干什么，却希望他们无论干什么都要努力干好。

他在家中常讲一个笑话：当他已是一位很有名望的哲学家时，有人问他，家中怎么没有一人“子承父业”，他很幽默地一笑：“那是因他们深知哲学之无用。”他对子女影响最大的是他对事业的执着。

宗璞回忆，在西南联大时，日军入侵，生活困难，学校的一些师生耐不住清贫，便去跑滇湎公路，从仰光等地贩一些物资到云南，“下海”做生意，情况与现在很有些相似呢。冯先生在学校在家中多次表示，人心不能二用，生活再苦，也不能分了心，仍一心一意致力于他的著述。桃李不言，下自成蹊，虽然冯先生的子女没有一个再搞哲学，但他们从父亲那里获得的一种精神也使他们各有所成：除宗璞成为饮誉中国文坛的作家外，先生的长子冯钟辽、次子冯钟越也都是某个领域极为优秀的专家。

听得出，冯友兰先生在家中是一个“甩手掌柜”。这首先得力于他的夫人任载坤。冯友兰先生的妹夫张岱年曾经感叹：在家中谁也比不上冯先生的，冯先生一辈子从来没有买过菜。宗璞笑着补充：说一辈子没买过菜也不尽然，在昆明时，母亲身体不好，父亲也曾带我赶过集，不过父亲确实很少做饭，“君子远庖厨”这句话放他身上倒合适不过。记忆中间只有一次，父亲和我一起做饭，条件不好，得先把松针编成辫子一样的“松毛”，盘在炉子里作引火，上面放上炭。我们怎么也生不着火，弄了半天，哈，出来一锅糊饭！后来我上大学时写一篇作文记述此事，记得有“煮饭则有黑无白”一句，因为生活生动，还博得老师赞赏……

1982 年，冯友兰到母校美国哥伦比亚大学接受名誉文学博士学位，宗璞陪同前往。在机场，八十七岁的冯友兰回首家事，曾颇有感慨地作打油诗一首：“早岁读书赖慈母，中年事业有贤妻。晚年又得儿女孝，扶我云天万里飞。”诗中提到的三个女性使冯友兰先生一生脱离了俗务的纠缠。

据宗璞及其堂姐冯钟云回忆，冯友兰的“慈母”在“五四”前后是一个十分开明的女性，她把自己的三个子女都从河南唐河老家送出来读书，结果这兄妹三人都成了闻名全国的人物：冯友兰在哲学界的地位自不必说，弟弟冯景兰则是新中国地质学的奠基者之一，妹妹冯沅君是五四时期的著名女作家。冯友兰的“贤妻”任载坤 1918 年毕业于北京女子师范学校，该校是当时中国女界的最高学府，可她与冯友兰结婚后，就基本上把精力投入到家务之中。

回首往事，宗璞说：这么多年，我觉得父母一直认为生命中有比世俗生活更高更重要的东西存在，在父亲，就是他的哲学他的教育事业，在母亲，就是帮助父亲成就他的事业。在生活最困难的西南联大时期，为了能使冯友兰教授一心致学，教授夫人曾在校园里支起油锅，靠炸麻花来补贴家用。1977 年，任载坤去世，冯先生痛作挽联悼念：“在昔相追随，同患难，共安乐，期颐望齐眉，黄泉碧落汝先去；从今无牵挂，断名缰，破利锁，俯仰俱不愧，海阔天空我自飞。”

（选自杨长春《一代宗师存风范——亲友漫忆冯友兰》）

一生勤俭，却不乏生活情趣

哲学界人士和亲友们都认为父亲的一生总算圆满，学术成就和他从事的教育事业使他中年便享盛名，晚年又见到了时代的变化，生活上有女儿侍奉，诸事不用操心，能在哲学的清纯世界中自得其乐。而且，他的重要著作《中国哲学史新编》，八十岁才开始写，许多人担心他写不完，他居然写完了。他是拼着性命支撑着，他一定要写完这部书。

父亲在最后的几年里，经常住医院，1989年下半年起更为频繁。一次父亲突然发作心绞痛，外子蔡仲德和两个年轻人一起，好不容易将他抬上救护车。他躺在担架上，我坐在旁边，数着脉搏。夜很静，车子一路尖叫着驶向医院。好在他的医疗待遇很好，每次住院都很顺利。一切安排妥当后，他的精神好了许多。我俯身为他掖好被角，正要离开时，他疲倦地用力说："小女，你太累了！""小女"这乳名几十年不曾有人叫了。"我不累。"我说，勉强忍住了眼泪。说不累是假的，然而比起担心和不安，劳累又算得了什么呢？

过了几天，父亲又一次不负我们的劳累和担心，平安回家了。我们笑说："又是一次惊险镜头。"

这余生太短促了。

后来父亲眼前因有幻象，又住医院。他常常喜欢自己背诵诗词，每住医院，总要反复吟哦《古诗十九首》。有记不清的字，便要我们查对。"青青陵上柏，磊磊涧中石。人生天地间，忽如远行客。""浩浩阴阳移，年命如朝露。人生忽如寄，寿无金石固。"他在诗词的意境中似乎觉得十分安宁。

一次医生来检查后，他忽然对我说："庄子说过，生为附赘悬疣，死为决疣溃痈。孔子说过，朝闻道，夕死可矣。张横渠又说，生吾顺事，没吾宁也。我现在是事情没有做完，所以还要治病。等书写完了，再生病就不必治了。"我只能说："那不行，哪有生病不治的呢！"父亲微笑不语。我走出病房，便落下泪来。坐在车上，更是泪如泉涌。一种没有人能分担的孤单沉重地压迫着我。我知道，分别是不可避免的。

我们希望他快点写完《新编》，可又怕他写完。在住医院的间隙中，他终于完成了这部书。人们常问父亲有什么遗言，他在最后几天有时念及远在异国的儿子钟辽和唯一的孙儿冯岱。他用尽力气说出的最后的关于哲学的话是："中国哲学将来要大放光彩！"他是这样爱中国，这样爱哲学。当时有李泽厚和陈来在侧。

然后，终于到了 11 月 26 日那凄冷的夜晚，父亲那永远在思索的头脑进入了永恒的休息。

作为父亲的女儿，而且是数十年都在他身边的女儿，在他晚年又身兼几大职务，秘书、管家兼门房，医生、护士带跑堂，照说对他应该有深入的了解，但是我无哲学头脑，只能从生活中窥其精神于万一。根据父亲的说法，哲学是对人类精神的反思，他自己就总是在思索，在考虑问题。因为过于专注，难免有些呆气。他晚年耳目失其聪明，自己形容自己是"呆若木鸡"。其实这些呆气早已有之。

抗战初期，几位清华教授从长沙往昆明，途经镇南关，父亲手臂触城墙而骨折。金岳霖先生一次对我幽默地提起此事，他说："当时司机通知大家，不要把手放在窗外，要过城门了。别人都很快照办，只有你父亲听了这话，便考虑为什么不能放在窗外，放在窗外和不放在窗外的区别是什么，其普遍意义和特殊意义是什么。还没考虑完，已经骨折了。"这是形容父亲爱思索。他那时正是因为在思索，根本就没有听见司机的话。

父亲一生对物质生活的要求很低，他的头脑都让哲学占据了，没有空隙再来考虑诸般琐事。而且他总是为别人着想，尽量减少麻烦。一个人到九十五岁，没有一点怪癖，实在是奇迹。我持家的能力很差，料理饮食尤其不能和母亲相比，有的朋友都惊讶我家饭食的粗糙。而父亲从没有挑剔，从没有不悦，总是兴致勃勃地进餐，无论做了什么，好吃不好吃，似乎都滋味无穷。这一方面因为他得天独厚，一直胃口好，常自嘲“还有当饭桶的资格”；另一方面，我完全能够体会，他是以为能做出饭来已经很不容易，再挑剔好坏，岂不让管饭的人为难。

父亲奉俭，但不乏生活情趣。他并不永远是不苟言笑，也有豪情奔放、潇洒闲逸的时候，不过机会较少罢了。1926年父亲31岁时，曾和杨振声、邓以蛰两先生，还有一位翻译李白诗的日本学者一起豪饮，四个人一晚喝去十二斤花雕。60年代初，我因病常住家中，每于傍晚随父母到颐和园包坐大船，一元钱一小时，正好览尽落日的绮辉。一位当时的大学生若干年后告诉我说，那时他常常看见我们的船在彩霞中飘动，觉得真如神仙中人。我觉得父亲是有些仙气的，这仙气在于他一切看得很开。在他的心目中，人是与天地等同的。“人与天地参”，我不止一次听他讲解这句话。《三字经》说得浅显，“三才者，天地人”。既与天地同，还屑于去钻营什么！那些年，一些稍有办法的人都能把子女调回北京，而他，却只能让他最钟爱的幼子钟越长期留在医疗落后的黄土高原。

据河南家乡的亲友说，1945年初祖母去世，父亲与叔父一同回老家奔丧，县长来拜望，告辞时父亲不送，而对一些身为老百姓的旧亲友，则一直送到大门，乡里传为美谈。从这里我想起父亲和读者的关系。父亲很重视读者的来信，许多年坚持回信。星期日上午的活动常常是写信。和山西一位农民读者本恒茂老人就保持了长期的通信，每索书必应之。后来我曾代他回复一些读者来信，尤其是对年轻人，我认为最该关心，也许几句话便能帮助发掘了不起的才能。但后来我们实在没有能力做了，只好听之任之。把人家的千言信万言书束之高阁，起初还感觉不安，时间一久，则连不安也没有了。

时间会抚慰一切，但是去年初冬深夜的景象总是历历如在目前。我想它是会伴随我进入坟墓的。当晚，我们为父亲换穿衣服时，他的身体还那样柔软，就像平时那样配合。他好像随时会睁开眼睛说一声：“中国哲学将来会大放光彩。”我等了片刻，似乎听到一声叹息。

然而日子居然过去快一年了。只好对自己说，至少有一件事稍可安慰，父亲去时不知道我已抱病。他没有特别的牵挂，去得安心。

文章将尽，玉簪花也谢尽了。邻院中还有通红的串红和美人蕉，记得我曾说串红像是鞭炮，似乎马上会噼噼啪啪响起来。而生活里又有多少事值得它响呢！

（选自宗璞《我的父亲冯友兰》）

治学

我的读书经验

我今年八十七岁了，从七岁上学起就读书，一直读了八十年，其间基本上没有间断，不能说对于读书没有一点经验。我所读的书，大概都是文、史、哲方面的，特别是哲。我的经验总结起来有四点:（1）精其选，（2）解其言，（3）知其意，（4）明其理。

先说第一点。古今中外，积累起来的书真是多极了，真是浩如烟海。但是，书虽多，有永久价值的还是少数。可以把书分为三类，第一类是要精读的，第二类是可以泛读的，第三类是只供翻阅的。所谓精读，是说要认真地读，扎扎实实地一个字一个字地读。所谓泛读，是说可以粗枝大叶地读，只要知道它大概说的是什么就行了。所谓翻阅，是说不要一个字一个字地读，不要一句话一句话地读，也不要一页一页地读。就像看报纸一样，随手一翻，看看大字标题，觉得有兴趣的地方就大略看看，没有兴趣的地方就随手翻过。听说在中国初有报纸的时候，有些人捧着报纸，就像念五经四书一样，一字一字地高声朗诵。照这个办法，一天的报纸，念一年也念不完。大多数的书，其实就像报纸上的新闻一样，有些可能轰动一时，但是昙花一现，不久就过去了。所以，书虽多，真正值得精读的并不多。下面所说的就指值得精读的书而言。

怎样知道哪些书是值得精读的呢？对于这个问题不必发愁。自古以来，已经有一位最公正的评选家，有许多推荐者向它推荐好书。这个选家就是时间，这些推荐者就是群众。历来的群众，把他们认为有价值的书，推荐给时间。时间照着他们的推荐，对于那些没有永久价值的书都刷下去了，把那些有永久价值的书流传下来。从古以来流传下来的书，都是经过历来群众的推荐，经过时间的选择，流传了下来。我们看见古代流传下来的书，大部分都是有价值的，我们心里觉得奇怪，怎么古人写的东西都是有价值的。其实这没有什么奇怪，他们所作的东西，也有许多没有价值的，不过这些没有价值的东西，没有历代群众所推荐，在时间的考验上，落了选，被刷下去了。现在我们所称谓“经典著作”或“古典著作”的书都是经过时间考验，流传下来的。这一类的书都是应该精读的书。当然随着时间的推移和历史的发展，这些书之中还要有些被刷下去，不过直到现在为止，它们都是榜上有名的，我们只能看现在的榜。

我们心里先有了这个数，就可随着自己的专业选定一些需要精读的书。这就是要一本一本地读，所以在一段时间内只能读一本书，一本书读完了才能读第二本。在读的时候，先要解其言。这就是说，首先要懂得它的文字；它的文字就是它的语言。语言有中外之分，也有古今之别。就中国的汉语笼统地说，有现代汉语，有古代汉语，古代汉语统称为古文。详细地说，古文之中又有时代的不同，有先秦的古文，有两汉的古文，有魏晋的古文，有唐宋的古文。中国汉族的古书，都是用这些不同的古文写的。这些古文，都是用一般汉字写的，但是仅只认识汉字还不行。我们看不懂古人用古文写的书，古人也不会看懂我们现在的《人民日报》，这叫语言文字关。攻不破这道关，就看不见这道关里边是什么情况，不知道关里边是些什么东西，只好在关外指手画脚，那是不行的。我所说的解其言，就是要攻破这一道语言文字关。当然，要攻这道关的时候，要先做许多准备，用许多工具，如字典和词典等工具书之类。这是当然的事，这里就不多谈了。

中国有句老话说：是“书不尽言，言不尽意”，意思是说，一部书上所写的总要比写那部书的人的话少，他所说的话总比他的意思少。一部书上所写的总要简单一些，不能像他所要说的话那样啰唆。这个缺点倒有办法可以克服。只要他不怕啰唆就可以了。好在笔墨纸张都很便宜，文章写得啰唆一点无非是多费一点笔墨纸张，那也不是了不起的事。可是言不尽意那种困难，就没有法子克服了。因为语言总离不了概念。概念对于具体事物来说，总不会完全合适，不过是一个大概轮廓而已。比如一个人说他牙痛。牙是一个概念，痛是一个概念，牙痛又是一个概念。其实他不仅止于牙痛而已。那个痛，有一种特别的痛法，有一定的大小范围，有一定的深度。这都是很复杂的情况，不是仅仅牙痛两个字所能说清楚的，无论怎样啰唆他也说不出来的，言不尽意的困难就在于此。所以在读书的时候，即使书中的字都认得了，话全懂了，还未必能知道作书的人的意思。从前人说，读书要注意字里行间，又说读诗要得其“弦外音，味外味”，这都是说要在文字以外体会它的精神实质。这就是知其意。司马迁说过：“好学深思之士，心知其意。”意是离不开语言文字的，但有些是语言文字所不能完全表达出来的。如果仅只局限于语言文字，死抓住语言文字不放，那就成为死读书了。死读书的人就是书呆子。语言文字是帮助了解书的意思的拐棍。既然知道了那个意思以后，最好扔了拐棍。这就是古人所说的“得意忘言”。在人与人的关系中，过河拆桥是不道德的事。但是，在读书中，就是要过河拆桥。

上面所说的“书不尽言”“言不尽意”之外，还可再加一句“意不尽理”。理是客观的道理，意是著书的人的主观的认识和判断，也就是客观的道理在他的主观上的反映。理和意既然有主观客观之分，意和理就不能完全相合。人总是人，不是全知全能。他的主观上的反映、体会和判断，和客观的道理总要有一定的差距，有或大或小的错误。所以读书仅至得其意还不行。还要明其理，才不至于为前人的意所误。如果明其理了，我就有我自己的意。我的意当然也是主观的，也可能不完全合乎客观的理。但我可以把我的意和前人的意互相比较，互相补充，互相纠正。这就可能有一个比较正确的意。这个意是我的，我就可以用它处理事务，解决问题。好像我用我自己的腿走路，只要我心里一想走，腿就自然而然地走了。读书到这个程度就算是能活学活用，把书读活了。会读书的人能把死书读活；不会读书的人能把活书读死。把死书读活，就能把书为我所用，把活书读死，就是把我为书所用。能够用书而不为书所用，读书就算读到家了。

从前有人说过：“六经注我，我注六经。”自己明白了那些客观的道理，自己有了意，把前人的意作为参考，这就是“六经注我”。不明白那些客观的道理，甚而至于没有得古人所有的意，而只在语言文字上推敲，那就是“我注六经”。只有达到“六经注我”的程度，才能真正地“我注六经”。

（选自冯友兰《我的读书经验》）

有大学，更要有大大学

在珍珠港之役以后，短时期内，日本确是已经建立了一个历史上不多见的海陆大帝国，可是不数年间，这个大帝国便又土崩瓦解。日本的失败真是彻底。它惹起了这一次世界大战，结果是它不但没有得到什么利益，而且连老本钱也输了个精光。我们不能说，日本的军事当局，都是不会打算盘的。不过在他们的如意算盘中，确是有一个因素，他们没有算上，这个因素就是新的作战工具的发明。他们的战略，都是根据这次大战以前的作战工具设计的。可是没有想到在这次大战中，有许多新的作战工具发明，而原子弹的出现，更是这许多发明中的登峰造极。随着新作战工具来了新战略，新战略改变了全盘的战局。这是日本军事当局所预先没有想到的。

新作战工具是新的知识的产品。同盟国的胜利是知识的胜利。现在的世界是斗智的世界。谁要知识落伍，谁就要归天然的淘汰。

中国现在号称世界强国之一，在形势上说，我们确切是得了成为世界强国之一的机会，这个机会是以前未曾有的。假使失去了它，以后也许永远不会再有的，这个机会是一个空前绝后的机会。我们必须利用它，努力充实我们自己，使我们能够真正成为世界强国之一。

要达到这个目的，我们就要做许多事情，其中最基本的一件，是我们必须做到在世界各国中，知识上的独立，学术上的自主。日本自明治维新以来，国力虽然日益强大，但是没做到真正知识学术自主独立的地位。这就是它的失败根源。

教育部不久就要召集全国教育善后复员会议。我们希望与会诸位，要放大眼光，来替国家定下知识学术独立自主的百年大计。目前急要决定的，就是要树立几个学术中心。其办法是把现有的几个有成绩的大学，加以充分的扩充，使之成为大大学。

说到大学，有些人以为不过是比中学高一级的学校而已。这种意见，我们不能说是完全不对，但却不是完全对。大学一方面是教育机关，一方面是研究机关。它不但要传授已有的知识，而且要产生新的知识。它应当是一代知识的宝库。它对于人类的职务，真正是所谓继往开来。从前人说：一事不知，儒者之耻。现在应当说一事不知，大学之耻。

从前一个三家村的教书先生，实际上有两重任务。一重任务是教学生读书，一重任务是当那一村子里人的知识顾问。那一村里人在知识上有什么不能解决的问题，都要去请教他。一个真正的大学，在一国家里的地位，也正是如此。它应该是一个专家集团，里面应该是什么专家都有。这一种专家集团，是国家的智囊团，教育学生，也是这些专家的职务，但不是他们的唯一的职务。

我所谓大大学就是这一类的大学。我说大大学，因为在世界各国中，不见得所有的大学都能负起这个任务。事实上有些大学真不过是比中学高一级的学校。严格地说，这些大学，不应该称为大学，不过事实上它们也称为大学，所以我们可以称真正的大学为大大学。在世界各国中，不见得所有的大学都是大大学，但在世界的强国中，每一个强国都必有几个大大学。

我们要成为一个真正的世界强国，我们必须集中人力财力，把几个已有成绩的大学扩充起来，使它们能够包罗万象，负起时代使命。万不可用所谓平均发展的政策，使现在所有的大学都弄到不大不小，不高不低的样子。当然我们也不反对所谓平均发展。不过这应该是以后的事。我们首先需要的，是建立学术中心。有了这个中心，然后学术界才有是非的标准，一国的学术水准才能提高。

对于这些大大学，政府及社会，应持的态度，有以下几点可说。

一是对于大大学尽量予以财政上的支持。大大学既然是包罗万象，成为一代知识的宝库，其中的组织，必然极复杂，所用的人，一定是很众多。而现代学问，研究起来，又是很耗费的事情。原子的重要，大家都知道，但是大家也不要忘记，单是美国这几年研究原子弹的费用，就是二十万万元美金，所以一个大大学的费用，一定是很庞大的。关于这一点，我们也要请社会中的人注意。社会上似乎以为办大学是一件很容易的事情。某某人死了，办一个大学纪念他。其实很少有人值得用办大学纪念。而办大学纪念一个人，也不是容易的事。你想纪念一个人的时候，最方便而又最妥当的办法，是在你认为好的大学中设一个基金，添一个讲座。这样，你纪念了你所要纪念的人，而同时也帮助了你所认为好的大学发展。这样的捐助，集腋成裘，可以使一个大学成为大大学。世界上有许多大大学，都是这样成功的。

二是对于大大学不可有急功近利的要求。学术知识，对于人生的功用，不是短时间之内所能看出来的，也许有些是永远看不出来的，因为有些功用是无形的。一个大大学中，必须有许多很冷僻的学问。因为它是要包罗万象，而有许多学问，无论在何时何地，都是冷僻的，然而维持这些学问的研究，正是大大学的责任。因为所谓“红”的学问，例如经济、工程之类，银行、工厂都会提倡。在工业化的国家，哪一个银行工厂里，都有大规模的研究室。所谓冷僻的学问，是要专靠国家提倡的。大家在大大学里维持这种学问于不坠，有没有有形的功用，以至于学这种学问的学生是多或少，国家社会都不必介意。

三是对于大大学，国家社会要持不干涉的态度。学问越进步，分工越细密。对于每一门学问，只有研究那一门的专家有发言权。大大学之内，每一部分的专家，怎样进行他们的研究，他们不必使别人了解，也没有法子使别人了解。在他们的同行当中，谁的成绩好，谁的成绩坏，也只有他们自己可以批评。所以国家社会，要与他们研究自由，并且要与他们以选择人才的自由。每一个大大学都应该是一个所谓“自行继续”的团体。这就是说一个大大学的内部的新陈代谢都应该由它自己处理。由它自己淘汰它的旧分子，由它自己吸收它的新分子，外边的人，不能干涉。若要干涉，那就是所谓“教玉人雕琢玉”了。

一个国家，必须有些大大学，而大大学必须在这些情形下，才能发展。我们的国家得了空前的胜利。建国的计划，也必须空前的伟大，才可以与我们机会环境相配合。建立大大学应该是这种伟大计划的一部分。

（选自冯友兰《大学与学术独立》）

审慎公正的学者态度

如果世界上真有所谓“学者态度”的话，冯芝生先生的态度可说是十足的学者的了。我向来迷信学者。我以为凡是号称学者的，一定都是具有虚心、和蔼、浑厚、严肃等德性的人物。可是自从北来后，眼中所见的，耳中所闻的一些所谓学者，却都多半与此相反。他们依然同我们不学无养的青年人一样的轻浮、躁急、尖刻、刻薄；有时且较我们为甚。其能完全合乎我的理想的，芝生先生要算是第一人了。

我和芝生先生初次见面是在考入清华那年。那时，我因为很羡慕他的学问，所以大学一年外国语文系选修课程中大家所最喜欢选的中国文学史，我倒不选，而选他的中国哲学史。但那时我的理想中的芝生先生，却还不是我后来见到的芝生先生。我的理想中的芝生先生是一位穿西服革履，态度很活泼，说话很流利的“摩登”先生。因为那时我所能梦想的芝生先生，还不过是出过洋，得过哲学博士的人物啊！然而我后来所见闻的芝生先生，却大大的与此不同了。

记得那日——我和芝生先生初次见面的一日——哲学史班快要上课的时候，我坐在三院五号教室里，目光时常往外望，静候着和我所多年渴慕的学术界名流冯芝生先生一亲丰采。可是铃声后，走进来却是一位我所想不到的人物。他，冯先生，四十上下年纪，穿的是褪了色的自由布大褂，蓝布裤，破而且旧的青布鞋，毫无笑容地登上了讲台，坐下，一对架着玳瑁边眼镜的眼睛呆望着我们约有一二分钟（按：此系冯先生的习惯，每次上课皆如此），开始说话了。他这时略带笑容，让我们先把注册部里领出来的选课学程单交给他，然后满口河南腔地告诉我们：这学期用的课本是他自己编的《中国哲学史》，堂上并无讲演，大家可先把指定参考书看好，如有不明白的，可以在班中讨论。不像别的教授立即宣布下课了，他却翻开他的大著《中国哲学史》上卷的后面，把金岳霖先生所做的“审查报告”念了一遍，又解释了一遍。（按：此文前面尚有“审查报告”一篇，系陈寅恪先生做的，其中多赞许冯书之语，冯先生从未对我们念过。）然后随着铃声下课了。

这一次的见面，芝生先生所给我的印象是一个具有朴素、静穆、和蔼等德性的学者的印象。但同时我也发现了一件极不愉快的事，那就是芝生先生口吃得厉害。有几次，他因为想说的话说不出来，把脸急得通红。那种“狼狈”的情形，很使我们这班无涵养无顾虑的青年人想哄笑出来。我常想：像芝生先生那样的严肃端正的人，会有这样的可憎恶的毛病，真是太不合适。因此，便也时常想到《论语》上的一节：“伯牛有疾，子问之，自牖执其手，曰：‘亡之’命矣夫！斯人也而有斯疾也！斯人也而有斯疾也！”

以上说的，不过是芝生先生的外表而已。其实，芝生先生值得我们赞颂的地方，大部分还不在于他的严肃端正的仪容，而在于他的审慎公正的态度。我跟芝生先生上了一年的课，敢十二分负责地说一句，从来没有听他说过一句不大合理的话，也从来没有听他说过一句很随便地说出来的话。他说话时，老是那样地审慎，那样地平心静气。他，我可以说，才算是完全的理性的人。我平生只看见过两个完全的理性的人，其一是我的母亲，其二便是芝生先生了。芝生先生因为教的是中国哲学史，所以有时也批评胡适之先生。但他批评胡适之先生和时下一般人的批评完全不一样。时下一般人的批评，不是恶意的攻击，便是盲目的谩骂，很少会使我们旁观的人为之心折的。芝生先生不是这样。他是站在学术的立场来批评的。他说：“适之先生的病痛，只是过于好奇和自信。通常以为古人所看不出的，他可以看得出；古人所不注意的，他可以注意。所以他常抬出古人所公认为不重要的人物来大吹大擂，而于古人所公认为重要的，则反对之漠然。这是不对的，因为人的眼光不能相去那样的远啊！”——他的话大概如此，我不敢担保有无记错。这个批评对不对，不必我来断定；但我相信芝生先生的态度是公正的。有一次，他竟替适之先生当起辩护人来。他说："现在批评适之先生的人真多，有的竟著起一部书批评他。但他们的态度多欠公允，因为他们常把适之先生二十多年前说的话来攻击。这如何可算是公允的呢？"我在清华所听到的批评适之先生的话，可算不少；但大概都带点酸性。其能完全以光明磊落的态度出之者的，芝生先生，真的，要算是独一无二的了。

写到此处，我又想起芝生先生严肃端正的面容来了。我很抱憾：我和芝生先生虽有一年的师生关系，却从来没有和他说过一次的话；因为我第一年来到北平时，一句话也不会说，所以只好静坐在班里听他们一问一答的议论了。但我相信，校内许多教授中影响我最深的，还是芝生先生。每回，当我看到他的寂寞沉重的脸孔时，我常常感到人生的严重和苦恼。有时我也想：像芝生先生那样的人生，实在太枯燥了，太无趣味了。然而从他的严肃端正的面容上，我感到人生的伟大和高尚的时候，却也不少。记得有一次，我因为和一位忘恩背义的朋友闹了决裂，心中烦闷，好几天不能念书。有一个下午，我独自在化学馆前散步，徘徊脑海中的还是那件事情。正在难以排解时，迎头看见芝生先生从对面缓步而来。我那时看见他安闲恬适的样子，深深地感觉到我自己才是一个没有出息的东西，为了一件小小的事，纷扰到这样田地，真是不值得。这一次芝生先生给我的印象，直到现在，我还清清楚楚地记得。

（选自郑朝宗《冯友兰》）

“写的历史，永远要重写”

我在北大读研究生期间，哲学系派我做冯先生助手。从1981年到1984年，三年多的时间，使我与冯先生接触更多了。应该说，从1980年至1985年这五年间，是冯先生哲学创作的复苏阶段。这期间，先生完成了他的《中国哲学史新编》1—3册的修订，开始了《新编》第四册的写作。同时还出版了《三松堂自序》《中国哲学简史》《三松堂学术文集》等著作。

从1960年起，冯先生就开始了《新编》的写作。但“文化大革命”打断了他的计划，只从先秦写到东汉，出版了两册便被迫停止了。1970年以后，他又重新修订60年代的《新编》一、二册，但未等付梓便又停止了。我去为先生做助手时，面对的即是他对60年代出版的《新编》一、二册的修订稿。我的任务是帮助冯先生对这些修订稿再作重新修订。先生称之为“修订的修订”。一开始我对这一工作不太理解，故多次建议冯先生趁身体硬朗，索性从第三册写起，以便在先生有生之年，完成七卷本《新编》的写作计划。在我看来，冯先生为《新编》一、二册花费了太多的时间和精力。他从写作到反复修订，使他用去了几乎近二十年的时间。

我的建议对冯先生来说，没有丝毫作用。他对我说：“如果不修订一、二册，写作就无法进行下去。因为中国哲学史是一部系统的历史，人们可以用不同的方法去研究它，但不可以在同一部历史中用不同方法去写作。否则历史就会变成一个杂乱无章的拼盘。孔子说，吾道一以贯之。我写《新编》也要一以贯之。”他还说：“‘历史’这个词有两个意义。其一是说本来的历史、客观的历史，它就像一条冰冻的长河，静静地躺在那里，永远不会再变。其二是说写的历史，写的历史有信与不信之分，因此就要不断地变动。人们的认识总要不断地接近历史真实，摹本与原本只能是不断接近，但永远不会完全重合。所以自然科学永远要进步，写的历史永远要重写。”

从冯先生的这些谈话中，我终于明白了他为什么不断地修订《新编》一、二册，原来就是为了使“写的历史”能够更真实地反映“本来的历史”。这是一个历史家对历史负责的态度，也反映了冯先生不断追求真理的科学精神。先生与我的这段谈话，一部分写进了《新编》第一册的“全书绪论”中。

（选自李中华《丰厚的遗产　永恒的怀念——忆导师冯友兰先生》）

要让中国文化走向世界

1984年底，随着改革开放的深入，文化领域出现相当活跃的气氛。当时以北大哲学系为中心的一批中青年教师正议论成立民间性学术团体——中国文化书院。为此，我经常去找冯先生，向他请教有关中国历史上的书院及传统文化的问题。我每次访问都从冯先生那里得到启发与支持。有一次他对我说："中国传统文化是不能丢的，这是我们中国值得骄傲的一点家底。中国有四千多年的历史，但到近代衰败了，有人甚至连这点家底也不要了，这是败家子。"他还说："我们要振兴中华，拿什么去振兴？首先就要把思想、文化振兴起来，人有了精神才能积极做事。我们从事文化事业的人，要向中国女排学习。中国女排志气不小，她们冲出了亚洲，走向了世界。中国文化也要冲出亚洲，走向世界。"

1984年12月底，中国文化书院在北大勺园召开了正式筹备会议，冯先生被推举为名誉院长。在会上，张岱年、任继愈、周一良、阴法鲁、戴逸、汤一介等先生对如何弘扬中国传统文化，如何促进中西文化的交流等问题纷纷发言。冯先生再次提出"要让中国文化冲出亚洲，走向世界"这一高瞻远瞩的思想，得到与会者的一致赞同。从此，这一口号响遍文化界。殊不知这一口号正是冯先生第一个提出来的。

冯先生的话，在当时确实有振聋发聩的作用。因为当时有许多人对中国文化抱持偏见，甚至有人重新提出"把中国书扔到茅厕里去"的偏激主张。包括我自己在内，对传统文化常常不抱好感。先生曾针对我的思想做过多次谈话。

有一次，他风趣地说：“全盘西化是不可能的，除非黄皮肤变成白皮肤，黑眼珠变成蓝眼珠。胡适之先生早在二三十年代就提出全盘西化的主张，但他自己都不相信他的主张能实现。”他还说：“我历来主张中西文化的差别不是地域的差别，在二者关系上要求同存异。随着中国经济的发展和科学的进步，总有一天，中西文化会在世界范围内融会贯通。这就是司马迁说的‘一致而百虑，殊途而同归’。”

为了使中国文化走向世界，冯先生做了一生的努力。1985 年 3 月，中国文化书院首次在北京举办“中国传统文化讲习班”，冯先生当时已九十岁高龄，仍不惧北京晚冬的寒冷，来到离北大十余华里的中国青年政治学院（当时为中央团校），为来自全国各地的学员讲授中国传统文化。先生坐在台上，一讲就是两个小时。先生的精神使参加讲习班的二百余名学员无不为之惊叹！

（选自李中华《丰厚的遗产　永恒的怀念——忆导师冯友兰先生》）

“照着讲”与“接着讲”

冯友兰先生作为中国当代著名的哲学家和哲学史家，关于如何研究中国哲学问题，提出不少精辟的见解，值得我们总结。这里，仅谈一个问题，即“照着讲”和“接着讲”。冯先生认为，对中国古代哲学典籍的研究，有两种途径：历史的叙述和哲理的阐发。用通俗的话说，前者为“照着讲”，后者为“接着讲”。他在《新理学·绪论》中说：“我们说‘承接’，因为我们是‘接着’宋明以来底理学讲底，而不是‘照着’宋明以来底理学讲底。”此表明，其所著的《新理学》是接着宋明理学讲的，不同于“照着”宋明理学讲。两者的区别在于“照着讲”是哲学史家或历史学家的任务，而“接着讲”则是哲学家的任务。二者虽有联系，但不能混同。这对我们研究中国传统哲学，有重要的指导意义。

这涉及哲学家和史学家治学方法的不同。作为历史学家，研究哲学史，其任务是弄清历史事实，总结理论思维发展的规律，准确地叙述哲学家提出的范畴、命题和论点。其所运用的方法，包括文献考证，文字训诂，史料编纂和选择，对其理论体系进行历史的和逻辑的分析等。其目的在于忠实地揭示出历史的本来面貌，而不是借题发挥，以己意强加于历史上的哲学流派和哲学家。作为哲学家，研究哲学，其任务是创建理论体系，虽从前辈提供的思想资料出发，但不依傍前人，而是将传统的东西加以消化，推陈以致其新。其所运用的方法，包括提出新的范畴和命题，或对旧的范畴和命题作新的诠释，进而构建逻辑的体系，其论证又须持之有故，言之成理。

这两种治学方法，由来已久，并非冯先生所独创。问题在于前人对此往往纠缠不清，从而引起哲学家们长期争论不休。如陆王一派的治学方法，被认为是“六经注我”，如陆九渊的弟子杨简所说：“六经当注我，我何注六经？”其视传统的东西为阐发自己观点的工具。王阳明继承这种学风，写了《朱子晚年定论》，认为朱熹晚年的学说同其观点完全一致，企图将理学拉入心学阵营。当时，罗钦顺通过对朱熹晚年著述的考证，为辨其非，揭露了王阳明不顾史实，任意曲解前辈哲学家的学风。其实，“六经注我”和“我注六经”之争无非表示哲学家和史学家治学方法的分歧。

到了清代，汉学兴起，学术界又展开了汉宋之争。宋学解经，重义理，轻考据，其目的是通过对经典的解释建立和阐发自己的哲学体系。而汉学家的兴趣，在于恢复经义的本来面貌，尊重古训和史实。提倡考据学风，反对宋学任意解释经义，当时称为“实学”或“朴学”。两派的争论，说到底，仍意味着哲学家和史学家两种治学方法的分歧。当时，如果有人将这两种治学方法讲清楚，说明二者各有自己的任务，也就不会争辩不休了，在中国学术史上，第一次将这两种方法，分别处理，并且在自己的著述中体现出来，当归功于冯先生。

冯先生一生的著述，可分为两大类：一类是他作为哲学史家或历史学家讲中国哲学史的著作，如两卷本的《中国哲学史》和有关论文；一类是他作为哲学家的著作，如《贞元六书》和有关论文。前一类的著作，他使用的方法是“照着讲”；后一类的著作，他使用的方法是“接着讲”。关于中国哲学史的研究，冯先生曾提出对历史上各派哲学抱同情了解的态度或客观的叙述态度。后来，冯先生对这条治学原则被迫作了自我批评，认为犯了“客观主义”的错误。其实，“客观的”和“客观主义”是两个不同的概念。任何史学家，其史学都具有时代的烙印，从来没有超时代的史学家。就此而言，不存在“客观主义”的史学家。但由此认为，写历史，对史实，可以任意涂抹或曲解，以满足自己主观的需要，这比“客观主义”更为糟糕。如果，将“同情的了解”理解为不存有主观偏见，忠实地揭示历史的真面貌，这正是史学家的高贵品德。冯先生在自己写的中国哲学史的著作中，力图坚持这一原则。如关于中国哲学史的分期，将春秋战国称为子学时代，从汉朝到近代的康有为，称为经学时代。这种分期，突破了西方哲学史的框架，符合中国哲学发展的史实。因为从董仲舒开始，哲学家们大都是通过对经典注释的形式来阐发自己的哲学体系的。又如，对先秦名家的剖析，归结为离坚白和合同异两种不同的思维路线，从而将《庄子·天下篇》中“辩者二十一事”所辩论的问题，解释清楚，使人一目了然。由于冯先生研究哲学史，努力遵循“照着讲”的治学方向，所以其两卷本的中国哲学史，至今仍被海内外学人视为了解中国哲学史的重要参考书。

关于中国哲学的研究，冯先生提出“上继往圣”，“下开来学”，意谓提出一种哲学体系，同其前辈的哲学总是存在某种继承关系，不可能凭空建立，同时又要有新的阐发或建树，并启迪后人探讨新问题。此即冯先生所说“一时代不能有全新的哲学，而可有全新的哲学家”（《新理学·绪论》），这一论断符合意识形态发展的一般规律。正是本着这种治学精神，他写了《贞元六书》，成为当代中国的哲学家之一。作为哲学家，如果只是因袭或转述传统的东西，其论点毫无新意，这种人，用冯先生的话说，只能算是注疏家。道理很简单，如同一位绘画史专家，将流派的风格，讲得头头是道，但他自己不会创作，不能称其为画家一样。

冯先生在构建自己的哲学体系时，一方面继承传统，一方面又要超越传统，此即是“接着讲”。“接着讲”的特点在于创新。就《新理学》提出的范畴和命题说，如理气范畴，未有其事，已有其理的命题都是遵循这一原则。在程朱理学中，视理为独立自存的实体，以太极为阴阳五行之所以然。而冯先生则不取此说，认为理非实体或实际之物，而是存于真际，即共相世界，进而以太极为众理之全，即万理之大全。关于气，程朱以其为阴阳五行之气，乃生物的材料，而冯先生则以其为“绝对的料”，即连物质性皆无有的纯逻辑的观念。程朱谈理在事先，是就本体论讲的，包括自然物在内，而冯先生则以“未有飞机之先，已有飞机之理”加以论证，此种论证是以人造的器物为例，亦不同于程朱说。以上这些论点，都在于将程朱理学进一步逻辑化和形式化，引向纯粹思辨的道路，可以说是对程朱理学的新发展。又如冯先生于《新原人》中，谈到中国哲学之精神时说：“圣人有最高的觉解，而其所行之事，则即是日常的事。此所谓极高明而道中庸。”(《境界》)“极高明而道中庸”，语出《中庸》。按郑玄注，训“庸”为用，谓《中庸》乃“记中和之为用”。《正义》据此，以“极高明”为君子之德应极尽天之高明，以“道中庸”为通达中庸之理。郑注和孔疏，皆不以“庸”为平常。《庄子·齐物论》亦训“庸”为用。此当为古训。至宋程颐，方训“庸”为平常，朱熹亦采其说。但朱熹于《中庸集注》中，则以“析理则不使有毫厘之差，处事则不使有过不及之谬”，解释这句话。并未以“道中庸”为行日常之事。而冯先生此处避开“过犹不及”说，依禅宗的平常心是道，解释中庸，以此论证中国哲人谈理想境界并不脱离日常生活之事。此种中庸说，亦可以说是“接着讲”，而非“照着讲”，从而建立起自己的人生哲学体系。

以上只是举例说明冯先生研究中国哲学的两种途径或方法，分别加以运用，从而取得了不同的成果。有一种意见认为，研究历史，“照着讲”是不可能的。所持的理由是，历史自身不会说话，写历史的人，总是按着自己的观点替历史讲话。此种观点，就对史实的叙述说，难以苟同。历史科学，要求忠于史实，古人所谓“实录”，不是编写《封神演义》和《三国演义》一类的小说。

还有一种意见认为，所谓“接着讲”无非是“旧瓶装新酒”，或“新瓶装旧酒”。此神观点，也难以苟同。“接着讲”，并非只是形式或内容更新的问题，而是对传统的东西吸收和扬弃的问题。就形式和内容说，也不能以瓶酒之喻，否定其创新或革新的价值。如以现代芭蕾舞的形式表现《红楼梦》的剧情，可谓“新瓶装旧酒”；以古诗的格律，称赞当代的英雄事迹，可以说是“旧瓶装新酒”。但这都是无可非议的。当然，哲学不等于艺术，但就其对传统文化的更新说，其道理是一样的。

我认为，冯先生提出的两种治学途径，各有千秋，不能依一方而否定另一方。就冯先生一生的学术实践说，是从“照着讲”开始的，后来走向“接着讲”。因为他有踏实的“照着讲”的功夫，故其“接着讲”使人感到对中国传统哲学的阐发，能融会贯通，既有时代感，又有传统的韵味，融古今于一炉，而不是生搬硬套，从而对弘扬中国传统文化和哲学作出自己的贡献。就人类文化发展的历史说，传统的东西，只有“接着讲”，方有其生命力。否则，依样画葫芦，只能成为博物馆中的陈列品而已。

我作为冯先生的学生，长期以来，治学以“照着讲”为宗旨，未能学到“接着讲”的本领。但“照着讲”，对我说来，又谈何容易，能做到近似，已感力不从心。尽管如此，我愿借此机会，向从事中国哲学研究的同仁们，表示一点浅见。近几十年来，海内外出版了一大批研究中国哲学的著述，就其治学的途径说，无非是两大类，即“照着讲”和“接着讲”。问题在于有些著述，分明是“接着讲”，却自认是“照着讲”，如依儒家某派的资料所构建的哲学体系，依《周易》经传的资料所阐发的易学观等。这些学者不但不敢公开表明自己是“接着讲”，相反，却声称只有其对传统的阐发，才符合传统的本义或其真面貌，俨然以正统派和卫道者自居。此种学风，借陆王派的语言说，即是“以六经注我”为“我注六经”，仍将“接着讲”与“照着讲”混为一谈，从而在学术界引起不必要的争论。此派学者，似乎有一种成见，即认为只有将自己对传统的新解释，说成是传统的本义，传统的东西方有其生命力。而实际上，传统的东西，正是由于对它作出不尽同的解释，方有其生命力，方为现代人所接受。古今中外的文化史、思想史和哲学史都证明了这一点。相比之下，冯先生提出的两种治学态度，可贵之处，就在于他自觉地运用这两种方法于不同的学术领域，特别是不以“接着讲”为背离先哲古训为不可取，从而在哲学和史学两方面都作出了贡献。此种治学方法，应该说是一种严肃的科学态度，是值得后人学习的。

（选自朱伯崑《“照着讲”和“接着讲”——芝生先生治学方法浅谈之一》）

心知其意，言之有物

芝生师于 1928 年到清华大学哲学系任教授；抗日战争时期随校南迁，任教于西南联大；1952 年院系调整，到北京大学，任教于哲学系，直到他去世。近 70 年的教育、研究生涯，大多是在清华和北大度过的。

我选芝生师为清华哲学系开设的中国哲学史课是在 1949 年。当时，他从美国讲学回来不久，刚五十多岁，美髯飘逸，戴上一副黑边的深度近视眼镜。一登上讲坛，给人的第一个印象是学者风度。

平时，芝生师讲话略有些口吃，但是在课堂上却是从容不迫，逻辑严谨，有条不紊。不时穿插一些故事、逸闻，不但引起听课者的兴趣，活跃课堂气氛，而且深入浅出，给听课者以深刻的启迪。同学们反映：“听冯先生的课是一种美的享受。”

芝生师在中国哲学史方面知识渊博，而且研究精深。我印象最深的，是他讲老庄哲学：“道法自然。”什么是“自然”？我们一般都是将老子的“自然”理解为自然界。按这一理解，“道法自然”则成为：“道”以自然界为法。芝生师在讲课中旁征博引，从老庄的大量材料中，提炼出一个结论：老庄的“自然”，这个概念即是“无为”“真”。它与“人为”“伪”相对。人为的是“伪”，“无为”，“自然而然”，不加人工雕琢的才是“真”。芝生师将老庄的“自然”界说为“自然而然”。按芝生师的理解，则“道法自然”的含义是：道以“自然而然”为法。“自然”是道家学说中的重要范畴，芝生师的理解已超乎常人，具有新意，可说是深得老庄哲学的真谛。听课之后，同学们都感到芝生师的一堂课，使我们对老庄哲学的理解提高到一个新的境界，对老庄之后的玄学，以及道家文化对文学、艺术、建筑等各方面的影响都大大提高了认识。同学们对芝生师的讲课无不佩服。私下议论：“听冯先生的课，就像看他写的文章一样，不管你同意或不同意他的论点，都可以将你引入到一个广阔的境界，让你的思维在这个领域里驰骋，引人入胜。”

清华哲学系的同学欢迎芝生师的讲课，正如他自己所说的：“对哲学重大问题‘心知其意’。讲课者言之有物，听课者亦觉亲切有味矣。”“心知其意”就是说对重大的问题，要经过悉心研究，自得其旨要。芝生师 1915 年考入北京大学哲学门，1919 年至美国哥伦比亚大学攻读博士。学贯中西，功力深厚。在 70 多年的教学实践中刻苦努力，不断思考，芝生师在《中国哲学史》学科，对重大的哲学问题，确实达到了“心知其意”。芝生师教学质量之高，其原因在此；著述学术水平之高，其原因亦在于此。“心知其意”才能“言之有物”，这是芝生师教育实践的总结，也是他一生治学之道的总结。芝生师已离人世而去，他在教育和治学方面留下的宝贵遗产，将长留人间。

（选自刘鄂培《心怀四化　意寄三松——忆芝生师》）

追求真理，学术常青

人们永远不会忘记那1949年10月1日开国大典的庄严时刻。毛泽东主席在天安门上振臂高呼“中国人民从此站立起来了！”这宏伟的声音震动遐迩，激奋人心。多少人为之激动而流下了热泪。贫穷、落后、蒙羞、受辱的中国已一去不复返，中国从此走向了繁荣、富强的道路！

时代已变，一切都在变。芝生师，这位高度爱国者更在变。在他的书斋里，马克思主义的经典著作增多了，他在认真学习；俄文书籍增多了，已年过半百的芝生师仍在学习俄语，以吸取新的哲学营养。当时，各种学习活动繁多，芝生师总是积极主动地参加。芝生师变了，而且是真的变了。

早在1934年，芝生师出访英国，后经法国、德国，并绕道东欧、苏联而返回中国。1935年秋，芝生师在清华大学的“同方部（club）”作了两次讲演：一次是讲苏联见闻。另一次讲的是《秦汉的历史哲学》，实际上这是借题发挥，讲的是历史唯物论。此事竟酿出一场灾难。南京当局将芝生师抓了起来，戴上手铐，秘密押解至保定，拘禁了一夜。当时，清华师生都说“冯先生变了”。而芝生师在《三松堂·自序》中却说：“‘冯先生变了’，但是没有变过来。”

但是，15年之后，芝生师确实变了。给我印象最深的是芝生师参加京郊土地改革。1949年冬，中央号召知识分子参加社会实践。清华大学组织文科师生参加京郊土改，以自愿报名为原则。哲学系教师中参加报名的唯有芝生师和师母任载坤。我有幸与芝生师、师母分派在同一个“工作组”，地点在京郊卢沟桥。卢沟桥这是多么令人向往的地方！1937年在这儿点燃了抗日战争烽火；今天，我们将在这儿铲除千年封建，实现“耕者有其田”的民主改革。芝生师、师母和我们四五个青年学生一起，怀着满腔热情而去，载着胜利的喜悦而归。

北国严冬，冰天雪地，朔风凛冽，气温常在零下10摄氏度左右。我们“工作组”驻在镇中一所小学里，生活和工作的条件极为艰苦。室内室外温度相差无几，晚上冷得发抖，一早起来，毛巾、牙刷冰冻，有如钢板一块、钢棒一根。起初“工作组”没有起伙，吃饭是分派在农民家里，一顿一户，叫吃“派饭”（付款），有时吃一顿饭，来回要步行一二里。小学无礼堂设备，每次村民大会都在室外小操坪上召开，芝生师一站好几个钟头。他蓄有长须，雪花在长须上结成了小冰珠，像一串串珍珠一样，满须皆白。芝生师总是坚持到底，从未缺席和早退过。晚上还要到农民家“访贫问苦”，有时来回一二十里，冒着鹅毛大雪而去，脚踏积雪而归。芝生师和师母不但没有叫过苦，而且与农民一同学唱歌，同聊天，结识了许多农民朋友。

哲学家的头脑，总是永不停息的。芝生师在如此恶劣的条件下，在繁忙工作之余，他仍在不断思考。返校后，他写有《参加土改的收获》一文：“在土改工作划分阶级的时候，每一个与土地有关的人都给他一个阶级成分，或是地主，或是贫农，等等。有些人是地主，可是每一个地主的特殊情形都不相同。有许多人是贫农，可是每一个贫农的特殊情形都不相同。这样看，每一个人，都是一个具体的共相。具体的共相就是共相与殊相的结合。也就是一般与个别的结合。了解了这个名词，我开始了解了我以前的哲学思想的偏差。马列主义注重共相与具体的结合，一般与个别的结合；而我以前的哲学思想注重共相与具体的分离，一般与个别的分离。这个启示，对于我有很大的重要性。”

以上启示，对芝生师来说，确是“有很大的重要性”。这个启示，成为芝生师哲学体系转变的起点，成为芝生师哲学体系中完成从“理在事先”转变为“理在事中”的契机。芝生师这一重要启示的获得，是参加土改，深入社会实践，并进行哲学的“反思”而取得的。芝生师与我在土改全部过程中，可说是朝夕相处。我认为芝生师深入社会实践，并进行认真思考而得出的“启示”，它是发自于肺腑的由衷之言。

在40年代，抗日战争时期，芝生师写了《贞元六书》，这六本书形成了他的哲学体系——“新理学”。它综合了西方柏拉图的古典哲学和中国宋代程颐、朱熹的古典哲学，而建立一种新的哲学体系。在这个体系中核心的问题是区分“两个世界”：一个是“真际世界”，它包罗一切的理、规律，亦称之为“理的世界”。另一个是“实际世界”，它包罗现实中的万事万物，亦可以称之为“现实的世界”。人类的哲学，包括中国、西方所讨论的问题基本上是共同的。如共相与殊相、一般与个别、理（规律）与事（事物）的关系。正确的理解应是：共相是殊相的抽象，一般是个别的抽象，理是事物的抽象。共相、一般、理与殊相、个别、事物是不可分离的，而且是先有殊相、个别、事物，才有共相、一般、理。亦即是共相、一般、理，存在于殊相、个别、事物之中。而“两个世界”的划分，与之正好相反，将“真际世界”（共相、一般、理）与“实际世界”（殊相、个别、事物）分离开来，并强调“真际世界”是“实际世界”存在的依据、体，而“实际世界”是“真际世界”的外化、用。这就是芝生师在《参加土改的收获》一文中所说的“我以前哲学思想的偏差”之所在。

芝生师以土改中的重大启示为起点，之后，经过35年的探索、再探索，认识、再认识，终于1984年在《三松堂·自序》中作出了正确的回答：“关于共相和殊相的关系问题，正确的回答是‘理在事中’，这就是说，共相寓于殊相之中。”芝生师把他的珍贵收获，称为具体共相分析的方法，并应用在《中国哲学史新编》的玄学、佛学、理学有关的章节之中。

“芝生师变了”，从他的哲学思想说，也确实是变了。这对中国后世哲学的发展，可以预期，必将产生深远的影响。

有的学者断言：冯先生哲学上的变化是由于“政治压力”的结果。我并不否认某种“压力”的存在。但是“压力”毕竟仅是变化的外因，变化与否仍在芝生师自己。芝生师一生追求真理、服从真理；并以满腔爱国热情，投身于社会实践，获得了宝贵的“启示”，然后经过35年的认识再认识，终于修正了他以前哲学中的“偏差”，取得了正确的答案。

正如1972年芝生师赠答王浩（西南联大时冯先生的研究生）一诗中所云：

“去日南边望北云，归时东国拜西邻。若惊道术多迁变，请向兴亡事里寻。”

芝生师的一生追求真理，学术常青。他不愧为我国当代的大哲学家、思想家。

（选自刘鄂培《旧邦新命　学术常青——忆芝生师》）

处世

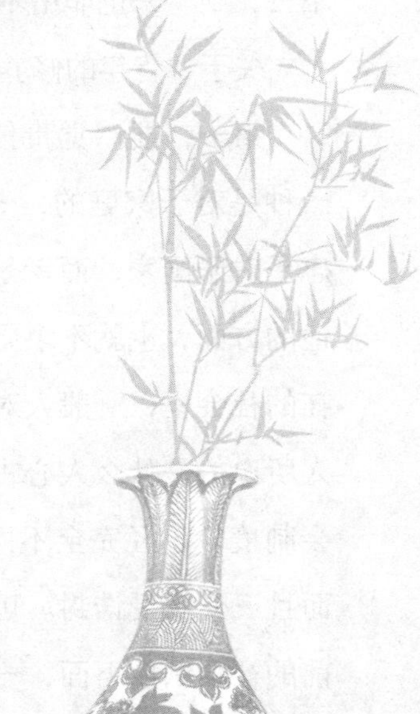

青年的修养，关乎国家前途

我们知道：一个国家的前途，以及一个民族的前途，其复兴的重任，都是担当在青年的身上。如果每一个青年，将来都能成为一个有用的人，一个有作为的人，那么，国家的前途，一定是很有希望的。反过来说：如果所有的青年将来都不能成为有用的人、有作为的人，那么，就是现在的国家能够马虎地过下去，到将来也非糟不可。所以这问题不但不迂阔，并且还很重要。

关于“青年的修养问题”，我们现在可以分做五点来讲：

第一，要感觉责任。在从前，中国的旧说法，说每一个人都有两种责任：一种是对于家庭的，一种是对于国家的，这也就是一般人所讲的忠、孝二字。忠是对于国家，而孝是对于家庭。如果一个人对于忠、孝二字有亏，那么，其他的方面，也就不堪闻问了。不过，这是从前的说法，现在已经不同了。在现在的社会里，一般人对于家庭的责任，似乎是减轻了一点，但这并不是像普通人所说的是什么人心古不古的问题。而实在因为现在的社会制度，和从前的社会制度，已经完全不同。譬如：在从前，一个人做了官，不但全家可以享福，而且三代都受诰封。可是一个人犯了罪，全家也都随着同受惩罚。因此，在从前的社会制度下面，一般人对于家庭所负的责任是很重的。可是现在不同，现在是一人做事一人担当，和家庭没有关系，因而对于家庭所负的责任，也就比较减轻了。

并且在从前，有许多人都只能算作家里的人，而不能算作社会的人。譬如：在从前的社会制度下面，妇女与儿童，都只能算作家里的人，而不能算作社会的人。换句话说：就是对于社会不负什么责任。可是现在不同了，妇女和儿童，不能再看作是家里的人，而也同样的是社会的人。这样，对于家庭所负的责任，虽然比较减轻，可是对于社会所负的责任，就要加重了。

要知道：社会越是进步，一切越是社会化。越是社会化，人也越是不能离开社会，譬如：在乡下，喝水是自己去挑，吃饭是自己去做，每一个家庭，就是一个经济单位。只管自己，而可以不去管旁人。可是在城市里就不同了，吃水是由自来水公司供给，吃饭是由麦粉公司供给。如果自来水公司和麦粉公司，一旦发生变化，那么，一般人的饮食，立刻就要发生问题。这就是因为城市的社会进步，已经成为社会化，而大家也不能离开社会了。越是不能离开社会，对于社会所负的责任，也越是要重。同时，社会越进步，社会上应做的事越多，而需要的人才也越多。我们既然不能离开社会，而去索居，那么，对于社会，就应该负起责任来。

第二，要立定志向。每一个人都应该立定一个志向，要做一个大人物。这里所说的大人物，并不是一定非做主席不可。无论做一个什么角色都是没关系的，只要所做的事，对于社会有益就成。譬如唱戏，每出戏里都有一个主角，可是主角的地位，并不一定就重要。戏里的皇帝、王后，往往都是配角。在历史上，每一件事都有一个主角，但那主角并不一定都是皇帝。所以我们应该去做对社会有益的事；只要对社会有益，那么，什么事都可以去做，不必非要做什么主席不可。

在从前，中国的旧说法，说做人有三不朽：一是立德，二是立言，三是立功。在这三不朽中，立德是最要紧，而且也是每一个人都可以做到的。至于立言、立功，都不是任何人都可以做到的，必须要看自己的才学和所遇的机会如何而定。立德既是每一个人都可以做到的，那么，究竟应该怎样去做呢？说起来也很简单，就是无论做什么事，都要做得极好，而这事对于社会确实有益，那就是达到了立德的地步。

第三，要注重兴趣。有许多青年，因为不知道将来应该做些什么事，常常去问人家。其实，这是没用的。要想知道将来应该做些什么事，必须先问一问自己的兴趣是在什么地方。我们可以这样说：一个人如果对于某一件事感兴趣，那么那件事和他的性情一定是很相近的。

我们如果想把一件事做到极好的地步，必须要靠两种东西：一种是才，一种是学。才是天生的根底，就是一般人所说的天才；学是后来加上去的努力。这两种东西合起来，才能做到极好的地步。如果一个人没有才，仅仅去学，结果也不能做到极好的地步。无论文学家、科学家、艺术家、发明家等，所以能够成功的原因，除去是有过人的天才以外，还要靠努力地学。

说到这里，有人听了也许要觉得灰心。以为旁人能有天才，自己没有天才，一定不会把事做好的。其实，这也不尽然。要知道：每一个人都有他的才，不过，这个才，大家都不一样罢了。在从前科举时代，是不问你的才是在哪一方面，必须一律埋首在八股文里，如果有人的才，不是在这一方面，那就只有吃亏的了。可是现在不同了，社会一天比一天的进步，各方面都需要人才。无论你才是在哪一方面，都可以使它尽量地发展。

也许有人不知道自己的才是在哪一方面，其实，这不必自己去解决，天然已经替你解决了。你的兴趣在哪一方面，你的才就在哪一方面。譬如：猫捕鼠，这是一种才。但是猫并没有人家告诉它去捕鼠，而它自己看见老鼠就会发生兴趣，所以一捕就会捕到。可见我们在哪一方面有兴趣，就是在哪一方面有才。如果在我们感兴趣的这一方面努力做去，那么，一定可以成功的。

不过，这里也应该有一个限制。譬如有人说：我的兴趣是在看电影，那么，就应该每天去看电影，这是不对的。因为，看电影只是个人的一种享受，对于社会并没有尽了什么责任。又譬如：大家对于吃饭，都很感兴趣，如果只是吃饭，而不做事，那岂不成了饭桶了吗？我们是说：应该做些对于社会有益的事。譬如：看电影和做电影，就不相同。如果有人对于做电影感觉兴趣，那么，就无妨去做电影。因为所做的电影，如果不是诲淫诲盗，对于社会，多少也是有益的。

对于社会有益的事，说起来也很多。无论是在政治、经济、学术、工业、商业，哪一方面，都需要人才。可见社会上，给予我们发展天才的机会是很多的。如果我们对于政治感觉兴趣，那么，就可以在政治上工作，但并不一定要做大官。最怕的一点，就是虚荣心。譬如：有的人兴趣，本来是在教育。可是因为觉得办教育不能出风头，而且是最清苦的一件事，为了虚荣心所驱使，于是就改做了旁的事，结果一定也做不好。

第四，要忘去成败。我们无论做什么事，如果把成败看得太真，就要感到许多痛苦。譬如：比赛足球，胜利了就愉快，失败了就不高兴，把胜败看得太真，就没有意思了。我们在一生中，所想做的事不一定都能成功，而尤其是新兴的事业，那更没有把握了。因为凡是一种新兴的事业，在初做的时候，都是一种试验的性质，试验不一定会成功的，而失败的成分，要占最多。譬如：飞机的发明，在起初，不知要失败了多少次，牺牲了多少人，到后来才成功。但第一个制作者，如果因为失败而灰心，后来的人也随着灰心下去，自然也不会有今日的成功。所以我们无论做什么事，遇到失败，千万不要灰心，仍然要继续做下去。

一件事的失败，是就个人的观点说的。如果就社会的观点说：大部分的事，是无所谓失败的。譬如：第一个制作飞机的人，在个人观点上说，固是失败了，但在社会的观点说，并没有失败，失败就是成功。

我们无论做什么事，一方面应该忘去成败，但一方面也不要希望太切，往往天才越高的人，希望成功的心也越切。一旦不成功，就垂头丧气，什么也不想做了。在历史上，这种代表人物，是汉朝的贾谊，他的年纪本来很轻，见到汉文帝，立刻就要做宰相，没给他宰相做，于是就灰了心，过了几年竟死去了。贾谊虽然很有才学，但是缺少修养，所以也是不成的。

第五，要锻炼体格。有许多人对于中国的前途，都抱悲观，但我却一点也不悲观。因为中国人除去体格不如人家以外，其余聪明、才力和哪一国都可以比得上。在中国，一个人活到六十岁，实际上就没有多大用了。往往有许多很有才学的人，却又不幸短命死去。一个人的死去，就个人的观点说，本来没有多大关系；但就社会的观点说，就很重要了。

一个人仅仅只有才学是不成的，而还须大家都承认他的才学，这就是一般人所说的资望。一个人要有才有学，是要经过相当的时间；而大家都承认他的才学，又要经过相当的时间，合起来，至少就是四五十年的工夫。可是中国人到了这个年纪，却又多半就死去了。我们看：他国的大政治家，最活跃的时期，多是在六十岁左右，因为这时才学已经到了最完全的地步，而办事的经验，也相当丰富了。可是中国人到这个年纪，为什么就要死去呢？无疑的，最大的一个缘故，就是因为体格的衰弱。

总而言之，我们生为现代的人，一方面要有文明人的知识，而他一方面还要有野蛮人的身体，然后才能担当社会的大事。因为仅有文明人的知识，没有野蛮人的身体，遇到事情，是没有力量应付的。仅有野蛮人的身体，而没有文明人的知识，遇到事情，是没有方法解决的。希望大家在这一点上，能够特别努力才好。

（选自冯友兰《青年的修养问题》）

人生成功之因素：才、力、命

三种因素——才、力、命

在人生成功的过程中，须具有三种因素，这三种因素配合起来，然后才可以成功。

天才。我们人生出来就有愚笨聪明的不同，而且一个人生出来不是白痴的话，一定会在一方面相当聪明，而这种生出来就具有的愚笨聪明，无论什么教育家以及教育制度也不能使之改变。换句话说，教育功用只能使天赋的才能充分地发展，而不能在天赋的才能之外使之成功。这正如园艺家种植种子只能使所种的种子充分生长，而不能在这种子充分生长之外使之增加。

努力。无论在哪一方面成功的人，都要努力。如果非常懒惰，而想成功，正如希望苹果落在自己嘴里，一样的不可能。

命。这命不是一般迷信的命，而是机会，也可以说是环境。如一个人有天赋才能，并且肯十分努力，但却仍需遇巧了机会。如果没有机会，虽然有天资，肯努力，也是“英雄无用武之地”了。提到机会环境，常会有人说我们可以创造环境，争取机会，这当然是不错的。不过，创造环境，争取机会，却包括在努力之中，而这里所说的机会，乃指一人之力所不能办到的而言。

以上所说的三种因素，可以自中国旧日术语中用一个字来代表一下：天资可以用“才”字来代表；努力可以用“力”字代表；机会可以用“命”字代表。一个人要在某方面获得成功，必得需有相当的才、力与命。一提到命，恐怕会有误解。因为谈到命的时候太多，例如街头算命摆卦摊的谈命，旅馆住的大哲学家谈命，而这里所提到的命却与他们都不相同。在这里所提到的命，乃是中国儒家所谈之命，是与一般世俗所说的命不同的。

一般世俗所谈的命是天定的，就是我们人在生前便定下了一生的吉凶祸福。看相算卦可以知道人一生的吉凶祸福，我从来就不相信。据我看，这些都是中古时代的迷信，无论是在哲学上或是在科学上都是不合理的。

孔子、孟子所讲的命并不是这个意思，儒家所讲的命，乃指人在一生之中所遭遇到的宇宙之事变，而且又非一人之力所可奈何的。再重述一下，创造环境，争取机会是属于努力那方面。与这里的命无关，不用再多论。现在还是讨论命字，我们人在一生中总会遭遇到非一个人力量所能左右与改变的宇宙之事变。比如说，民国二十六年的事变直到三十四年，经过八年间的抗战，我们才获得最后的胜利。日本人来侵略我们，我们不得已起而抗战。这是非以一人之力所能改变的。更如现在世界战争虽然已经解决，然而仍有许多问题相继发生着。为什么我们生在这么个时代？为什么不晚生若干年，生在未来的大同世界中？此乃命。

以上才、力、命三者配合起来，三者都必要而不同具。也就是成功需要三者配合起来，没有时固不成，有了也不一定成。如同学考试加油开夜车，但也许考不及格。也就是不用功不能及格，而用功，也不一定及格！这道理就是在逻辑学上所谓：必要而不同具。有些人常说不靠命，那么他又在说创造环境争取机会了。不过我已重述过，那是属于“努力”方面的。

说起命来，我们活这么大而不曾死了，命就算相当的好。我们要知道人死的机会太多了，在母胎中，也许小产，未出世就死去，这个人能成功不？幼童病死，有什么办法？我们经了八年抗战，经过战争、轰炸以及流亡，如今仍能参加夏令营，我们的运气真好得了不得了。

成功的种类与配合成分

以下我们讨论三者配合是否应该相等，也就是三者成分是不是应该每份都是百分之三十三点三。这回答却是不应相等，也不能相等，而是以成功的种类不同而每种成分各有不同。成功的种数不外有三：

学问方面：有所发明与创作，如大文学家、大艺术家、大科学家等等。

事业方面：如大政治家、大军事家、大事业家等等。

道德方面：在道德上成为完人，如古之所谓圣贤。

以上列举的三方面，以从前的话来讲，也就是立德、立功、立言三不朽。学问方面的成功是立言，事业的成功是立功，道德方面的成功是立德。除三种之外，也就没有其他的成功了。因为这三种成功的性质的不同，所以配合的成分也就有了多寡。大致说来，学问方面“才”占的成分多，事业方面“命”占的成分多，而道德方面则是“力”占的成分多。

学问方面的成功

学问方面天才成分占的多。有无发明与创作是不只以得多少分数，几年毕业所能达成的。而且，没有天才，就是怎么用功也是无济于事。尤其艺术方面，更是如此。所谓“酒有别肠，诗有别才”。有些人致力于作诗，并做到十分的努力，然而他作出诗来，尽管合乎平仄，可是不是诗，那么，他就是没有诗的天资，但也许他在其他方面可以成功的。

事业方面的成功

事业方面，机会成分占的多。做学问，一人可以做到不需要别的人来帮助，而且做学问到很高深的时候，别人也帮不上忙。孔子作《春秋》，他的弟子们都帮不上忙。李白、杜甫作诗，也没有人能够给他们帮忙，我们更不能帮助科学家来发明。这大都需要他自己去做的。然而，在事业方面，并非一人之力所能达成：

需要有许多人帮忙合作。如大政治家治政、大军事家用兵等。

需要与别人竞争。如打仗有敌手，民主国家竞选总统需要有对手。

总结一句话，还是事业方面成功并非一人之力所能达成。如做一件事，需有多人帮忙，帮助他努力争取，同时，需要对手比他差，才能成功。有时他成，可是遇到的对手比他更成，那时只好失败；有时他不成，可是遇到的对手比他还不成，那时他也能成功。我们从历史上来看，例子很多。比如项羽能力大，偏偏遇到的对手刘邦比他还高明，所以他只好失败。我们看看《垓下歌》："力拔山兮气盖世，时不利兮骓不逝，骓不逝兮可奈何，虞兮虞兮奈若何！""时不利兮"，他毫无办法。有些庸才偏偏成功，史册上很多，不胜枚举。

现在让我提一个故事，纪晓岚《阅微草堂笔记》有这么一段记载：有一个棋迷，有时赢，有时输。一天他遇到神仙，便问下棋有无必赢之法。神仙说是没有必赢之法，却有必不输之法。棋迷觉得能有必不输之法，倒也不错，便请教此法。神仙回答说，不下棋，就必不输。这个故事讲的很有道理。一切事，都是可以成功，可以失败，怕失败就不要做。自己棋高明，难免遇到比自己更高明的对手，则难免失败；自己棋臭，也许遇上比自己棋还臭、臭而不可闻的对手，这时便也可成功。其他事业也是如此。

道德方面的成功

道德方面，努力成分占的多。只要努力，不需要天才，不需要机会，只靠大步努力便能在道德方面成为完人。这是什么道理呢？也就是为圣为贤需如何？很简单，只有"尽伦"。所谓"伦"即是人与人的关系，从前有"五伦"：君臣、父子、夫妇、兄弟、朋友。现在不限定"五伦"。如君臣已随政体的变动而消失。不过人与人的关系却是永远存在。例如现在称同志，也是人与人关系的一种。为父有其为父应做之事，为子有其为子应做之事，应做的就是"道"。所谓君有君道，臣有臣道，父有父道，子有子道，也就是每个人都有他所应做的事。做到尽善尽美，就是"尽伦"。用君臣父子尽其道来比喻，名词虽旧，但意思并不旧。如果以新的话来讲，就是每个人应站在他的岗位上，做他应做的事。那么，为父的应站在为父的岗位上作为父应做的事，为子的应站在为子的岗位上作为子应做的事等等。所以名词新旧没有什么关系，只要意思不旧即可。我们不能为名词所欺骗。有许多人喜欢新名词，听到旧名词君尽君道、臣尽臣道等，立刻表示不赞成。若有人以同样意思改换新名词，拍案大声说：“每个人应该站在他的岗位上，做他应做的事。”于是他便高高兴兴地表示赞成了。

道德方面的成功并不需要做与众不同的事。而且，“才”可高可低，高可做大事，低可做小事，不论他才之高低，他只要在他的岗位上做到尽善尽美，就是圣贤。所以道德方面的成功不一定要在社会上占什么高位置，正如唱戏好坏并不以所扮角色的地位高低为转移。例如梅兰芳，并不需扮皇后，当丫鬟也是一样。再者，道德方面的成功也与所做的事的成功失败无关。道德行为与所做之事乃两回事，个人所做之事不影响道德行为的成功。如文天祥、史可法所做的事虽然完全失败，但他们道德行为的价值是完全成功的。更进一步来说，文天祥、史可法如果成功，固然是好，但所做的事成功，对他们道德行为的价值并不增加，仍不过是忠臣；同时，他们失败，对他们道德行为的价值也不减少，仍不失为忠臣。因此道德方面的成功不必十分靠天才，也不十分靠机会，只看努力的程度如何；努力做便成功，不努力做便不成功。这种超越天才与机会的性质，我们称它为“自由”，是不限制的自由，并不是普通所说的自由。“人皆可以为尧舜”，就是这个意思。不过我们不能说：“人皆可以为李杜”或“人皆可以为刘邦、唐太宗”。诸位于此，会发生两个误会：

（一）道德上成功与天才机会无关，那么自己不管自己天资如何，同时，也不必认真做自己所做的事，只要自己道德行为做到好处就成了。不过这是错误的。一个人做事如文天祥、史可法做事，尽心尽力到十二分，则虽失败，亦不影响其道德方面的成功，但他们不尽心尽力，失败固非忠臣，成功也属侥幸，因为他们的“努力”程度影响了他们道德方面的成功。

（二）立德、立功、立言三者划分，实际上乃为讲解方便，其实立德非另外一事，因为立德是每个人做其应做之事，当然立言的人在立言之时可以立德，立功的人在立功之时也可以立德，每个人随时随地都可立德，所以教育家鼓励人最有把握就是“人皆可以为尧舜”，因此立德与立言、立功是分不开的。

（选自冯友兰《人生成功之因素》）

人生的四种境界

人生中的境界可分为四种：自然境界、功利境界、道德境界和天地境界。

自然境界：其特征是在此境界中的人，其行为是顺着他的才能或顺着他的习惯与社会风俗去做。既无明了的目的，也不明了所做的各种意义，小孩吃奶和原始人类的“日出而作，日入而息”都是属于自然境界，普通人的境界也是如此。

功利境界：其特征是在此境界中的人，其行为是以追求个人的利益为目的，其与自然境界不同之处是自然境界的人，其行为无目的也不明白意义，功利境界的人，他的行为有确定的目的且能明白它的意义。这两种境界，都是普通一般人所有的。

道德境界：其特征是在此境界中的人，其行为是行义的。所谓义与利，并非各不相关，二者表面相反，实则相需相成。二者的真正分别，应该是求个人之利者为利，求社会之利者为义，亦即程伊川所说：“义与利之别，即公与私之别。”道德境界中的人，其所作为皆能为社会谋利益，古今贤人及英雄便是已达到道德境界的。

天地境界：其特征是在此境界中的人其行为是事天的。换言之，我的身躯虽不过七尺，但其精神充塞于天地之间，其事业不仅贡献于社会，更能贡献于宇宙，而“与天地比寿，与日月同光”。唯大圣大贤乃能达到这个境界。

以上四种境界，各有高低不同。某种境界所需的知识程度高，则境界亦高；所需知识低，则境界亦低。故自然境界为最低，功利境界较高，道德境界更高，天地境界最高。因境界有高低，所以人所实际享受的一部分世界也有大小，一个人所能享受的世界的大小，以其所能感觉的和所能认识的范围的大小为限。就感觉而论，各人所能享受的世界很少差别，食前方丈与蔬食箪饮，并无多大的不同。若以认识了解而论，各人所享受的世界差别很大：如自然境界的人和天地境界的人认识不同，了解不同，因而这两种人所享受的世界，亦有很大的悬殊。四种境界，不仅有高低之分，还有久暂之别。因为人的心理复杂，有的人已达到某种境界，但因心理变化，不能常住于此境界中。作恶的人属于功利境界，有时因良心发现，做一点好事，在良心发现这一刹那，他就入了道德境界，因未经过特别修养功夫，不能常住于道德境界中，过了一会儿以后，又回复到功利境界。若有人能常住在道德境界中，便是贤人，能常住在天地境界中，便是圣人。

四种境界就其高低的层次看，由低而高，表示一种发展。前二者是自然的礼物，不需要特别功夫，一般人都可以达到。后二者是精神的创造，必须经过特别修养的功夫，才能达到。道德境界中的人是贤人，天地境界中的人是圣人，两种境界可算是圣关贤域。圣贤虽和众人不同，但他达到道德和天地境界，不必做一些标新立异的特别事。他所做的事其实还是普通人能做的事，不过他的认识比一般人高而深，故任何事对他都能发生特殊意义，此即所谓“极高明而道中庸”。

（选自冯友兰《人生的意义及人生中的境界》）

人生的意义何在？

何谓“意义”？意义发生于自觉及了解。任何事物，如果我们对它能够了解，便有意义；否则便无意义。了解越多，越有意义，了解得少，便没有多大的意义。何谓“自觉”？我们知道自己在做一种事情，便是自觉。人类与禽兽所不同的地方，就是人类能够了解，能够自觉，而禽兽则否。譬如喝水吧，我们晓得自己在喝水，并且知道喝水是怎么一回事；可是兽类喝水的时候，它却不晓得它在喝水，而且不明白喝水是什么一回事，兽类的喝水，常常是出于一种本能。

对于任何事物，每个人了解的程度不一定相同，然而兽类对于事物，却谈不到什么了解。例如我们在礼堂演讲，忽然跑进了一条狗，狗只看见一堆东西，坐在那里，它不了解这就是演讲，因为它不了解演讲，所以我们的演讲，对于它便毫无意义。又如逃警报的时候，街上的狗每每跟着人们乱跑，它们对于逃警报，根本就不懂得是一回什么事，不过跟着人们跑跑而已。可是逃警报的人却各有各的了解，有的懂得为什么会有警报，有的懂得为什么敌人会打我们，有的却不能完全了解这些道理。

同样地，假如我们能够了解人生，人生便有意义，倘使我们不能了解人生，人生便无意义。各个人对于人生的了解多不相同，因此，人生的境界，便有分别。境界的不同，是由于认识的互异。

这，有如旅行游山一样，地质学家与诗人虽同往游山，可是地质学家的观感和诗人的观感，却大不相同。

我前面讲过，人生的境界，大体上可分为四类：

自然境界：最低级的，了解的程度最少，这一类人，大半是“顺才”或“顺习”。

功利境界：较高级的，需要进一层的了解。

道德境界：更高级的，需要更高深的理解。

天地境界：最高的境界，需要最彻底的了解。

在自然境界中的人，不论干什么事情，不是依照社会习惯，便是依照其本性去做。他们从来未曾了解做某种事情的意义，往好处说，这就是“天真烂漫”，往差处说便是“糊里糊涂”。他们既不懂得为什么要这样做，又不明白做某种事情有什么意义，所以他们可说没有自觉。有时他们纵然是整天笑嘻嘻，可是却不自觉快乐。这，有如天真的婴孩，他虽然笑逐颜开，可是却一点都不觉得自己快乐，两种情况，完全相同。这一类人，对于“生”“死”皆不了解，而且亦没有“我”的观念。

功利境界中的人，对于人生的了解，比较进了一步，他们有“我”的观念；不论做什么事，都是为着功利，为着自己的利益打算。这一批人，大抵贪生怕死。有时他们亦会为社会服务，为国家做点事，可是他们做事的动机，是想换取更高的代价，表面上，他们虽在服务，但其最后的目的还是为着小我。

在道德境界中的人，不论所做何事，皆以服务社会为目的。这一类人既不贪生，又不怕死。他们晓得除“我”以外，上面还有一个社会，一个全体。他们了解个人是社会的一部分，个人与社会是部分与全体的关系。就普通常识来说，部分的存在似乎先于全体，可是从哲学来说，应该先有全体，然后始有个体。例如房子中的支“柱”，是有了房子以后，始有所谓“柱”，假使没有房子，则柱不成为柱，它只是一件大木料而已。同样，人类在有了人伦的关系以后，始有所谓“人”，如没有人伦关系，则人便不成为人，只是一团血肉。不错，在没有社会组织以前，每个人确已先具有一团肉，可是我们之成为人，却因为是有了社会组织的缘故。道德境界的人，很清楚地了解这一点。

天地境界中的人，一切皆以服务宇宙为目的。他们对于生死的见解：既无所谓生，复无所谓死；他们认为在社会之上，尚有一个更高的全体——宇宙。科学家的所谓宇宙，系指天体，太阳系及天河等，哲学家的所谓宇宙，系指一切，所以宇宙之外，不会有其他的东西，我人绝对不能离开宇宙而存在。天地境界的人能够彻底了解这些道理，所以他们所做的事，便是为宇宙服务。

中国的所谓“圣贤”，应该有一个分别。“贤”是指道德境界的人，“圣”是指天地境界的人。至于一般的芸芸众生，不是属于自然境界，便属于功利境界。要达到自然境界或功利境界非常容易，要想进入道德境界或天地境界却需要努力，只有努力，才能了解。究竟要怎样做，才算是为宇宙服务呢？为宇宙服务所做的事，绝对不是什么离奇特别的事，与为社会服务而做的事，并无二致。不过所做的事虽然一样，了解的程度不同，其境界就不同了。

我曾经看见一个文字学的教授，在指责一个粗识文字的老百姓，说他写了一个别字。那一个别字，本来可以当作古字的假借，所以当时我便代那写字的人辩护，结果，那位文字学教授这样回答我：“这一个字如果是我写的，就是假借，出自一个粗识文字的人的手笔，便是别字。”这一段话很值得寻味，这就是说，做同样的事情，因为了解程度互异，可以有不同的境界。

再举一例：同样是大学教授，因为了解不同，亦有几种不同的境界：属于自然境界的，他们留学回来以后，有人请他教课，他便莫名其妙地当起教授来，什么叫作教育，他毫不理会。有些教授则属于功利境界，他们所以跑去当教授，是为着提高声望，以便将来做官，可以铨叙较高的职位。另外有些教授则属于道德境界，因为他们具有“得天下英才而教育之”的怀抱。有的教授则系天地境界，他们执教的目的，是为欲“得宇宙天才而教育之”。在客观上，这四种教授所做的事情是一样的，可是因为了解的程度不同，其境界自有差别。

《中庸》有两句话，说圣人可以“赞天地之化育”，可以“与天地参”。所谓“赞天地之化育”并不是帮助天地刮风或下雨，“化育”是什么？能够在天地间生长的都是化育，能够了解这一点，则我们的生活行动，都可以说是“赞天地之化育”，如果不明白这一点，那么我们的生活行动，只能说是为“天地所化育”。所谓圣人，他能够了解天地的化育，所以始能顶天立地，与天地参。草木无知（不懂化育的原理），所以草木只能为天地所化育。

由此看来，做圣人可以说很容易，亦可以说很难，圣人固然可以干出特别的事来，但并不是干出特别的事，始能成为圣人。所谓“迷则为凡，悟则为圣”，就是指做圣人的容易，人人可为圣贤，其原因亦在于此。

总而言之，所谓人生的意义，全凭我们对于人生的了解。

（选自冯友兰《人生的意义及人生中的境界》）

心系祖国，勇负重任

听芝生师讲授《中国哲学史》，他经常提到“周虽旧邦，其命维新”（《诗经·大雅·文王》）。在他的文章中，和他的书房里都可以见到这一句话。它的含义是什么？芝生师在《三松堂全集·明志》中作了明确界说：“所谓‘旧邦’就是祖国，就是中华民族。所谓‘新命’就是建设社会主义。”又说：“我经常想起儒家经典《诗经》中的两句话：‘周虽旧邦，其命维新。’就现在来说，中国就是旧邦而有新命，新命就是现代化。我的努力是保持旧邦的同一性和个性，而又同时促进实现新命。”

“周虽旧邦，其命维新”相传为周文王所作，距今已有近3000年的历史。芝生师引用它，并赋以时代的新内容，正有如芝生师经常说的“旧瓶装新酒”“换药不换汤”（药已更换，但“汤头”不换）吧！芝生师引用的这句话，体现出他热爱祖国的一颗赤诚的心，表达出他对祖国进步的殷切责任感和使命感。

我修芝生师为哲学系开设的《中国哲学史》课程是在1949年，这时他从美国返校为时不久。1947年他正应聘在美国费城宾州大学，讲学一年。这一年国内局势已有重大转变。解放军已从战略防御转为战略反攻，并取得节节胜利。南京政权已危如累卵，命在旦夕。在美居留的华人都须认真考虑一个问题：是继续留居美国，还是回国为新中国服务？是去，是留？必须立即作出抉择。有的朋友劝芝生师留居美国，长期住下去。芝生师当机立断：“解放军越是胜利，我越是要赶快回去，怕的是全国解放了，中美交通断绝。”他谢辞了当时对他的一切邀请，毅然踏上了归途。在过美国海关时，交还了在美国“永久居留”的签证，以表示他回归祖国的决心。1948 年芝生师回到了祖国怀抱，以迎接全国的解放。

这一年的年底，平津战役已接近尾声，北平的和平解放已指日可待。12 月初，南京当局委派青年部长陈雪屏（原西南联大训导长）来清华与一些教授们会面。席间陈宣布：南京已派一架专机，来接诸位先生去。如果愿意去就可以一起出发。芝生师和在座的人都默而无言，以作为回答。陈自知没趣，独自离开了北平。

12 月 17 日下午，梅贻琦校长离开了清华。清华出现“真空时期”。校务委员会公推芝生师为校务委员会主席，担负起“维持”清华的重任。

12 月 18 日清晨之前，傅作义的军队已全部撤离至城区。芝生师在全校教职工大会上宣布“清华已先北京城而解放了……眼前的任务是维护校内秩序，保护学校财产，听候接管”。

清华大学这所举世闻名的学府，终于平安地度过了历史大转变的艰难时刻，为中华民族、为祖国教育事业的发展保存了元气。芝生师在清华大学完成历史转变的关键时刻里，他个人所起的历史作用是不能低估的。在清华大学面临转变的关头，芝生师没有畏缩，更没有逃避，而是“临危受命”，勇敢地担起了这副重担，这是芝生师高度爱国精神的体现。

（选自刘鄂培《旧邦新命　学术常青——忆芝生师》）

虚怀若谷，至诚无息

我第一次领会芝生师的仁厚、广阔的胸怀是在 1949 年冬，京郊土改结束的返校途中。在农村住了一个多月，芝生师、师母与农民建立了深厚的友谊。当土改工作结束，我们将返校上课时，农民们依依不舍，特地为我们准备了一辆小毛驴车，送我们返校。芝生师、师母都坐在行李上，挥手向农民告别。

乘坐小毛驴车，对我来说是生平第一次。我是湖南人，生长在城市，别说乘坐，连小毛驴也很少见到过。可能是出自青年人的好奇心，我自告奋勇，挥鞭赶车，充当了驾车人。

一路上行车平稳。小铃儿“叮当”，驴蹄声“的嗒”，奏出了一首恬静的田园曲。我为之陶醉，自鸣得意。车过丰台，可能是小毛驴的犟性发作，突然转向马路的一侧疾驶。我慌了，大声吆喝:“吁……停”！小毛驴不但不听命令，而且加速前进。“轰”的一声，小车翻倒在路旁的沟里。我马上爬了起来，定睛一看，芝生师、师母躺在杂乱的行李堆中。我急了，跳了过去，将芝生师、师母扶了起来。幸好，沟不太深，他们都没有受伤。我一边拍去他们身上的尘土，一边做好了接受芝生师严厉训斥的准备。

芝生师平常说话略有些口吃。这次，他慢条斯理地说:“我看……这个毛驴……不懂得湖南话！”一场惊险，化为大家一阵欢笑。时过 45 年，每当想起这一场惊险，芝生师仁厚的胸怀和他诙谐的语言，深深地印在我的心坎里。

返校后，正遇上“思想改造”运动。芝生师脸上的笑容收敛了，心情显得有些沉重。中文、历史、哲学三个系的“批判”会在化学馆的大教室里举行，芝生师被列为“批判”的对象之一。虽然这些批判会都是说理的，是以“批判”为“武器”，而不是“武器”的“批判”，但是，对我这个当时没有见过世面的年轻学生，心弦总是绷得紧紧的。会上的发言有时是平和的，也有时是非常尖锐的。我记得有一位先生的发言，令我至今难忘。他说，他曾被特务抓进集中营，受过多种严刑拷打，并遭到精神上的摧残。他最后说：“我们关在集中营里，其他的书都不准读，唯一的一本就是冯友兰的《新理学》。”我当时还没有读过芝生师的《新理学》，也就很难理解他所说的《新理学》一书在摧残精神上的作用。后来才慢慢了解，《新理学》虽是有所为而作，但毕竟是一部哲学著作，它不是政治课本。特务们将它作为政治课本送给集中营读，其责任自然不在作者本人，而在于特务自己。

批判会结束之前，芝生师作了一个简短的发言，表示虚心地、诚恳地接受大家的帮助。意味最深的也是他最后的一句话：“书，我以后还是要写的！”芝生师以他自己的方式，回答了批判者的批判。

最近，我又重读了《三松堂自序》，芝生师引用了一副传统的对联：“放开肚皮容物，立定脚跟做人。”一切毁、一切誉，兼容并蓄；追求真理，服从真理；至诚无息，不断前进。我想，这或许就是芝生师的人生哲学。

芝生师一生，受到过很多赞扬，也遭到不少谴责。他既听取赞扬，而不沾沾自喜；既听取谴责，而不消沉颓丧。正如芝生师在《三松堂自序·明志》中所说：“赞扬和谴责可以彼此抵消。我按照自己的判断继续前进。”

（选自刘鄂培《旧邦新命　学术常青——忆芝生师》）

高山仰止，心向往之

第一次拜访冯老，是在1987年11月16日下午。当时《作文与指导》报创办两年，我们从中选出了几十篇中小学生的优秀作文，分编为两个集子，赴北京师院出版社商洽出版事宜之后，前往北京大学看望冯老。同行的有我院同事李玉恒同志、苏丽萍同志。

冯老住在北大燕南园57号。小院里青石一径，苍松三株，几丛翠竹悠然地生在“匚”形的古典建筑的寓舍旁边。清静安谧的环境，使人不禁肃然起敬。

我轻轻地敲一敲装有玻璃的木格正门，一会儿，门开了。一位面目朗润、仪态娴雅、蓄着疏疏的胡须的中年先生接待了我们。后来知道，这位是冯老的门婿蔡仲德先生。蔡先生把我们引到右手的小客厅坐下，告诉我们说，冯老正会见另外的客人，让我们稍候一时。给我们每人泡了一盅茶，又拿来了当日的报纸放在茶几上，走出去了。这时，我环顾了一下这个小客厅：几对沙发后，贴壁立着一些书柜，书柜的年代似乎颇为久远了。色调和式样显得古雅而典重。每个书柜的两扇柜门上都是“寓庸斋藏书箧”六个浮雕篆字。这“寓庸”二字，想必是“尊德性而道问学，极高明而道中庸”之义吧。后来听宗璞先生说，这书柜是冯老从别人那里买来的，但这书柜上的字，却极为简括地隐含了冯老这位现代硕儒一生的道德文章。北面墙上，是冯老亲题的“三松堂”三字横幅，这是他1982年写的。“三松堂”是冯老自取的斋号，《三松堂全集》的书名也由此而来。整个客厅，并不显得明窗净儿，却是充满着宁静古雅的气氛。我们三个，都怀着崇敬的心情，静静地等候着老人的到来。

不久，传来了步履声，一步，一步，慢慢地。我们不约而同都站了起来——果然是冯老来！我连忙迎上去，问了个好，扶老人在进门右旁的一个单人沙发上坐下。老人有些气喘，长长的须髯随着微微的喘息也在微微地动。我有意让老人休息一下，而心里却是如此的激动，这就是所谓“扪参历井”了吧，眼前所见，不就是中国学界的巨曜、东方哲学的泰斗吗！老人温良恭安，宁静慈祥，绝对的大家风范，由渊博的学识、深邃的思想熔铸而成的大家风范，一般人身上无论如何也发射不出的大家风范！我忽然想到“仰之弥高，钻之弥深”的泰山一般的孔子——孔门弟子所描绘的儒学大师，不就是这样的气象吗？

我们向老人送上了登载家乡孩子文章的《作文与指导》报，送上了发刊词中写有冯老名字的《南阳教育学院学报》。老人拿在手上，仔细地摸了又摸，缓缓地询问家乡的收成，学院的建设，南阳的教育。那浓浓的南阳乡音，听起来分外亲切。我们一一回答了冯老的询问之后，我说：“冯老要是能给我们小报写几个字，这对家乡200万中小学生将是个莫大的鼓舞！”冯老欣然答应，说道：“我的眼睛看不见了，我可以摸着写几个字。”这时蔡先生走去拿来一块上面放着一张白纸的薄木板和一支钢笔，老人接在手上，微微沉思了一会儿，然后顺着木板的四周摸了摸，在上面写了两行字。我恭恭敬敬地接了过来，上面写着：

言之无文　行而不远　修辞立其诚　题赠作文与指导　冯友兰一九八七年　时年九十有二

“言之无文，行而不远”是《左传》上的话，“修辞立其诚”是《易经》上的话，冯老借古语，喻今人，告勉家乡200万中小学师生：写文章是要表达自己真实感情的；如果没有实际内容，没有文采，就不会流广开来。而这恳切的劝勉之语的深层，则蕴含着更为深沉的思想。冯老在《三松堂全集》的《自序》中写有这样一段话：

《周易》乾卦的《文言》说：“修辞立其诚。”自己有了确实的见解，又能虚心听取意见，改正错误，这叫走群众路线。如果是附和一时流行的意思，以求得到吹捧，这就是伪，这是哗众取宠……实际自解放以来，我的绝大部分工作就是否定自己，批判自己。每批判一次，总以为是前进一步。这是立其诚。现在看来也有并不可取之处，就是没有把所有观点放在平等地位来考察。而在被改造的同时得到吹捧，也确有欣喜之心，于是更加努力“进步”。这一部分思想就不是立其诚，而是哗众取宠了。

想起这段文字，拿着冯老摸着写下的“言之无文，行而不远；修辞立其诚”的题词，一时间感慨万端！这岂不是冯老这位历尽人间沧桑，尝遍世道冷暖的百年老人在谆谆地向后人嘱告，在殷殷地向学子托付么！

时光真是太匆匆，太匆匆了！倏忽间，已过去四十多分钟！我们实在不忍心让冯老太累了，就结束了这第一次访问。

告别冯老出来，已是暮色茫茫。回头望望，院内的三株苍松，蓊蓊郁郁，如冠如盖，罩护着这座古雅的寓所，罩护着寓所里居住的伟大的学人！

（选自聂振弢《高山仰止——纪念冯老友兰先生》）

傅斯年

傅斯年（1896—1950），字孟真，山东聊城人。著名历史学家，古典文学研究专家，教育家，学术领导人。1916 年升入北京大学文科。1918 年与罗家伦等组织新潮社，创办《新潮》月刊，提倡新文化，成为北大学生会领袖之一。五四运动爆发时担任游行总指挥，风云一时。1927 年出任中山大学教授兼文学院院长和历史系、中文系主任。从 1928 年起长期任中央研究院历史语言研究所所长。抗战爆发后任西南联大教授，抗战胜利后代理北京大学校长。1949 年兼台湾大学校长。1950 年在台北病逝。在史语研究、考古研究、文献整理及教育事业上做出了突出贡献，主要著作有《性命古训辨证》《古代中国与民族》等。

齐家

为儿起名，不忘爱国

以后我长中大，他仍在北平，只是我们易地开会的时候，才能相见。不见要想，见面就吵，真是奇怪的事。这几年中可以为他高兴的，就是他能和俞家八小姐大綵女士结婚，使他得到许多精神的安慰和鼓励。俞家的兄弟姐妹，我个个都很熟，个个都非常的聪明，大綵自然也是卓越的一位。孟真常是向我恭维大綵的小品文如何写得好，小真书如何写得好，他言之津津有味。有一次我和他开玩笑说："大綵赏识你，如九方皋伯相马。"他为之大怒，要来扑我。又有一次，他对我盛夸他的儿子仁轨如何聪明，我带笑地说："犬父竟有虎子。"他却为之大喜。孟真是人，不是做作的超人，是充满了人性的人。说到聪明的孩子仁轨的命名，确有一件可纪念的故事。有一天孟真对我说："我的太太快要生孩子了。若是生的是一个男孩，我要叫他做仁轨。"我一时脑筋转不过来，向他说："为什么？"他说："你枉费学历史，你忘记了中国第一个能在朝鲜对日本兵打歼灭战的，就是唐朝的刘仁轨吗？"从这种史迹上，要预先为儿子命名，他内心所蕴藏的是多么强烈的国家民族意识！

说到抗日精神来，孟真在北平环境里所表现的真是可敬可佩。当冀察事变发生，日本在闹华北特殊化的时候，许多亲日派仰人鼻息太过度了。北平市长萧振瀛招待北平教育界的一席话，俨然是为日本招降，至少是要北平教育界闭口。在大家惶惑之际，只有适之先生和孟真挺身而起，当面教训萧振瀛一顿，表示坚决反对的态度，誓死不屈的精神；于是北平整个混沌的空气，为之一变，教育界也俨然成为左右北方时局的重心。孟真这种声张正气的精神，是使他不顾一切的。大家不要忘记，那时候的华北，不但是亲日派横行，而且日本特务也公开活动，这是一个生命有危险的局面。

在抗战开始的时候，将北大、清华、南开三校合组而为西南联合大学的主张，是孟真出的，他为西南联大，颇尽维护之能事。他坚决拥护抗战建国的国策的情绪，何消我说。苦苦地熬了八年，最后得到了胜利，所以在日本投降的消息传到重庆的晚上，孟真疯了。从他聚兴村里住所里拿了一瓶酒，到街上大喝；拿了一根手杖，挑了一顶帽子，到街上乱舞。结果帽子飞掉了，棍子脱手了，他和民众和盟军大叫大闹了好一会，等到叫不动闹不动了，回到原处睡觉，等到第二天下午我去看他，他还爬不起来，连说："国家出头了，我的帽子掉了，棍子也没有了，买又买不起，晦气，晦气。"这是孟真的本色，孟真不失为真！

（选自罗家伦《元气淋漓的傅孟真》）

抗战八年，辗转西迁

对日抗战那年，上海战事已开始，南京已遭空袭轰炸。9月中旬我赴浙江前，曾谒见先生。先生正为史语所西迁事忙。他嘱我见到孟博（先生令弟）告诉他抗战我们一定会胜利，要长期抗战，有十足的信心，不过要有迁往内陆之心理准备等。我到浙江不久，孟博先生即往汉口，我随后护送孟博先生宝眷赴长沙，已是廿七年春。车抵长沙时，不幸孟博夫人意外去世。斯时傅先生之太夫人已先到长沙了。我则协助孟博先生料理其夫人丧事后，随同孟博先生子女，一同与傅老太太住在一起。孟博先生去汉口工作，我留在长沙陪侍老太太。老太太和蔼慈祥，因先母关系，对我更加慈爱，如同家人一般无话不谈，因而也告诉我傅先生的少年往事。如傅先生幼时读书，常在身上写字，弄得全身衣服墨黑；又先生系与先父同学，先父年长，称为“大学长”，但功课不如先生，常向先生讨教，故而先生常戏呼先父为“大徒弟”。所言故事颇多，惜今已记不清楚了。

至于傅老太太如何先来到长沙。当南京空袭日频之下，傅先生忙于公务无法陪侍老太太避难同行，遂托专人护送老太太至安徽和县暂住，南京沦陷后，才辗转由陆路逃至汉口。历时廿余日，备极劳累，沿途辛苦。老太太每谈及，必感谢护送人之殷勤劳苦。斯时老太太年已七十以上，虽长途劳累，终能平安健康地住在了长沙。傅先生每言老母逃难之事心实不安，说幸能平安至后方，否则将何以对祖先，孝心可见。

在长沙住数月，是年秋即去汉口乘船西上重庆。到重庆后老太太仍住在孟博先生家，我住南岸玄坛庙，就便可服侍老太太。生活日趋安定，老太太则时感不适，但无大病。老太太体胖，近年来之东奔西走的劳累，一旦安定反生病恙，时好时重，经傅先生决定住入仁济医院。医院在住家不远的山顶上，病房窗外可瞭望重庆全市。一夜空袭警报大鸣，老太太睡中惊醒，问我是否听到（我在病房陪侍），话尚未完，炸弹之声大作，凭窗望去全市已成火海。此即所谓抗战时重庆“五三”“五四”之大轰炸。翌日天刚亮，老太太不顾自己的病情，嘱我赶快过江到重庆看一看先生兄弟二人。此次炸后灾情之惨，非目击者难道其详。我见到先生兄弟二人都平安无恙，即回报老太太。老太太得知后心情才安定下来，病情也轻了，未几即出院了。

翌年，孟博先生续弦，家中有人照料，我也因工作关系前往昆明。卅年春我返回重庆，老太太已随同孟博先生家迁至市郊新桥附近山上，此地空袭期间较为安全。我去看望她，那时仍健康，已是七十五岁了。不料10月间忽然病发，傅先生当即送她入歌乐山中央医院（那时傅先生已住院甚久，好像8月出院的），未住多久就去世了。先生因不知病情，同意解剖，得知为胆结石。今日想来可知五十几年前之医药设备及医疗技术是如何了。

（选自朱仲辉《怀念傅故校长孟真先生》）

治学

历史语言研究所工作之旨趣

我们宗旨第一条是保持亭林、百诗的遗训。这不是因为我们震慑于大权威，也不是因为我们发什么“怀古之幽情”，正因为我们觉得亭林、百诗在很早的时代已经使用最近代的手段，他们的历史学和语言学都是照着材料的分量出货物的。他们搜寻金石刻文以考证史事，亲看地势以察古地名。亭林于语言按照时和地变迁的这一个观念看得颇清楚，百诗于文籍考订上成那么一个伟大的模范著作，都是能利用旧的新的材料，客观地处理实在问题，因解决之问题更生新问题，因问题之解决更要求多项的材料。这种精神在语言学和历史学里是必要的，也是充足的。本这精神，因行动扩充材料，因时代扩充工具，便是唯一的正当路径。

宗旨第二条是扩张研究的材料。

第三条是扩张研究的工具。这两层的理由上文中已叙说，不再重复了。这三件实在是一句话，没有客观地处理史学或语言学的题目之精神，即所谓亭林、百诗的遗训者，是不感觉着扩充材料之必要，且正也扩充不了，若不扩张工具，也不能实现这精神，处置这材料。

关于我们宗旨的负面还有几句话要说。

（一）我们反对“国故”一个观念。如果我们所去研究的材料多半是在中国的，这并不是由于我们专要研究“国”的东西，乃是因为在中国的材料到我们的手中方便些，因为我们前前后后对于这些材料或已经有了些研究，以后堆积上研究去方便些，好比在中国的地质或地理研究所所致力的，总多是些中国地质地理问题，在中国的生物研究所所致力的，总多是些中国生物问题，在中国的气象研究所所致力的，总是些中国各地气象观察。世界中无论哪一种历史学或哪一种语言学，要想做科学的研究，只得用同一的方法，所以这学问断不以国别成逻辑的分别，不过是因地域的方便成分工。国故本来即是国粹，不过说来客气一点儿，而所谓国学院也恐怕是一个改良的存古学堂。原来“国学”“中国学”等等名词，说来都甚不详，西洋人造了支那学“新诺逻辑”一个名词，本是和埃及脱逻辑亚西里亚逻辑同等看的，难道我们自己也要如此看吗？果然中国还有将来，为什么算学、天文、物理、化学等等不都成了国学，为什么国学之下都仅仅是些言语、历史、民俗等题目？且这名词还不通达，取所谓国学的大题目在语言学或历史学的范围中的而论，因为求这些题目之解决与推进，如我们上文所叙的，扩充材料，扩充工具，势必至于弄到不国了，或不故了，或且不国不故了。这层并不是名词的争执，实在是精神的差异之表显。

（二）我们反对疏通，我们只是要把材料整理好，则事实自然显明了。一分材料出一分货，十分材料出十分货，没有材料便不出货。两件事实之间，隔着一大段，把他们联络起来的一切设想，自然有些也是多多少少可以容许的，但推论是危险的事，以假设可能为当然是不诚信的事。所以我们存而不补，这是我们对于材料的态度；我们证而不疏，这是我们处置材料的手段。材料之内使他发见无遗，材料之外我们一点也不越过去说。果然我们同仁中也有些在别处发挥历史哲学或语言泛想，这些都仅可以当作私人的事，不是研究所的工作。

（三）我们不做或者反对所谓普及那一行中的工作。近百年中，拉丁文和希腊文在欧洲一般教育中之退步，和他们在学问上之进步，恰恰成正比例，我们希望在中国也是如此。现在中国希望制造一个新将来，取用材料自然最重要的是欧美的物质文明，即物质以外的东西也应该取精神于未衰败的外国。历史学和语言学之发达自然于教育上也有相当的关系，但这都不见得即是什么经国之大业不朽之盛事，只要有十几个书院的学究肯把他们的一生消耗到这些不生利的事物上，也就足以点缀国家之崇尚学术了——这一行的学术。这个反正没有一般的用处，自然用不着去引诱别人也好这个，如果一旦引了，不特有时免不了致人于无用，且爱好的主观过于我们的人进来时，带进了些乌烟瘴气，又怎么办？

这个历史语言研究所本是大学院院长蔡先生委托在广州的三人筹备的，现在正计划和接洽应举的事，已有些条随着人的所在小小动手，却还没有把研究所的大体设定。稍过些时，北伐定功，破虏收京之后，这研究所的所在或者一部分在广州一部分在北京，位置的方便供给我们许多工作进行的方便。我们最要注意的是求新材料，第一步想沿京汉路，安阳至易州，安阳殷墟以前盗出之物并非彻底发掘，易州、邯郸又是燕赵故都，这一带又是卫邶故域。这些地方我们既颇知其富有，又容易达到的，现在已着手调查及布置，河南军事少静止，便结队前去。第二步是洛阳一带，将来一步一步地西去，到中央亚细亚各地，就脱了纯中国材料之范围了。为这一些工作及随时搜集之方便，我们想在洛阳或西安、敦煌或吐鲁番、疏勒，设几个工作站，“有志者事竟成”！因为广州的地理位置，我们将要设置的研究所要有一半在广州，在广州的四方是最富于语言学和人类学的材料，汉语将来之大成全靠各种方言之研究，广东省内及邻省有很多种的方言，可以每种每种的细细研究，并制定表式，用语音学帮助，作比较的调查。至于人类学的材料，则汉族以外还有几个小民族，汉族以内，有几个不同的式和部居，这些最可宝贵的材料怕要渐渐以开化和交通的缘故而消灭，我们想赶紧着手采集。我们又希望数年以后能在广州发达南洋学：南洋之富于地质生物的材料，是早已著名的了。南洋之富于人类学材料，现在已渐渐为人公认。南洋学应该是中国人的学问，因为南洋在一切意义上是“汉广”。总而言之，我们不是读书的人，我们只是上穷碧落下黄泉，动手动脚找东西！

现因我们研究所之要求及同仁之祈向，想次第在两年以内设立下列各组；各组之旨趣及计划，以后分别刊印。

一、文籍考订；

二、史料征集；

三、考古；

四、人类及民物；

五、比较艺术。

以上历史范围。

六、汉语；

七、西南语；

八、中央亚细亚语；

九、语言学。

以上语言范围。

历史学和语言学发展到现在，已经不容易由个人作孤立的研究了，他既靠图书馆或学会供给他材料，靠团体为他寻材料，并且须得在一个研究的环境中，才能大家互相补其所不能，互相引会，互相订正，于是乎孤立的制作渐渐的难，渐渐的无意谓，集众的工作渐渐的成一切工作的样式了。这集众的工作中有的不过是几个人就一题目之合作，有的可就是有规模的系统研究。无论范围大小，只要其中步步都是做研究功夫的，便不会流成“官书”的无聊。所有这些集众工作的题目及附带的计划，后来随时布白。希望社会上欣赏这些问题，并同情这样工作的人多多加以助力！果然我们动手动脚得有结果，因而更改了“读书就是学问”的风气，虽然比不得自然科学上的贡献较为有益于民生国计，也或者可以免于妄自生事之讥诮罢！我们高呼：

一、把些传统的或自造的“仁义礼智”和其他主观，同历史学和语言学混在一气的人，绝对不是我们的同志！

二、要把历史学语言学建设得和生物学地质学等同样，乃是我们的同志！

三、我们要科学的东方学之正统在中国！

（选自傅斯年《历史语言研究所工作之旨趣》）

“为科学而研究科学”

我何以说“五四”的若干含义在今天仍有教训性呢？大凡时代的进展，总不免一正一反，一往一复。最近十五年，东西的若干强国——今日全是我们的敌人——各自闹其特殊的国粹运动，我们也有我们的国粹运动，我们的国粹运动自与他们的不同，这因为我们的“国粹”与他们的“国粹”不同。我们的国粹运动所以生于近来是很可了解的，在颇小限度内，有他的用处，然若无节制的发挥起来，只是妨碍我们国家民族的近代化，其流弊无穷。随便举青年一事作例说罢，不是大家都说今日的青年总是犯了消沉、逐利、走险三条路吗？要想纠正这些，绝不是用老药方所能济事的，无论这药方是汉学的威仪齐庄，或是宋学的明心见性，这个都打不动他的心坎，你说你的，他做他的，要想打动他的心坎，只有以行动启发其爱国心，启发其祈求社会公道心，为这些事，舍生取义是容易的事。总而言之，建设近代国家无取乎中世纪主义。日本在维新之初，除去积极的走向近代化以外，又弄一套“祭政一致”，“国体明征”的神秘法门，日本之强，是他近代化之效，而把日本造成一个神道狂，因而把日本卷入这个自杀的战争中，便是这神秘法门的效用。难道这是可以效法的吗？所以中世纪主义也许可为某甲某乙以忽不勒汗的过程成其为呼图克图，而于全国家，全民族，是全无意义的。

“五四”的积极口号是“民主”与“科学”。在这口号中，检讨二十五年的成绩，真正可叹得很。“民主”在今天，已是世界大势所必趋，这篇短文中无法畅谈，只谈谈“科学”。注意科学不是“五四”的新发明，今天的自然科学家，很多立志就学远在“五四”以前的。不过，科学成了青年的一般口号，自“五四”始，这口号很发生了他的作用，集体的自觉总比个人的嗜好力量大。所以若干研究组织之成立，若干青年科学家之成就，不能不说受这个口号的刺激。在抗战的前夕，若干自然科学在中国已经站稳了脚，例如地质、物理、生理、生物化学，而人文社会科学之客观研究，也有很快的进展。若不是倭鬼来扰，则以抗战前五年的速度论，中国今天可以有几个科学中心，可以有几种科学很像个样子了。即是说，科学的一般基础算有了。恰恰暴雨狂风正来在开花的前一夕。受战事的打击，到了今天，工作室中徒有四壁，而人亦奄奄一息，这全是应该的，无可免的，无可怨的。一旦复原，要加倍努力赶上去。不过，今天的中国科学确有一个极大的危险，这就是，用与科学极其相反的精神以为提倡科学之动力是也。今日提倡科学之口号高唱入云，而为自然科学的建设不知在哪里，其结果只是些杂志宣传，而这些杂志中的文字，每每充满反科学性。大致说来，有狭隘的功利主义，这是使自然科学不能发达的，然若自然科学不能发达，应用科学又焉得立其根本？又有狂言之徒，一往夸大，他却不知科学的第一义是不扯谎的。全部科学史告诉我们，若没有所谓学院自由（Academic Freedom），科学的进步是不可能的。全部科学史告诉我们，近代科学是从教条、学院哲学（Scholasticism）、推测哲学（Speculative philosophy）、社会成见中解放出来的，不是反过来向这些东西倒上去的。全部科学史又告诉我们，大科学家自然也有好人，有坏人，原来好坏本自难分，有好近名的，有好小利的，原来这也情有可原，但绝没有乱说谎话的。作夸大狂的，强不知以为知的。大科学家自有一种共同性，这可在盖理律、牛顿、达尔文、巴斯德诸人传记中寻得之，这些人与徇禄的经生绝无任何质量的相同处，所以今日提倡科学的方法极简单，建设几个真正可以作工作的所在，就是说，有适宜设备的所在，而容纳真正可以做科学工作的若干人于其中就够了。此外，便只是科学家自己的事了。此外，更无任何妙法。工作的环境可以培植科学家，宣传与运动是制造不出科学家来的。

我要提出一个“五四”的旧口号，这个口号是，“为科学而研究科学”，读者以为我这话迂阔吗？只有这才是科学的清净法门！

（选自傅斯年《“五四”二十五年》）

国学功底好，却提倡新文化

我是山东临邑县人。民国初年，临邑县和傅斯年先生的家乡聊城县同属山东省东临道。我在家乡读私塾的时候，就听有人说，聊城有个傅斯年，是黄河流域第一才子。傅先生旧学功底深厚，在北京大学是拔尖的学生，而且和罗家伦等人主编过《新潮》刊物，所以在我们那偏僻的山村里都有不少人知道他的名字，我也很崇拜他。可是听了他在北大讲的第一堂课，我却有些失望了。

我到北京大学读书的第一年，正赶上胡适先生做文学院长，他聘请了各方面的专家来教《中国通史》课。当时中央研究院历史语言研究所所址在北海静心斋，离北大不远。史语所里出名的学者很多，于是就请李济先生讲了考古部分。商周史也请史语所的人来讲。北大历史系主任陈受颐第一堂课就请来了傅先生，想让他讲个商周史的开场白，但陈先生没把话说明白，傅先生以为是来和北大历史系的同学们随便座谈，所以没做任何准备，来到一看，北大二院大礼堂里坐满了人。他说，“没想到这么多人来听课”。那堂课他讲得杂乱无章。

我和傅先生同宗的侄子傅乐焕是同班同学。乐焕当时就住在傅先生家里，生活和学业都得到傅先生不少帮助。我下课对乐焕说：“傅先生大名鼎鼎，可是文章写得不多，课讲得也不怎么样，正可谓‘盛名之下，其实难副’啊！”乐焕也不反驳我。后来我又去听傅先生别的课，才知道他的学问之大，一般人是赶不上的，他是通人。我们有些人佩服他的学问，经常听他的课。他给我们讲过《历史研究法》，原打算写一本书，但是只写了前边几章就搁笔了，原因是行政事务太多。他没做过官，但很关心政治，看看他写给胡适的信就知道了（参见《胡适往来书信选》)。外面事务太多，没时间写文章，没时间准备课程，所以讲起课来往往没条理。

傅先生国学的功底很好，但全力提倡新文化，因此为了是否读经问题和孟森先生有过辩论。记得我们同班的几个人，我、傅乐焕，还有一个姓张的同学，曾经给天津《益世报》编过《读书周刊》。孟先生见了说：你们这个《周刊》编得很好，这表明你们的学问都不错，在我教过的学生中，数你们这个班水平最高。可惜你们写的都是白话文。白话文是“慈善事业”，是写给不懂文言文的人看的，写给学者看为什么用白话？文言变成白话，加上标点符号，那韵味就变了！后来傅先生写文章，反对学生读经，孟先生主张读经，他们有过争论。

（选自邓广铭《回忆我的老师傅斯年先生》)

波澜壮观的古史讨论

第二年我选了傅先生的“中国古代史专题研究”，这是历史系的课。当时北大的历史系简直是中国古代史专业，有关中国古代史的课程，有钱穆先生的“中国古代史”，顾颉刚先生的“尚书研究”，马衡先生的“金石学”，唐兰先生的“古文字学”，当时所谓古代史是指先秦史。这些先生讲课各有特点，钱先生是长江大河，滔滔不绝；而顾先生口吃不能多言，只写黑板；傅先生总是坐在讲桌后面，议论不休。他们都是大师，在大师们的教导下，出来许多很有名气的学生，比如山东的邓广铭、傅乐焕、张政烺。他们都是傅先生的及门弟子，著名的史学家。

傅先生博学，他不仅是史学家，在思想史上他也是有地位的学者。他喜欢读法国物理学家马赫与法国数学家普思加赉的书，不知为什么，他没有提到爱因斯坦的相对论和爱因斯坦所主张的因果论。如果傅先生读了爱因斯坦的书，我想会改变他的哲学上的看法，而使他走向辩证的观点，会相信无论是自然与社会都在有规律地发展。

我最初知道傅先生的大名，是在顾颉刚先生的“古史辨第一册自序”上。在这篇自序内，他说在北大读书时，他和傅先生同住在北大西斋一间屋子里，他们共同去听胡适先生的课而受教育的过程。后来胡先生也说，他初从美国回来在北大授中国哲学史，得到两位最有学问的同学傅斯年、顾颉刚的帮助，得以维持下来而走向坦途的经过。后来胡、傅、顾三人建立了一个学派，一个中国古代史及哲学史的学派，这个学派推翻了旧的传统史学观，建立了崭新体系的古史学派，他们大胆地怀疑，小心地假设，而引起一场波澜壮观的古史讨论。虽然在这个学派中，胡、傅、顾的理论也各不相同。

（选自杨向奎《回忆傅孟真先生》）

一跃而投身文学革命的阵营

我和孟真是1917年开始在北京大学认识的。他经过三年标准很高的北大预科的训练以后，升入文科本科，所以他的中国学问的基础很好，而且浏览英文的能力很强。这是一件研究中国学问的人不容易兼有的条件。我是从上海直接考进文科本科的学生，当时读的是外国文学，和他的中国文学虽然隔系，可是我们两人在学问方面都有贪多务得的坏习惯，所以常常彼此越系选科，弄到同班的功课很多，就在哲学系方面，也同过三样功课的班。我们开始有较深的了解，却在胡适之先生家里。那时我们常去，先则客客气气地请教受益，后来竟成为讨论争辩肆言无忌的地方。这时期还是适之先生发表了《改良文学刍议》以后，而尚未正式提出“国语的文学，文学的国语”，也就是未正式以文学革命主张作号召以前。适之先生甚惊异孟真中国学问之博与精，和他一接受以科学方法整理旧学以后的创获之多与深。适之先生常是很谦虚地说，他初进北大做教授的时候，常常提心吊胆，加倍用功，因为他发现许多学生的学问比他强。（抗战胜利后的第二年，适之先生于北大校庆之夕，在南京国际联欢社聚餐时演讲，就公开有此谦辞。）这就是指傅孟真、毛子水、顾颉刚等二三人说的。当时的真正国学大师如刘申叔（师培）、黄季刚（侃）、陈伯弢（汉章）几位先生，也非常之赞赏孟真，抱着老儒传经的观念，想他继承仪徵学统或是太炎学派等衣钵。孟真有徘徊歧路的资格，可是有革命性、有近代头脑的孟真，决不徘徊歧路，竟一跃而投身文学革命的阵营了。以后文学革命的旗帜，因得孟真而大张。

在这当儿，让我小小地跑个野马，说一件孟真那时候顽皮的趣事，以见孟真那时候的学问基础；何况写文章跑野马原是孟真的惯技。就在当时的北大，有一位朱蓬仙教授（注意，不是朱逷先先生），也是太炎弟子，可是所教的文心雕龙却非所长，在教室里不免出了好些错误，可是要举发这些错误，学生的笔记终究难以为凭。恰好有一位姓张的同学借到那部朱教授的讲义全稿，交给孟真。孟真一夜看完，摘出三十几条错误，由全班签名上书校长蔡先生，请求补救，书中附列这错误的三十几条。蔡先生自己对于这问题是内行，看了自然明白，可是他不信这是由学生们自己发觉的，并且似乎要预防教授们互相攻讦之风，于是突然召见签名的全班学生。那时候同学们也慌了，害怕蔡先生要考，又怕孟真一人担负这个责任，未免太重，于是大家在见蔡先生之前，每人分任几条，预备好了，方才进去。果然蔡先生当面口试起来了，分担的人回答得头头是道。考完之后，蔡先生一声不响，学生们也一声不响，一鞠躬鱼贯退出。到了适当的时候，这门功课重新调整了。这件事可以表示一点当时的学风。我那年不曾选这样功课，可是我在旁边看得清清楚楚。他们退出来以后个个大笑，我也帮了大笑。

那时候学生的物质生活非常朴素简单，可是同学间的学术兴趣，却是配合成一幅光怪陆离的图案。我住在校外松公府公寓，孟真住在校内的西斋四号。我早晨到校上课之前，首先要到他房里谈天，他没有起来的时候，我有时掀他棉被，他颇引以为苦，气得大叫。他房间里住了四个同学，一个顾颉刚，静心研究他的哲学和古史，对人非常谦恭；一个狄君武（当时名福鼎），专心研究他的词章，有时唱唱昆曲；一个周烈亚，阿弥陀佛地在研究他的佛经（后来他出家在天目山做了方丈）；一个就是大气磅礴的傅孟真，和他的一班不速之客的朋友罗志希等，在高谈文学革命和新文化运动。这是一个什么配合！可是道并行而不相悖，大家还是好朋友。

（选自罗家伦《元气淋漓的傅孟真》）

《新潮》的主力

1918年，孟真和我还有好几位同学抱着一股热忱，要为文学革命而奋斗。于是继《新青年》而起组织新潮社，编印《新潮》月刊，这是在这个时代中公开主张文学革命的第二个刊物。我们不但主张，而且实行彻底地以近代人的语言，来表达近代人的思想，所以全部用语体文而不登载文言文。我们主张文学主要的任务，是人生的表现与批评，应当着重从这个方面去使文学美化和深切化，所以我们力持要发扬人的文学，而反对非人的与反人性的文学。我们主张学术思想的解放，打开已往传统的束缚，用科学的方法来整理国故。我们推广这种主张到传统的社会制度方面，而对固有的家族制度和社会习惯加以批评。我们甚至于主张当时最骇人听闻的妇女解放。《新潮》的政治色彩不浓，可是我们坚决主张民主，反封建、反侵略。我们主张我们民族的独立和自决。总而言之，我们深信时至今日，我们应当重定价值标准，在人的本位上，以科学的方法和哲学的态度，来把我们固有的文化，分别地重新估价。在三十年前的中国，这一切的一切，是何等的离经叛道，惊世骇俗。我们主张的轮廓，大致与《新青年》主张的范围，相差无几。其实我们天天与《新青年》主持者相接触，自然彼此间都有思想的交流和相互的影响。不过，从当时的一般人看来，仿佛《新潮》的来势更猛一点，引起青年们的同情更多一点。《新潮》的第一卷第一期，复印到三版，销到一万三千册，以后也常在一万五千册左右，则声势不可谓不浩大。到了民国八年上半年，文学革命运动已经扩大为新文化运动。等到五四运动的巨浪发生，更把他澎湃至全国的每一个角落，这股伟大的思潮，在许多方面很像是十八世纪后期由法国开始，以后弥漫到全欧的“启蒙运动”，（这个运动，英文叫做 Enlightenment，意为启明。而德文称为 Aufklärung，带廓清的意义，似更恰当。）

《新潮》能有这种成就，得力于孟真为最多。当时孟真和我虽然一道从事编辑的工作，可是孟真实为主编，尤其是开始的几期。孟真把握新文化运动的主张很坚定，绝不妥协，而选择文章的标准又很严。他批评的眼光很锐利，而自己又拿得出手。许多投来的稿，我们不问是教员或同学写的，如果还有可取，就老实不客气地加以删改。我虽然同他一道做副改文章刀斧手，然而看见他这样严格的标准，使我对于自己的稿子，也有戒心，不能不先慎重一点，才敢交出来。从这方面来说，我深得孟真的益处。益友之所以对友能益，这就是一个例子。当时我的文章，虽然也有人喜欢看，可是我总觉得不如孟真的厚实，这使我常常警惕在心。（我们后来重看当年我们在《新潮》上的文章，常觉惭愧。至少我对于我所写的，永远不愿再印；可是在那时候廓清和兴奋的力量，据说确是不小。）我们在办《新潮》以前和在办《新潮》的时候，有一件共同的嗜好，就是看外国书。因为第一次大战时外汇非常便宜，所以我们每人每月都能向日本丸善株式会社买几本新书；而丸善又非常内行，知道我们的口味，于是凡是新到了这类的书，常常用“代金引便”（即向邮局付款提书）的办法寄来，弄到我们几个手上零用钱都被他吸光了，有时眼见要看的书到了而无钱去取，只得唉声叹气。我们常是交换书看，因此增加了许多共同的兴趣和见解。当年孟真不免有一点恃才傲物，我也常常夜郎自大，有时彼此间不免因争辩而吵架。有一次吵得三天见面不讲话，可是气稍微下去一点立刻就好了，因为我们有许多共同的理想，共同的认识，以后成为彼此人格间的信任。我们都不免自负，可是我们都能努力做到屈服在道理的前面。

（选自罗家伦《元气淋漓的傅孟真》）

文学思想革命的领导者

今天我很简单地说一说孟真的思想。刚才主席说我在他过世的时候写过纪念的文章；其实我没有写。朱先生讲的，大概是指当时在台大校刊所发表的我致在台北的一位朋友的信而言；在这封信中，我曾说孟真的去世是我们的大损失。为什么二年来没有写文章纪念他呢？实在是因为我与孟真的感情太深，拿起笔来就有无限的伤感，所以纪念的文章总是写不出来。昨天我看他的遗著，找出其中几点，是可以为敬爱孟真的朋友们谈一谈的。

孟真活了五十五岁，他早年的情形我不很知道。我们可以把他从做学生时代到死，分为四个部分来说。第一部分是他青年做学生时代的思想；第二部分是他壮年个人做学术时代的思想；第三部分是他壮年时期在历史语言研究所时代的思想；第四部分是他晚年的思想，也是最危急最动荡的时候的思想。

第一，先说他做学生时代的思想。他的第一篇文章就是我给他校阅的，在《新青年》杂志上刊出来。那时候，他就是最能了解当时新思潮新文化运动的人。我在若干年后才知道他在很早的时候就是胡适之的“保驾人”，在不知不觉中已经替我做了保护的工作。诸位看过顾颉刚先生的《古史辩》第一集，上边一个七万字的长序吗？里边曾说到我当时在北大教哲学史的情形。那时北大中国哲学系的学生都感觉一个新的留学生叫做胡适之的居然大胆的想割断中国的哲学史；因为原来讲哲学史的先生们，讲了两年才讲到商朝，而胡适之一来就把商朝以前的割断，从西周晚年东周说起。这一班学生们都说这是思想造反；这样的人怎么配来讲授呢！那时候，孟真在学校中已经是一个力量。那些学生们就请他去听听我的课，看看是不是应该赶走。他听了几天以后，就告诉同学们说:“这个人书虽然读得不多，但他走的这一条路是对的。你们不能闹。”我这个二十几岁的留学生，在北京大学教书，面对着一般思想成熟的学生，没有引起风波；过了十几年以后才晓得是孟真暗地里做了我的保护人。

那时候他很注意北大一般教授提倡的新思想，他知道这个运动要成为一个很大的力量，就与他的一班同学朋友办了一个《新潮》杂志。他在《新潮》杂志上发表的文章，现在都已收集在《遗著》第一册里边。从那些文章中可以看出他那个时代的思想，是赞成文学改革、白话运动的，是赞成新思想的。我可以引一段他的文字来代表他早年的思想。这篇文章叫做《白话文学与心理的改革》。他认为文学改革应该引起一个思想的改革运动。任何文章都可以用白话来写；几百年来曾有人用白话写过最好的小说、诗、词、曲等。但最重要的是白话文学运动应该是一个新思想运动；如果这个运动中没有新思想，那么这个运动是站不住的。所以他说:“用手段高强的文学，包括着‘人的’思想，促动大家对于人生的自觉心，是我们的使命。”又说:“未来的真正中华民国，还须借着文学革命的力量造成。”这是很大胆的说法。他的结论:“是真正的中华民国必须建设在新思想的上面，而新思想必须放在新文学的里面。”他年轻的时候这样主张，到了晚年还是这样主张。他所说的“真正的中华民国必须用文学革命的力量造成”这个理想，到现在还没有能够完全实现。这一点是我们后死的朋友应该接受而努力的，同时又是后死的朋友们应该常常想念到的。他的早年思想是前进的。他在文学改革新思想运动上是一个领导者，在二十几岁的时候就能指导出一条正确的大路。

第二，他留学国外时期的思想。他初回国时，即任中山大学文学院长，兼授文史功课。在这个时期，以及后来在中央研究院历史语言研究所工作的时候，常将留学时所想过的许多有关古史或古代中国文学史的问题加以探讨。他不赞成用哲学史的名字来讲中国思想，而主张用中国思想史的名字。他的壮年几本最伟大的、继往开来的学术论著，都是在留学时期中就已想到的，他以最强的记忆，能够综合起来，在旧的材料中，用新的思想，新的方法，再配上新的材料，找出新的重要的问题。这个时期我们可以说孟真在中国学术史上占了一个最高的地位。这就是他三十一岁至四十五岁这一时期。

我可以举出这个时期中他的几篇文章作说明。一、《中国古代文学史讲义》：这是一部了不得的著作。我们知道，凡是一个大的思想家，往往撒出许多种子；有些种子掉在石头上被人踏碎了，有些种子撒在肥沃的泥土上，有了生命，就发生了力量。昨天晚上，我看他的书，想到恐怕有许多朋友都还不能十分了解他的重要性。1926 年我到巴黎，他那时在柏林，知道我来到法国，特地从柏林赶来与我同住了许多天。我们白天同在法国国家图书馆读书，晚上在中国馆子吃饭，饭后常常谈到晚上一二点钟，充分互相讨论。那个时候他就已经撒下了许多种子。他说：中国一切文学都是从民间来的，同时每一种文学都经过一种生、老、病、死的状态。从民间起来的时候是“生”，然后像人的一生一样，由壮年而老年而死亡。这个观念，影响我个人很大。说到这个观念，我们常常想起孟真贡献最大的就是他的思想。中国文学无论是小说、词、曲、诗，都是来自民间，慢慢地才跑到上层，影响到士大夫阶级。但到了士大夫手上以后，就慢慢地老了、死了。这个观念，曾经在他的《中国古代文学史》中撒下许多有价值的种子。我相信这些种子将来还可以继续在中国文学史方面发生影响。二、《史学方法导论》：在现在看起来还是有许多有价值的种子在这个导论里边。三、《性命古训辨证》：这是他唯一的一部写成书的著作，其中方法是值得我们继续的。四、《古代中国与民族》：这是他没有完成的一部大书，有的时候也想定名为《民族与古代中国》。这是说明古代民族的来源的。可惜这部伟大的著作没有完成。但他曾经发表了几篇论文，如《姜原》，提供了许多有助于研究的材料；另一篇为《周东封与殷遗民》，说明从周室东征到山西北部，征服了整个东部的情形。这一篇文章我公开承认影响我最大，最能够表现他的意思。再有一篇是《夷夏东西说》，出版在蔡先生六十周年纪念特刊上；搜集的材料丰富，将东西夷夏加以区分；很少人有这样锐利的眼光。

现在回过头来谈谈他的《周东封与殷遗民》这篇文章。我在《中国哲学史》内提到古代服三年之丧这个问题，感觉到很困难。孔子的弟子宰我曾说一年就够了，但孔子却说“夫三年之丧，天下之通丧也”。过了一百年以后，当滕文公继承他父亲为滕侯时，孟子居然说动了滕文公，说丧礼应服三年。但当时滕国的士大夫都不赞成；他们都反对“三年”。他们说，“吾宗国鲁先君莫之行，吾先君亦莫之行也。”这两句话与孔子的话是冲突的。孔子说三年之丧为天下之通丧，而滕国的大夫又说鲁国未曾行过，我滕国也没有行过，究竟是孔子说假呢？还是滕国大夫错了呢？孟真在这一篇文章中说，“孔子之天下，大约即是齐、鲁、宋、卫，不能甚大，可以‘登泰山而小天下’为证。”当时周统治中国，老百姓多为殷之遗民；上层阶级均用周礼，一般老百姓则仍用殷礼。故孔子曾说，“丘也，殷人也”。殷朝虽然已经灭亡，但其后七百年间，上边统治阶级与下边人民的习俗不同。绝大多数的老百姓是殷遗民，而三年之丧是殷民的制度；孔子自称殷人，所以孔子以三年之丧为天下通丧是不错的。而滕国大夫所讲“鲁先君莫之行，吾先君亦莫之行”，也没有错；因为滕是文王的子孙，鲁是周公的子孙，都是殷的统治民族，所以与老百姓不同。能够把这个观念来解释《论语·先进篇》第一章的，二千多年来，孟真还是第一个人。这章的原文是：

> 子曰：“先进于礼乐，野人也；后进于礼乐，君子也。如用之，则吾从先进。”

孟真以为：

> 野人即是农夫，非如后人用之以对“斯文”而言；君子指卿大夫阶级，即统治阶级。先进后进，自是先到后到之义。礼乐是泛指文化，不专就玉帛钟鼓而言。名词既定，试翻译做现在的话如下：
>
> 那些先到了开化的程度的，是乡下人；那些后到了开化程度的，是“上等人”。如问我何所取，则我是站在先开化的乡下人一边的。

> 先开化的乡下人自然是殷遗民，后开化的上等人自然是周的宗姓婚姻了。

现在有许多人提倡读经：我以为对这几句话解释得通才配读经；如果解释不通，不配读经！

孟真有绝顶天才，他替我解决了《中国哲学史》上不能解决的问题。我接受了他的观念，写了一篇五万字的文章，叫做《说儒》，从这个观念来讲古代思想，根本推翻了我过去对于中国古代思想史的见解。所以今天在各位老朋友面前，格外表示我对他无限的哀思。

第三，是要说第三时期，也是他壮年的时期。他以伟大的力量将古代民族、古代历史问题和古代史料，作了一个继往开来的事业。但刚才所说的是他个人学术研究的部分，现在要说的这一部分则为他在历史语言研究所的工作。他是能够实行从前英国大哲学家培根所讲的"集团研究"的，一个人研究学问究竟精力有限；大规模的分工合作，团体研究是比较容易有成就的。培根三百年前的理想，到了一百多年前才由世界上一般先进国家慢慢地做到。孟真回国的时候，正是我国团体研究机关刚开始的时候。我们可以说，孟真在中央研究院的工作，是中国做团体研究最成功的；用不着我来详细介绍。他在民国十七年时替历史语言研究所定出三个目标：一、凡能直接研究材料，便进步；凡间接的研究前人所研究或前人所创造的系统，而不能丰富细密参照所包含的事实，便退步。二、凡能扩张研究的材料，便进步；不能的，便退步。这就是他所说的"上穷碧落下黄泉，动手动脚找东西！"三、凡能扩充他作研究时应用的工具的，便进步；不能的，便退步。他以这三个目标与同仁互相勉励；后来二十年的成绩可以证明他领导的能力。因为他有眼光，有方法，有领导能力，所以才有这样的表现。

第四，是他中年至晚年的思想。他早年思想，是站在文学思想革命的前哨，是一个领导者，是一个力量。以后到晚年，他仍是继续他早年在《新潮》时代的那种地位。这一时期他的重要的思想，我可以提出三点：

一、(略)

二、他讲教育的文章。他对教育方面，曾写了几十万字。他做台大校长的时候，就说过“一个理想的大学，应该办平淡无奇的教育”。他有两句话，第一句是“自己健康起来”。就是生活改善，加强功课，同时给以正当的娱乐。第二句是“品性教育”。就是人品、人格的教育，也就是“对人对物能立其诚”，就是“不扯谎”。这也就是他从青年至晚年根本的认识。

三、他晚年的思想，值得大家注意。我们也可以说，他从《新潮》时代以来三十多年中，只有一句话，就是希望国家近代化。反过来说，就是反中世纪主义；不要以中古时代的思想拿来误国误民，阻碍国家的前途。他说：民族的自信心是必须树立的；但是，与其自信过去，何如自信将来，而一步一步地作我们建国的努力。这就是说，与其寄托自信心于新石器时代，或者“北京人”时代，何如寄自信心于今后的一百年，把一个老大病国变成一个近代化的国家。土耳其的凯末尔是个好例。凯末尔为什么把许多回教国家的国粹毁掉不爱惜它呢？正因为这些国粹是土耳其走向近代化的障碍。我们的国粹运动，如果无节制地发挥起来，只是妨碍我们国家民族的近代化，其流弊是无穷的。所以孟真在《独立评论》中曾有过几篇文章反对读经与中医。他说：建设近代国家，无取乎中世纪主义。

我觉得我们要纪念孟真，很值得把他的文章重新注解、重新考虑，这是我今天匆忙中经过稍许整理而提出的报告，来纪念这个没有法子弥补的好朋友。

(选自胡适《傅孟真先生的思想》)

“孟真是人间一个最稀有的天才”

傅孟真先生的遗著共分三编。上编是他做学生时代的文字，其中绝大部分是他在《新潮》杂志上发表的文字；其中最后一部分是他在欧洲留学时期写给顾颉刚先生讨论古史的通信。中编是他的学术论著，共分七组：从甲到戊，是他在中山大学、北京大学的讲义残稿；己组是他的专著《性命古训辨证》；庚组是他的学术论文集。下编是他最后十几年（民国二十一年到三十九年）发表的时事评论。

孟真曾说：

> 每一书保存的原料越多越好，修理的越整齐越糟。（中编丁，页40。）

这一部遗集的编辑，特别注重原料的保存，从他做学生时期的文字，到他在台湾大学校长任内讨论教育问题的文字，凡此时能搜集到的，都保存在这里。这里最缺乏的是孟真一生同亲属朋友往来的通信。这一部遗著，加上将来必须搜集保存的通信，——他给亲属朋友的，亲属朋友给他的，——就是这个天才最高、最可敬爱的人的全部传记材料了。

孟真是人间一个最稀有的天才。他的记忆力最强，理解力也最强。他能做最细密的绣花针功夫，他又有最大胆的大刀阔斧本领。他是最能做学问的学人，同时他又是最能办事、最有组织才干的天生领袖人物。他的情感是最有热力，往往带有爆炸性的；同时他又是最温柔、最富于理智、最有条理的一个可爱可亲的人。这都是人世最难得合并在一个人身上的才性，而我们的孟真确能一身兼有这些最难兼有的品性与才能。

孟真离开我们已两年了，但我们在这部遗集里还可以深深地感觉到他的才气纵横，感觉到他的心思细密；感觉到他骂人的火气，也感觉到他爱朋友，了解朋友，鼓励朋友的真挚亲切。民国十五年，孟真同我在巴黎相聚了几天。有一天，他大骂丁在君，他说："我若见了丁文江，一定要杀他！"后来我在北京介绍他认识在君，我笑着对他说："这就是你当年要杀的丁文江！"不久他们成了互相爱敬的好朋友。我现在重读孟真的《我所认识的丁文江先生》同《丁文江一个人物的几片光彩》，我回想到那年在君在长沙病危，孟真从北平赶去看护他的情状。我想念这两位最可爱，最有光彩的亡友，真忍不住热泪落在这纸上了。

孟真这部遗集里，最有永久价值的学术论著是在中编的庚组。这二十多篇里，有许多继往开来的大文章。孟真在《历史语言研究所工作之旨趣》（中编庚，页169-182）里，给他一生精力专注的研究机构定下了三条宗旨：

（1）凡能直接研究材料，便进步；凡间接的研究前人所研究或前人所创造的系统，而不能丰富细密的参照所包含的事实，便退步。

（2）凡一种学问能扩张他研究的材料，便进步；不能的，便退步。

（3）凡一种学问能扩充他作研究时应用的工具的，便进步；不能的，便退步。

但他在《史学方法导论》（中编丁，页1-53）里，曾指出：

直接材料每每残缺，每每偏于小事。（若）不靠较为普遍、略具系统的间接材料先作说明，何从了解这一件直接材料？（页5）

若是我们不先对于间接材料有一番细工夫，这些直接材料之意义和位置，是不知道的。不知道，则无从使用。（页5）

我们要能得到前人所得不到的史料，然后可以超越前人。我们要能使用新得材料于遗传材料之上，然后可以超越同见这材料的同时人。（页 6）

孟真的庚组里许多大文章都是真能做到他自己标举出来的理想境界的。试看他的《新获卜辞写本后记跋》（中编庚，页 192-235），他看了董彦堂先生新得的两块卜辞，两片一共只有五个字，他就能推想到两个古史大问题——楚之先世，殷周之关系——都可以从这两片五个残字上得到重要的证实。这种大文章，真是“能使用新的材料于遗传材料之上”；真是能“先对于间接材料有一番细工夫”，然后能确切了解新得的直接材料的“意义和位置”。所以我们承认这一类的文字是继往开来的大文章。

我们重读孟真这些最有光彩的学术论著，更不能不为国家，为学术，怀念痛惜这一位能继往开来的伟大学人！

（选自胡适《〈傅孟真先生遗著〉序》）

处世

“不左道”的人生观念

一

既然“左道”的人生观念，都是离开人生说人生。我们“不左道”的人生观念，当然要不离开人生说人生了。但是不离开人生说人生——就人生的性质和效果，断定人生的真义——却也不是容易的事。想这样办，必须考究以下各条事实：

（1）人在生物学上的性质——就是人在自然界的位置。

（2）人在心理学上的性质——就是人的组织、机能、行为、意志各方面的性质。

（3）人在社会学上的性质——这是人和人、个人和社会，相互的关系。

（4）人类将来的福利和求得的方法。

（5）生活永存的道理（The Immortality of Life）。我这里说生活永存，万万不要误会。我是说“生活的效果（Effects）”永存，“社会的生活”永存，不是说“个人的生活的本身”永存。

照这五条研究详细，不是我这“发端”的文章应有的事。况且我学问很浅，也不配仔细述说这些。所以要做这篇文章的缘故，原不过提出这人生问题，请大家注意。请大家去掉“左道”，照正道想法去解决它；并不敢说我已经把它圆满解决了。但是人人都有自己的哲学，上至大总统，下至叫花子，都有他的人生哲学。我对于人生，不能没有一番见解。这见解现在却切切实实相信得过，也把它写了出来，请大家想想罢。

人生观念应当是：

为公众的福利自由发展个人（我现在做文，常觉着中国语宣达意思，有时不很亲切。在这里也觉这样。我把对待的英文，写出来吧。“The free development of the individuals for the Common Welfare”）。

二

我这条人生的观念，看来好像很粗，考究起来实在是就人生论人生，有许多层话可说。怎样叫做自由发展个人？就是充量发挥己身潜蓄的能力，却不遵照固定的线路。怎样叫做公众的福利？就是大家皆有的一份，而且是公共求得的福利。为什么要为公众的福利？就是因为个人的思想行动，没有一件不受社会的影响，并且社会是永远不消灭的。怎样能实行了这个人生观念？就是努力。这话不过略说一两面。我这人生观念，绝不是两三行文章，可以讲圆满了的。但是多说了看的人要讨厌了，姑且抛开理论，把伪《列子·汤问》篇里一段寓言，取来形容这道理吧。

> 太行、王屋二山，方七百里，高万仞，本在冀州之南，河阳之北。
>
> 北山愚公者，年且九十，面山而居。惩山北之塞，出入之迂也。聚室而谋曰：“吾与汝毕力平险。指通豫南，达于汉阴，可乎？”杂然相许。
>
> 其妻献疑曰：“以君之力，曾不能损魁阜之丘，如太行、王屋何？且焉置土石？”
>
> 杂曰：“投诸渤海之尾，隐土之北。”
>
> 遂率子孙，荷担者三夫，叩石垦壤，箕畚运于渤海之尾。邻人京城氏之孀妻有遗男，始龀，跳往助之。寒暑易节，始一反焉。
>
> 河曲智叟笑而止之曰：“甚矣，汝之不惠！以残年余力，曾不能毁山之一毛，其如土石何？”
>
> 北山愚公长息曰：“汝心之固，固不可彻，曾不若孀妻弱子。虽我之

死，其子存焉。子又生孙，孙又生子；子又有子，子又有孙；子子孙孙，无穷匮也。而山不加增，何苦而不为乎？”河曲智叟亡以应。

操蛇之神闻之，惧其不已也，告之于帝。帝感其诚，命夸娥氏二子负二山，一厝朔东，一厝雍南。自此冀之南，汉之阴，无陇断焉。

这段小说把努力为公两层意思，形容得极明白了。“子子孙孙，无穷匮也。而山不加增，何苦而不为乎？”一句话，尤其好。我们可以从这里透彻地悟到，人类的文化和福利，是一层一层堆积来的，群众是不灭。不灭的群众力量，可以战胜一切自然界的。末一节话虽荒唐，意思乃是说明努力的报酬。但能群众永远努力做去，没有不“事竟成”的。我们想象人生，总应当遵从愚公的精神。我的人生观念就是“愚公移山论”。简捷说罢，人类的进化，恰合了愚公的办法。人类所以能据有现在的文化和福利，都因为从古以来的人类，不知不觉地慢慢移山上的石头土块：人类不灭，因而渐渐平下去了。然而愚公的移山论，竟是合于人生的真义，断断乎无可疑了。

这篇文章，并没说到仔细。仔细的地方，我还要研究去，奉劝大家都研究去，研究有得再谈罢。

（选自傅斯年《人生问题发端》）

美感，使生活所以为生活

我平生不曾于美感上加以有条理的研究，没有读过讲论美感的书，又很少把自身的经验加以深思的剖解。虽时常有些感动心脾的境界——如听到好听的音乐，便觉得这身子像散作气体样的；步行山中，虽头昏眼花，总不知道倦意，等等。凡人皆有的感情——总难得把这境界用意思显出来，这意思又很难用语言表达。在有文学技能的人还能不逻辑地表达于诗文之内，有同感的人，自然界也能不逻辑地心领神会，偏我又不能。若作逻辑的文章表达这些思想，更是难事。所以我平常所得的这类经历，只好放在心里久久忘去就是了。

在 Tydeus 船上写一封信给北京的朋友们，偶有两句说到自然的美，发了小小的议论，引起我的好朋友俞君平伯和我的一大块泛滥不知所归的辩论。当时辩论，愤于言色；过后想想，可发一笑。终究不如把我对于这类的感想写下，一时想到的而又可以用话表达的个大概来，免为在肚里闷着腐败。虽说“今年所作明年必悔”，但应悔的见解正多，添一个不加多。我就在篇端声明，这篇见解只是一个不学的人的直觉的感想，而且是在船上神魂闷倦时写的。

任凭何人，都很容易感觉疲劳。任凭何时，都很容易受些苦痛。从皮面看，疲劳、苦痛好像人生的最不幸事，但实际上疲劳、苦痛并不能把人生糟蹋得怎样了；有时疲劳、苦痛越多，人生前进得越猛。所以然者，第一靠疲劳、疾苦有些报酬物，得到报酬物，登时把疲劳、苦痛丢得远远的；第二靠着有个建造新鲜精神的原力，这原力建造出新鲜精神，就把那被疲劳、苦痛所糟蹋的补足填满。所以人生如波，一伏一起，一消一长。消长之间，见出趣味；趣味之内，证了人生。但这些报酬物和原力是什么？现在颇难条条举出。随便举两个例：Mill 在他所做的 On liberty 的前面写下百多字的个 Delication 上边说："她的（他夫人的，在做这本书时已死）契合赞诺是我著述的苦痛的唯一报酬物。"又说："我若能把她当年契合的意思的一半传布世人，这本书就真是了不得的了。"（原文记不精确，姑举其意）从他这一往情深的话头，可以显出他的精神安顿的所在，他的精神就安顿在他的夫人的智慧情感上。他的夫人的智慧情感，就是他为著作直接所得的疲劳间接所得的苦痛的唯一报酬物，并且是他的新鲜精神的建造者。这也不限于 Mill，世人这般的正多。所以古人常常地想，有了可以通情契意的夫人，就可以捐弃一生的世间牵连，而去归隐。再举一例：一个人辛苦极了，听到舒畅的音乐，偏能把辛劳疾苦舒畅得干干净净；若又听到鼓荡的音乐，又要把这心境鼓励到天空去。当这时节，如是富于感情的人，他这心里当说不出怎么好了。能明白这音乐的人，自然有许多境界，就是不明白音乐的人，也不免把心绪随着这音乐声宽窄高下疾徐。感动得浅了，还不过是些心动手动脚动的情感；感动得深了，竟能至于肉体感觉发生变动，觉得脚不着地，头发不着皮，这身子仿佛要去化作气体。从此疲劳补满，更出产些新精神。这类的事倒正多，一切自然界的宏美，艺术界的真丽，都可随时随地引人生一种"我与物化"的情感，不必一一举例了。

所以多趣味的人就是能多收容精神界滋养品的人，能多劳苦而不倦怠的人，能有归宿地的人。少趣味的人，纵然身躯极强固，意志极坚定，但时不免有两种危险来袭击。疲劳极了，苦痛多了，而无精神的安慰与酬报，不免生趣渐渐枯槁起来，久了，意志动机都成死灰。或者疲劳极了，苦痛多了，而无精神上的安慰与酬报，不免对于精神生活生一种捐弃的决心，转而单图物质的受用，于是乎大大溃决了。不知道这种生活的趣味，哪知道这种生活的可爱？不知道这种生活的可爱，哪能把这种生活保住得牢？

所以凭我一时揣想，有趣味的生活是能发展的生活，能安慰的生活，这是从积极方面说起；又是能保险的生活，这是从消极方面说起。

人各有所好，常常为他所好的缘故，把他的事业、名誉、生命、信仰都牺牲了。但这罪过不在乎他有所好，而在乎他所好的错了。无好的人，每每是最无用的人或者竟是死人。所以无论为自己，为公众，为快乐，为道理，都应该择选一个最适当的所好，而“投其所好”。

但好得不是路了，每每扰乱了别人，殉了自己。“以此教人，固不爱人；以此喻己，亦不爱己。”独有美感的爱好，对得起自己，同时一样地对得起别人。这因为爱好美感和爱好别的物事有些根本的不同。

一来爱好美感的心理是匀净的，不像爱好别的起些千丈高波，生些万难事故。纵然有时爱好它深了，以至于一往情深，恋念郁结，神魂飞动，满身的细胞起了变化，错误了世间一切真真实实的事，毕竟不遇心神上的盘旋，他自己生出了无数趣味，却不曾侵夺了别人的无数趣味。

二来爱好美感，是自己的利害和别人的利害一致的。不比好别的物事，每每这里得了，那里就失。

三来爱好别的，每每重在最后的获得。获得之前，先捐上无数苦恼，一旦得了，或终究不得，不免回想，以前“为谁辛苦为谁甘”，于是乎最后落到一个空观去。独有美感的爱好，要零零碎碎地取偿，它的目的平分散到时时刻刻——就是并没有最后的总目的——自然时时取偿，刻刻刈获，接连不断地发新精神。先上来不必积上些苦恼，末了也不至于反动，出一个空观，所以最慰贴。

四来爱好别的，越爱私心越发达，爱好美感竟能至于忘了“自我”，而得我与物的公平。

五来爱好别的，每每利害的分辨甚强，每每以智慧判断最后的究竟。我说句大胆话，我近来颇疑心智慧的效用。我觉得智慧颇少创造力，或者竟能使人种种动念，卷成灰烬，那些想到“可怕的内空”（Awful Inner Emptiness）的人，何尝不是智慧领着他寻得一个“大没结果”呢？至于爱美感，先去了利害的观念，安所容其得失之心？所以美感有创造的力量……六来……七来……正多着呢，我也说不清了。

总而言之，人若把他的生活放在一个美感的世界里面，可以使得生活的各面兴趣多多实现。更活泼、更有生趣、更能安慰、更能觉得生活与自然是一个人，不是两件事。人的生趣全在乎小己和身外一切的亲切；人的无趣——就是苦恼——全在乎小己和身外一切的不亲切。所以趣味发作起来，世界可以成一个大家。

趣味干枯起来，一个人在精神上“索居而离群”，丧失了一切生活的乐境。总而言之，美感是趣味的渊源；趣味是使生活所以为生活者。

人生与趣味本有拆不开的关系：后一种是本体，前一种不过被附着的躯壳。一旦本体失丧，只剩了躯壳，人对于这躯壳是并不爱惜的。这话怎样讲呢？我们仔细想，我们实在有比人生还爱的东西，不然，何以拿着人生当孤注、拼命冒险寻它呢？更有比掉了人生——就是死——还不爱的东西，不然何以有时不惜掉了人生，或者避了人生的意义——就是离群索居呢？人为什么才活着？这本是一个最难回答的问题。但从常识上证起，也可以简单地根本解答，就是人为取得生趣而活着。什么是取得生趣？就是求获精神上的满足——或者可说安慰。一旦精神上不得满足，不能安慰，并没有生趣了，顿时觉得人生一无价值。从古来有些很沉痛的说话，可以证明这道理。《诗经》上，“有生如此，不如无生”！小青也学古人说：“未知生乐，焉知死悲？”有些思想家大大赞美人生，但他们所赞美的，依然是被生活凭托的东西——生趣——并非是凭托生趣的东西——生命。又有些思想家大大毁谤人生，以为人应该看破这假面的人生，丢了它，避了它，或者安安稳稳地送它终，然后得到解脱，但他们所得的依然是被生活所凭托的东西——生趣——并非是凭托生趣的东西——生命。他们以为生趣是无趣，是苦痛。他们以为人生和苦痛不可分离，所以诅咒苦痛的结果，忽然变成诅咒人生。他们本无所憾于人生，只恨人生所恐的苦痛，人生只不过是代人受过。从此解来，可知人的最上目的，并不是人命的取得，而是生趣的取得。只为生趣不能脱离生命而自存，所以就误以作凭托物的生命为最后的究竟。通常习而不察，觉得人在世间的一切行为、思想、感情、设施等等，皆为达生命的目的而作，实是误以形体为含性而忘了含性了。一旦当生命生趣冲突时，略能见出人所求人所爱者，不在形体，而在含性，所以当有人为取得精神上之安慰，而牺牲了生命。

一般的见解，以为人生是无上的东西。这话的是否，全靠解释人生这一个名词。如果把人生讲作生命而止，很觉得有些不可通，如果把它作人生的含义便觉稳当得许多。

我现在简单地陈列于下边：

> 人并不是为活着而活着，只为达到他的生趣而活着。所以生活并不是人类最普遍最原始的目的，不过是达到他这最普遍最原始的目的一种手段，偏偏这一种手段是最大的一种手段，所以就误以手段为目的。

但更深一层想来，手段目的的分别简直有些根本上难成立。如以生命为目的，我们固可以称人生一切物事为手段，因为这些不过是——看来像是——达到这生命一个目的的。但若照上文说的，人生的目的在生趣。那么，“目的”两字用得也就很牵强了。生趣就文义说来，只是一个抽象名词，就实际说，是时时处处散见在一人生活中的一切事体。既是零零碎碎的一切事体，那么人生的意义精神和祈祷，正是零零碎碎的、日用寻常的所包含的一种解说。所以人生的目的就是人生的手段，倒转来说，人生的手段，就是人生的目的。那一切零零碎碎的事物所含包的一切意趣，就是人生的目的，同时也是人生的手段。分碎了就是手段，打总了说是目的。客观着说只是一件东西，不过解释上分两面罢了。

那么，通常所称为人生的一切手段都有它自己的目的，也就是人生的目的。譬如学问，通常说是一个手段，达到较上生活那一个目的的，但较上生活并不是一件独立的东西，就住在学问里，所以我们竟可说，“我们为学问的缘故而学问”。人生有无数的分体散住在处处。每一个有趣味的物事里边住着一个人生之“分体”，所以每个有趣味——对人性发生趣味——的物事，有个至上的目的。所以我们为学问的缘故而学问，为行为的缘故而行为，为情感的缘故而感动……所以我们要重视我们平生所接触的有趣味的物事，不宜以这些物事是助兴趣而无关宏旨的。

人是群性的动物，所以自性质上说，人断不愿索居而离群，非特不愿，而且不能。但何以从古以来很有些“避世避地”的人呢？这是因为人有一种“自事自”的为我根性，觉得群中之乐，敌不过世间之苦，想逃世间之苦，不得不弃捐了群中之乐。但群中之乐终是不愿，而且不能弃捐的，所以结果一定是弃而不弃。一面矫揉造作地“避世避地”，一面又把世间地上的药，用空中楼阁的眼光，取掩耳盗铃的方法，矫揉造作地从世间地上的苦中抽出，加在自然物身上。所以“与木石居，与鹿豕游”的人，总是把群性加在木石鹿豕身上，觉得这些东西都含着些天机人性，有群趣，有爱情，可以和他们沟通心意，简直是自己的朋友。所以人并不能完全地离群，最多不过离开这个群，自己给自己另造一个群，丢了不愿意接触的，而把愿意接触的部分，以意为之的搬到一个新地域去就是了。这新地域总是自然界，所以可往这自然界里搬的缘故，总因为这自然界里含着一种美性，从此可知美性与群性的关合。

问这索居离群一个办法究竟对不对？却不容易简单回答。从社会的道理论起，就现代的眼光看来，简直是大愚，而且是罪恶。我平日常想，中国人只有一个真不道德，就是卑鄙龌龊；和一个假道德，就是清高。清高是胆怯、懒惰两种心理造成的，若论它造出的结果，简直可以到了“洪水横流”。但平情想来，这也是专制时代必生的反响，专制不容社会的存在，所以在“没有社会的时代”自然要生没有社会的思想。但难说可恕，却也很不可学。这话说来极长，和本题没有关系，不便多说。若就别一方面论起，他们也有他们的道理。他们能知道人生与自然是可以相遇的，而且实行使他们相遇起来。所差者“一往不返”，做得太过度了。

（选自傅斯年《美感与人生》）

“大学之业”与“社会之业”

中山大学民国十七年届毕业的同学，嘱我在同学录上写几句序文，我因而想到毕业两个字的意思上。如要评论离开大学的一关，应不应唤做毕业，理当先去想想大学的业，究竟是哪一种业？设若大学的业，只是为消耗三四年的光阴，以便弄得一张证书，就作此为进身社会的阶级，如古来所谓“敲门砖”，那么，不曾毕业的，应该想毕业唯恐不早，一经毕业，可就“谢天谢地，居然完了”。设若大学的业，比这稍高些，是读书之业，则子路先已发过那个“何必读书然后为学”的快论，是很有深理的。读书也只是一种路径，一种手段，一种资助，并不是一种目的，因为书是供我们研究的材料，或者是别人研究的结果，也是我们作研究的工具。我们为扩张知识，因而扩张能力，然后借读书为法子，并不是为读书而读书。不记得服尔德那段笑话吗？当甘底在美洲返国的时候，登报寻一个世上最不幸的人，送他川资，一同回欧洲，应者好几百人，他却选了一位在荷兰图书馆埋头三十年的老者，说这就是最不幸的人。所以大学的业，果然仅是读书的话，我们于“毕”它时，也不用有很多留恋。但是，倘若大学的业，不仅仅是这样，这话可就应该另说了。近代一切在水平线以上的国家，没有不设大学的，没有不以大学为它的社会生命上一个重要机关的。这虽然有甚多的副因，重大的主因却有三样：（一）在近代复杂的社会中，成一个甚有用的人，须有甚妥当的知识，这不是多数人能专在社会中自己找出来的，未通社会之前，应该有个系统的灌输。（二）在近代复杂的社会中成一个工作有效的人，须有性品上的培养，然后做事、做人上站得住，做得出，守得固，这也不是一下子通了社会便习成的，须先经过一个健康的、自由的环境。（三）在近代复杂的社会中，成一个能和其他人分工而合作的人，须有专门的技能，然后可以成事，这不是没有坚固的预备，便能下手的。大学正为训练这种技能而设。就这三项说，则“大学之业”实在是“社会之业”的准备，“开宗明义第一章”。毕业，毋宁说始业的妥当罢！那么，辞大学入社会的时候，与其说一人之经验有限，人类之经验无量；一国之所能有限，列国之所有无量，集合各时的、各地的经验，所得之精华于大学的给我们“打一个底子”。

（选自傅斯年《中山大学民国十七年届毕业同学录序》）

中学军训感言

这几年中教育界的最大两件事：一、会考；二、集中军训。都是最有意义的设施，其效用虽都不是目前可以大体实现的，然确是可以大体揣想得的。这两件事都有很不少反对的人，但这两件事后来若是逐渐办得好上去，反对的人是不能再有根据的。这两件事也都很容易发生毛病。但容易发生毛病是一切大事件的先天症候，有为的民族是不怕这个的。没有会考，教育当局便没有方法综核名实、齐一全国的教育。恶学校与恶教员之淘汰，第一步正靠这事。没有实事求是的集中军训，中国学生难充分了解青年对于国家的义务，借以增长其爱国心。而且中国学生的第一大毛病，无纪律，难组织，也正靠办好的集中训练去纠正。

现在各地正在中学生集中军训的时候，我且贸然把我的感想写下来，供留心教育者参考。

就国家的地位论，中国恐怕要在世界上数倒第一了，土耳其固远远在天上，即如“半黑人的非洲野蛮国”阿比西尼亚，还敢对意大利不屈服，而我们此日何如？革命以来二十四年中，我们未尝没有自立自强的机会，先有欧战，后有华盛顿会议之保障，这都是头等的好机会，然而竟一至如此！说是中国人根本不行吗？就我在西洋住和与西洋人之往来观察之，毫不觉得我们中国人在智能上有“劣等民族”的嫌疑。中国人中聪明人实在不少，凡在国内好好用功的学生，到外国赶不上功课是很少的例外。就上层的才智之士论，中国人到现在也还很有发明创作之天才，即就下层阶级论，我敢说北平的洋车夫远比英岛的矿工智慧大。只是我国有一件大缺陷，我们只是一个一个的单体，而强盛的国家都是大多数国民成一个合体，散沙中虽多黄金沙，总敌不上胶泥能成器物呀。中国人的散沙性，难道说是先天病吗？我们知道，遗传中没有这个分别，这个分别都由于社会环境，早年习惯，教育趋势。我们很可以用教育力量来纠正这个习惯。

中国人缺乏组织性之一件事实，可就两面看。第一，组织是靠有一个大家共认的中央思想作重心，没有这个中央思想，便如铁屑不着磁石一样，是集合不起来的。现代的争雄国家，除苏俄外，其中人民尽管号称信天主教、耶稣教、佛教、回教，其实大多数是真不信任何教的。他们真正信仰，他们心神之真正寄托所，只是他们的国家。所以欧美人之在平日，居养舒服，远非中国受教育阶级者所能及；而一日打起仗来，全不管了，又非中国劳力以外者所能受。中国人至今多数还未曾感觉到国家之存亡与荣辱如何影响到他个人之存亡与荣辱，无此见识即无此情感，无此情感即无此行为。维新以来的教育，何尝不是终年谈爱国，这样的空谈，虽然引起不少的志士、革命的青年，清朝就灭亡在这一点上，然而多数人依然旧样。到了今天，我们还不免惊着去认识，我们的第一患害；不在强敌，而在各种各类的汉奸之多，尤其在大多数人对国家之漠不相关。现在的中国学生，就全国的人口论去，已是社会中的优越阶级，后来总是组成社会的中坚。他们空听爱国的议论，是少用的，他们必须受爱国的训练。他们应该知道国家需要执干戈以作捍卫，到现在更应该知道他们的生死荣辱是和国家的隆污存亡分不开的。此人此日此事，意思十分充满。借此训练加重爱国的认识，锻炼爱国的情感，是理当的。诚然，西洋有些词章之士，形容一个人入伍出来成个和平主义者，或应云战败主义者（Defeatist），但这究竟是极少数，只应该出现于黩武的国家，大多数人是以入伍生活增加爱国兴奋的。

第二，组织既靠中央思想，又靠训练，训练坚实者易于组织，缺训练者不能组织，这都是二加二等于四，不用解释的话。入伍集中的生活是化以纪律之最好场所，即是增加其便于组织性之最好机会，这道理也是不待解释的。

然则平日的军训，及集中的军训，都不便仅仅看作当兵的训练。中国本是不缺兵的，实在应该把他看作一种人格锻炼，靠此工程造就近代国家的负责国民。惟其如此，这军训一事是应该慎重将事，而不当随便从事。在平日之选教官，必须选择有志气的，有志气的才能振青年的志气；必须选择有知识的，有知识的才能作青年学生的师表；必须选择近代化的，近代化的乃能教人以担负国民的责任。必如此慎选，方能收到以军训陶冶人格之效。在集中的训练中，应该充分减少其无谓的苦恼，预先防备其无谓的牺牲，振作受训者的精神，使得他们自己心中是“发扬蹈厉”的，有意义、有作用地施以纪律，使得他们知道纪律即是组织，纪律即是力量。待他们出伍之后，精神上自觉是一个应负责的国民，行动上自认是一个守纪律的青年，这才算把这番劳苦的代价得到了。

我不知道这次集中训练的情形如何，我在此地，只是就此事之性质凭空设想。一件大事，当然免不了他的小缺略，初办一件事，当然免不了他的试办性。以后当然要根据这次的经验，使这事尽完尽善。惟其是大事，所以很容易办得不十分完满，惟其是锻炼国民的事，所以我们不能不希望他能办到十分完满。

试看西洋人，他们是不分文武的。退伍官兵皆可就人民的职业，而一般人民在战时皆可召之入伍。惟其如此，这样国家，有一个国民便有一个国民的实力，国民有实力，国内也出不来军阀了。再看我们的汉代，那时候的文官每每一上马便能杀贼，一使蛮夷便能拓土。等到后来，文武分化，军民异级，从此不竞。历代的制法者，颇能看到这个毛病，与北虏比起来这毛病之大尤其显明。唐之设府兵，明之置卫所，都是想在国家内造成一种军民不分的部众。现在的这个需要尤其大了。

（选自傅斯年《中学军训感言》）

誉满天下的通才学者

傅先生是通才。他和陈寅恪先生一样，出国读书不是为了拿学位，他去过欧洲好几个国家，进过几个大学，读了七八年，没有一个学位。他不是出国留学，而是“游学”，哪里有著名学者，就到哪里去听课。傅先生之所以到英国去听实验心理学、人类学，是因为伦敦大学以这两门学科而闻名于世界，傅先生写给适之先生的信里提到过这个问题。

傅先生聪明，有才华，有能力，可以说是绝顶聪明而又才华横溢。傅先生原来是胡先生的学生，后来成了好朋友，胡先生的事傅先生都能替他做主。抗战期间我在复旦大学时，就常常听人讲，傅先生说“谁都没有资格骂胡适之，只有我可以骂，只有我才有资格骂”，记得傅先生代理北大校长时曾对我说：胡先生是“性善”主义者，有时不能听他的，如果事事都按他说的办，非把学校办糟不可！胡先生也承认，傅先生旧学根底比他好，才气比他高，办事能力比他强。记得从前还流传过这样一个有趣的故事：说俞大维这个人很聪明，本来也搞文史，也颇有成就，自和傅先生结交后，便忽然弃文学理，是什么原因呢？他说：“搞文史的人当中出了个傅胖子，我们便永远没有出头之日了！”

有人说胡先生“誉满天下，谤满天下”，傅先生也是如此。不了解他的人，往往产生一些误会。有人曾说：中央研究院各所所长都是大学问家，傅斯年有什么学问？他怎么当上了历史语言研究所所长？凡是真正了解傅先生的人都知道，他的学问渊博得很，成就是多方面的，影响是深远的；他对中国的历史学、考古学、语言学所作的贡献是很大的。傅先生做事，做学问，气魄大得很，眼光也远得很。可以说，中国没有个傅孟真，就没有二三十年代的安阳殷墟发掘；没有当初的殷墟发掘，今天的考古学就完全是另一个样子了。要知道，当初搞殷墟发掘是不容易的，一方面是田野考古的人才缺乏，另一方面是河南人不让挖，挖出的东西不让外运。傅先生很有办法，他在考古组中大量起用河南人，像董作宾、郭宝钧、尹达、石璋如，还有一些都是河南人，这就缓和了考古组和地方势力间的矛盾。河南士绅不让把挖出的甲骨、器物运走，傅先生便多方设法，和南京政府交涉，和交通部交涉。有时天黑了再装汽车，当晚就运出河南境。在语言学研究方面，傅先生贡献也很大，史语所聘请的语言学家赵元任、李方桂，不仅在国内是著名学者，而且在国际上名气也很大，能把他们聘了来，也是不容易的。傅先生在历史学方面的成就大家都知道，用不着多说。不过，有些人总以为傅先生本身的著作还不够多，除《性命古训辨证》外，都是些零碎的文章。但是，我们不能用著作多少来衡量一个人在学术上的贡献。即如傅先生关于中国古代史的文章，几乎每一篇都有其特殊的贡献，都具有开创性的意见和里程碑性的意义。

（选自邓广铭《回忆我的老师傅斯年先生》）

关心后学、悉心指导

我在川大毕业后，适逢北京大学文科研究所在重庆招生，我拿《风俗通义校注》去报考。不久，接到由昆明靛花巷发来的通知，要我去重庆中英庚款管理委员会参加考试，我家住在江津县永丰场塘湾，由县城递送到乡间的邮件，每周才一次，当我接到通知时，考期已过了。我想还是去试试看，于是我去重庆上清寺找到了中英庚款管理委员会，负责人傅孟博先生告诉我："等了几天，不见你来，前两天已经把试卷交到中央研究院去了。你去中央研究院总办事处傅斯年先生那里问问看。"我说："很好！"心里想，我和傅先生还是有一段因缘呢，先是，我还在四川大学念书时，川大还在皇城坝，有一天，我们知道傅先生来成都，于是我和中文系另外一个江津同学茉灿瑶商量，在《四川日报》上办个中国文学研究副刊，请傅先生提刊头。于是我们就去成都饭店谒见傅先生，说明了来意，傅先生表示热烈支持，并问我们："刊名是什么？"我们说："打算叫做《学文》，请先生斟酌。"傅先生说："好嘛，希望您们学有所得。"于是就挥笔写了"学文"二字，并署了名，后来这个副刊，因为川大搬去峨眉，就停办了。我想起此事，今天又要去见傅先生，心里热乎乎的，认为傅先生是关心后学的。于是我到聚兴村中央研究院总办事处找到了傅斯年先生，傅先生说："你来了很好。试卷还在我这里，你就在我的办公桌上答卷吧。"傅先生把试卷交给我，打开一看，第一场考试英文，试题是从英文杂志上摘录的有关经济问题的文章，首先翻译成中文，然后，就其中摘取一句作为题目，写成英语作文。我刚坐下来要写答题，警报就拉响了，傅先生连忙来说："走，进防空洞躲警报！”不一会，警报解除了，我出来又趴在桌子上做答题。那时，正碰上敌机疲劳轰炸重庆，整日价倏来倏去，闹得重庆市民寝食不安。那天，我就上下试场七次，翻译才写了几行，已经中午12点钟了。傅先生来叫我去吃饭，桌上已经有两人，一位是前任川大校长任鸿隽先生，一位好像是在报上见到过照片，傅先生跟我介绍：“这位是朱家骅院长。”我说：“久仰，久仰。”“这位是任叔永先生。”我说：“我的校长，我认得。”任先生听说我考北大研究所，很高兴，勉励有加。于是我们四个人各据一方，就吃起来了。席上，傅先生对我说：“你明天回江津去吧，敌机滥炸重庆，很危险。不要考了，我告诉你，你早就取了。还准备给中英庚款奖学金。你去昆明，还是去李庄？由你选择。昆明有老师；李庄，中央研究院历史语言研究所在那里，有书。”我想：去昆明交通不方便，李庄离家还近，于是我说：“去李庄。”傅先生说：“好，你回去等通知吧。”第二天，我就回江津永丰场塘湾家里去了。不久，接到通知，告知每月奖学金为一百三十多元。这个数目，在当时，相当于大学讲师的薪水，而一般研究生每月奖金为六十余元，相当于大学助教的薪水。待遇是相当优厚的。于是我就前往李庄了。李庄，古六同地也。历史语言研究所在离李庄十来里地的板栗坳，北京大学文科研究所在那里设有办事处，由邓广铭先生负责。其时，文科研究所的同学王明、任继愈、马学良、刘念和、逯钦立、胡庆钧、王叔岷、李孝定诸人已在那里。史语所则有：向达、丁声树、岑仲勉、张政烺、王崇武以及董作宾、李方桂、陈槃、劳干、石璋如、董同和、高去寻、凌纯声、芮逸夫、全汉昇、杨时逢以及寄寓的王献唐、屈万里诸先生在那里，朝夕相处，左右采获，获益良多。我的导师则由傅先生担任，后来听说，西南联大某教授自荐担任我的导师，傅先生严词拒绝了。在傅先生指导下，我于是选定《吕氏春秋》为研究题目，采用注疏体来写论文，并取高诱序意，定名为《吕氏春秋比义》。我拿半天来写论文，半天来读书，主要是读我尚未读过的书。史语所藏书丰富，因得纵观群碧楼藏书，并通读了《大藏》和《道藏》。所里定期举行学术报告会，傅先生指定我作一次报告，我遵命作了《“家”“人”对文》的报告，颇获得傅先生和其他先生的赞许。先是，当我还搬迁到峨眉山的四川大学上学时，成都为疏散避敌机轰炸，拆除城墙，发现了古文石碑残石，正反两面各有文字二十余，四川博物馆把拓片寄给我，让我审定；我认为是晁公武刻《古文尚书·多方》残石，写了一篇跋文，我以之向傅先生请益，并说明《郡斋读书志》是晁子止在荣州任上写的，所据之书，当有不少蜀刻本，想仿王国维《两浙古刊本考》撰写《蜀本考》，并指出《两浙古刊本考》一些错误，如把高闶《高氏春秋集解》误认为是高诱《吕氏春秋集解》之类。傅先生听了很高兴，希望我把《蜀本考》写出来，并为《晁公石经》拓片写了题识（这个拓片和所附题识，后来交与王重民先生赠送给北京图书馆了）。由于我所见宋蜀本书不多，至今尚未敢着笔，实有负师门厚望也。在板栗坳时，我和任继愈、马学良、李孝定同住一屋，是书斋和寝室合为一体的，傅先生时常下来检查我们的工作，逐事加以具体指导，我因深入研讨高诱《吕氏春秋》注，除了纵览《淮南子》高注外，还旁及汉人著作，如陆贾《新语》。桓宽《盐铁论》，亦所究心。……

1941 年，农历九月二十三日，忽然从峨眉传来噩耗，四川大学中文系主任教授、向师宗鲁先生病逝，四川大学和在巴县龙凤场小湾的向师母牟鸿仪先生同时发来电报，要我去峨眉山亲扶向师旅榇归葬龙凤场归山。我立刻去向傅先生请假。他听闻之下，深为哀悼，为言：“本想把向先生请出来，不意遽尔长逝，这是极大的损失。”并对我身负此重任，表示欣佩。我于安葬向先生之后，征得牟鸿仪先生同意，带回向先生遗著《校雠学讲义》（用骈体文写的）和《蔡氏月令章句疏证叙录》两部稿子，面呈傅先生，傅先生看过后，吩咐我为《蔡氏月令章句疏证叙录》写篇跋文，我遵命写成了，傅先生立即交与王云五先生，由重庆商务印书馆出版。虽残篇剩简（二书俱未完成），亦颇引起世人注目，如前者，福建黄君坦先生编纂《近代骈文选》；后者，英国李约瑟先生撰写《中国科技史》，都分别加以采用了。那时候，一般研究生学习期限为两年，我因论文较大，展期为三年，写成后约有三百万字。四川大学文科研究所所长向楚先生得知我学业完成，来函约我回校协助办理文科研究所，我向傅先生陈述了此意，他亦赞同，并说：“你知道，我是以拔尖著名的，以后还是要把你请回的。”我回川大后，工资定为 330 元，生活是比较优裕的。那时，平津名教授云集成都，我在川大文科研究所就先后聘请了好几位来所设讲座，其中就有陈寅恪和李方桂两位先生。除研究生外，川大中文系、历史系和华西大学、燕京大学、齐鲁大学的先生亦来听课。我还和刘念和同学在刘宅设私宴分别款待陈、李二先生，在当时成都米珠薪桂，物价天天在涨的形势之下，学术活动如此频繁，是比较难得的。前几年，李方桂先生全家从美国来成都旅游，我们在锦江宾馆见面了，回忆往事，不禁有巴山夜雨之感。1945 年，日寇投降，北大复员，傅先生为代理校长，遂召我回北大中文系任教，除担任四年级的必修课校勘学外，还担任中文系的一门选修课（我开设过《史记》《汉书》《庄子》和《文心雕龙》，和一班大一国文，我担任过政治系和医学系的大一国文）。那年中秋之夜，傅师母俞大綵先生把我邀请到傅先生家吃葡萄、月饼，赏月。尔时，我只身来北大，人在燕北，家在川东，逢此佳节，未免有月圆人未圆之感，真是别有一番滋味在心头也。俞大綵先生谈及往年在板栗坳，每逢我帮厨，就推豆花佐餐，他都来下厨，参观全部操作过程，言之犹津津有味也。

（选自王利器《六同求学前后——回忆导师傅孟真先生》）

无私举荐后学

抗战时期，我在后方教书，经常和傅、顾两先生通信。当我初在兰州甘肃学院教书时，傅先生怕我的处境不佳，当杭立武自重庆去兰州时，他给杭立武信中说：“我有一个学生杨向奎在兰州，他在北大时，书读得不错，可能在兰州尚无工作，请为安排。”杭在兰州寻找我，知道我在甘院教书，也就罢了。对于傅先生的关心，我至今未忘。我到甘院文史系教书，最初由顾颉刚先生介绍去当讲师，不久，又因为傅先生这一封信，暑假后即改为教授，当时不过二十多岁，是年轻的教授了。以后在三台东北大学教书时，我写了一本《西汉经学与政治》，是针对顾颉刚先生的著作而有不同意见的书。出版后寄给历史语言所傅先生及董作宾先生各一本，得到他们的好评，董先生给我有信，傅先生的评价是后来王振铎教授相告，他说孟真先生对你的评价很高。这一方面是对我的鼓励，一方面使我有知己之感。

抗战结束后，1946 年夏我到北京，那时傅先生以代理北大校长身份也在北京，住东厂胡同现考古所内，当时傅先生一家住北房，张政烺兄住西厢，梁思永先生住东厢。我经常去找张苑峰（政烺），有时见到傅先生，几次我们随傅先生一家去北海茶座吃茶，一次他问我：“暑假后你到哪里教书？”我说：“不想去东北大学了。”先生说：“你到哪儿去，我介绍。”后来他和杨振声先生共同介绍我去青岛山东大学，这消息是邓恭三兄告知我的。

傅先生是一位爽直的学者，肯帮助人，也培养了一大批青年学者。回想过去，我一直在他的帮助教育中。但在我的心中，对傅先生始终存在着隔阂，这隔阂的形成是我受了顾颉刚先生“古史辨”的影响，后来又受了与傅斯年先生不同学派思想体系的影响，在学术思想上、价值观念上，与先生很难合拢。以至于在学术问题上，当我谈到傅先生时，只能说，“吾爱吾师，吾尤爱真理”了。

（选自杨向奎《回忆傅孟真先生》）

元气淋漓傅孟真

抗战期间，孟真在国民参政会里所表现的固然为一般人所钦所佩，可是许多人更觉得有声有色。除了他坚定的拥护抗战而外，他还为两种主张而积极奋斗，一是反对一切违背时代精神、科学理论而开倒车的议案；一是反对危害国计民生的贪污事实。在前一项目之下，如他反对提倡所谓国医，就是显著的例子。他认为哈维发明了血液循环三百年之后，到今天还要把人的身体分为上焦中焦下焦三段，简直是对于人类知识的侮辱。他为这个问题从抗战前在南京的时候就写文章讨论起。因为他研究过实验心理学，同时自然他也很懂得生理学和生物化学，所以他这些文章，理论非常精辟，文字也写得非常精彩。说到此地，我又忍不住要提孟真一件趣事，很可以表示他一种特殊可爱的性格。有一次，为中医问题孟真反对孔庚的议案，激烈底辩论了一场，当然孔庚辩孟真不过，于是气了在座位上辱骂孟真，骂了许多很粗的话。孟真也气了，说是："你侮辱我，会散之后我和你决斗。"等到会散之后，孟真在会场门口拦着孔庚要决斗了。他一见孔庚年纪七十几岁，身体非常瘦弱，孟真立刻把双手垂下来说："你这样老，这样瘦，不和你决斗了，让你骂了罢。"这虽然是一个插曲，也可以看出孟真绝不是硬心的人。我常笑他"你这大胖子怎样能和人打架！"他说："我以体积乘速度，产生一种伟大的动量，可以压倒一切。"我为之大笑。可是他真用这个方法，打胜过人，这件事在此地只有张道藩知道。

至于说到为了他的第二种主张，他真能表现不畏强御的精神。他认为现在革命过程中的一切牺牲，是为民众利益的，不是为贪官污吏中饱的，不是为买办阶级发财的。他说："我拥护政府，不是拥护这班人的既得利益，所以我誓死要和这些败类搏斗，才能真正帮助政府。"他主张"除恶务尽"，他主张"攻敌攻坚"，而且他一动手攻坚，决不肯中途罢手。有一次，在重庆为了某一种公债的案子，他在国民参政会发言到结束的时候，郑重声明他这番话不但在会场以内负责，而且在会场以外也负责，他愿意到法庭对簿。这话使全场兴奋，可是使我为他捏了一把汗。会后我去看他，问他为什么敢作这样肯定的话，他说："我没有根据，哪能说这话。"于是他取出两张照片给我看。可见他说话是负责的，绝对不是所谓大炮者可比，也绝不是闻风言事的一流。这种有风骨的人，是值得敬佩的。

孟真反对唯物史观，可是他主张经济平等，消除贫富界限。他自称为主张自由社会主义的人。他不曾有任何经济学说和制度的系统，不过他这种经济平等的观念是很对的。他自己不但生活简单，而且很穷。在开第一次治丧会的时候，刘瑞恒先生报告出来，说是在孟真临死前的两天，他托刘先生托便人到香港去为他带一件西装的上身，因为他有两条裤子，可是上身破了；他并且限定刘先生不能替他花过港币一百元；刘先生说稍微像样一点的要值一百五十元，他就有难色。孟真的廉洁可以说是很彻底的。我们可以说，孟真贫于财，而富于书（他的书确不少），富于学，富于思想，富于感情，尤其富于一股为正气而奋斗的斗劲。

孟真因为富于斗劲，所以常常好斗。人家一有不正当的批评，不正确的主张，就立刻用口用笔和人家斗起来。许多朋友都好意劝他，说他血压已高，此非养生之道。在他去世前两天，我还用讽刺的话来激劝他，要他不要和蟋蟀一样，被人一引就鼓起翅膀来，结果反引起他一顿反攻。孟真好动气而不善于养气，是无可讳言的事实。可是其中有一部分是由于他办事太认真，和是非观念太强之所致。一个优点里可以带弱点，一个弱点也常由优点出发。

（选自罗家伦《元气淋漓的傅孟真》）

真是山东人的脾气!

傅斯年先生，有山东人倔强、豪爽的性格，但他不以山东人自居。在四川李庄时，有几位山东籍的同事和当地姑娘结婚，他很不以为然地说：你们山东人就爱干这些事!

他的历史语言研究所内确有不少山东人，但他却不是由于乡土观念而任用私人，而是从业务需要选拔人才。如张政烺和傅乐焕（傅斯年的族侄）先生，在学校时已崭露头角，入所后在学术研究方面都取得很高成就。

1934—1937 年，我在北京大学史学系读书时，曾旁听过傅先生的先秦史专题课。我虽不能完全领会他讲课的内容，但对他发表的独到的见解，对史籍的熟悉，旁征博引，融会中西的学识以及滔滔不绝的口才，却深感新奇和钦佩。他时而背一段《左传》，时而翻一篇英文文献，中西互证，左右逢源，宛如一个表演艺术家。听他的课也是一种艺术享受。

1938 年夏天，我在云南蒙自毕业后来到昆明，学校推荐我和同班同学余文豪（行迈）到傅先生主持的中央研究院历史语言研究所当研究生。傅先生对我们说，史语所暂时不招研究生，但所里有一笔中英庚款，你们可从中每月领取 30 元，自己看书。当时这 30 元已够每月的房租、饭费、买书和零花，我就用这点收入过了一年。中间傅先生还召集我们开座谈会，问我们的学习情况。

1939 年夏天，北京大学文科研究所恢复招生，傅先生兼任正所长，他劝我们投考。他对于此次考试非常认真，亲自主持了一些口试，并检阅每个人的英文试卷。事后他对我说，你的英文还可以。又说，某一同学几乎由于英文差些而落榜，可见他对英文的重视。顺便说一句，傅先生英语很好，据说，他在梦中还说英语哩。

文科研究所开学之日，傅先生又召集全体同学讲话。大意是，用研究生这个方式学习是一个好办法，同学们要好好利用这个机会，潜心治学。文研所在云南大学脚下的青云街靛花巷三号，这本是史语所的所址，文研所成立后，史语所搬到乡下，但傅先生还经常到旋花巷来了解同学学习情况。我记得有一天他到我的研究室来，大概要来问我研究进度的，我正害痔疮，伏在案头休息，他问明情况后劝我好好休养就走了。

大概在 1940 年或以后，史语所迁到四川，有一部分同学随去，在四川也招了部分文研所的研究生，由史语所代培。傅先生也经常来信，了解文研所情况，可见他对办北大文研所之认真负责，不因为是兼职而敷衍了事。

1941 年夏天，我写了一篇《关于马可 · 波罗离华的一段汉文记载》，从中国史料上发现了马可 · 波罗在中国的行迹，并纠正了马可 · 波罗离华年代的旧说。这可算一个小小的发现。文章登在顾颉刚先生在重庆办的《文史杂志》上，顾先生在《编者后记》中给予较高评价。据说，傅先生看了以后也大为欣赏。1942 年，他从四川给我来信，对这篇文章的内容和写法表示赞许，并说，他已把这篇论文推荐给中央研究院的学术评议会，参加评奖。其后，这篇文章得到了名誉奖。傅斯年又委托中央大学教授何永佶把它译成英文，投寄美国《哈佛大学亚洲学报》。但在 1945 年《亚洲学报》发表该文时，却仅仅登了一个摘要。据说傅先生对此大为不满，还去信质问，具体情况不得而知。直到 1976 年，美国哈佛大学教授柯立夫（F. W. Cleaves）才在《亚洲学报》36 卷上发表了题为《关于马可 · 波罗离华的汉文资料及其到达波斯的波斯文资料》一文，对我那篇文章作了详尽的介绍和较高的评价。可惜傅先生已经不能看到这篇文章了。

在文科所我毕业前，傅先生曾给我来信，问我毕业后的去向。他说，最好留在北大或到史语所。我那时很幼稚，对个人的前途抱无所谓的态度，随遇而安，竟选择了南开，真是太轻率了。

……

1946 年，我经所内同乡介绍，要和当地人结婚，我写信告诉傅先生。他来信不赞成这桩婚事。他说，你和某同事不同，不应忙着结婚。而且“今后天下将大乱，日子更难过也”。我以已答应同人家结婚，道义上过不去，不能反悔，未听从他的规劝。我结婚后，他来信向我祝贺说，南宋北方将士在南方结婚者甚多。不知是否有委婉讽喻之意。

这年的下半年，南开大学要在天津上课，南开大学文学院院长冯文潜先生写信要我回校任课。我以本系借调，理应回去，写信告傅先生说明。哪想到这一下使他很恼火，他没给我回信，却令史语所停止给我的补助。我因为不愿违背当日诺言，不愿叫冯先生失望（冯先生对我也很好），也就顾不得傅先生的警告了。事后我才明白，傅先生把我借调到他那里去，本有意把我留在史语所不回南开，借调本是个名义，好比刘备借荆州，一借不还。还听郑天挺先生说，傅先生本想送我到美国去，因我结婚而罢。怪不得傅先生给我信，劝我退婚或推迟婚期，可能与此有关。

我从此没再见傅先生，但还通过几次信。1948 年，我给他写信，想到史语所去。他同意我去，但说，我的同级同学在史语所的还当助理研究员，我去也只能当助研。以后又给我信，要我去南京时可到天津民生公司找某人买去上海的船票。但我终于未能成行。

1950 年 12 月，傅先生在台湾病逝，据说是在开参议会时，他对行政当局不满，疾言厉色，气愤而死。真是山东人的脾气！他是很爱激动的。在李庄时，一个同事的小孩拿香火烧螳螂，他朝孩子的屁股踢了一脚，生气地说，怎么从小就这么残忍！

傅先生仅仅享年 54 岁，按现在标准，还是中年人。但他在现代学术史上却是个极有影响的人物。他的专业是先秦史，对《左传》念得很熟，能够背诵，同时又了解西方历史和史学方法，因而中西会通，新义迭出，富有创见。《性命古训辨证》和《夷夏东西说》是他的两部代表作，其他论文更不计其数。但他在学术界的最大贡献，恐怕还在他创办和主持了中央研究院历史语言研究所。在这个研究所中，不仅有历史学、语言学，还有考古学和人类学，各个学科中，都有不少的专家学者，都是傅先生礼聘、选拔和培养出来的。学术界的权威，如陈寅恪、陈垣、李方桂、赵元任、李济、吴定良、凌纯声、董作宾等，都是史语所的台柱，学术界的精英。还可以列一个很长的名单。试想，假设一个嫉贤妒能的人，能包容这么多的杰出人才吗？正因为傅先生礼贤下士，求才若渴，奖掖后进，不遗余力，因而“天下之士多就之”，“得天下英才而教育之”，使史语所成为一个人才库。到今天，海内外仍有不少史语所出来的人，在各个工作岗位上发挥他们的作用。傅先生有一次称赞丁树声先生（史语所语言文字专家，解放后任职社会科学院）说：“丁梧梓（丁的字）看我，同我看我太太一样。”因为傅先生知道自己在语言文字学方面不如丁先生，才有这个比喻。可见其谦恭下士之怀。毋庸讳言，傅先生也不免有门户之见，对有些人，他看不起。对于学术上的不同意见，有时也不能愉快接受。

（选自杨志玖《回忆傅斯年先生》）

丰子恺

丰子恺（1898—1975），原名丰润，浙江崇德（现属桐乡）人。著名漫画家、散文家、美术和音乐教育家、翻译家，具有多方面文艺成就。主要文学作品有《缘缘堂随笔》《缘缘堂再笔》《缘缘堂续笔》《车厢社会》《率真集》等；美术作品有《护生画集》《子恺漫画全集》等；译著有日本古典名著《源氏物语》，俄国作家屠格涅夫的《初恋》《猎人笔记》，日本作家厨川白村的《苦闷的象征》等。

齐家

中秋赏月

赏月之乐的中心，在于吃蟹。我的父亲中了举人之后，科举就废，他无事在家，每天吃酒、看书。他不要吃羊、牛、猪肉，而喜欢吃鱼、虾之类。而对于蟹，尤其喜欢。自七八月起直到冬天，父亲平日的晚酌规定吃一只蟹，一碗隔壁豆腐店里买来的开锅热豆腐干的碎瓷盖碗，一把水烟筒，一本书，桌子角上一只端坐的老猫，我脑中这印象非常深刻，到现在还可以清楚地浮现出来。我在旁边看，有时他给我一只蟹脚或半块豆腐干。然我喜欢蟹脚。蟹的味道真好，我们五个姊妹兄弟，都喜欢吃，也是为了父亲喜欢吃的缘故。只有母亲与我们相反，喜欢吃肉，而不喜欢又不会吃蟹，吃的时候常常被蟹螯上的刺刺开手指，出血；而且抉剔得很不干净。父亲常常说她是外行。父亲说：吃蟹是风雅的事，吃法也要内行才懂得。先折蟹脚，后开蟹斗……脚上的拳头（即关节）里的肉怎样才能吃干净，脐里的肉怎样可以剔出……脚爪可以当作剔肉的针……蟹螯上的骨头可以拼成一只很好看的蝴蝶……父亲吃蟹真是内行，吃得非常干净。所以陈妈妈说："老爷吃下来的蟹壳，真是蟹壳。"

蟹的储藏所。就在开井角落的缸里，经常总养着十来只。到了七夕、七月半、中秋、重阳等节候上，缸里的蟹就满了，那时我们都有得吃，而且每人得吃一大只，或一只半。尤其是中秋一天，兴致更浓，在深黄昏，移桌子到隔壁的白场上的月光下面去吃。更深人静，明月底下只有我们一家的人，恰好围成一桌，此外只有一个供差使的红英坐在旁边。大家谈笑，看月亮，他们——父亲和诸姐——直到月落明光，我则半途睡去，与父亲和诸姐不分而散。

这原是为了父亲嗜蟹，以吃蟹为中心而举行的。故这种夜宴，不仅限于中秋，有蟹的季节里的月夜，无端也要举行数次。不过不是良辰佳节，我们少吃一点。有时两人分吃一只。我们都学父亲，剥得很精细，剥出来的肉不是立刻吃的，都积攒在蟹斗里，剥完之后，放一点姜醋，拌一拌，就作为下饭的菜，此外没有别的菜了。因为父亲吃菜是很省的，而且他说蟹是至味，吃蟹时混吃别的菜肴，是乏味的。我们也学他，半蟹斗的蟹肉，过两碗饭还有余，就可得父亲的称赞，又可以白口吃下余多的蟹肉，所以大家都勉励节省。现在回想那时候，半条蟹腿肉要过两大口饭，这滋味真好！自父亲死了以后，我不曾再尝这种好滋味。现在，我已经自己做父亲，况且已经茹素，当然永远不会再尝这滋味了。唉！儿时欢乐，何等使我神往！

然而这一剧的题材，仍是生灵的杀虐！因此这回忆一面使我永远神往，一面又使我永远忏悔。

（选自丰子恺《父亲的中秋赏月》）

梦痕

我的左额上有一条同眉毛一般长短的疤。这是我儿时游戏中在门槛上跌破了头颅而结成的。相面先生说这是破相，这是缺陷。但我自己美其名曰“梦痕”。因为这是我的梦一般的儿童时代所遗留下来的唯一的痕迹。由这痕迹可以探寻我的儿童时代的美丽的梦。

我四五岁时，有一天，我家为了“打送”（吾乡风俗，亲戚家的孩子第一次上门来做客，辞去时，主人家必做几盘包子送他，名曰“打送”）某家的小客人，母亲、姑母、婶母和诸姊们都在做米粉包子。厅屋的中间放一只大匾，匾的中央放一只大盘，盘内盛着一大堆黏土一般的米粉，和一大碗做馅用的甜甜的豆沙。母亲们大家围坐在大匾的四周。各人卷起衣袖，向盘内摘取一块米粉来，捏作一只碗的形状；夹取一筷豆沙来藏在这碗内；然后把碗口收拢来，做成一个圆子。再用手法把圆子捏成三角形，扭出三条绞丝花纹的脊梁来；最后在脊梁凑合的中心点上打一个红色的“寿”字印子，包子便做成。一圈一圈地陈列在大匾内，样子很是好看。大家一边做，一边兴高采烈地说笑。有时说谁的做得太小，谁的做得太大；有时称姑母的做得太玲珑，有时笑指母亲的做得像个锅饼。笑语之声，充满一堂。这是年中难得的全家欢笑的日子。而在我，做孩子们的，在这种日子更有无上的欢乐；在准备做包子时，我得先吃一碗甜甜的豆沙。做的时候，我只要噪闹一下子，母亲们会另做一只小包子来给我当场就吃。新鲜的米粉和新鲜的豆沙，热热地做出来味道就是很好的。我往往吃一只不够，再吵闹一下子就得吃第二只。倘然吃第二只还不够，我可嚷着要替她们打寿字印子。这印子是不容易打的：蘸的水太多了，打出来一塌糊涂，看不出寿字；蘸的水太少了，打出来又不清楚；况且位置要摆得正，歪了就难看；打坏了又不能揩抹涂改。所以我嚷着要打印子，是母亲们所最怕的事。她们便会和我请商，把做圆子收口时摘下来的一小粒米粉给我，叫我“自己做来自己吃”。这正是我所盼望的主要目的！开了这个例之后，各人做圆子收口时摘下来的米粉，就都得照例归我所有。再不够时还得要求向大盘中扭一把米粉来，自由捏造各种黏土手工：捏一个人，团拢了，改捏一只狗；再团拢了，再改捏一支水烟管，捏到手上的龌龊都混入其中，而雪白的米粉变成了灰色的时候，我再向她们要一朵豆沙来，裹成各种三不像的东西，吃下肚子里去。这一天因为我吵得特别厉害些，姑母做了两只小巧玲珑的包子给我吃，母亲又外加一团米粉给我玩。为求自由，我不在那场上吃弄，拿了到店堂里，和五哥哥一同玩弄。五哥哥者，后来我知道是我们店里的学徒，但在当时我只知道他是我儿时的最亲爱的伴侣。他的年纪比我大，智力比我高，胆量比我大，他常做出种种我所意想不到的玩意儿来，使得我惊奇。这一天我把包子和米粉拿出去同他共玩，他就寻出几个印泥菩萨的小型的红泥印子来，教我印米粉菩萨。

后来我们争执起来，他拿了他的米粉菩萨逃。我就拿了我的米粉菩萨追。追到排门旁边，我跌了一跤，额骨磕在排门槛上，磕了眼睛大小的一个洞，便晕迷不省。等到有知觉的时候，我已被抱在母亲手里，外科郎中蔡德本先生，正在用布条向我的头上重重叠叠地包裹。

自从我跌伤以后，五哥哥每天乘店里空闲的时候到楼上来审问我。来时必然偷偷地从衣袖里摸出些我所爱玩的东西来——例如关在自来火匣子里的几只叩头虫，洋皮纸人头，老菱壳做成的小脚，顺治铜钿磨成的小刀等——送给我玩，直到我额上结成这个疤。

讲起我额上的疤的来由，我的回想中印象最清楚的人物，莫如五哥哥。而五哥哥的种种可惊可喜的行状，与我的儿童时代的欢乐，也便跟了这回想而历历地浮出到眼前来。

他的行为的顽皮，我现在想起了还觉吃惊。但这种行为对于当时的我，有莫大的吸引力，使我时时刻刻追随他，自愿地做他的从者。他用手捉住一条大蜈蚣，摘去了它的有毒的钩爪，而藏在衣袖里，走到各处，随时拿出来吓人。我跟了他走，欣赏他的把戏。他有时偷偷地把这条蜈蚣放在别人的瓜皮帽子上，让它沿着那人的额骨爬下去，吓得那人直跳起来。有时怀着这条蜈蚣去登坑，等候邻席的登坑者正在拉粪的时候，把蜈蚣丢在他的裤子上，使得那人扭着裤子乱跳，累了满身的粪。又有时当众人面前他偷把这条蜈蚣放在自己的额上，假装被咬的样子而号啕大哭起来，使得满座的人惊慌失措，七手八脚地为他营救。正在危急存亡的时候，他伸起手来收拾了这条蜈蚣，忽然破涕为笑，一缕烟逃走了。后来这套戏法渐渐做穿，有的人警告他说，若是再拿出蜈蚣来，要打头颈拳了。于是他换出别种花样来：他躲在门口，等候警告打头颈拳的人将走出门，突然大叫一声，倒身在门槛边的地上，乱滚乱撞，哭着嚷着，说是践踏了一条臂膀粗的大蛇，但蛇是已经窜进榻底下去了。走出门来的人被他这一吓，实在魂飞魄散；但见他的受难比他更深，也无可奈何他，只怪自己的运气不好。他看见一群人蹲在岸边钓鱼，便参加进去，和蹲着的人闲谈。同时偷偷地把其中相接近的两人的辫子梢头结住了，自己就走开，躲到远处去作壁上观。被结住的两人中若有一人起身欲去，滑稽剧就演出来给他看了。诸如此类的恶戏，不胜枚举。

现在回想他这种玩耍，实在近于为虐的戏谑。但当时他热心地创作，而热心地欣赏的孩子，也不止我一个。世间的严正的教育者！请稍稍原谅他的顽皮！我们的儿时，在私塾里偷偷地玩了一个折纸手工，是要遭先生用铜笔套管在额骨上猛钉几下，外加在至圣先师孔子之神位面前跪一炷香的！

况且我们的五哥哥也曾用他的智力和技术来发明种种富有趣味的玩意，我现在想起了还可以神往。暮春的时候，他领我到田野去偷新蚕豆，把嫩的生吃了，而用老的来做“蚕豆水龙”。其做法，用煤头纸火把老蚕豆荚熏得半熟，剪去其下端，用手一捏，荚里的两粒豆就从下端滑出，再将荚的顶端稍稍剪去一点，使成一个小孔。然后把豆荚放在水里，待它装满了水，以一手的指捏住其下端而取出来，再以另一手的指用力压榨豆荚，一条细长的水带便从豆荚的顶端的小孔内射出。制法精巧的，射水可达一二丈之远。他又教我“豆梗笛”的做法：摘取豌豆的嫩梗长约寸许，以一端塞入口中轻轻咬嚼，吹时便发嗜嗜之音，再摘取蚕豆梗的下段，长四五寸，用指爪在梗上均匀地开几个洞，做成豆的样子。然后把豌豆梗插入这笛的一端，用两手的指随意启闭各洞而吹奏起来，其音宛如无腔之短笛。他又教我用洋蜡烛的油做种种的浇造和塑造。用芋艿或番薯镌刻种种的印版，大类现今的木版画……诸如此类的玩意儿，亦复不胜枚举。

现在我对这些儿时的乐串久已缘远了。但在说起我额上的疤的来由时，还能热烈地回忆神情活跃的五哥哥和这种兴致勃勃的玩意儿。谁言我左额上的疤痕是缺陷？这是我儿时欢乐的佐证，我的黄金时代的遗迹。过去的事，一切都同梦幻一般地消灭，没有痕迹留存了。只有这个疤，好像是“脊杖二十，刺配军州”时打在脸上的金印，永久地明显地记录着过去的事实，一说起就可使我历历地回忆前尘。仿佛我是在儿童世界的本贯地方犯了罪，被刺配到这成人社会的“远恶军州”来的。这无期的流刑虽然使我永无还乡之望，但凭这脸上的金印，还可回溯往昔，追寻故乡的美丽的梦啊！

（选自丰子恺《活着本来单纯》）

我的母亲

中国文化馆要我写一篇《我的母亲》，并寄我母亲的照片一张。照片我有一张四寸的肖像，一向挂在我的书桌的对面。已有放大的挂在堂上，这一张小的不妨送人。但是《我的母亲》一文从何处说起呢？看看我母亲的肖像，想起了母亲的坐姿。母亲生前没有摄影取坐像的照片，但这姿态清楚地摄入在我脑海中的底片上，不过没有晒出。现在就用笔墨代替显形液和定影液，把我的母亲的坐像晒出来吧：我的母亲坐在我家老屋的西北角里的八仙椅子上，眼睛里发出严肃的光辉，口角上表出慈爱的笑容。

老屋的西北角里的八仙椅子，是母亲的老位子。从我小时候直到她逝世前数月，母亲空下来总是坐在这把椅子上，这是很不舒服的一个座位：我家的老屋是一所三开间的楼厅，右边是我的堂兄家，左边一间是我的堂叔家，中央是没有板壁隔开，只拿在左右的两排八仙椅子当作三份人家的界限。所以母亲坐的椅子，背后凌空。若是沙发椅子，三面有柔软的厚壁，凌空无妨碍。但我家的八仙椅子是木造的，坐板和靠背成 90 度角，靠背只是疏疏的几根木条，其高只及人的肩膀。母亲坐着没处搁头，很不安稳。母亲又防椅子的脚摆在泥土上要霉烂，用二三寸高的木座子垫在椅子脚下，因此这只八仙椅子特别高，母亲坐上去两脚须得挂空，很不便利。所谓西北角，就是左边最里面的一只椅子，这椅子的里面就是通过退堂的门。退堂里就是灶间。母亲坐在椅子上向里面顾，可以看见灶头。风从里面吹出的时候，烟灰和油气都吹在母亲身上，很不卫生。堂前隔着三四尺阔的一条天井便是墙门。墙外面便是我们的染坊店。母亲坐在椅子里向外面望，可以看见杂沓往来的顾客，听到沸反盈天的市井声，很不清静。但我的母亲一身坐在我家老屋西北角里的这样不安稳、不便利、不卫生、不清静的一只八仙椅子上，眼睛发出严肃的光辉，口角上表出慈爱的笑容。母亲为什么老是坐在这样不舒服的椅子里呢？因为这位子在我家中最为重要。母亲坐在这位子里可以顾到灶上，又可以顾到店里。母亲为要兼顾内外，便顾不到座位的安稳不安稳，便利不便利，卫生不卫生，和清静不清静了。

我 4 岁时，父亲中了举人，同年祖母逝世，父亲丁艰在家，郁郁不乐，以诗酒自娱，不管家事，丁艰终而科举废，父亲就从此隐遁。这期间家事店事，内外都归母亲一个兼理。我从书堂出来，照例走向坐在西北角里的椅子上的母亲的身边，向她讨点东西吃。母亲口角上表出亲爱的笑容，伸手除下挂在椅子头顶的“饿杀猫篮”，拿起饼饵给我吃；同时眼睛里发出严肃的光辉，给我几句勉励。

我 9 岁的时候，父亲遗下了母亲和我们姐弟六人、薄田数亩和染坊店一间而去世。我家内外一切责任全部归母亲负担。此后她坐在那椅子上的时间愈加多了。工人们常来坐在里面的凳子上，同母亲谈家事；店伙们常来坐在外面的椅子上，同母亲谈店事；父亲的朋友和亲戚邻人常来坐在对面的椅子上，同母亲交涉或应酬。我从学堂里放假回家，又照例走向西北角椅子边，同母亲讨个铜板。有时这四班人同时来到，使得母亲招架不住，于是她用眼睛的严肃的光辉来命令、警戒或交涉；同时又用了口角上的慈爱的笑容来劝勉、抚爱或应酬。当时的我看惯了这种光景，以为母亲是天生成坐在这只椅子上的，而且天生成有四班人向她缠绕不清的。

我 17 岁离开母亲，到远方求学。临行的时候，母亲眼睛里发出严肃的光辉，诫我待人接物求学立身的大道，口角上表现出慈爱的笑容，关照我起居饮食一切的细事。她给我准备学费，她给我置备行李，她给我制一罐猪油炒米粉，放在我的网篮里；她给我做一个小线板，上面插两只引线放在我的箱子里，然后送我出门。放假归来的时候，我一进店门，就望见母亲坐在西北角里的八仙椅子上。她欢迎我归家，口角上表现了慈爱的笑容，她探问我的学业，眼睛里发出严肃的光辉。晚上她亲自上灶，烧些我所爱吃的菜蔬给我吃，灯下她详询我的学校生活，加以勉励，教训或责备。

我22岁毕业后，赴远方服务，不肯依居母亲膝下，唯假期归省。每次归家，依然看见母亲坐在西北角里的椅子上，眼睛里发出严肃的光辉，口角上表现出慈爱的笑容。她像贤主一般招待我，又像良师一般教训我。

我30岁时，弃职归家，读书著述奉母，母亲还是每天坐在西北角里的八仙椅子上，眼睛里发出严肃的光辉，口角上表出慈爱的笑容。只是她的头发已由灰白渐渐转成银白了。

我33岁时，母亲逝世。我家老屋西角里的八仙椅子上，从此不再有我母亲坐着了。然而每逢看见这只椅子的时候，脑际一定浮出母亲的坐像——眼睛里发出严肃的光辉，口角上表现出慈爱的笑容。她是我的母亲，同时又是我的父亲。她以一身任严父兼慈母之职而训诲我抚养我，我从呱呱坠地的时候直到33岁，不，直到现在。

陶渊明诗云："昔闻长者言，掩耳每不喜。"我也犯这个毛病；我曾经全部接受了母亲的慈爱，但不会全部接受她的训诲。所以现在我每次想象中瞻望母亲的坐像，对于她口角上的慈爱的笑容觉得十分感谢，对于她眼睛里的严肃的光辉，觉得十分恐惧。这光辉每次给我以深刻的警惕和有力的勉励。

（选自丰子恺《活着本来单纯》）

做父亲

楼窗下的弄里远远地传来一片声音：“咿哟，咿哟……”渐近渐响起来。

一个孩子从算草簿中抬起头来，张大眼睛倾听一会儿，“小鸡！小鸡！”叫了起来。四个孩子同时放弃手中的笔。飞奔下楼，好像路上的一群麻雀听见了行人的脚步声而飞去一般。

我刚才扶起他们所带倒的凳子，拾起桌子上滚下去的铅笔，听见大门口一片呐喊：“买小鸡！买小鸡！”其中又混着哭声。连忙下楼一看，原来元草因为落伍而狂奔，在庭中跌了一跤，跌痛了膝盖不能再跑，恐怕小鸡被哥哥姊姊们买完了轮不着他，所以激烈地哭着。我扶了他走出大门口，看见一群孩子正向一个挑着一担“咿哟，咿哟”的人招呼，欢迎他走近来。元草立刻离开我，上前去加入团体，且跳且喊：“买小鸡！买小鸡！”泪珠跟了他的一跳一跳而从脸上滴到地上。

孩子们见我出来，大家回转身来包围了我。“买小鸡！买小鸡！”的喊声由命令的语气变成了请愿的语气，喊得比前更响了。他们仿佛想把这些音蓄入我的身体中，希望它们由我的口上开出来。独有元草直接拉住了担子的绳而狂喊。

我全无养小鸡的兴趣，且想起了以后的种种麻烦觉得可怕。但乡居寂寥，绝对屏除外来的诱惑而强迫一群孩子在看惯的几间屋子里隐居这一个星期日，似也有些残忍。且让这个“咿哟，咿哟”来打破门庭的沉寂，当作长闲的春昼的一种点缀吧。我就招呼挑担的，叫他把小鸡给我们看看。

他停下担子，揭开前面的一笼。“咿哟，咿哟”的声音忽然放大，但见一个细网的下面，蠕动着无数可爱的小鸡，好像许多活的雪球。五六个孩子蹲集在笼子的四周，一齐倾情地叫着“好来！好来！”一瞬间我的心也屏绝了思虑而没入在这些小动物的姿态的美中，体会了孩子们对于小鸡的热爱的心情。许多小手伸入笼中，竞指一只纯白的小鸡，有的几乎要隔网捉住它。挑担的忙把盖子无情地盖上，许多“咿哟，咿哟”的雪球和一群“好来，好来”的孩子，便隔着咫尺天涯了。孩子们怅望笼子的盖，依附在我的身边，有的伸手摸我的袋。我就向挑担的人说话：

“小鸡卖几钱一只？”

“一块洋钱四只。”

“这样小的，要卖二角半钱一只？可以便宜些否？”

“便宜勿得，二角半钱最少了。”

他说过，挑起担子就走。大的孩子脉脉含情地目送他，小的孩子拉住了我的衣襟而连叫“要买！要买！”挑担的越走得快，他们喊得越响。我摇手止住孩子们的喊声，再向挑担的问：

“一角半钱一只卖不卖？给你六角钱买四只吧！”

“没有还价！”

他并不停步，但略微旋转头来说了这一句话，就赶紧向前面跑，“咿哟，咿哟”的声音渐渐地远起来了。

元草的喊声就变成哭声。大的孩子锁着眉头不绝地探望挑者的背影，又注视我的脸色。我用手掩住了元草的口，再向挑担人远远地招呼：

“二角大洋一只，卖了吧！”

“没有还价！”

他说过便昂然地向前进行，悠长地叫出一声“卖——小——鸡——”其背影便在弄口的转角上消失了。我这里只留着一个号啕大哭的孩子。

对门的大嫂子曾经从矮门上探头出来看过小鸡，这时候便拿着针线走出来倚在门上，笑着劝慰哭的孩子，她说：

“不要哭！等一会儿还有担子挑来，我来叫你呢！”她又笑向我说：

“这个卖小鸡的想做好生意。他看见小孩子们哭着要买，越是不肯让价了。昨天坍墙圈里卖的一角洋钱一只，比刚才的还大一半呢！”

我对她答话了几句，便拉了哭着的孩子回进门来。别的孩子也懒洋洋地跟了进来。我原想为长闲的春昼找些点缀而走出门口的，不料讨个没趣，扶了一个哭着的孩子而回进来。庭中的柳树正在骀荡的春光中摇曳柔条，堂前的燕子正在安稳的新巢上低徊软语。我们这个刁巧的挑担者和痛哭的孩子，在这一片和平美丽的春景中很不调和啊!

关上大门，我一面为元草揩拭眼泪，一面对孩子们说：

“你们大家说‘好来，好来’，‘要买，要买’，那人便不肯让价了！”

小的孩子听不懂我的话，继续唏嘘着；大的孩子听了我的话若有所思。我继续抚慰他们：

“我们等一会再来买罢，隔壁大妈会喊我们的。但你们下次……”

我不说下去了。因为下面的话是：“看见好的嘴上不可说好，想要的嘴上不可说要。”倘再进一步，就要变成“看见好的嘴上应该说不好，想要的嘴上应该说不要”了。在这一片天真烂漫光明正大的春景中，向哪里容藏这样教导孩子的一个父亲呢?

（选自丰子恺《我们这些大人》）

儿 女

回想四个月以前，我犹似押送囚犯，突然地把小燕子似的一群儿女从上海的租寓中拖出，载上火车，送回乡间，关进低小的平屋中。自己仍回到上海的租界中，独居了四个月。这举动究竟出于什么旨意，本于什么计划，现在回想起来，连自己也不相信。其实旨意与计划，都是虚空的，自骗自扰的，实际于人生有什么利益呢？只赢得世故尘劳，作弄几番欢愁的感情，增加心头的创痕罢了！

当时我独自回到上海，走进空寂的租寓，心中不绝地浮起这两句“楞严”经文：“十方虚空在汝心中，犹如白云点太清里；况诸世界在虚空耶！”

晚上整理房室，把剩在灶间里的篮钵、器皿、余薪、余米，以及其他三年来寓居中所用的家常零星物件，尽行送给来帮我做短工的、邻近的小店里的儿子。只有四双破旧的小孩子的鞋子（不知为什么缘故），我不送掉，拿来整齐地摆在自己的床下，而且后来看到的时候常常感到一种无名的愉快。直到好几天之后，邻居的友人过来闲谈，说起这床下的小鞋子阴气迫人，我方始悟到自己的痴态，就把它们拿掉了。

朋友们说我关心儿女。我对于儿女的确关心，在独居中更常有悬念的时候。但我自以为这关心与悬念中，除了本能以外，似乎尚含有一种更强的加味。所以我往往不顾自己的画技与文笔的拙陋，动辄描摹。因为我的儿女都是孩子们，最年长的不过9岁，所以我对于儿女的关心与悬念中，有一部分是对于孩子们——普天下的孩子们——的关心与悬念。他们成人以后我对他们怎样？现在自己也不能晓得，但可推知其一定与现在不同，因为不复含有那种加味了。

回想过去四个月的悠闲宁静的独居生活，在我也颇觉得可恋，又可感谢。然而一旦回到故乡的平屋里，被围在一群儿女的中间的时候，我又不禁自伤了。因为我那种生活，或枯坐、默想，或钻研、搜求，或敷衍、应酬，比较起他们的天真、健全、活跃的生活来，明明是变态的、病的、残废的。

有一个炎夏的下午，我回到家中了。第二天的傍晚，我领了四个孩子——9 岁的阿宝、7 岁的软软、5 岁的瞻瞻、3 岁的阿韦——到小院中的槐荫下，坐在地上吃西瓜。夕暮的紫色中，炎阳的红味渐渐消减，凉夜的青味渐渐加浓起来。微风吹动孩子们的细丝一般的头发，身体上汗气已经全消，百感畅快的时候，孩子们似乎已经充溢着生的欢喜，非发泄不可了。最初是 3 岁的孩子的音乐的表现，他满足之余，笑嘻嘻摇摆着身子，口中一面嚼西瓜，一面发出一种像花猫偷食时候的“ngam ngam”的声音来。这音乐的表现立刻唤起了 5 岁的瞻瞻的共鸣，他接着发表他的诗：“瞻瞻吃西瓜，宝姊姊吃西瓜，软软吃西瓜，阿韦吃西瓜。”这诗的表现又立刻引起了 7 岁与 9 岁的孩子的散文的、数学的兴味：他们立刻把瞻瞻的诗句的意义归纳起来，报告其结果：“四个人吃四块西瓜。”

于是我就做了评判者，在自己心中批判他们的作品。我觉得 3 岁的阿韦的音乐的表现最为深刻而完全，最能全般表出他的欢喜的感情。5 岁的瞻瞻把这欢喜的感情翻译为（他的）诗，已打了一个折扣；然尚带着节奏与旋律的分子，犹有活跃的生命流露着。至于软软与阿宝的散文的、数学的、概念的表现，比较起来更肤浅一层。然而看他们的态度，全部精神投入在吃西瓜一事中，其明慧的心眼，比大人们所见的完全得多。天地间最健全的心眼，只是孩子们的所有物，世间事物的真相，只有孩子们能最明确、最完全地见到。我比起他们来，真的心眼已经被世智尘劳所蒙蔽、所斫丧，是一个可怜的残废者了。我实在不敢受他们“父亲”的称呼，倘然，“父亲”是尊崇的。

我在平屋的南窗下暂设一张小桌子，上面按照一定的秩序而布置着稿纸、信箧、笔砚、墨水瓶、糨糊瓶、时表和茶盘等，不喜欢别人来任意移动，这是我独居时的惯癖。我——我们大人——平常的举止，总是谨慎、细心、端详、斯文。例如磨墨、放笔、倒茶等，都小心从事，故桌上的布置每日依然，不致破坏或扰乱。因为我的手足的筋觉已经由于屡受物理的教训而深深地养成一种谨惕的惯性了。然而孩子们一爬到我的案上，就捣乱我的秩序，破坏我的桌上的构图，毁损我的器物。他们拿起自来水笔来一挥，洒了一桌子又一衣襟的墨水点；又把笔尖蘸在糨糊瓶里。他们用劲拔开毛笔的铜笔套，手背撞翻茶壶，壶盖打碎在地板上……这在当时实在使我不耐烦，我不免哼呵他们，夺脱他们手里的东西，甚至批他们的小颊。然而我立刻后悔：哼呵之后立刻继之以笑，夺了之后立刻加倍奉还，批颊的手在中途软却，终于变批为抚。因为我立刻自悟其非：我要求孩子们的举止同我自己一样，何其乖谬！我——我们大人——的举止谨惕，是为了身体手足的筋觉已经受了种种现实的压迫而痉挛了的缘故。孩子们尚保有天赋的健全的身手与真朴活跃的元气，岂像我们的穷屈？揖让、进退、规行、矩步等大人们的礼貌，犹如刑具，都是戕贼这天赋的健全的身手的。于是活跃的人逐渐变成了手足麻痹、半身不遂的残废者。残废者要求健全者的举止同他自己一样，何其乖谬！

儿女对我的关系如何？我不曾预备到这世间来做父亲，故心中常是疑惑不明，又觉得非常奇怪。我与他们（现在）完全是异世界的人，他们比我聪明、健全得多；然而他们又是我所生的儿女。这是何等奇妙的关系！世人以膝下有儿女为幸福，希望以儿女永续其自我，我实在不解他们的心理。我以为世间人与人的关系，最自然最合理的莫如朋友。君臣、父子、昆弟、夫妇之情，在十分自然合理的时候都不外乎一种广义的友谊。所以朋友之情，实在是一切人情的基础。“朋，同类也。”并育于大地上的人，都是同类的朋友，共为大自然的儿女。世间的人，忘却了他们的大父母，而只知有小父母，以为父母能生儿女，儿女为父母所生，故儿女可以永续父母的自我，而使之永存。于是无子者叹天道之无知，子不肖者自伤其天命，而狂进杯中之物，其实天道有何厚薄于其齐生并育的儿女！我真不解他们的心理。

近来我的心为四事所占据了：天上的神明与星辰，人间的艺术与儿童，这小燕子似的一群儿女，是在世间与我因缘最深的儿童，他们在我心中占有与神明、星辰、艺术同等的地位。

（选自丰子恺《我们这些大人》）

送阿宝出黄金时代

阿宝，我和你在世间相聚，至今已 14 年了，在这五千多天内，我们差不多天天在一处，难得有分别的日子。我看着你呱呱坠地，嘤嘤学语，看你由吃奶改为吃饭，由匍匐学成跨步。你的变态微微地逐渐地展进，没有痕迹，使我全然不知不觉，以为你始终是我家的一个孩子，始终是我们这家庭里的一种点缀，始终可做我和你母亲的生活的慰安者。然而近年来，你态度行为的变化，渐渐证明其不然。你已在我们的不知不觉之间长成了一个少女，快将变为成人了。古人谓“父母之年不可不知也，一则以喜，一则以惧”。我现在反行了古人的话，在送你出黄金时代的时候，也觉得悲喜交集。

所喜者，近年来你的态度行为的变化，都是你将由孩子变成成人的表示。我的辛苦和你母亲的劬劳似乎有了成绩，私心庆慰。所悲者，你的黄金时代快要度尽，现实渐渐暴露，你将停止你的美丽的梦，而开始生活的奋斗了，我们仿佛丧失了一个从小依傍在身边的孩子，而另得了一个新交的知友。“乐莫乐兮新相知”；然而旧日天真烂漫的阿宝，从此永远不得再见了！

记得去春有一天，我拉了你的手在路上走。落花的风把一阵柳絮吹在你的头发上、脸孔上和嘴唇上，使你好像冒了雪，生了白胡须。我笑着搂住了你的肩，用手帕为你拂拭。你也笑着，仰起了头依在我的身旁。这在我们原是极寻常的事：以前每天你吃过饭，是我同你洗脸的。然而路上的人向我们注视，对我们窃笑，其意思仿佛在说：“这样大的姑娘儿，还在路上教父亲搂住了拭脸孔！”我忽然看见你的身体似乎高大了，完全发育了，已由中性似的孩子变成十足的女性了。我忽然觉得，我与你之间似乎筑起一堵很高、很坚、很厚的无影的墙。你在我的怀抱中长起来，在我的提携中大起来；但从今以后，我和你将永远分居于两个世界了。一刹那间我心中感到深痛的悲哀。我怪怨你何不永远做一个孩子而定要长大起来，我怪怨人类中何必有男女之分。然而怪怨之后立刻破悲为笑。恍悟这不是当然的事，可喜的事吗？

记得有一天，我从上海回来，你们兄弟姊妹照例拥在我身旁，等候我从提箱中取出“好东西”来分。我欣然地取出一束巧克力来，分给你们每人一包。你的弟妹们到手了这五色金银的巧克力，照例欢喜得大闹一场，雀跃地拿去尝新了。你受持了这赠品也表示欢喜，跟着弟妹们去了。然而过了几天，我偶然在楼窗中望下来，看见花台旁边，你拿着一包新开的巧克力，正在分给弟妹三人。他们各自争多嫌少，你忙着为他们均分。在一块缺角的巧克力上添了一张五色金银的包纸派给小妹妹了，方才三面公平。他们欢喜地吃糖了，你也欢喜地看他们吃。这使我觉得惊奇。吃巧克力，向来是我家儿童们的一大乐事。因为乡村里只有箬叶包的糖塌饼，草纸包的状元糕，没有这种五色金银的糖果；只有甜煞的粽子糖，咸煞的盐青果，没有这种异香异味的糖果。所以我每次到上海，一定要买些回来分给儿童，藉添家庭的乐趣。儿童们切望我回家的目的，大半就在这“好东西”上。你向来也是这“好东西”的切望者之一人。你曾经和弟妹们赌赛谁是最后吃完；你曾经把五色金银的锡纸积收起来制成华丽的手工品，使弟妹们艳羡。这回你怎么一想，肯把自己的一包藏起来，如数分给弟妹们吃呢？我看你为他们分均匀了之后表示非常的欢喜，同从前赌得了最后吃完时一样，不觉倚在楼上独笑起来。因为我忆起了你小时候的事：十来年之前，你是我家里的一个捣乱分子，每天为了要求的不满足而哭几场，挨母亲打几顿。你吃蛋只要吃蛋黄，不要吃蛋白，母亲偶然夹一筷蛋白在你的饭碗里，你便把饭粒和蛋白乱拨在桌子上，同时大喊“要黄！要黄！”你以为凡物较好者就叫作“黄”。所以有一次你要小椅子玩耍，母亲搬一个小凳子给你，你也大喊“要黄！要黄！”你要长竹竿玩，母亲拿一根“史的克”给你，你也大喊“要黄！要黄！”你看不起那时候还只一二岁而不会活动的软软。吃东西时，把不好吃的东西留着给软软吃；讲故事时，把不幸的角色派给软软当。向母亲有所要求而不得允许的时候，你就高声地问："当错软软么？当错软软么？"你的意思以为：软软这个人要不得，其要求可以不允许；而阿宝是一个重要不过的人，其要求岂有不允许之理？今所以不允许者，大概是当错了软软的缘故。所以每次高声地提醒你母亲，务要她证明阿宝正身，允许一切要求而后已。这个一味"要黄"而专门欺侮弱小的捣乱分子，今天在那里牺牲自己的幸福来增殖弟妹们的幸福，使我看了觉得可笑，又觉得可悲。你往日的一切雄心和梦想已经宣告失败，开始在遏制自己的要求，忍耐自己的欲望，而谋他人的幸福了；你已将走出唯我独尊的黄金时代，开始在尝人类之爱的辛味了。

记得去年有一天，我为了必要的事，将离家远行。在以前，每逢我出门了，你们一定不高兴，要阻住我，或者约我早归。在更早的以前，我出门须得瞒过你们。你弟弟后来寻我不着，须得哭几场。我回来了，倘预知时期，你们常到门口或半路上来迎候。我所描的那幅题曰《爸爸还不来》的画，便是以你和你的弟弟的等我归家为题材的。因为我在过去的十来年中，以你们为我的生活慰安者，天天晚上和你们谈故事，做游戏，吃东西，使你们都觉得家庭生活的温暖，少不来一个爸爸，所以不肯放我离家。去年这一天我要出门了，你的弟妹们照旧为我惜别，约我早归。我以为你也如此，正在约你何时回家和买些什么东西来，不意你却劝我早去，又劝我迟归，说你有种种玩意可以骗住弟妹们的阻止和盼待。原来你已在我和你母亲谈话中闻知了我此行有早去迟归的必要，决意为我分担生活的辛苦了。我此行感觉轻快，但又感觉悲哀。因为我家将少却了一个黄金时代的幸福儿。

以上原都是过去的事，但是常常切在我的心头，使我不能忘却。现在，你已做中学生，不久就要完全脱离黄金时代而走向成人的世间去了。我觉得你此行比出嫁更重大。古人送女儿出嫁诗云："幼为长所育，两别泣不休。对此结中肠，义往难复留。"你出黄金时代的"义往"，实比出嫁更"难复留"，我对此安得不"结中肠"？所以现在追述我的所感，写这篇文章来送你。你此后的去处，就是我这册画集里所描写的世间。我对于你此行很不放心。因为这好比把你从慈爱的父母身旁遣嫁到恶姑的家里去，正如前诗中说：“自小闺内训，事姑贻我忧。”事姑取甚样的态度，我难于代你决定。但希望你努力自爱，勿贻我忧而已。

约十年前，我曾作一册描写你们的黄金时代的画集（《子恺画集》）。其序文（《给我的孩子们》）中曾经有这样的话：“我的孩子们！我憧憬于你们的生活，每天不止一次！我想委曲地说出来，使你们自己晓得。可惜到你们懂得我的话的时候，你们将不复是可以使我憧憬的人了。这是何等可悲哀的事啊！”“但是你们的黄金时代有限，现实终于要暴露的。这是我经验过来的情形，也是大人们谁也经验过来的情形。我眼看见儿时伴侣中的英雄、好汉，一个个退缩、顺从、妥协、屈服起来，到像绵羊的地步。我自己也是如此。‘后之视今，亦犹今之视昔’，你们不久也要走这条路呢！”写这些话时的情景还历历在目，而现在你果然已经“懂得我的话”了！果然也要“走这条路”了！无常迅速，念此又安得不结中肠啊！

（选自丰子恺《我们这些大人》）

给我的孩子们

我的孩子们！我憧憬于你们的生活，每天不止一次！我想委曲地说出来，使你们自己晓得。可惜到你们懂得我的话的意思的时候，你们将不复是可以使我憧憬的人了。这是何等可悲哀的事啊！

瞻瞻！你尤其可佩服。你是身心全部公开的真人。你什么事体（什么事情）都想拼命地用全副精力去对付。小小的失意，像花生米翻落地了，自己嚼了舌头了，小猫不肯吃糕了，你都要哭得嘴唇翻白，昏去一两分钟。外婆普陀去烧香买回来给你的泥人，你何等鞠躬尽瘁地抱他、喂他；有一天你自己失手把他打破了，你的号哭的悲哀，比大人们的破产、失恋、broken heart、丧考妣、全军覆没的悲哀都要真切。两把芭蕉扇做的脚踏车，麻雀牌堆成的火车、汽车，你何等认真地看待，挺直了嗓子叫“汪——”“咕咕咕……”来代替汽油。宝姊姊讲故事给你听，说到“月亮姊姊挂下一只篮来，宝姊姊坐在篮里吊了上去，瞻瞻在下面看”的时候，你何等激昂地同她争，说“瞻瞻要上去，宝姊姊在下面看！”甚至哭到漫姑面前去求审判。我每次剃了头，你真心地疑我变了和尚，好几时不要我抱。最是今年夏天，你坐在我膝上发现了我腋下的长毛，当作黄鼠狼的时候，你何等伤心，你立刻从我身上爬下去，起初眼瞪瞪地对我端详，继而大失所望地号哭，看看，哭哭，如同对被判定了死罪的亲友一样。你要我抱你到车站里去，多多益善地要买香蕉，满满地擒了两手回来，回到门口时你已经熟睡在我的肩上，手里的香蕉不知落在哪里去了。这是何等可佩服的真率、自然，与热情！大人间的所谓“沉默”“含蓄”“深刻”的美德，比起你来，全是不自然的、病的、伪的！

你们每天做火车、做汽车、办酒、请菩萨、堆六面画、唱歌，全是自动的，创造创作的生活。大人们的呼号“归自然！”“生活的艺术化！”“劳动的艺术化！”在你们面前真是出丑得很了！依样画几笔画、写几篇文的人称为艺术家、创作家，对你们更要愧死！

你们的创作力，比大人真是强盛得多哩：瞻瞻！你的身体不及椅子的一半，却常常要搬动它，与它一同翻倒在地上；你又要把一杯茶横转来藏在抽斗里，要皮球停在壁上，要拉住火车的尾巴，要月亮出来，要天停止下雨。在这等小小的事件中，明明表示着你们的弱小的体力与智力不足以应付强盛的创作欲、表现欲的驱使，因而遭逢失败。然而你们是不受大自然的支配，不受人类社会的束缚的创造者，所以你的遭逢失败，例如火车尾巴拉不住，月亮呼不出来的时候，你们决不承认是事实的不可能，总以为是爹爹妈妈不肯帮你们办到，同不许你们弄自鸣钟同例，所以愤愤地哭了，你们的世界何等广大！

你们一定想：终天无聊地伏在案上弄笔的爸爸，终天闷闷地坐在窗下弄引线的妈妈，是何等无气性的奇怪的动物！你们所视为奇怪动物的我与你们的母亲，有时确实难为了你们，摧残了你们，回想起来，真是不安心得很！

阿宝！有一晚你拿软软的新鞋子，和自己脚上脱下来的鞋子，给凳子的脚穿了，划袜立在地上，得意地叫“阿宝两只脚，凳子四只脚”的时候，你母亲喊着“龌龊了袜子！”立刻擒你到藤榻上，动手毁坏你的创作。当你蹲在榻上注视你母亲动手毁坏的时候，你的小心里一定感到“母亲这种人，何等煞风景而野蛮”罢！

瞻瞻！有一天开明书店送了几册新出版的毛边的《音乐入门》来。我用小刀把书页一张一张地裁开来，你侧着头，站在桌边默默地看。后来我从学校回来，你已经在我的书架上拿了一本连史纸印的中国装的《楚辞》，把它裁破了十几页，得意地对我说：“爸爸！瞻瞻也会裁了！”瞻瞻！这在你原是何等成功的欢喜，何等得意的作品！却被我一个惊骇的“哼”字喊得你哭了。那时候你也一定抱怨“爸爸何等不明”罢！

软软！你常常要弄我的长锋羊毫，我看见了总是无情地夺脱你。现在你一定轻视我，想道："你终于要我画你的画集的封面！"

最不安心的，是有时我还要拉一个你们所最怕的陆露沙医生来，叫他用他的大手来摸你们的肚子，甚至用刀来在你们臂上割几下，还要叫妈妈和漫姑擒住了你们的手脚，捏住了你们的鼻子，把很苦的水灌到你们的嘴里去。这在你们一定认为是太无人道的野蛮举动罢！

孩子们！你们果真抱怨我，我倒欢喜；到你们的抱怨变为感激的时候，我的悲哀来了！

我在世间，永没有逢到像你们这样出肺肝相示的人。世间的人群结合，永没有像你们样的彻底的真实而纯洁。最是我到上海去干了无聊的所谓"事"回来，或者去同不相干的人们做了叫作"上课"的一种把戏回来，你们在门口或车站旁等我的时候，我心中何等惭愧又欢喜！惭愧我为什么去做这等无聊的事，欢喜我又得暂时放怀一切地加入你们的真生活的团体。

但是，你们的黄金时代有限，现实终于要暴露的。这是我经验过来的情形，也是大人们谁也经验过的情形。我眼看见儿时的伴侣中的英雄、好汉，一个个退缩、顺从、妥协、屈服起来，到像绵羊的地步。我自己也是如此。"后之视今，亦犹今之视昔"，你们不久也要走这条路呢！

我的孩子们！憧憬于你们的生活的我，痴心要为你们永远挽留这黄金时代在这册子里。然这真不过像"蜘蛛网落花"，略微保留一点春的痕迹而已。且到你们懂得我这片心情的时候，你们早已不是这样的人，我的画在世间已无可印证了！这是何等可悲哀的事啊！

（选自丰子恺《我们这些大人》）

华瞻的日记

今天我看见一种奇怪的现状：

吃过糖粥，妈妈抱我走到吃饭间里的时候，我看见爸爸身上披一块大白布，垂头丧气地朝外坐在椅子上，一个穿黑长衫的麻脸的陌生人，拿一把闪亮的小刀，竟在爸爸后头颈里用劲地割。啊哟！这是何等奇怪的现状！大人们的所为，真是越看越稀奇了！爸爸何以甘心被这麻脸的陌生人割呢？痛不痛呢？

更可怪的，妈妈抱我走到吃饭间里的时候，她明明也看见这爸爸被割的骇人的现状。然而她竟毫不介意，同没有看见一样。宝姐姐挟了书包从天井里走进来，我想她见了一定要哭。谁知她只叫一声"爸爸"，向那可怕的麻子一看，就全不经意地到房间里去挂书包了。前天爸爸自己把手指割开了，她不是大叫"妈妈"，立刻去拿棉花和纱布来么？今天这可怕的麻子咬紧了牙齿割爸爸的头，何以妈妈和宝姐姐都不管呢？我真不解了。可恶的，是那麻子。他耳朵上还夹着一支香烟，同爸爸夹铅笔一样。他一定是没有铅笔的人，一定是坏人。

后来爸爸挺起眼睛叫我："华瞻，你也来剃头，好否？"

爸爸叫过之后，那麻子就抬起头来，向我一看，露出一颗闪亮的金牙齿来。我不懂爸爸的话是什么意思，我真怕极了。我忍不住抱住妈妈的项颈而哭了。这时候妈妈、爸爸和那个麻子说了许多话，我都听不清楚，又不懂。只听见"剃头"，"剃头"，不知是什么意思。我哭了，妈妈就抱我由天井里走出门外。走到门边的时候，我偷眼向里边一望，从窗缝窥见那麻子又咬紧牙齿，在割爸爸的耳朵了。

门外有学生在抛球，有兵在体操，有火车开过。妈妈叫我不要哭，叫我看火车。我悬念着门内的怪事，没心情去看风景，只是靠在妈妈的肩上。

我恨那麻子，这一定不是好人。我想对妈妈说，拿棒去打他。然而我终于不说。因为据我的经验，大人们的意见往往与我相左。他们往往不讲道理，硬要我吃最不好吃的“药”，硬要我做最难当的“洗脸”，或坚不许我弄最有趣的水、最好看的火。今天的怪事，他们对之都漠然，意见一定又是与我相左的。我若提议去打，一定不被赞成。横竖拗不过他们，算了罢。我只有哭！最可怪的，平常同情于我的弄水弄火的宝姐姐，今天也跳出门来笑我，跟了妈妈说我“痴子”。我只有独自哭！有谁同情于我的哭呢？

到妈妈抱了我回来的时候，我才仰起头，预备再看一看，这怪事怎么样了？那可恶的麻子还在否？谁知一跨进墙门槛，就听见“啪，啪”的声音，走进吃饭间，我看见那麻子正用拳头打爸爸的背。“啪，啪”的声音，正是打的声音。可见他一定是用力打的，爸爸一定很痛。然而爸爸何以任他打呢？妈妈何以又不管呢？我又哭。妈妈急急地抱我到房间里，对娘姨讲些话，两人都笑起来，都对我讲了许多话。然而我还听见隔壁打人的“啪，啪”的声音，无心去听她们的话。

爸爸不是说过“打人是最不好的事”么？那一天软软不肯给我香烟牌子，我打了她一掌，爸爸曾经骂我，说我不好；还有那一天我打碎了寒暑表，妈妈打了我一下屁股，爸爸立刻抱我，对妈妈说“打不行”。何以今天那麻子在打爸爸，大家不管呢？我继续哭，我在妈妈的怀里睡去了。

我醒来，看见爸爸坐在钢琴旁边，似乎无伤，耳朵也没有割去，不过头很光白，像和尚了。我见了爸爸，立刻想起了睡前的怪事，然而他们——爸爸、妈妈等——仍是毫不介意，绝不谈起。我一回想，心中非常恐怖又疑惑。明明是爸爸被割项颈，割耳朵，又被用拳头打，大家却置之不问，任我一个人恐怖又疑惑。唉！有谁同情于我的恐怖？有谁为我解释这疑惑呢？

（选自丰子恺《我们这些大人》）

外婆家

摇啊摇，摇啊摇，

一摇摇到外婆桥。

……

日 月 楼

很多儿童都有对于外婆家美好的记忆，而我对于外婆家的记忆尤其是这样。

我的外婆家坐落在上海市区热闹的淮海路附近，是一栋三层楼的西班牙式房子。按照现在的说法，可以说是“连体别墅”。我的外公丰子恺给它起名叫“日月楼”，是因为二楼有一个凸出的室内阳台，这阳台东南西三面都是窗，顶上也是玻璃的，有时太阳月亮都能看见。日月楼里最引人注目的是一副对联：“星河界里星河转，日月楼中日月长。”当年搬到那房子里时，外公看了二楼的室内阳台，便脱口而出：“日月楼中日月长。”后来外公的好友、著名国学家马一浮先生又对了上联“星河界里星河转”，还特地书写了篆体对联，中间则是外公手书的三个大字：“日月楼。”

我们小孩子一般很少到楼上去，因为那里是外公工作的地方。我们的天地在一楼的客厅与餐厅。

阿 咪

外婆家可以说是孩子们的天堂。这是因为外公对于孩子们的爱。外公在

《我的漫画》一文里就曾这样说过："我作漫画由被动的创作而进于自动的创作，最初是描写家里的儿童生活相。我向来憧憬于儿童生活。尤其是那时，我初尝世味，看见了当时社会里的虚伪骄矜之状，觉得成人大都已失本性，只有儿童天真烂漫，人格完整，这才是真正的'人'。于是变成了儿童崇拜者，在随笔中、漫画中，处处赞扬儿童。"正是出于这份"崇拜"，我们在日月楼的底楼再怎么"疯"，也从来不会遭到呵斥。

平日里，外婆家里是十分安静的。外公每日早起，或写字或作画或撰文或译稿，从来不得空闲。外婆则经常在一楼过道的一张大桌子上收拾那怎么也收拾不完的丝绵被丝绵袄。下午午睡后，外公 4 点多就开始喝花雕酒。菜不多，三四小碟，也就花生米、笋干之类，边上是一把紫铜暖酒壶相伴。有时小舅舅丰新枚也在家，便陪伴着在一边的钢琴上弹几首老歌，外公微微笑着倾听，时不时捋捋他的胡须，一幅其乐融融的景象。如果我们也在一边，一般不会大吵大闹，最多与外婆家养的一只名叫阿咪的小猫做做游戏，比如，把个纸袋套在小猫头上，看它不断后退，想钻出来，或者，连连转圈。即使偶尔吵了起来，外公也只是一笑而已。

阿咪不认生，随便什么客人来了它都会主动打招呼表示亲热。有时甚至是某领导来访，阿咪也会堂而皇之不顾一切地跳到他身上。阿咪对于我更是亲密无间。有时我住在外婆家，阿咪便硬要卧在我的枕头上。我嫌它毛茸茸的，睡觉还有呼噜声，就把它安置在脚边，可阿咪不允，不一会儿又悄悄来到我耳边。经过几个回合，我也只能随它了。

冬天阿咪怕冷，我到外婆家去它就钻进我的大衣里取暖。阿咪还真有功夫，任你怎么走动，它都能赖在大衣里不出来。记得有一次大家一起出门，到淮海路走走，碰到路边有称体重的，母亲让我们一一称量，我称过后说阿咪的分量也算进去了，这时大家才发现阿咪仍赖在我的大衣里。

外婆家的阿咪实在可爱，外公还特地为它撰文。

假　日

假日外婆家十分热闹。我们六七个小学生初中生，几乎每个星期天都去外婆家；每年放寒暑假的时候，我们也大多住在那里。大家以最快的速度做完作业，此后便是完全彻底的玩。

外婆家的那张大餐桌，拉开来几乎和学校里的乒乓球台一样大，我们就把它当作乒乓球台；外婆家的木楼梯，蜡打得锃亮，我们就把它当滑梯，一个个排队自上而下……

年三十晚上外婆家更加热闹了。我们把大客厅布置得像个单位里的联欢场所，拉起了各色彩带。大人小孩一起做各种游戏，如猜灯谜、朗诵（时常是用外语朗诵，有时是英语，有时是俄语，也不管大家是不是听得懂）、唱京戏选段、玩击鼓传花、唱歌（还有钢琴伴奏）。

最激动人心的是互送“除夜福物”。按规定，每人秘密购置一份礼物（不得低于规定的金额），用报纸仔细包好，编上号码，再做好写着编号的纸片，供大家抽取。人人都想抽到外公的“除夜福物”，因为每年外公购置的都是最好最特别的。记得有一年，外公包装了一包特大的礼物，大家隔着报纸摸，却怎么也猜不出是什么。最后亮相，竟然是一把扫帚，我们一个个都笑弯了腰。

除夕夜最后的压轴戏必然是放烟花爆竹了。开场是放高升，接下来是放小鞭炮和各种烟火。20 世纪 50 年代末 60 年代初，过年放爆竹还不是像现在这样蔚然成风，所以我们在大门口放，必然引来众人围观。我们也不是像现在这样动辄就是两千响四千响，很奢侈地一串串放，而是先把一串串的鞭炮拆开，盛放在一个大竹篓里，孩子们再抓在手里一个个放。在爆竹不断的噼啪声中，点缀着烟火的美丽闪烁，着实能热闹上好一会儿。

与年三十相比，年初一就安静多了。从早晨开始，前来拜年的客人络绎不绝。有各界领导、亲戚朋友，还有外公的学生弟子，而且往往是一家一家来的。这时候我们是不能再到客厅玩耍了，大多在楼上消磨时光。招待各位客人吃汤圆是必不可少的。在一楼厨房后的一间小屋子里有一扇石磨，年前就在这里磨好水磨糯米粉，汤圆也早已包好。到年初一早上，外婆除了忙着招待客人，还不忘统计客人人数：十、二十、三十……

日月楼的今天

可惜，“日月楼”中的日月并不长。“文革”开始后，楼下的客厅饭厅被迫让出，后来某造反派头头为谈恋爱方便，更是霸占了二楼的部分房间。那时候，我们这些经常来外婆家享受无拘无束生活的孩子，也都被分配到全国各地。我走得最远，走到了黑龙江边陲，而且一去就是近 9 年。

我从黑龙江回上海，正赶上外婆家从日月楼搬出。此后近 30 年，上海经历了翻天覆地的变化，而日月楼却没有什么变化，外婆家里挤进了五户人家，其中一户还是“群租”。唯一的变化是政府在大门口钉了块铭牌：“丰子恺故居。”外公的读者仍是经常前来拜访，有不少还是海外读者，虽不能入内，能在门口的门牌下照张相，他们也会觉得十分满足。

好在近来经过海外亲戚斥巨资鼎力协助，外婆家日月楼的二楼和三楼已经买回来了。如果不出意外，年内日月楼就将以“丰子恺旧居陈列馆”的面貌与广大读者见面。读者假如哪天路过上海的陕西南路（淮海中路北），欢迎前来参观，请记住地址是：上海市陕西南路 39 弄 93 号。

（选自杨子耘《外婆家》）

| 外孙眼中的丰子恺

随身带自制速写本捕捉画面

丰子恺早年师从一代宗师李叔同，后来东渡日本学习绘画，形成了自己独特的画风，他的画，辨识度极高，只寥寥几笔，神态意趣便跃然纸上。《人散后，一钩新月天如水》是丰子恺正式发表的第一幅作品，几个茶杯，一卷帘笼，诗意尽在不言中。“虽然是疏朗的几道笔痕，我的情思却被他带到一个诗的仙境，我的心上感到一种说不出的美感。”著名学者郑振铎看后这样感慨。

宋菲君说，围绕着外公的这幅画，还发生了一件有趣的事，“当时有人指出，画中的月亮方向画反了，大家认为画家并非科学家，并未苛责。后来，天文台的专家看了之后，指出画中描绘的是后半夜的新月，并没有错，朋友小聚，尽兴聊到深夜两三点钟，应正是此景。”宋菲君表示，外公对生活观察很仔细，作画力求准确严谨，所以，应该不会出现这样的错误。

宋菲君的母亲还给孩子们讲过丰子恺平日作画的趣事。他喜欢从日常生活中取材，抗战前在故乡时，他曾画过一个人牵着几只羊，每只羊的颈上都系着一根绳子，画好了挂在墙上，正好被家里挑水的农民看到了，他笑着说：“牵羊的时候，不论几只，只要用一根绳系着带头的那一只，其余的就都跟上来了。”丰子恺听了恍然大悟，感慨：“看来要画好画，不能光凭想象，必须仔细观察事物，还应多向各种各样的人请教。”

丰子恺说到做到，有一次为了画一幅背纤图，他事先特地到河边去观察，发现来往货船走在最前面的纤夫大多是倒着走的，经过了解才知道，倒走能掌握航船动向，可以随时通知其他的纤夫改变纤法，丰子恺便根据观察画出了这幅背纤图。

自从画羊得到启发后，丰子恺十分重视对周围事物的观察，为了记下观察所得，他随身带一本自制的速写本，简陋而实用，旁边可以插一支铅笔，藏一小块橡皮。利用这个速写本，他把捕捉到的可以入画的每一个镜头都画下来。当然这只是轮廓神态，回来后还要加工。如果画的是人，还不能让他们知道，否则他们的神态态度马上就变得不自然了。这种“偷画”常常给他带来麻烦，使他遭到怀疑和白眼，所以有时他只好把印象记在心里，回家之后再凭借记忆画出来。

家中的大人小孩都知道，丰子恺对自己的速写本视若珍宝，从不离身，有一次家中李妈不当心，把他的衣服带本子都浸到洗衣盆里，正要去洗，他发现速写本不见了，十分着急，立刻发动全家去找。李妈寻到了，忙喊：“小书在这里！”从此“小书”成了速写本的代名词，大家对它也就更当心了。丰子恺的这个习惯一直保持到晚年，一抽屉都是他的速写本，可惜经过“十年动乱”大多荡然无存，唯一留下的一本珍贵的“小书”珍藏在宋菲君手中。

宋菲君说，每当初学漫画的青年问外公画漫画有什么秘诀时，外公总是告诉他们没有诀窍，没有捷径，办法就是“勤学苦练”，“功夫不负有心人”，因为这就是他的经验。

丰子恺喜欢听取批评的意见，甚至有时候还会“偷听”。那是在嘉兴，丰子恺带着宋菲君的母亲，当时还是一个小女孩，去烟雨楼玩，邻座几位游客忽然提到丰子恺的名字，丰子恺示意女儿不要作声，自己却急忙坐到茶客的背后去，偷听他们的议论。其中有人说：“丰子恺画的人真怪，有的没有五官，有的只有两条横线，这难道算是时髦吗？”丰子恺受日本画家梦久竹二的影响，这种画法叫做“有意无笔”，或者“意到笔不到”，以求更加含蓄耐人寻味，留给人遐想的余地。但丰子恺还是吸收了那位茶客的意见，从此在人物的刻画上下了更多的功夫，注意通过生动的姿态来表达没有五官的面部的神情。

一场“艺术的逃难”

生逢乱世，命运多艰，丰子恺亲自设计的故乡居所“缘缘堂”在1938年毁于日军的炮火，一家人也踏上了逃难的道路。然而，艺术家的逃难，也是一路故事，孩子们多年后回想起来，苦辣酸甜，个中滋味难以言表。

“据母亲说，当时日本军在广西南宁登陆，浙江大学学生、教师扶老携幼，向贵州逃去。他们一家人也加入了逃难的大军，可是外公居然连路上的盘缠都没有，艺术家不善理财，家中竟无积蓄，最后是孩子们拿出自己每年一元的压岁钱，凑在一起勉强上路。”不过丰子恺也有自己的办法，每当钱花完了，他就地开一个画展，可以筹集到一些路费接着走。

逃难路上，丰子恺为了一家人也不得不做一些违背自己艺术原则的事情，比如，用画换取搭车，令他痛苦不已。

丰子恺一家人逃到广西河池时，车子不来，被困在当地，大家十分着急，却无计可施，只能待在旅馆里。正巧有一位赵先生偶然看到丰子恺为旅馆老板题写的一副祝寿对联，知道这里住着大名鼎鼎的画家，便主动上楼攀谈。

赵先生握住丰子恺的手，连称“久仰”“难得”。原来，他是此地加油站的站长，适才路过旅馆，看见门口晒着红对子，认出是丰子恺笔迹，而墨迹未干，料想一定住在旅馆里，便来访问。听到丰子恺的难处，赵先生慷慨地说：“先生运道太好，明天正好有一辆运油的车子开都匀，如今我让先生先走，途中只说是我眷属是了。”

这天晚上，赵先生拿出一卷纸来，要丰子恺作画。丰子恺事后感叹：“为了交换一辆汽车，我不得不在昏昏灯火之下，用恶劣的纸笔作画，这在艺术上是一件最苦痛、最不合理的事！但我当晚勉力执行了。”

用画作换来珍贵的搭车机会，丰子恺带着一家老幼5人及行李12件，安全到达目的地都匀，老姐及年长的儿女都已先到了。全家11人，离散16天后，在安全地带团聚。当晚丰子恺饮茅台大醉。

次日一早，丰子恺见到比他早到的浙大同事张其昀先生，他幽默地说：“听说你这次逃难很是‘艺术的’？”从此，丰子恺“艺术的逃难”就成了亲友口中的一个典故。

抗战期间，丰子恺画了很多描写战争苦难的漫画，种种惨状令人不忍目睹，他和所有的中国人一样，期盼着胜利的这一天。

1945年，日本投降的消息传来，丰子恺激动不已，特意做了漫画《胜利之夜》，描绘了一家人欢乐的情景，喝下了久藏的两瓶茅台。就寝之后，他思如潮涌，在随笔中写道："想起了八年前被毁的缘缘堂，想起了八年来生离死别的亲友，想起了一群汉奸的下场，想起了惨败的日本的命运，想起了奇迹地胜利的中国的前途……无端的悲从中来，所谓‘胜利的悲哀’。"

希望讽刺漫画"速朽"

每个画家都希望自己能留下传世之作，让自己的作品几十年几百年后仍然被人们传颂欣赏，可是丰子恺却希望自己的作品"速朽"，甚至他还专门刻了一个章，叫做"速朽之作"，这是怎么回事呢？

宋菲君听母亲提起过，她在上小学的时候，常见父亲画当时社会上贫苦人民的情景，母亲很疑惑，因为图画老师教孩子们画花、鸟、风景等，所以在孩子的心里，只有美观的东西才能入画，可外公为什么偏偏要画那些蓬头垢面的穷苦人和他们的悲惨生活呢？

丰子恺当时只能对年幼的女儿浅显地解释说："有的画并不是为了装饰和欣赏的，而是使人看了以后想想，想出点意义来。"

一次，丰子恺的好友、口琴家黄涵秋先生来探望他，谈起有个官商在一次宴会上这样当众评论："丰子恺专门画那些下等人，什么车夫、苦工、佣人、乡下人，甚至叫花子也上了画，乌七八糟的，简直是亵渎艺术！看来此人很俗气，根本不懂得‘风雅’二字。"

丰子恺听了一笑置之，依然作画如故。他曾经对人说："我不会又不喜作纯粹的风景画或花卉，我希望画中含有意义——人情味儿或社会问题。"

在那个时代，一个有正义感的画家，不可能不把笔锋投向现实社会，丰子恺是被这黑暗的社会激怒了。他说：“于是我就当面细看社会上的痛苦相、悲惨相、残酷相，而为它们写照。”

《最后的吻》用人和狗之间的强烈对比，控诉了旧社会的痛苦生活。当时，有一位女读者在看了以后，写了一封信给丰子恺，说看了此画，悲伤至极，并为此流了许多眼泪。她要求画家赔偿她的眼泪。

后来，丰子恺又画了《人如狗，狗如人》《鱼游沸水中》等讽刺漫画，一位至亲看了劝他：“这样的画还是少画为妙，免惹是非。”丰子恺苦笑说：“满腹的苦闷与不平，不画出来憋得住吗？也顾不得什么了。”他把这些画集成两本集子《人间相》与《都市相》，出版后引起了读者的强烈反响，很多读者纷纷给他寄信。一名青年来信诉说他毕业两年以来一直找不到工作，只好在家代人写信，抄佛经，他说：“看了你画的《毕业后》，我深有感触，个人前途渺茫，社会一片黑暗，到哪里去寻求光明呢？”

其实丰子恺对人世间这些伤心的景象也是不愿多画的，他曾说：“对社会上残酷、悲惨、丑恶、黑暗的一面，我的笔不忍描写……”所以他为这些画专门刻了一个章，叫做“速朽之作”，他希望这些画速朽，这些景象快点消灭。

每当丰子恺画这些“速朽之作”的时候，家人总能看到他脸上流露出严峻、悲愤的神色，完成一幅“速朽之作”后，又总是那么忧心忡忡，闷闷不乐。丰子恺的挚友章锡琛先生常说：“子恺是蘸着泪水画出来的呀！”丰子恺常引用苏东坡“恶岁诗人无好语”来比喻，愤愤地声称：“我现在正是恶岁画家。”

1949年4月间，丰子恺正在香港办画展，忽然传来了百万雄师过大江的好消息，他兴奋得通宵未眠，谢绝了好友们劝他定居香港的美意，搭上了回上海的末班飞机回到祖国。中华人民共和国成立后，丰子恺欣喜若狂，他说：“触目惊心的景象一去不返了，我那些速朽之作，也可以宣告‘朽’了，这些景象都变成了过去的噩梦，我真高兴啊！”

珍视孩子的“天真无邪”

丰子恺的家庭教育非常成功，三子四女皆学有所成，在各个领域成就斐然。

很多望子成龙的家长都会好奇，丰子恺有什么教育诀窍呢？

“外公从来不为子女筹划人生，孩子愿意怎么长就怎么长，喜欢学什么就学什么，他从不干涉，但是会细心体察孩子的性格爱好，他是真正的‘慈父’。”宋菲君这样说。

丰子恺异常珍视儿童的“天真无邪”，他认真而兴奋地描摹儿童日常生活中那些耐人寻味的平凡琐事，称他们为“全部身心公开的人”。从这些画就可以看出丰子恺对孩子不加掩饰的爱。

在宋菲君母亲的记忆中，丰子恺对年幼的孩子照顾得无微不至，他曾作漫画《兼母的父》就是自己的写照，他还经常与孩子们一起搭积木、“乘火车”，教他们唱儿歌。他写道：“他们笑了，我觉得比我自己笑还开心；他们哭了，我觉得比我自己哭还伤心……由于这种爱和亲近，我才常常体会了孩子们的心理，发现了一个和成人的世界完全不同的儿童世界。”

孩子看到书桌上放着苹果想取食，可是手够不着，大人又不在旁边，情急之下，孩子就把书桌的抽斗逐个拉开来，组成了一部小楼梯，爬上去取到了苹果。此情此景，正好被推门进去的丰子恺看到，他惊喜地拿起笔来，把这个可爱的镜头捕捉到他的速写本里去了。

丰子恺曾经写道：“有时候他们要把一杯茶横过来放进抽斗里去，要皮球停在墙壁上，要天停止下雨，要月亮下来……”一般家长会笑孩子们傻，但是在漫画家心中这些都是最动人的题材，他夸赞孩子们有“丰富的想象力和旺盛的创造力”“唯有孩子才是不受大自然支配，不受社会约束的创造者”，他热烈地赞叹：“孩子们的世界何等广大！”

宋菲君说，外公对家里孩子们的种种提问十分重视，总是耐心巧妙地回答他们，直到他们的小心灵满足为止。一次，孩子问：“挂钟为什么会敲响的？时针为什么会走动的？”丰子恺告诉孩子们：“钟里面有机件。”孩子还不满足，他就把挂钟的后盖打开来，指着零件一一讲给孩子们听。

这位慈父对孩子的爱和理解，成就了最好的家庭教育。他对孩子的人生选择几乎从不置一词，但是长外孙宋菲君走上学物理的道路却是外公鼓励的，这似乎是一个例外。

“当年我在上海市复兴中学读书的时候兴趣很广泛，既喜欢数理，又向外公丰子恺先生学美术速写，学古文诗词，还是一名天文爱好者。高一的时候，根据物理教科书中非常有限的光学知识，我和同学一起到上海虬江路旧货摊上购买了几块透镜，用纸糊了一个镜筒，制成了一个开普勒天文望远镜。用这具简陋的望远镜，我们居然看到了木星的四颗卫星、土星的光环、内行星金星的盈亏，还能清晰地看到月球表面的环形山。”

宋菲君把自己的科学实验告诉了外公，丰子恺听了也很高兴，挥毫作画并题诗一首：“自制望远镜，天空望火星，仔细看清楚，他年去旅行。”

后来学校文理分班，宋菲君既喜欢中文、美术，又热爱数学、物理，拿不定主意，就去征求外公的意见。“他说，我们家学文学外语艺术的多，你的数理成绩这样好，又喜欢天文，不如去考北大学物理。物理不好学，但有志者事竟成。”听了外公的话，宋菲君上了理科班，又如愿以偿地考上北大物理系，最终成为一名物理学家。

宋菲君直到今天仍然有些疑惑，外公为什么例外地为他选择了专业，“在我的兴趣爱好刚刚萌芽的时候，我的外公、艺术大师丰子恺先生却让我弃文从理，是基于他讲得简单而直接的理由，还是‘弦外有余音’，就不得而知。”

“对于我，这会是一个永远解不开的谜了。”宋菲君一声长叹。

（选自张鹏《外孙眼中的丰子恺》）

治学

实行的悲哀

寒假中，诸儿齐集缘缘堂，任情游戏，笑语喧阗，堂前好像每日做喜庆事。有一儿玩得疲倦，欹藤床少息，随手翻检床边柱上日历，愀然改容叫道：“寒假只有一星期了！假期作业还未动手呢！”游戏的热度忽然为之降低。另一儿接着说：“我看还是未放假时快乐，一放假就觉得不过如此，现在反觉得比未放时不快了。”这话引起了许多人的同情。

我虽不是学生，并不参与他们的假期游戏，但也是这话的同情者之一。我觉得在人的心理上，预想往往比实行快乐。西人有“胜利的悲哀”之说，我想模仿他们，说“实行的悲哀”，由预想进而实行，由希望变为成功，原是人生事业进展的正道，但在人心的深处，奇妙地存在着这种悲哀。

现在就从学生生活着想，先举星期日为例。凡做过学生的人，谁都能首肯，星期六比星期日更快乐。星期六的快乐的原因，原是为了有星期日在后头；但是星期日的快乐的滋味，却不在其本身，而集中于星期六。星期六午膳后，课业未了，全校已充满着一种弛缓的空气。有的人预先做归家的准备，有的人趁早做出游的计划！更有性急的人，已把包裹洋伞整理在一起，预备退课后一拿就走了。最后一课毕，退出教室的时候，欢乐的空气更加浓重了。有的唱着歌出来，有的笑谈着出来，年幼的甚至跳着舞出来。先生们为环境所感，在这些时候大都暂把校规放宽，对于这等骚乱佯作不见不闻。其实，他们也是真心地爱好这种弛缓的空气的。星期六晚上，学校中的空气达到了弛缓的极度。这晚上不必自修，也不被严格地监督。学生可以三三两两，各行其游息之乐。出校夜游一会儿也不妨，买些茶点回到寝室里吃也不妨，迟一点儿睡觉也不妨。这一黄昏，可说是星期日的快乐的最终了。过了这最终，弛缓的空气便开始紧张起来。因为到了星期日早晨，昨天所盼望的佳期已实际地达到，人心中已开始生出那种“实行的悲哀”来了。这一天，或者天气不好，或者人事不巧，昨日所预定的游约没有畅快地遂行，于是感到一番失望。即使天气好，人事巧，到了兴尽归校的时候，也不免尝到一种接近于“乐尽哀来”的滋味。明日的课业渐渐地挂上了心头，先生的脸孔隐约地出现在脑际，一朵无形的黑云，压迫在各人的头上了。而在游乐之后重新开始修业，犹似重新挑起曾经放下的担子来走路，起初总会觉得分量格外重些。于是不免懊恨起来，觉得还是没有这星期日好，原来星期日之乐是决不在星期日的。

其次，毕业也是“实行的悲哀”之一例。学生入学，当然是希望毕业的。照事理而论，毕业应是学生最快乐的时候。但人的心情却不然：毕业的快乐，常在于未毕业之时；一毕业，快乐便消失，有时反而来了悲哀；只有将毕业而未毕业的时候，学生才能真正地、浓烈地尝到毕业的快乐的滋味。修业期只有几个月了，在校中是最高级的学生了，在先生眼中是快要出山的了，在同学面前是老前辈了。这真是学生生活中最光荣的时期。加之毕业后的新世界的希望，“云路”“鹏程”等词所暗示的幸福，隐约地出现在脑际，无限地展开在预想中。这时候的学生，个个是前程远大的新青年，个个是有所作为的好国民。不但在学生生活中，恐怕在人生中，这也是最光荣的时期了。然而果真毕了业怎样呢？告辞良师，握别益友，离别母校，先受了一番感伤且不去说它，出校之后，有的升学未遂，有的就职无着；即使升了学，就了职，新世界中自有种种困难与苦痛，往往与未毕业时所预想者全然不符。在这时候，他们常常要羡慕过去，回想在校时何等自由，何等幸福，巴不得永远做未毕业的学生。原来毕业之乐是决不在毕业上的。

进一步看，爱的欢乐也是如此。男子欲娶未娶、女子欲嫁未嫁的时候，其所感受的欢喜最为纯粹而十全。到了实行嫁娶之后，前此之乐往往消减，有时反而来了不幸。西人言“婚姻是爱情的坟墓”，恐怕就是这“实行的悲哀”所使然的吧？富贵之乐也是如此。欲富而刻苦积金、欲贵而努力钻营的时候，是其人生活兴味最浓的时期。到了既富既贵之后，若其人的人性未曾完全丧尽，有时会感懊丧，觉得富贵不如贫贱之乐了。《红楼梦》里的贾政拜相，元春为贵妃，也算是极人间荣华富贵之乐了。但我读了大观园省亲时元妃隔帘对贾政说的一番话，觉得人生悲哀之深，无过于此了。

（选自丰子恺《我们这些大人》）

真善美的和谐统一

教育，简言之，就是教儿童以对于人生世界的理解，即教以对于人生世界的看法，换言之，即教以人生观、世界观。人生非常崇高；世界非常广大。然看者倘然没有伟大的心眼，所见就局限于一面，必始终不能领略这崇高的人生与广大的世界，而沉在黑暗苦恼之中，相与造成黑暗苦恼的社会与世界了。这崇高、广大的人生与世界，须通过了真善美的理想而窥见。教育是教人以真善美的理想，使窥见崇高广大的人世的。再从人的心理上说，真、善、美就是知、意、情。知、意、情，三面一齐发育，造成崇高的人格，就是教育的完全的奏效。倘有一面偏废，就不是健全的教育。

科学是真的、知的；道德是善的、意的；艺术是美的、情的。这是教育的三大要目。

圆满就是“复杂的统一”。做人也是如此的：无论何等善良的人，倘过于率直或过于曲折，决不能有圆满的人格。必须有丰富的知识与感情，而又有统一的见解的人，方能具有圆满的人格。我们用意志来力求这圆满，就是“善”；用理知来认识这圆满，就是“真”；用感情来感到这圆满，就是“美”。故真、善、美，是同上物。不过或诉于意志，或诉于理知，或诉于感情而已。——这就叫作真善美合一说。

（选自丰子恺《丰子恺文集·艺术卷二》）

怀李叔同先生

距今29年前，我17岁的时候，最初在杭州的浙江省立第一师范学校里见到李叔同先生，即后来的弘一法师。那时我是预科生，他是我们的音乐教师。

我们上他的音乐课时，有一种特殊的感觉：严肃。摇过预备铃，我们走向音乐教室，推进门去，先吃一惊：李先生早已端坐在讲台上。以为先生总要迟到而嘴里随便唱着、喊着，或笑着、骂着而推进门去的同学，吃惊更是不小。他们的唱声、喊声、笑声、骂声以门槛为界限而忽然消灭。接着是低着头，红着脸，去端坐在自己的位子里。端坐在自己的位子里偷偷地仰起头来看看，看见李先生的高高的瘦削的上半身穿着整洁的黑布马褂，露出在讲桌上，宽广得可以走马的前额，细长的凤眼，隆正的鼻梁，形成威严的表情。扁平而阔的嘴唇两端常有深涡，显示和蔼的表情。这副相貌，用温而厉三个字来描写，大概差不多了。讲桌上放着点名簿、讲义，以及他的教课笔记簿、粉笔。钢琴琴衣解开着，琴盖开着，谱表摆着，琴头上又放着一只时表，闪闪的金光直射到我们的眼中。黑板（是上下两块可以移动的）上早已清楚地写好本课内所应写的东西（两块都写好，上块盖着下块，用下块时把上块推开）。在这样布置的讲台上，李先生端坐着。坐到上课铃响出（后来我们知道他这脾气，上音乐课必到。故上课铃响时，同学早已到齐），他站起身来，深深地一鞠躬，课就开始了。这样的上课，空气严肃得很。

有一个同学上音乐课时不唱歌而看别的书，有一个同学上音乐课时吐痰在地板上，以为李先生看不见的，其实他都知道。但他不立刻责备，等到下课后，他用很轻而严肃的声音郑重地说：某某等一等出去。于是这位某某同学只得站着。等到别的同学都出去了，他又用轻而严肃的声音向这某某同学和气地说：下次上课时不要看别的书。或者：下次痰不要吐在地板上。说过之后他微微一鞠躬，表示你出去罢。出来的人大都脸上发红。又有一次下音乐课，最后出去的人无心把门一拉，碰得太重，发出很大的声音。他走了数十步之后，李先生走出门来，满面和气地叫他转来。等他到了，李先生又叫他进教室来。进了教室，李先生用很轻而严肃的声音向他和气地说：下次走出教室，轻轻地关门。就对他一鞠躬，送他出门，自己轻轻地把门关了。

最不易忘却的，是有一次上弹琴课的时候。我们是师范生，每人都要学弹琴，全校有五六十架风琴及两架钢琴。风琴每室两架，给学生练习用；钢琴一架放在唱歌教室里，一架放在弹琴教室里。上弹琴课时，十数人为一组，环立在琴旁，看李先生范奏。有一次正在范奏的时候，有一个同学放一个屁，没有声音，却是很臭。钢琴及李先生十数同学全部沉浸在亚莫尼亚气体中。同学大都掩鼻或发出讨厌的声音。李先生眉头一皱，管自弹琴（我想他一定屏息着）。弹到后来，亚莫尼亚气散光了，他的眉头方才舒展。教完以后，下课铃响了。李先生立起来一鞠躬，表示散课。散课以后，同学还未出门，李先生又郑重地宣告：大家等一等去，还有一句话。大家又肃立了。李先生又用很轻而严肃的声音和气地说：以后放屁，到门外去，不要放在室内。接着又一鞠躬，表示叫我们出去。同学都忍着笑，一出门来，大家快跑，跑到远处去大笑一顿。

李先生用这样的态度来教我们音乐，因此我们上音乐课时，觉得比上其他一切课更严肃。同时对于音乐教师李叔同先生，比对其他教师更敬仰。那时的学校，首重的是所谓英、国、算，即英文、国文和算学。在别的学校里，这三门功课的教师最有权威；而在我们这师范学校里，音乐教师最有权威，因为他是李叔同先生的缘故。

李叔同先生为什么能有这种权威呢？不仅因为他学问好，不仅因为他音乐好，主要的还是因为他态度认真。李先生一生的最大特点是认真。他对于一件事，不做则已，要做就非做得彻底不可。

他出身于富裕之家，他的父亲是天津有名的银行家。他是第五位姨太太所生。他父亲生他时，年已72岁。他坠地后就遭父丧，又逢家庭之变，青年时就陪着他的生母南迁上海。在上海南洋公学读书奉母时，他是一个翩翩公子。当时上海文坛有著名的沪学会，李先生应沪学会征文，名字屡列第一。从此他就为沪上名人所器重，而交游日广，终以才子驰名于当时的上海。后来他母亲去世了，他赴日本留学的时候，作一首《金缕曲》，词曰："披发佯狂走。莽中原，暮鸦啼彻，几株衰柳。破碎河山谁收拾？零落西风依旧。便惹得离人消瘦。行矣临流重太息，说相思，刻骨双红豆。愁黯黯，浓于酒。漾情不断淞波溜。恨年来絮飘萍泊，遮难回首。二十文章惊海内，毕竟空谈何有！听匣底苍龙狂吼。长夜凄风眠不得，度群生哪惜心肝剖？是祖国，忍孤负？"读这首词，可想见他当时豪气满胸，爱国热情炽盛。他出家时把过去的照片统统送我，我曾在照片中看见过当时在上海的他：丝绒碗帽，正中缀一方白玉，曲襟背心，花缎袍子，后面挂着胖辫子，底下缎带扎脚管，双梁厚底鞋子，头抬得很高，英俊之气，流露于眉目间。真是当时上海一等的翩翩公子。这是最初表示他的特性：凡事认真。他立意要做翩翩公子，就彻底地做一个翩翩公子。

后来他到日本，看见明治维新的文化，就渴慕西洋文明。他立刻放弃了翩翩公子的态度，改做一个留学生。他入东京美术学校，同时又入音乐学校。这些学校都是模仿西洋的，所教的都是西洋画和西洋音乐。李先生在南洋公学时英文学得很好；到了日本，就买了许多西洋文学书。他出家时曾送我一部残缺的原本《莎士比亚全集》，他对我说：这书我从前细读过，有许多笔记在上面，虽然不全，也是纪念物。由此可想见他在日本时，对于西洋艺术全面进攻，绘画、音乐、文学、戏剧都研究。后来他在日本创办春柳剧社，纠集留学同志，并演当时西洋著名的悲剧《茶花女》（小仲马著）。他自己把腰束小，扮作茶花女，粉墨登场。这照片，他出家时也送给我，一向归我保藏；直到抗战时为兵火所毁。现在我还记得这照片：卷发，白的上衣，白的长裙拖着地面，腰身小到一把，两手举起托着后头，头向右歪侧，眉峰紧蹙，眼波斜睇，正是茶花女自伤命薄的神情。另外还有许多演剧的照片，不可胜记。这春柳剧社后来迁回中国，李先生就脱身而出，由另一班人去办，便是中国最初的话剧社。由此可以想见，李先生在日本时，是彻头彻尾的一个留学生。我见过他当时的照片：高帽子、硬领、硬袖、燕尾服、史的克、尖头皮鞋，加之长身、高鼻，没有脚的眼镜夹在鼻梁上，竟活像一个西洋人。这是第二次表示他的特性：凡事认真。学一样，像一样。要做留学生，就彻底地做一个留学生。

他回国后，在上海太平洋报社当编辑。不久，就被南京高等师范请去教图画、音乐。后来又应杭州师范之聘，同时兼任两个学校的课，每月中半个月住南京，半个月住杭州。两校都请助教，他不在时由助教代课。我就是杭州师范的学生。这时候，李先生已由留学生变为教师。这一变，变得真彻底：漂亮的洋装不穿了，却换上灰色粗布袍子、黑布马褂、布底鞋子。金丝边眼镜也换成了黑的钢丝边眼镜。他是一个修养很深的美术家，所以对于仪表很讲究。虽然布衣，却很合身，常常整洁。他穿布衣，全无穷相，而另具一种朴素的美。你可想见，他是扮过茶花女的，身材生得非常窈窕。穿了布衣，仍是一个美男子。淡妆浓抹总相宜，这诗句原是描写西子的，但拿来形容我们的李先生的仪表，也很适用。今人侈谈生活艺术化，大都好奇立异，非艺术的。李先生的服装，才真可称为生活的艺术化。他一时代的服装，表出着一时代的思想与生活。各时代的思想与生活判然不同，各时代的服装也判然不同。布衣布鞋的李先生，与洋装时代的李先生、曲襟背心时代的李先生，判若三人。这是第三次表示他的特性：认真。

我二年级时，图画归李先生教。他教我们木炭石膏模型写生。同学一向描惯临画，起初无从着手。40余人中，竟没有一个人描得像样的。后来他范画给我们看。画毕把范画贴在黑板上。同学们大都看着黑板临摹。只有我和少数同学，依他的方法从石膏模型写生。我对于写生，从这时候开始发生兴味。我到此时，恍然大悟：那些粉本原是别人看了实物而写生出来的。我们也应该直接从实物写生入手，何必临摹他人，依样画葫芦呢？于是我的画进步起来。此后李先生与我接近的机会更多。因为我常去请他教画，又教日本文，以后的李先生的生活，我所知道的较为详细。他本来常读性理的书，后来忽然信了道教，案头常常放着道藏。那时我还是一个毛头青年，谈不到宗教。李先生除绘事外，并不对我谈道。但我发现他的生活日渐收敛起来，仿佛一个人就要动身赴远方的模样。他常把自己不用的东西送给我。他的朋友日本画家大野隆德、河合新藏、三宅克已等到西湖来写生时，他带了我去请他们吃一次饭，以后就把这些日本人交给我，叫我陪伴他们（我当时已能讲普通应酬的日本话）。他自己就关起房门来研究道学。有一天，他决定入大慈山去断食，我有课事，不能陪去，由校工闻玉陪去。数日之后，我去望他。见他躺在床上，面容消瘦，但精神很好，对我讲话，同平时差不多。他断食共 17 日，由闻玉扶起来，摄一个影，影片上端由闻玉题字：李息翁先生断食后之像，侍子闻玉题。这照片后来制成明信片分送朋友。像的下面用铅字排印着：某年月日，入大慈山断食 17 日，身心灵化，欢乐康强欣欣道人记。李先生这时候已由教师一变而为道人了。

（选自丰子恺《缘缘堂随笔》）

学会艺术地生活

原本我们初生入世的时候，最初并不提防到这世界是如此狭隘而使人窒息的。

我们虽然由儿童变成大人，然而我们这心灵是始终一贯的心灵，即依然是儿时的心灵，只不过经过许久的压抑，所有的怒放的、炽热的感情的萌芽，屡被磨折，不敢再发生罢了。这种感情的根，依旧深深地伏在做大人后的我们的心灵中。这就是“人生的苦闷”根源。

我们谁都怀着这苦闷，我们总想发泄这苦闷，以求一次人生的畅快。艺术的境地，就是我们所开辟的、来发泄这生的苦闷的乐园。我们的身体被束缚于现实，匍匐在地上。然而我们在艺术的生活中，可以暂时放下我们的一切压迫与负担，解除我们平日处世的苦心，而做真的自己的生活，认识自己的奔放的生命。我们可以瞥见“无限”的姿态，可以体验人生的崇高、不朽，而发现生的意义与价值了。艺术教育，就是教人以这艺术的生活的。知识、道德，在人世间固然必要，然倘若缺乏这种艺术的生活，纯粹的知识与道德全是枯燥的法则的纲。这纲愈加繁多，人生愈加狭隘。

所谓艺术的生活，就是把创作艺术、鉴赏艺术的态度来应用在人生中，即教人在日常生活中看出艺术的情味来。倘能因艺术的修养，而得到了梦见这美丽世界的眼睛，我们所见的世界，就处处美丽，我们的生活就处处滋润了。

艺术教育就是教人用像作画、看画一样的态度来对世界；换言之，就是教人学做孩子，就是培养小孩子的这点“童心”，使他们长大以后永不泯灭。童心，在大人就是一种“趣味”。培养童心，就是涵养趣味。大人与孩子，分居两个不同的世界。儿童对于人生自然，另取一种特殊的态度，即对于人生自然的“绝缘”的看法。哲学地考察起来，“绝缘”的正是世界的“真相”，即艺术的世界正是真的世界。人类最初，天生是和平的、爱的。所以小孩子天生有艺术态度的基础。世间教育儿童的人，父母、老师，切不可斥儿童的痴呆，切不可把儿童大人化，宁可保留、培养他们的一点痴呆，直到成人以后。因为这痴呆就是童心。童心，在大人就是一种“趣味”。培养童心，就是涵养趣味。小孩子的生活，全是趣味本位的生活。我所谓培养，就是做父母、做老师的人，应该乘机助长，修正他们的对于事物的看法。要处处离去因袭，不守传统，不照习惯，而培养其全新的、纯洁的“人”的心。对于世间事物，处处要教他用这个全新的纯洁的心来领受，或用这个全新的纯洁的心来批判选择而实行。

认识千古大谜的宇宙与人生的，便是这个心。得到人生的最高愉悦的，便是这个心，赤子之心。

孟子说：“大人者，不失其赤子之心者也。”所谓赤子之心，就是孩子的本来的心，这心是从世外带来的，不是经过这世间的造作后的心。明言之，就是要培养孩子的纯洁无疵、天真烂漫的真心，使成人之后，“不为物诱”，能主动地观察世间，矫正世间，不致被动地盲从这世间已成的习惯，而被世间结成的罗网所羁绊。

常人抚育孩子，到了渐渐成长，渐渐脱去其痴呆的童心而成为大人模样的时代，父母往往喜慰，实则这是最可悲哀的现状！因为这是尽行放失其赤子之心，而为现世的奴隶了。

（选自丰子恺《活着本来单纯》）

处世

从孩子得到的启示

晚上喝了三杯老酒，不想看书，也不想睡觉，捉一个 4 岁的孩子华瞻来骑在膝上，同他寻开心。我随口问：

“你最喜欢什么事？”

他仰起头一想，率然地回答：“逃难。”

我倒有点奇怪：“逃难”两字的意义，在他不会懂得，为什么偏偏选择它？倘然懂得，更不应该喜欢了。我就设法探问他：

“你晓得逃难就是什么？”

“就是爸爸、妈妈、宝姊姊、软软……娘姨，大家坐汽车，去看大轮船。”

啊！原来他的“逃难”的观念是这样的！他所见的“逃难”，是“逃难”的这一面！这真是最可喜欢的事！

一个月以前，上海还属孙传芳的时代，国民革命军将到上海的消息日紧一日，素不看报的我，这时候也定一份《时事新报》，每天早晨看一遍。有一天，我正在看昨天的旧报，等候今天的新报的时候，忽然上海方面枪炮声响了，大家惊恐失色，立刻约了邻人，扶老携幼地逃到附近江湾车站对面的妇孺救济会里去躲避。其实倘然此地果真进了战线，或到了败兵，妇孺救济会也是不能救济的。不过当时张皇失措，有人提议这办法，大家就假定它为安全地带，逃了进去。那里面地方大，有花园、假山、小川、亭台、曲栏、长廊、花树、白鸽，孩子一进去，登临盘桓，快乐得如入新天地了。忽然兵车在墙外过，上海方面的机关枪声、炮声，愈响愈近，又愈密了。大家坐定之后，听听，想想，方才觉得这里也不是安全地带，当初不过是自骗罢了。有决断的人先出来雇汽车逃往租界。每走出一批人，留在里面的人增一次恐慌。我们集合邻人来商议，也决定出来雇汽车，逃到杨树浦的沪江大学。于是立刻把小孩们从假山中、栏杆内捉出来，装进汽车里，飞奔杨树浦了。

所以决定逃到沪江大学者，因为一则有邻人与该校熟识，二则该校是外国人办的学校，较为安全可靠。枪炮声渐远弱，到听不见了的时候，我们的汽车已到沪江大学。他们安排一个房间给我们住，又为我们代办膳食。傍晚，我坐在校旁黄浦江边的青草堤上，怅望云水遥忆故居的时候，许多小孩子采花、卧草，争看无数的帆船、轮船的驶行，又是快乐得如入新天地了。

次日，我同一邻人步行到故居来探听情形的时候，青天白日的旗子已经招展在晨风中，人人面有喜色，似乎从此可庆承平了。我们就雇汽车去迎回避难的眷属，重开我们的窗户，恢复我们的生活。从此“逃难”两字就变成家人的谈话的资料。

这是“逃难”。这是多么惊慌、紧张而忧患的一种经历！然而我物一无损丧，只是一次虚惊；过后回想，这回好似全家的人突发地出门游览两天。我想假如我是预言者，晓得这是虚惊，我在逃难的时候将何等有趣！素来难得全家出游的机会，素来少有坐汽车、游览、参观的机会。那一天不论时，不论钱，浪漫地、豪爽地、痛快地举行这游历，实在是人生难得的快事！只有小孩子真果感得这快味！他们逃难回来以后，常常拿香烟篾子来叠作栏杆、小桥、汽车、轮船、帆船；常常问我关于轮船、帆船的事；墙壁上及门上又常常有有色粉笔画的轮船、帆船、亭子、石桥的壁画出现。可见这“逃难”，在他们脑中有难忘的欢乐的印象。所以今晚我无端地问华瞻最欢喜什么事，他立刻选定这“逃难”。原来他所见的，是“逃难”的这一面。

不止这一端：我们所打算、计较、争夺的洋钱，在他们看来个个是白银的浮雕的胸章；仆仆奔走的行人，血汗涔涔的劳动者，在他们看来个个是无目的地在游戏，在演剧；一切建设，一切现象，在他们看来都是大自然的点缀、装饰。

唉！我今晚受了这孩子的启示了：他能撤去世间事物的因果关系的网，看见事物的本身的真相。他是创造者，能赋给生命于一切的事物。他们是“艺术”的国土的主人。唉，我要从他学习！

（选自丰子恺《我们这些大人》）

儿　戏

楼下忽然起了一片孩子们暴动的声音。他们的娘高声喊着:“两只雄鸡又在斗了，爸爸快来劝解!”我不及放下手中的报纸，连忙跑下楼来。

原来是两个男孩在打架：6岁的元草要夺9岁的华瞻的木片头，华瞻不给，元草哭着用手打他的头；华瞻也哭着，双手擎起木片头，用脚踢元草的腿。

我放下报纸，把身体插入两孩子的中间，用两臂分别抱住了两孩子，对他们说:“不许打!为的啥事体?大家讲!”元草竭力想摆脱我的手臂而向对方进攻，一面带哭带嚷地说:“他不肯给我木片头!他不肯给我木片头!”似乎这就是他打人的正当理由。华瞻究竟比他大了3岁，最初静伏在我的臂弯里，表示不抵抗而听我调解，后来吃着口声辩:“这些木片头原是我的!他要夺，我不给，他就打我!”元草用哭声接着说:“他踢我!”华瞻改用直接交涉，对着他说:“你先打!”在旁作壁上观的宝姊姊发表意见:“轻句还重句，先打无道理!”

背后另一个又发表一种舆论:“君子开口，小人动手!”我未及下评判，元草已猛力退出我的手臂，突然向对方袭击。他们的娘看我排解无效，赶过来将元草擒去，抱在怀里，用甘言骗住他。我也把华瞻抱在怀里，用话抚慰他。两孩子分别占据了两亲的怀里，暴动方始告终。这时候，“五香……豆腐干”的叫声在后门外亲切地响着，把脸上挂着眼泪的两孩子一齐从我们的怀里叫了出去。我拿了报纸重回楼上去的时候，已听到他们复交后的笑谈声了。

但我到了楼上，并不继续看报。因为我看刚才的事件，觉得比看报上的国际纷争直截明了得多。我想：世间人与人的对待，小的是个人对个人，大的是团体对团体。个人对待中最小的是小孩对小孩，团体对待中最大的是国家对国家。在文明的世间，除了最小的和最大的两极端而外，人对人的交涉，总是用口的说话来讲理，而不用身体的武力来相打的。例如要掠夺，也必用巧妙的手段；要侵占，也必立巧妙的名义：所谓“攻击”也只是辩论，所谓“打倒”也只是叫喊。故人对人虽怀怨害之心，相见还是点头握手，敷衍应酬。虽然也有用武力的人，但“君子开口，小人动手”，开化的世间是不通行用武力的。其中唯有最小的和最大的两极端不然。

小孩对小孩的交涉，可以不讲理，而通行用武力来相打；国家对国家的交涉，也可以不讲理，而通行用武力来战争。战争就是大规模的相打。可知凡物相反对的两极端相通似，或相等。

国际的事如儿戏，或等于儿戏。

（选自丰子恺《缘缘堂随笔》）

生　机

去年除夜买的一球水仙花，养了两个多月，直到今天方才开花。

今春天气酷寒，别的花木萌芽都迟，我的水仙尤迟。因为它到我家来，遭了好几次灾难，生机被阻抑了。

第一次遭的是旱灾，其情形是这样：它于去年除夕到我家，当时因为我的别寓里没有水仙花盆，我特为跑到瓷器店去买一只纯白的瓷盘来供养它。这瓷盘很大、很重，原来不是水仙花盆。据瓷器店里的老头子说，它是光绪年间的东西，是官场中请客时用以盛某种特别肴馔的家伙。只因后来没有人用得着它，至今没有卖脱。我觉得普通所谓水仙花盆，长方形的、扇形的，在过去的中国画里都已看厌了，而且形式都不及这家伙好看，就假定这家伙是为我特制的水仙花盆，买了它来，给我的水仙花配合，形状色彩都很调和。看它们在寒窗下绿白相映，素艳可喜，谁相信是官场中盛酒肉的东西？可是它们结合不到一个月，就要别离，为的是我要到石门湾去过阴历年，预期在缘缘堂住一个多月，希望把这水仙花带回去，看它开才好。如何带法？颇费踌躇：叫工人阿毛拿了这盆水仙花乘火车，恐怕有人说阿毛提倡风雅；把它装进皮箱里，又不可能。于是阿毛提议："盘儿不要它，水仙花拔起来装在饼干箱里，携了上车，到家不过三四个钟头，不会旱杀的。"我通过了。水仙就与盘暂别，坐在饼干箱里旅行。回到家里，大家纷忙得很，我也忘记了水仙花。三天之后，阿毛突然说起，我猛然觉悟，找寻它的下落，原来被人当作饼干，搁在石灰甏上。连忙取出一看，绿叶憔悴，根须焦黄。阿毛说："勿碍。"立刻把它供养在家里旧有的水仙花盆中，又放些白糖在水里。幸而果然勿碍，过了几天它又欣欣向荣了。是为第一次遭的旱灾。

第二次遭的是水灾，其情形是这样：家里的水仙花盆中，原有许多色泽很美丽的雨花台石子。有一天早晨，被孩子们发现了，水仙花就遭殃：他们说石子里统是灰尘，埋怨阿毛不先将石子洗净，就代替他做这番工作。他们把水仙花拔起，暂时养在脸盆里，把石子倒在另一脸盆里，掇到墙角的太阳光中，给它们一一洗刷。雨花台石子浸着水，映着太阳光，光泽、色彩、花纹，都很美丽。有几颗可以使人想象起“通灵宝玉”来。看的人越聚越多，孩子们尤多，女孩子最热心。她们把石子照形状分类，照色彩分类，照花纹分类；然后品评其好坏，给每块石子打起分数来；最后又利用其形色，用许多石子拼起图案来。图案拼好，她们自去吃年糕了；年糕吃好，她们又去踢毽子了；毽子踢好，她们又去散步了。直到晚上，阿毛在墙角发现了石子的图案，叫道：“咦，水仙花哪里去了？”东寻西找，发现它横卧在花台边上的脸盆中，浑身浸在水里。自晨至晚浸了十来小时，绿叶已浸得发肿、发黑了！阿毛说：“勿碍。”再叫小石子给它扶持，坐在水仙花盆中。是为第二次遭的水灾。

第三次遭的是冻灾，其情形是这样的：水仙花在缘缘堂里住了一个多月。其间春寒太甚，患难迭起。其生机被这些天灾人祸所阻抑，始终不能开花。直到我要离开缘缘堂的前一天，它还是含苞未放。我此去预定暮春回来，不见它开花又不甘心，以问阿毛。阿毛说：“用绳子穿好，提了去！这回不致忘记了。”我赞成。于是水仙花倒悬在阿毛的手里旅行了。它到了我的寓中，仍旧坐在原配的盆里。雨水过了，不开花。惊蛰过了，又不开花。阿毛说：“不晒太阳的缘故。”就掇到阳台上，请它晒太阳。今年春寒殊甚，阳台上虽有太阳光，同时也有料峭的东风，使人立脚不住。所以人都闭居在室内，从不走到阳台上去看水仙花。房间内少了一盆水仙花也没有人查问。直到次日清晨，阿毛叫了：“啊哟，昨晚水仙花没有拿进来，冻杀了！”一看，盆内的水连底冻，敲也敲不开；水仙花里面的水分也冻，其鳞茎冻得像一块白石头，其叶子冻得像许多翡翠条。

赶快拿进来。放在火炉边。久之久之，盆里的水融了，花里的水也融了；

但是叶子很软，一条一条弯下来，叶尖儿垂在水面。阿毛说“乌者”，我觉得的确有些儿“乌”，但是看它的花蕊还是笔挺地立着，想来生机没有完全丧尽，还有希望。以问阿毛，阿毛摇头，随后说：“索性拿到灶间里去，暖些，我也可以常常顾到。”我赞成。垂死的水仙花就被从房中移到灶间。是为第三次遭的冻灾。

谁说水仙花清高？它也像普通人一样，需要烟火气的。自从移入灶间之后，叶子渐渐抬起头来，花苞渐渐展开。今天花儿开得很好了！阿毛送它回来，我见了心中大快。此大快非仅为水仙花。人间的事，只要生机不灭，即使重遭天灾人祸，暂被阻抑，终有抬头的日子。个人的事如此，家庭的事如此，国家、民族的事也如此。

（选自丰子恺《我们这些大人》）

大账簿

我幼年时，有一次坐了船到乡间去扫墓。正靠在船窗口出神观看船脚边层出不穷的波浪的时候，手中拿着的不倒翁失足翻落河中。我眼看它跃入波浪中，向船尾方面滚腾而去，一刹那间形影俱杳，全部交付与不可知的渺茫的世界了。我看看自己的空手，又看看窗下的层出不穷的波浪——不倒翁失足的伤心地，再向船后面的茫茫白水怅望了一会，心中黯然地起了疑惑与悲哀。我疑惑不倒翁此去的下落与结果究竟如何，又悲哀这永远不可知的命运。它也许随了波浪流去，搁住在岸滩上，落入于某村童的手中；也许被渔网打去，从此做了渔船上的不倒翁；又或永远沉沦在幽暗的河底，岁久化为泥土，世间从此不再见这个不倒翁。我晓得这不倒翁现在一定有个下落，将来也一定有个结果，然而谁能去调查呢？谁能知道这不可知的命运呢？这种疑惑与悲哀隐约地在我心头推移。终于我想：父亲或者知道这究竟，能解除我这种疑惑与悲哀。不然，将来我年纪长大起来，总有一天能知道这究竟，能解除这疑惑与悲哀。

后来我的年纪果然长大起来。然而这种疑惑与悲哀，非但依旧不能解除，反而随了年纪的长大而增多增深了。我携了小学校里的同学赴郊外散步，偶然折取一根树枝，当手杖用了一会，后来抛弃在田间的时候，总要对它回顾好几次，心中自问自答：“我不知几时得再见它？它此后的结果不知究竟如何？我永远不得再见它了！它的后事永远不可知了！”倘是独自散步，遇到这种事的时候我更要依依不舍地流连一会。有时已经走了几步，又回转身去，把所抛弃的东西重新拾起来，郑重地道个诀别，然后硬着头皮抛弃它，再向前走。过后我也曾自笑这痴态，而且明明晓得这些是人生中惜不胜惜的琐事，然而那种悲哀与疑惑确实地充塞在我的心头，使我不得不然！

在热闹的地方，忙碌的时候，我这种疑惑与悲哀也会被压抑在心的底层，而安然地支配取舍各种事物，不复作如前的痴态。间或在动作中偶然浮起一点疑惑与悲哀来；然而大众的感化与现实的压迫的力非常伟大，立刻把它压制下去，它只在我的心头一闪而已。一到静僻的地方，孤独的时候，最是夜间，它们又全部浮出在我的心头了。灯下，我推开算术演草簿，提起笔来在一张废纸上信手涂写日间所谙诵的诗句："春蚕到死丝方尽，蜡炬成灰……"没有写完，就拿向灯火上，烧着了纸的一角。我眼看见火势孜孜地蔓延过来，心中又忙着和个个字道别。完全变成了灰烬之后，我眼前忽然分明现出那张字纸的完全的原形；俯视地上的灰烬，又感到了暗淡的悲哀。假定现在我要再见一见一分钟以前分明存在的那张字纸，无论托绅董、县官、省长、大总统，仗世界一切皇帝的势力，或尧舜、孔子、苏格拉底、基督等一切古代圣哲复生，大家协力帮我设法，也是绝对不可能的事了！——但这种奢望我决计没有。我只是看看那堆灰烬，想在没有区别的微尘中认识各个字的尸骸，找出哪一点是"春"字的灰，哪一点是"蚕"字的灰……又想象它明天朝晨被此地的仆人扫除出去，不知结果如何：倘然散入风中，不知它将分飞何处？"春"字的灰飞入谁家，"蚕"字的灰飞入谁家？……倘然混入泥土中，不知它将滋养哪几株植物？……都是渺茫不可知的千古的大疑问了。

吃饭的时候，一颗饭粒从碗中翻落在我的衣襟上。我顾视这颗饭粒，不想则已，一想又惹起一大篇的疑惑与悲哀来：不知哪一天哪一个农夫在哪一处田里种下一批稻，就中有一株稻穗上结着煮成这颗饭粒的谷。这粒谷又不知经过了谁的刈、谁的磨、谁的舂、谁的粜，而到了我们的家里，现在煮成饭粒，而落在我的衣襟上。这种疑问都可以有确实的答案；然而除了这颗饭粒自己晓得以外，世间没有一个人能调查，回答。

袋里摸出来一把铜板，分明个个有复杂而悠长的历史。钞票与银洋经过人手，有时还被打一个印，但铜板的经历完全没有痕迹可循。它们之中，有的曾为街头乞丐的哀怨的目的物；有的曾为劳动者的血汗的代价；有的曾经换得一碗粥，救济一个饿夫的饥肠；有的曾经变成一粒糖，塞住一个小孩的啼哭；有的曾经参与在盗贼的赃物中；有的曾经安眠在富翁的大腹边；有的曾经安闲地隐居在茅厕的底里；有的曾经忙碌地兼备上述的一切的经历。且就中又有的恐怕不是初次到我的袋中，也未可知。这些铜板倘会说话，我一定要尊它们为上客，恭听它们历述其漫游的故事。倘然它们会记录，一定每个铜板可著一册比《鲁滨孙漂流记》更离奇的奇书。但它们都像死也不肯招供的犯人，其心中分明秘藏着案件的是非曲直的实情，然而死也不肯泄露它们的秘密。

现在我已行年三十，做了半世的人。那种疑惑与悲哀在我胸中，分量日渐增多，但刺激日渐淡薄，远不及少年时代以前的新鲜而浓烈了。这是我用功的结果。因为我参考大众的态度，看他们似乎全然不想起这类的事，饭吃在肚里，钱进入袋里，就天下太平，梦也不做一个。这在生活上的确大有实益，我就拼命以大众为师，学习他们的幸福。学到现在 30 岁，还没有毕业。所学得的，只是那种疑惑与悲哀的刺激淡薄了一点，然其分量仍是跟了我的经历而日渐增多。我每逢辞去一个旅馆，无论其房间何等坏，臭虫何等多，临去的时候总要低回一下子，想起“我有否再住这房间的一日？”又慨叹“这是永远的诀别了！”每逢下火车，无论这旅行何等劳苦，邻座的人何等可厌，临走的时候总要发生一种特殊的感想：“我有否再和这人同座的一日？恐怕是对他永诀了！”但这等感想的出现非常短促而又模糊，像飞鸟的黑影在池上掠过一般，真不过数秒间在我心头一闪，过后就全无其事。我究竟已有了学习的功夫了。然而这也全靠在老师——大众——面前，方始可能。一旦不见了老师，而离群索居的时候，我的故态依然复萌。现在正是其时：春风从窗中送进一片白桃花的花瓣来，落在我的原稿纸上。这分明是从我家的院子里的白桃花树上吹下来的，然而有谁知道它本来生在哪一枝头的哪一朵花上呢？窗前地上白雪一般的无数的花瓣，分明各有其故枝与故萼，谁能一一调查其出处，使它们重归其故萼呢？疑惑与悲哀又来袭击我的心了。

总之，我从幼时直到现在，那种疑惑与悲哀不绝地袭击我的心，始终不能解除。我的年纪越大，知识越丰富，它的袭击的力也越大。大众的榜样的压迫越严，它的反动也越强。倘一一记述我30年来所经历的此种疑惑与悲哀的事例，其卷帙一定可同《四库全书》《大藏经》争多。然而也只限于我一个人在30年的短时间中的经验；较之宇宙之大，世界之广，物类之繁，事变之多，我所经历的真不啻恒河中的一粒细沙。

我仿佛看见一册极大的账簿，簿中详细记载着宇宙间世界上一切物类事变的过去、现在、未来三世的因因果果。自原子之细以至天体之巨，自微生虫的行动以至混沌的大劫，无不详细记载其来由、经过与结果，没有万一的遗漏。于是我从来的疑惑与悲哀，都可解除了。不倒翁的下落，手杖的结果，灰烬的去处，一一都有记录；饭粒与铜板的来历，一一都可查究；旅馆与火车对我的因缘，早已注定在项下；片片白桃花瓣的故萼，都确凿可考。连我所屡次叹为永不可知的、院子里的沙堆的沙粒的数目，也确实地记载着，下面又注明哪几粒沙是我昨天曾经用手掬起来看过的。倘要从沙堆中选出我昨天曾经掬起来看过的沙，也不难按这账簿而探索。——凡我在三十年中所见、所闻、所为的一切事物，都有极详细的记载与考证；其所占的地位只有书页的一角，全书的无穷大分之一。

我确信宇宙间一定有这册大账簿，于是我的疑惑与悲哀全部解除了。

（选自丰子恺《缘缘堂随笔》）

渐

使人生圆滑进行的微妙的要素，莫如“渐”；造物主骗人的手段，也莫如“渐”。在不知不觉之中，天真烂漫的孩子“渐渐”变成野心勃勃的青年；慷慨豪侠的青年“渐渐”变成冷酷的成人；血气旺盛的成人“渐渐”变成顽固的老头子。因为其变更是渐进的，一年一年地、一月一月地、一日一日地、一时一时地、一分一分地、一秒一秒地渐进，犹如从斜度极缓的长远的山坡上走下来，使人不察其递降的痕迹，不见其各阶段的境界，而似乎觉得常在同样的地位，恒久不变，又无时不有生的意趣与价值，于是人生就被确实肯定而圆滑进行了。假使人生的进行不像山坡而像风琴的键板，由 do 忽然移到 re，即如昨夜的孩子今朝忽然变成青年；或者像旋律的“接离进行”地由 do 忽然跳到 mi，即如朝为青年而夕暮忽成老人，人一定要惊讶、感慨、悲伤，或痛感人生的无常，而不乐为人了。故可知人生是由“渐”维持的。这在女人恐怕尤为必要：歌剧中，舞台上的如花的少女，就是将来火炉旁边的老婆子，这句话，骤听使人不能相信，少女也不肯承认，实则现在的老婆子都是由如花的少女“渐渐”变成的。

人之能堪受境遇的变衰，也全靠这“渐”的助力。巨富的纨绔子弟因屡次破产而“渐渐”荡尽其家产，变为贫者；贫者只得做佣工，佣工往往变为奴隶，奴隶容易变为无赖，无赖与乞丐相去甚近，乞丐不妨做偷儿……这样的例子，在小说中，在实际上，均多得很。因为其变衰是延长为十年二十年而一步一步地“渐渐”地达到的，在本人不感到什么强烈的刺激。故虽到了饥寒病苦刑笞交迫的地步，仍是熙熙然贪恋着目前的生的欢喜。假如一位千金之子忽然变了乞丐或偷儿，这人一定愤不欲生了。

这真是大自然的神秘的原则，造物主的微妙的功夫！阴阳潜移，春秋代序，以及物类的衰荣生杀，无不暗合于这法则。由萌芽的春“渐渐”变成绿荫的夏，由凋零的秋“渐渐”变成枯寂的冬。我们虽已经历数十寒暑，但在围炉拥衾的冬夜仍是难以想象饮冰挥扇的夏日的心情；反之亦然。然而由冬一天一天地、一时一时地、一分一分地、一秒一秒地移向夏，由夏一天一天地、一时一时地、一分一分地、一秒一秒地移向冬，其间实在没有显著的痕迹可循。昼夜也是如此：傍晚坐在窗下看书，书页上“渐渐”地黑起来，倘不断地看下去（目力能因了光的渐弱而渐渐加强），几乎永远可以认识书页上的字迹，即不觉昼之已变为夜。黎明凭窗，不瞬目地注视东天，也不辨自夜向昼的推移的痕迹。儿女渐渐长大起来，在朝夕相见的父母全不觉得，难得见面的远亲就相见不相识了。往年除夕，我们曾在红蜡烛底下守候水仙花的开放，真是痴态！倘水仙花果真当面开放给我们看，便是大自然的原则的破坏，宇宙的根本的摇动，世界人类的末日临到了！

“渐”的作用，就是用每步相差极微极缓的方法来隐蔽时间的过去与事物的变迁的痕迹，使人误认其为恒久不变。这真是造物主骗人的一大诡计！这有一件比喻的故事：某农夫每天朝晨抱了犊而跳过一沟，到田里去工作，夕暮又抱了它跳过沟回家。每日如此，未尝间断。过了一年，犊已渐大，渐重，差不多变成大牛，但农夫全不觉得，仍是抱了它跳沟。有一天他因事停止工作，次日再就不能抱了这牛而跳沟了。造物的骗人，使人流连于其每日每时的生的欢喜而不觉其变迁与辛苦，就是用这个方法的。人们每日在抱了日重一日的牛而跳沟，不准停止。自己误以为是不变的，其实每日在增加其苦劳！

我觉得时辰钟是人生的最好的象征了。时辰钟的针，平常一看总觉得是“不动”的；其实人造物中最常动的无过于时辰钟的针了。日常生活中的人生也如此，刻刻觉得我是我，似乎这“我”永远不变，实则与时辰钟的针一样的无常！一息尚存，总觉得我仍是我，我没有变，还是流连着我的生，可怜受尽

“渐”的欺骗！

“渐”的本质是“时间”。时间我觉得比空间更为不可思议，犹之时间艺术的音乐比空间艺术的绘画更为神秘。因为空间姑且不追究它如何广大或无限，我们总可以把握其一端，认定其一点。时间则全然无从把握，不可挽留，只有过去与未来在渺茫之中不绝地相追逐而已。性质上既已渺茫不可思议，分量上在人生也似乎太多。因为一般人对于时间的悟性，似乎只够支配搭船乘车的短时间；对于百年的长期间的寿命，他们不能胜任，往往迷于局部而不能顾及全体。试看乘火车的旅客中，常有明达的人，有的宁牺牲暂时的安乐而让其座位于老弱者，以求心的太平（或博暂时的美誉）；有的见众人争先下车，而退在后面，或高呼“勿要轧，总有得下去的！”“大家都要下去的！”然而在乘“社会”或“世界”的大火车的“人生”的长期的旅客中，就少有这样的明达之人。所以我觉得百年的寿命，定得太长。像现在的世界上的人，倘定他们搭船乘车的期间的寿命，也许在人类社会上可减少许多凶险残惨的争斗，而与火车中一样的谦让，和平，也未可知。

然人类中也有几个能胜任百年的或千古的寿命的人。那是“大人格”“大人生”。他们能不为“渐”所迷，不为造物所欺，而收缩无限的时间并空间于方寸的心中。故佛家能纳须弥于芥子。中国古诗人（白居易）说：“蜗牛角上争何事？石火光中寄此身。”英国诗人（Blake）也说：“一粒沙里见世界，一朵花里见天国；手掌里盛住无限，一刹那便是永劫。”

（选自丰子恺《我们这些大人》）

朱自清

朱自清（1898 年 11 月 22 日—1948 年 8 月 12 日），原名自华，号秋实，后改名自清，字佩弦。中国近代散文家、诗人、学者、民主战士。

原籍浙江绍兴，后随祖父、父亲定居扬州，自称“我是扬州人”。1916 年中学毕业并成功考入北京大学预科。1919 年开始发表诗歌。1928 年第一本散文集《背影》出版。1932 年 7 月，任清华大学中国文学系主任。1934 年，出版《欧游杂记》和《伦敦杂记》。1935 年，出版散文集《你我》。1948 年 8 月 12 日，因胃穿孔病逝于北平，年仅 50 岁。

齐家

背 影

我与父亲不相见已二年余了，我最不能忘记的是他的背影。那年冬天，祖母死了，父亲的差使也交卸了，正是祸不单行的日子，我从北京到徐州，打算跟着父亲奔丧回家。到徐州见着父亲，看见满院狼藉的东西，又想起祖母，不禁簌簌地流下眼泪。父亲说，“事已如此，不必难过，好在天无绝人之路！”

回家变卖典质，父亲还了亏空；又借钱办了丧事。这些日子，家中光景很是惨淡，一半为了丧事，一半为了父亲赋闲。丧事完毕，父亲要到南京谋事，我也要回北京念书，我们便同行。

到南京时，有朋友约去游逛，勾留了一日；第二日上午便须渡江到浦口，下午上车北去。父亲因为事忙，本已说定不送我，叫旅馆里一个熟识的茶房陪我同去。他再三嘱咐茶房，甚是仔细。但他终于不放心，怕茶房不妥帖；颇踌躇了一会。其实我那年已二十岁，北京已来往过两三次，是没有什么要紧的了。他踌躇了一会，终于决定还是自己送我去。我两三回劝他不必去；他只说，“不要紧，他们去不好！”

我们过了江，进了车站。我买票，他忙着照看行李。行李太多了，得向脚夫行些小费，才可过去。他便又忙着和他们讲价钱。我那时真是聪明过分，总觉他说话不大漂亮，非自己插嘴不可，但他终于讲定了价钱；就送我上车。他给我拣定了靠车门的一张椅子；我将他给我做的紫毛大衣铺好座位。他嘱我路上小心，夜里要警醒些，不要受凉。又嘱托茶房好好照应我。我心里暗笑他的迂；他们只认得钱，托他们直是白托！而且我这样大年纪的人，难道还不能料理自己么？唉，我现在想想，那时真是太聪明了！

我说道，“爸爸，你走吧。”他望车外看了看，说，“我买几个橘子去。你就在此地，不要走动。”我看那边月台的栅栏外有几个卖东西的等着顾客。走到那边月台，须穿过铁道，须跳下去又爬上去。父亲是一个胖子，走过去自然要费事些。我本来要去的，他不肯，只好让他去。我看见他戴着黑布小帽，穿着黑布大马褂，深青布棉袍，蹒跚地走到铁道边，慢慢探身下去，尚不大难。可是他穿过铁道，要爬上那边月台，就不容易了。他用两手攀着上面，两脚再向上缩；他肥胖的身子向左微倾，显出努力的样子。这时我看见他的背影，我的泪很快地流下来了。我赶紧拭干了泪，怕他看见，也怕别人看见。我再向外看时，他已抱了朱红的橘子往回走了。过铁道时，他先将橘子散放在地上，自己慢慢爬下，再抱起橘子走。到这边时，我赶紧去搀他。他和我走到车上，将橘子一股脑儿放在我的皮大衣上。于是扑扑衣上的泥土，心里很轻松似的，过一会说，“我走了，到那边来信！”我望着他走出去。他走了几步，回过头看见我，说，“进去吧，里边没人。”等他的背影混入来来往往的人里，再找不着了，我便进来坐下，我的眼泪又来了。

近几年来，父亲和我都是东奔西走，家中光景是一日不如一日。他少年出外谋生，独力支持，做了许多大事。哪知老境却如此颓唐！他触目伤怀，自然情不能自已。情郁于中，自然要发之于外；家庭琐屑便往往触他之怒。他待我渐渐不同往日，但最近两年的不见，他终于忘却我的不好，只是惦记着我，惦记着我的儿子。我北来后，他写了一信给我，信中说道，“我身体平安，唯膀子疼痛厉害，举箸提笔，诸多不便，大约大去之期不远矣。”我读到此处，在晶莹的泪光中，又看见那肥胖的，青布棉袍，黑布马褂的背影。唉！我不知何时再能与他相见！

（选自朱自清《背影》）

择偶记

自己是长子长孙，所以不到十一岁就说起媳妇来了。那时对于媳妇这件事简直茫然，不知怎么一来，就已经说上了。是曾祖母娘家人，在江苏北部一个小县份的乡下住着。家里人都在那里住过很久，大概也带着我；只是太笨了，记忆里没有留下一点影子。祖母常常躺在烟榻上讲那边的事，提着这个那个乡下人的名字。起初一切都像只在那白腾腾的烟气里。日子久了，不知不觉熟悉起来了，亲昵起来了。除了住的地方，当时觉得那叫作“花园庄”的乡下实在是最有趣的地方了。因此听说媳妇就定在那里，倒也仿佛理所当然，毫无意见。每年那边田上有人来，蓝布短打扮，衔着旱烟管，带好些大麦粉，白薯干儿之类。他们偶然也和家里人提到那位小姐，大概比我大四岁，个儿高，小脚；但是那时我热心的其实还是那些大麦粉和白薯干儿。

记得是十二岁上，那边捎信来，说小姐痨病死了。家里并没有人叹惜；大约他们看见她时她还小，年代一多，也就想不清是怎样一个人了。父亲其时在外省做官，母亲颇为我亲事着急，便托了常来做衣服的裁缝做媒。为的是裁缝走的人家多，而且可以看见太太小姐。主意并没有错，裁缝来说一家人家，有钱，两位小姐，一位是姨太太生的；他给说的是正太太生的大小姐。他说那边要相亲。母亲答应了，定下日子，由裁缝带我上茶馆。记得那是冬天，到日子母亲让我穿上枣红宁绸袍子，黑宁绸马褂，戴上红帽结儿的黑缎瓜皮小帽，又叮嘱自己留心些。茶馆里遇见那位相亲的先生，方面大耳，同我现在年纪差不多，布袍布马褂，像是给谁穿着孝。这个人倒是慈祥的样子，不住地打量我，也问了些念什么书一类的话。回来裁缝说人家看得很细；说我的“人中”长，不是短寿的样子，又看我走路，怕脚上有毛病。总算让人家看中了，该我们看人家了。母亲派亲信的老妈子去。老妈子的报告是，大小姐个儿比我大得多，坐下去满满一圈椅；二小姐倒苗苗条条的。母亲说胖了不能生育，像亲戚里谁谁；教裁缝说二小姐。那边似乎生了气，不答应，事情就吹了。

母亲在牌桌上遇见一位太太，她有个女儿，透着聪明伶俐。母亲有了心，回家说那姑娘和我同年，跳来跳去的，还是个孩子。隔了些日子，便托人探探那边口气。那边做的官似乎比父亲的更小，那时正是光复的前年，还讲究这些，所以他们乐意做这门亲。事情已到九成九，忽然出了岔子。本家叔祖母用的一个寡妇老妈子熟悉这家子的事，不知怎么教母亲打听着了。叫她来问，她的话遮遮掩掩的。到底问出来了，原来那小姑娘是抱来的，可是她一家很宠她，和亲生的一样。母亲心冷了。过了两年，听说她已生了痨病，吸上鸦片烟了。母亲说，幸亏当时没有定下来。我已懂得一些事了，也这么想着。

光复那年，父亲生伤寒病，请了许多医生看。最后请着一位武先生，那便是我后来的岳父。有一天，常去请医生的听差回来说，医生家有位小姐。父亲既然病着，母亲自然更该担心我的事。一听这话，便追问下去。听差原只顺口谈天，也说不出个所以然。母亲便在医生来时，教人问他轿夫，那位小姐是不是他家的。轿夫说是的。母亲便和父亲商量，托舅舅问医生的意思。那天我正在父亲病榻旁，听见他们的对话。舅舅问明了小姐还没有人家，便说，像 × 翁这样人家怎么样？医生说，很好呀。话到此为止，接着便是相亲；还是母亲那个亲信的老妈子去，这回报告不坏，说就是脚大些。事情这样定局，母亲教轿夫回去说，让小姐裹上点儿脚。妻嫁过来后，说相亲的时候早躲开了，看见的是另一个人。至于轿夫捎的信儿，却引起了一段小小风波。岳父对岳母说，早教你给她裹脚，你不信；瞧，人家怎么说来着！岳母说，偏偏不裹，看他家怎么样！可是到底采取了折中的办法，直到妻嫁过来的时候。

（选自朱自清《择偶记》）

除了孩子　你心里只有我

谦，日子真快，一眨眼你已经死了三个年头了。这三年里世事不知变化了多少回，但你未必注意这些个，我知道。你第一惦记的是你几个孩子，第二便轮着我。孩子和我平分你的世界，你在日如此；你死后若还有知，想来还如此的。告诉你，我夏天回家来着；迈儿长得结实极了，比我高一个头。闰儿父亲说是最乖，可是没有先前胖了。采芷和转子都好。五儿全家夸她长得好看；却在腿上生了湿疮，整天坐在竹床上不能下来，看了怪可怜的。六儿，我怎么说好，你明白，你临终时也和母亲谈过，这孩子是只可以养着玩儿的，他左挨右挨，去年春天，到底没有挨过去。这孩子生了几个月，你的肺病就重起来了。我劝你少亲近他，只监督着老妈子照管就行。你总是忍不住，一会儿提，一会儿抱的。可是你病中为他操的那一份儿心也够瞧的。那一个夏天他病的时候多，你成天儿忙着，汤呀，药呀，冷呀，暖呀，连觉也没有好好儿睡过。哪里有一分一毫想着你自己。瞧着他硬朗点儿你就乐，干枯的笑容在黄蜡般的脸上，我只有暗中叹气而已。

从来想不到做母亲的要像你这样。从迈儿起，你总是自己喂乳，一连四个都这样。你起初不知道按钟点儿喂，后来知道了，却又弄不惯；孩子们每夜里几次将你哭醒了，特别是闷热的夏季。我瞧你的觉老没睡足。白天里还得做菜，照料孩子，很少得空儿。你的身子本来坏，四个孩子就累你七八年。到了第五个，你自己实在不成了，又没乳，只好自己喂奶粉，另雇老妈子专管她，但孩子跟老妈子睡，你就没有放过心；夜里一听见哭，就竖起耳朵听，工夫一大就得过去看。十六年初，和你到北京来，将迈儿、转子留在家里；三年多还不能去接他们，可真把你惦记苦了。你并不常提，我却明白。你后来说你的病就是惦记出来的；那个自然也有份儿，不过大半还是养育孩子累的。你的短短的十二年结婚生活，有十一年耗费在孩子们身上；而你一点不厌倦，有多少力量用多少，一直到自己毁灭为止。你对孩子一般儿爱，不问男的女的，大的小的。也不想到什么“养儿防老，积谷防饥”，只拼命地爱去。你对于教育老实说有些外行，孩子们只要吃得好玩得好就成了。这也难怪你，你自己便是这样长大的。况且孩子们原都还小，吃和玩本来也要紧的。你病重的时候最放不下的还是孩子。病的只剩皮包着骨头了，总不信自己不会好；老说：“我死了，这一大群孩子可苦了。”后来说送你回家，你想着可以看见迈儿和转子，也愿意；你万不想到会一走不返的。我送车的时候，你忍不住哭了，说：“还不知道能不能再见？”可怜，你的心我知道，你满想着好好儿带着六个孩子回来见我的。谦，你那时一定这样想，一定的。

除了孩子，你心里只有我。不错，那时你父亲还在；可是你母亲死了，他另有个女人，你老早就觉得隔了一层似的。出嫁后第一年你虽还一心一意依恋着他老人家，到第二年上我和孩子可就将你的心占住，你再没有多少工夫惦记他了。你还记得第一年我在北京，你在家里。家里来信说你待不住，常回娘家去。我动气了，马上写信责备你。你教人写了一封复信，说家里有事，不能不回去。这是你第一次也可以说第末次的抗议，我从此就没给你写信。暑假时带了一肚子主意回去，但见了面，看你二脸笑，也就拉倒了。打这时候起，你渐渐从你父亲的怀里跑到我这儿。你换了金镯子帮助我的学费，叫我以后还你；但直到你死，我没有还你。你在我家受了许多气，又因为我家的缘故受你家里的气，你都忍着。这全为的是我，我知道。那回我从家乡一个中学半途辞职出走。家里人讽你也走。哪里走！只得硬着头皮往你家去。那时你家像个冰窖子，你们在窖里足足住了三个月。好容易我才将你们领出来了，一同上外省去。小家庭这样组织起来了。你虽不是什么阔小姐，可也是自小娇生惯养的，做起主妇来，什么都得干一两手；你居然做下去了，而且高高兴兴地做下去了。菜照例满是你做，可是吃的都是我们；你至多夹上两三筷子就算了。你的菜做得不坏，有一位老在行大大地夸奖过你。你洗衣服也不错，夏天我的绸大褂大概总是你亲自动手。你在家老不乐意闲着；坐前几个“月子”，老是四五天就起床，说是躺着家里事没条没理的。其实你起来也还不是没条理；咱们家那么多孩子，哪儿来条理？在浙江住的时候，逃过两回兵难，我都在北平。真亏你领着母亲和一群孩子东藏西躲的；末一回还要走多少里路，翻一道大岭。这两回差不多只靠你一个人。你不但带了母亲和孩子们，还带了我一箱箱的书；你知道我是最爱书的。在短短的十二年里，你操的心比人家一辈子还多；谦，你那样身子怎么经得住！你将我的责任一股脑儿担负了去，压死了你；我如何对得起你！

你为我的劳什子书也费了不少神；第一回让你父亲的男佣人从家乡捎到上海去。他说了几句闲话，你气得在你父亲面前哭了。第二回是带着逃难，别人都说你傻子。你有你的想头：“没有书怎么教书？况且他又爱这个玩意儿。”其实你没有晓得，那些书丢了也并不可惜；不过教你怎么晓得，我平常从来没和你谈过这些个！总而言之，你的心是可感谢的。这十二年里你为我吃的苦真不少，可是没有过几天好日子。我们在一起住，算来也还不到五个年头。无论日子怎么坏，无论是离是合，你从来没对我发过脾气，连一句怨言也没有。——别说怨我，就是怨命也没有过。老实说，我的脾气可不大好，迁怒的事儿有的是。那些时候你往往抽噎着流眼泪，从不回嘴，也不号啕。不过我也只信得过你一个人，有些话我只和你一个人说，因为世界上只你一个人真关心我，真同情我。你不但为我吃苦，更为我分苦；我之有我现在的精神，大半是你给我培养着的。这些年来我很少生病，但我最不耐烦生病，生了病就呻吟不绝，闹那伺候病的人。你是领教过一回的，那回只一两点钟，可是也够麻烦了。你常生病，却总不开口，挣扎着起来；一来怕搅我，二来怕没人做你那份儿事。我有一个坏脾气，怕听人生病，也是真的。后来你天天发烧，自己还以为南方带来的疟疾，一直瞒着我。明明躺着，听见我的脚步，一骨碌就坐起来。我渐渐有些奇怪，让大夫一瞧，这可糟了，你的一个肺已烂了一个大窟窿了！大夫劝你到西山去静养，你丢不下孩子，又舍不得钱，劝你在家里躺着，你也丢不下那份儿家务。越看越不行了，这才送你回去。明知凶多吉少，想不到只一个月工夫你就完了！本来盼望还见得着你，这一来可拉倒了。你也何尝想到这个？父亲告诉我，你回家独住着一所小住宅，还嫌没有客厅，怕我回去不便哪。

前年夏天回家，上你坟上去了。你睡在祖父母的下首，想来还不孤单的。只是当年祖父母的坟太小了，你正睡在圹底下。这叫作“抗圹”，在生人看来是不安心的；等着想办法吧。那时圹上圹下密密地长着青草，朝露浸湿了我的布鞋。你刚埋了半年多，只有圹下多出一块土，别的全然看不出新坟的样子。我和隐今夏回去，本想到你的坟上来；因为她病了没来成。我们想告诉你，五个孩子都好，我们一定尽心教养他们，让他们对得起死了的母亲——你！谦，好好儿放心安睡吧，你。

（选自朱自清《给亡妇》）

余实爱隐　不欲相离

（1933年1月28日　星期六晴）

早起已过午刻，隐仍欲留，不得已许之，然实痛苦。隐好动与余异，又其待金宅五女儿大娃娃等太严厉，亦令余悚息。余实爱隐，不欲相离；隐似亦相当地爱我，但不以相离为苦。两两相比，隐实视余为摩登。然摩登之男女，实不宜于不摩登之婚姻。我是计较的人，当时与隐结婚，盼其能为终生不离之伴侣；因我既要女人，而又不能浪漫及新写实，故取此旧路；若隐兴味不能集中，老实说，我何苦来？结婚以来，隐对清华孤寂之生活终觉不习，口虽不言，心实如此；甚至同是饭菜，亦觉人多同吃时有味多多。如此情形而仍勉力维持，她亦煞费苦心，但为长久计，便颇不妙；现在办法，只有想法使她在清华园也能有些快乐；天气渐暖，动的机会也许多些。但我们皆是三十左右的人，各人性情改变不易；暂时隐忍，若能彼此迁就，自然好极，万一不能，结果也许是悲剧的，自问平素对事尚冷静，但隐不知如何耳。说起来隐的情形，我一向似乎并未看清楚，可是不觉得如此，现在却觉得了解太少；一向总以自己打比方来想象她的反应；现在渐觉不然，此或许是四川人与江浙人不同处。

隐的好处不少，如知甘苦，能节俭等，非常令人感念。又非常大方，说话亦有条理。她唱戏的身段也非常美妙灵活，画虽非上上，功力也还可观。余对不起她者，她最近生病余太冷淡，不能使她娱悦，教病好得快些，这确是我的不好。生平最怕人生病，觉得屋里空气太沉寂，非常受不了。觉得病人噜噜嗦嗦，总是太看重生命。其实余病时亦甚善扰人，所幸余决不常病耳。此恐甚伤她心。虽然不说出，余所以劝其往城内住一星期者，亦系补行安慰之意。今日七嫂言在清华怕不活动些，所以病了；在城内多住几天，等全好了再回，岂不是好。余心一震，盖余终不能忘却久长之计也。

每遇隐有欲离我之意，余即做种种梦，梦到将来种种恶果，到平以来，连此已第三次或第四次。此种幻想，足以扰乱神经，予心中感情，可以“gloomy”一字表之。出洋前时有此感，出洋后渐好；结婚后亦无此感，至最近萌孽复生，仿佛亡妻病笃时或妊娠对光景。嗟！我近来极反对“生的，闷笃儿”，但因隐事，“生的闷笃儿”的厉害；我没有全告诉隐，我不能全告诉她，——也许还未到时候？——但我自己因此更受苦。处此情形，我总觉得要哭出来。但真哭出来，是补写今天日记的时候，就是写上一段末句的时候。

今日上车时，看见别人皆是一对一对的，人都问我太太，心中非常gloomy，此层当令隐知之。

（1933年1月29日　晴　星期日）

下午五时余，隐归，告以昨日甚痛苦，隐日知之。知之而犹为之，亦可谓不在乎矣。又以昨日上车时情形告之，一笑而已。又告以泣，则日又泣乎？晚餐甚欢。餐毕闲谈，隐谈及城中友人相留事，谓二娃坚留，甚至拌嘴，又谓渠许其友人下次到谢家吃饭时再到城中住数日；注意，此语恰在余以Sentimental相告之后顷刻也！余心伤已极。适浦公来，与同赴公超处，未告隐。至灯将灭时始归，睡时兴致索然。

（选自朱自清《我与陈竹隐》）

从近处小处着手培养孩子的胸襟与眼光

我现在已是五个儿女的父亲了。想起圣陶喜欢用的“蜗牛背了壳”的比喻，便觉得不自在。新近一位亲戚嘲笑我说，“要剥层皮呢！”更有些悚然了。十年前刚结婚的时候，在胡适之先生的《藏晖室札记》里，见过一条，说世界上有许多伟大的人物是不结婚的；文中并引培根的话，“有妻子者，其命定矣。”当时确吃了一惊，仿佛梦醒一般；但是家里已是不由分说给娶了媳妇，又有什么可说？现在是一个媳妇，跟着来了五个孩子；两个肩头上，加上这么重一副担子，真不知怎样走才好。“命定”是不用说了；从孩子们那一面说，他们该怎样长大，也正是可以忧虑的事。我是个彻头彻尾自私的人，做丈夫已是勉强，做父亲更是不成。自然，“子孙崇拜”“儿童本位”的哲理或伦理，我也有些知道；既做着父亲，闭了眼抹杀孩子们的权利，知道是不行的。可惜这只是理论，实际上我是仍旧按照古老的传统，在野蛮地对付着，和普通的父亲一样。近来差不多是中年的人了，才渐渐觉得自己的残酷；想着孩子们受过的体罚和叱责，始终不能辩解——像抚摸着旧创痕那样，我的心酸溜溜的。有一回，读了有岛武郎《与幼小者》的译文，对了那种伟大的，沉挚的态度，我竟流下泪来了。去年父亲来信，问起阿九，那时阿九还在白马湖呢；信上说，“我没有耽误你，你也不要耽误他才好。”我为这句话哭了一场；我为什么不像父亲的仁慈？我不该忘记，父亲怎样待我们来着！人性许真是二元的，我是这样的矛盾；我的心像钟摆似的来去。

你读过鲁迅先生的《幸福的家庭》么？我的便是那一类的“幸福的家庭”！

每天午饭和晚饭，就如两次潮水一般。先是孩子们你来他去地在厨房与饭间里查看，一面催我或妻发“开饭”的命令。急促繁碎的脚步，夹着笑和嚷，一阵阵袭来，直到命令发出为止。他们一递一个地跑着喊着，将命令传给厨房里佣人；便立刻抢着回来搬凳子。于是这个说，“我坐这儿！”那个说，“大哥不让我！”大哥却说，“小妹打我！”我给他们调解，说好话。但是他们有时候很固执，我有时候也不耐烦，这便用着叱责了；叱责还不行，不由自主地，我的沉重的手掌便到他们身上了。于是哭的哭，坐的坐，局面才算定了。接着可又你要大碗，他要小碗，你说红筷子好，他说黑筷子好；这个要干饭，那个要稀饭，要茶要汤，要鱼要肉，要豆腐，要萝卜；你说他菜多，他说你菜好。妻是照例安慰着他们，但这显然是太迂缓了。我是个暴躁的人，怎么等得及？不用说，用老法子将他们立刻征服了；虽然有哭的，不久也就抹着泪捧起碗了。吃完了，纷纷爬下凳子，桌上是饭粒呀，汤汁呀，骨头呀，渣子呀，加上纵横的筷子，欹斜的匙子，就如一块花花绿绿的地图模型。吃饭而外，他们的大事便是游戏。游戏时，大的有大主意，小的有小主意，各自坚持不下，于是争执起来；或者大的欺负了小的，或者小的竟欺负了大的，被欺负的哭着嚷着，到我或妻的面前诉苦；我大抵仍旧要用老法子来判断的，但不理的时候也有。最为难的是争夺玩具的时候：这一个的与那一个的是同样的东西，却偏要那一个的；而那一个便偏不答应。在这种情形之下，不论如何，终于是非哭了不可的。这些事件自然不至于天天全有，但大致总有好些起。我若坐在家里看书或写什么东西，管保一点钟里要分几回心，或站起来一两次的。若是雨天或礼拜日，孩子们在家的多，那么，摊开书竟看不下一行，提起笔也写不出一个字的事，也有过的。我常和妻说，“我们家真是成日的千军万马呀！”有时不但是“成日”，连夜里也有兵马在进行着，在有吃乳或生病的孩子的时候！

我结婚那一年，才十九岁。二十一岁，有了阿九；二十三岁，又有了阿菜。那时我正像一匹野马，哪能容忍这些累赘的鞍鞯，辔头，和缰绳？摆脱也知是不行的，但不自觉地时时在摆脱着。现在回想起来，那些日子，真苦了这两个孩子；真是难以宽宥的种种暴行呢！阿九才两岁半的样子，我们住在杭州的学校里。不知怎地，这孩子特别爱哭，又特别怕生人。一不见了母亲，或来了客，就哇哇地哭起来了。学校里住着许多人，我不能让他扰着他们，而客人也总是常有的；我懊恼极了，有一回，特地骗出了妻，关了门，将他按在地下打了一顿。这件事，妻到现在说起来，还觉得有些不忍；她说我的手太辣了，到底还是两岁半的孩子！我近年常想着那时的光景，也觉黯然。阿莱在台州，那是更小了；才过了周岁，还不大会走路。也是为了缠着母亲的缘故吧，我将她紧紧地按在墙角里，直哭喊了三四分钟；因此生了好几天病。妻说，那时真寒心呢！但我的苦痛也是真的。我曾给圣陶写信，说孩子们的磨折，实在无法奈何；有时竟觉着还是自杀的好。这虽是气愤的话，但这样的心情，确也有过的。后来孩子是多起来了，磨折也磨折得久了，少年的锋棱渐渐地钝起来了；加以增长的年岁增长了理性的裁制力，我能够忍耐了——觉得从前真是一个“不成材的父亲”，如我给另一个朋友信里所说。但我的孩子们在幼小时，确比别人的特别不安静，我至今还觉如此。我想这大约还是由于我们抚育不得法：从前只一味地责备孩子，让他们代我们负起责任，却未免是可耻的残酷了！

正面意义的“幸福”，其实也未尝没有。正如谁所说，小的总是可爱，孩子们的小模样，小心眼儿，确有些教人舍不得的。阿毛现在五个月了，你用手指去拨弄她的下巴，或向她做趣脸，她便会张开没牙的嘴咯咯地笑，笑得像一朵正开的花。她不愿在屋里待着；待久了，便大声儿嚷。妻常说，“姑娘又要出去溜达了。”她说她像鸟儿般，每天总得到外面遛一些时候。闰儿上个月刚过了三岁，笨得很，话还没有学好呢。他只能说三四个字的短语或句子，文法错误，发音模糊，又得费气力说出；我们老是要笑他的。他说“好”字，总变成“小”字；问他“好不好”？他便说“小”，或“不小”。我们常常逗着他说这个字玩儿；他似乎有些觉得，近来偶然也能说出正确的“好”字了——特别在我们故意说成“小”字的时候。他有一只搪瓷碗，是一毛来钱买的；买来时，老妈子教给他，“这是一毛钱”。他便记住“一毛”两个字，管那只碗叫“一毛”，有时竟省称为“毛”。这在新来的老妈子，是必须翻译了才懂的。他不好意思，或见着生客时，便咧着嘴痴笑；我们常用了土话，叫他作“呆瓜”。他是个小胖子，短短的腿，走起路来，蹒跚可笑；若快走或跑，便更“好看”了。他有时学我，将两手叠在背后，一摇一摆的；那是他自己和我们都要乐的。他的大姐便是阿菜，已是七岁多了，在小学校里念着书。在饭桌上，一定得唠唠唆唆地报告些同学或他们父母的事情；气喘喘地说着，不管你爱听不爱听。说完了总问我：“爸爸认识么？”“爸爸知道么？”妻常禁止她吃饭时说话，所以她总是问我。她的问题真多：看电影便问电影里的是不是人？是不是真人？怎么不说话？看照相也是一样。不知谁告诉她，兵是要打人的。她回来便问，兵是人吗？为什么打人？近来大约听了先生的话，回来又问张作霖的兵是帮谁的？蒋介石的兵是不是帮我们的？诸如此类的问题，每天短不了，常常闹得我不知怎样答才行。她和闰儿在一处玩儿，一大一小，不很合适，老是吵着哭着，但合适的时候也有：譬如这个往床底下躲，那个便钻进去追着，这个钻出来，那个也跟着——从这个床到那个床，只听见笑着，嚷着，喘着，真如妻所说，像小狗似的。现在在京的，便只有这三个孩子；阿九和转儿是去年北来时，让母亲暂时带回扬州去了。

阿九是欢喜书的孩子。他爱看《水浒》《西游记》《三侠五义》《小朋友》等；没有事便捧着书坐着或躺着看。只不欢喜《红楼梦》，说是没有味儿。是的，《红楼梦》的味儿，一个十岁的孩子，哪里能领略呢？去年我们事实上只能带两个孩子来；因为他大些，而转儿是一直跟着祖母的，便在上海将他俩丢下。我清清楚楚记得那分别的一个早上。我领着阿九从二洋泾桥的旅馆出来，送他到母亲和转儿住着的亲戚家去。妻嘱咐说，“买点吃的给他们吧。”我们走过四马路，到一家茶食铺里。阿九说要熏鱼，我给买了；又买了饼干，是给转儿的，便乘电车到海宁路。下车时，看着他的害怕与累赘，很觉恻然。到亲戚家，因为就要回旅馆收拾上船，只说了一两句话便出来；转儿望望我，没说什么，阿九是和祖母说什么去了。我回头看了他们一眼，硬着头皮走了。后来妻告诉我，阿九背地里向她说：“我知道爸爸欢喜小妹，不带我上北京去。”其实这是冤枉的。他又曾和我们说，“暑假时一定来接我啊！”我们当时答应着；但现在已是第二个暑假了，他们还在迢迢的扬州待着。他们是恨着我们呢？还是惦着我们呢？妻是一年来老放不下这两个，常常独自暗中流泪；但我有什么法子呢！想到“只为家贫成聚散”一句无名的诗，不禁有些凄然。转儿与我较生疏些，但去年离开白马湖时，她也曾用了生硬的扬州话（那时她还没有到过扬州呢），和那特别尖的小嗓子向着我：“我要到北京去。”她晓得什么北京，只跟着大孩子们说罢了；但当时听着，现在想着的我，却真是抱歉呢。这兄妹俩离开我，原是常事，离开母亲，虽也有过一回，这回可是太长了；小小的心儿，知道是怎样忍耐那寂寞来着！

我的朋友大概都是爱孩子的，少谷有一回写信责备我，说儿女的吵闹，也是很有趣的，何至可厌到如我所说；他说他真不解。子恺为他家华瞻写的文章，真是“蔼然仁者之言”。圣陶也常常为孩子操心：小学毕业了，到什么中学好呢——这样的话，他和我说过两三回了。我对他们只有惭愧！可是近来我也渐渐觉着自己的责任。我想，第一该将孩子们团聚起来，其次便该给他们些力量。我亲眼见过一个爱儿女的人，因为不曾好好地教育他们，便将他们荒废了。他并不是溺爱，只是没有耐心去料理他们，他们便不能成材了。我想我若照现在这样下去，孩子们也便危险了。我得计划着，让他们渐渐知道怎样去做人才行，但是要不要他们像我自己呢？这一层，我在白马湖教初中学生时，也曾从师生的立场上问过丏尊，他毫不踌躇地说，“自然啰。”近来与平伯谈起教子，他却答得妙，“总不希望比自己坏啰。”是的，只要不“比自己坏”就行，“像”不“像”倒是不在乎的。职业，人生观等，还是由他们自己去定的好；自己顶可贵，只要指导，帮助他们去发展自己，便是极贤明的办法。

予同说，“我们得让子女在大学毕了业，才算尽了责任。”SK 说，“不然，要看我们的经济，他们的材质与志愿；若是中学毕了业，不能或不愿升学，便去做别的事，譬如做工人吧，那也并非不行的。”自然，人的好坏与成败，也不尽靠学校教育；说是非大学毕业不可，也许只是我们的偏见。在这件事上，我现在毫不能有一定的主意；特别是这个变动不居的时代，知道将来怎样？好在孩子们还小，将来的事且等将来吧。目前所能做的，只是培养他们基本的力量——胸襟与眼光；孩子们还是孩子们，自然说不上高的远的，慢慢从近处小处下手便了。这自然也只能先按照我自己的样子；“神而明之，存乎其人。”光辉也罢，倒霉也罢，平凡也罢，让他们各尽各的力去。我只希望如我所想的，从此好好地做一回父亲，便自称心满意。——想到那“狂人”“救救孩子”的呼声，我怎能不悚然自勉呢？

（选自朱自清《儿女》）

孩子做得对　我们就支持

朱自清，字佩弦，原籍浙江绍兴，生于 1898 年 11 月 22 日。原名朱自华，号实秋，名字含有“春华秋实”之意。由于三代人定居扬州，所以自称“扬州人”。他的祖父为人谨慎，在江苏东海做了十多年的承审官。父亲朱鸿钧，字小坡。母亲周氏。当时都随祖父在东海任所。佩弦出生于东海，由于两兄幼殇，他就成了长子长孙，倍受家庭宠爱，小时在耳上还佩戴着金质的钟形耳环。他们兄妹共四人。佩弦幼年在家由父母启蒙课读，后在私塾读经书、古文、诗词等。由于他聪明好学，所以很快就学通了国文，又在旅扬公学学了英文。他从江苏省立第八中学毕业时，还得到了品学兼优的奖状。在校时，他非常喜欢文学，立志做文学家。1916 年，他考入了北京大学预科。次年寒假，他回扬州，遵父母之命与扬州名医武威三先生的女儿武钟谦结婚。

佩弦的祖父母去世后，家境便一天不如一天，经济上很拮据。父亲虽然做着官，但一直廉洁自守，没有积蓄，所以给祖母办丧事都要借钱。佩弦二十岁时，看到家里的经济状况，觉得按部就班地读书是有困难的，于是决定跳班投考北京大学本科，并改名朱自清，字佩弦。1918 年，他考入了哲学系。这时，他们家中常常借钱供孩子们读书。一直到佩弦毕业做事了，家里还欠着几千元的债，都是后来一点点还的。这样的景况便佩弦对穷苦人的生活有体会，并富有强烈的同情心。

我与佩弦的相识是在 1931 年。那时，因为我常到浦熙元老师那儿去参加“曲会”。老师看到我一天天长大了，北京也没亲人，便很关心我的婚事。他就与当时清华大学中文系导师叶公超谈起我，并请他帮忙。这1年4月的一天，浦老师带我们几个女同学到一个馆子去吃饭，安排了我与佩弦的见面。陪坐的还有两位清华大学教授。那天佩弦穿一件米黄色的绸大褂，他身材不高，白白的脸上戴着一副眼镜，显得挺文雅正派，但脚上却穿着一双老式的“双梁鞋”，又显得有些土气。席间我们很少讲话。回到宿舍，我的同学廖书筠就笑着说：“哎呀，穿一双‘双梁鞋’，土气得很，要我才不要呢！”当时我却不以为然。我认为在那纷乱的旧社会，一个女子要想保护住自己的人格尊严，建立一个和睦幸福的家庭并不容易，我不仰慕俊美的外表、华丽的服饰，更不追求金钱及生活的享受，我要找一个朴实、正派、可靠的人。为这我曾坚决拒绝了一个气味不投而家中很有钱的人的追求。佩弦是个做学问的人，他写的文章我读过一些，我很喜欢。他的诗歌与散文所表现的深沉细腻的感情，所描绘的一幅幅恬静、色彩柔和的画面，以及那甜美的语言，都使我很受感动，我很敬佩他，以后他给我来信，我也回信，于是我们便交往了。

那时我正住在中南海，佩弦常常进城来看我，我们共同游览瀛台、居仁堂、怀仁堂；有时共同漫步在波光潋滟的中南海边，有时清晨去钓鱼。一次我居然钓到一条半尺长的鱼，还请佩弦喝了鱼汤。佩弦是个不苟言笑，做文章非常认真的人，他常常把他的文章读给我听，有时为了一个字仔细推敲，征求我的意见。我逐渐体味到他写文章真是严谨认真呀！一次佩弦拿来一篇清华学生考试的词句古奥的文章让我读，我还真读准了句读呢。我心里很得意，佩弦也很高兴。我们的恋爱生活没有卿卿我我的缠绵，但都是倾心相待。佩弦话虽不多，却使我感到诚恳，实实在在地关心我。

当我知道佩弦在扬州老家还有六个孩子的时候，心里也有过矛盾和斗争。我那时才二十八岁，一下子要成为六个孩子的妈妈，真不可想象！一时我很苦恼。要好的朋友劝我说：“佩弦是个正派人，文章又写得好，就是交个朋友也是有益的。”是的，我与他的感情已经很深了。像他这样一个专心做学问又很有才华的人，应该有个人帮助他。和他在一起会和睦与幸福的。而六个孩子又怎么办？想到六个失去母爱的孩子多么不幸而又可怜！谁来照顾他们呢？我怎能嫌弃这无辜的孩子们呢？于是我觉得做些牺牲是值得的。1931 年我便与佩弦订婚了。

1932 年 7 月，佩弦由威尼斯回国，我到上海去接他。那时的北京人结婚流行坐花车，穿披纱礼服，礼节很多，而上海比较开明，于是我们就决定在上海结婚。我们用当时上海最新式的简便方法举行了结婚典礼。事先发个结婚帖子。8 月 4 日那天，请了文艺界的一些人士，我记得有茅盾、叶圣陶、丰子恺等人，在一个广东饭馆聚会了一次。饭罢，我与佩弦便回到了旅馆。我们没有那罗曼谛克的浪漫史，我们就是这样朴素而又真诚地相爱并结婚了。

佩弦是个非常勤奋的人。我们度蜜月时，他带着旅途回来的疲倦，就开始了紧张的写作生活。为了他能安安静静地写，我们特意住在普陀一个小寺院里。此后，我们共同生活的十七年的时间里，佩弦从没放松过一分一秒。他的作息时间安排得很严格，早晨起床做早操，冷水擦澡、洗脸，漱口时就把书放在洗脸架上看，然后喝一杯牛奶就到图书馆去。中午回家吃饭，饭后看报。图书馆一开门便又去了，吃罢晚饭，还要去图书馆，直到闭馆才回家。进家门便又摆上东西写，一直到十一点休息。除了生病，我从未见他十一点前睡过。我常劝他中午休息一会儿，他也不听。他一辈子吃饭都是大口大口地很快地吃，深怕耽误时间。时间对他比什么都宝贵，正如他自己所写的："燕子去了，有再来的时候；杨柳枯了，有再青的时候；桃花谢了，有再开的时候。但是，聪明的，你告诉我，我们的日子为什么一去不复返呢？"他真是抓紧匆匆来去的分分秒秒地读呀，写呀！连我们每天说话的时间都很少。刚结婚的时候我觉得有些苦恼，但渐渐看他对事业的热爱，看到他不断发表作品，想到他对学生、对文学的贡献，常常为他的精神所感动，我想我应该支持他，我也要为他事业的成功付出代价，所以我便把家务事都承担起来，让佩弦更好地去研究学问。

婚后第二年，我们便把两个孩子从扬州接到北京来了。对孩子的教育问题便成为家庭中的一件大事。事先佩弦便与我商量好，对孩子的教育双方取齐，就是有不同的看法也不要当着孩子说，要事后再商量。这一条约束使我们避免了一些矛盾，并使家庭一直很和睦。

两个孩子都是在城里读书，住在学校，在生活上不搞特殊，在思想品德上鼓励他们进步。女儿本来在教会学校读书，因为参加反对成立“冀察政务委员会”的游行，被学校不挂牌除名了。当校方把我和佩弦找去时，我们未责孩子就将她转学了。记得抗战胜利回北平后，我们的一个孩子在中学念书。一个好心朋友对我说：“这孩子在学校活动得很，思想太左，你要注意管管他，现在太危险啊！”佩弦知道后对我说：“左，左才是中国的出路，是青年人的出路！这样乌七八糟的政府，不叫孩子左，难道还叫孩子右吗？”孩子做得对我们就支持，在家里我们一直是鼓励孩子前进的。

那时我们的生活很俭朴。佩弦的收入要寄一半给扬州，我们留用一半。所以每逢给孩子们交学费时，都要借一个月的薪水。佩弦待人很宽厚，每次让当差发信时，如里边有他的私人信件。都要给当差一些钱。他对人也很谦和，平时在路上遇到清华的工友他都打招呼。工友帮他做了什么事，他都很客气地说：“劳驾！谢谢！”他认为一个人有志持志，有力持力，用脑用体，各有贡献，没有一点教授的架子。所以清华的老工友都说：“朱先生可好啦！”他在家里与孩子们相处也没有尊长的架子，有时让孩子倒杯水都说：“劳驾！”后来还是我讲：“让孩子们做事不要这样说，显得都没有父子感情了。”这样他才慢慢改了。

（选自陈竹隐《追忆朱自清》）

爸爸待己严、待人宽的品格

我是爸爸的大女儿。我的生母是武钟谦女士。我们原有六个兄弟姐妹。我好像是生在扬州，因母亲是扬州人，那时爸爸刚自北大毕业，正在挣扎时期，所以，我和哥哥、二妹、闰弟一天到晚随着爸爸工作的地方到处奔走。四五岁时，我对爸爸的印象是：爸爸最爱书。一次因逃军阀战乱的难，母亲带着我们坐船往乡下逃。除了我们孩子们外，尚有一大箱爸爸的书。记得事后母亲说："你爸爸爱书，一定要带着一块走，可不能给丢了。"

因家穷，孩子多，所以爸爸到北京清华大学教书时只带了我及闰弟同行，哥哥及二妹则留在扬州由祖父母带领。哪知母亲因积劳成疾，得了肺病，经常躺在床上。一天，我自成志小学（六七岁时）回家，和两位男同学走在一起。大家谈谈说说时，我不小心摔了一下书包（软布做的袋子），包中恰好有个削铅笔的长刀片，一下子就碰到了一位男同学的脸上，把他的下巴划了一个小口子，等各自回家后也就忘记了。哪知那同学的母亲派人来说，我伤了他家的孩子，跟我们要纱布及红药水等治疗，母亲马上给了他们。并跟我说："事情已过了，下次可要小心，你爸爸下班回家不必告诉他，否则你会挨罚的。"而我呢，因是爸妈教大的孩子，一向诚实爽直，所以等爸爸一回家（那时母亲正好睡着了），我就忘了母亲的嘱咐，一五一十地把事情的全部经过告诉了爸爸，爸爸第一个反应就是要我站到墙角去，面壁思过，并马上到那位男同学家去为我的不小心道歉。这么一件小事，为什么到今天我还记得呢？因为爸爸待己严、待人宽的品格至今我都不会忘记。

母亲过世后，我中学一年级时又回到北京清华园和父亲及继母一同过，并在那儿念书。家里孩子多，继母那时已生了乔森及思俞两位弟弟，家中经济并不宽裕，但爸爸仍是送我和哥哥去学校念书，用掉很多爸爸辛苦挣来的钱。到抗战军兴，爸爸在后方虽苦，但工作努力不懈，天天要走老远的路，由乡下去学校上课。那时我就读于昆华女中，因继母要带两位弟弟，家事很忙。给我写信、送我上学（学校在乡下）的一直都是爸爸。后来我结婚了，住在上海。爸爸仍忙里抽闲给我写信，对我各方面予以指导，给我人生的目标。我心中的爸爸，是严格、开明、公平、正义的合成，是唯理是从的人。我们也许会说爸爸是时代中的一个不平凡的人，但我说爸爸是一个努力、善良、克己宽人的平凡的人！

（选自朱自清长女朱采芷《可亲可爱的爸爸》）

父亲引导我们以兴趣求发展

我们当初到扬州是父亲的意思，他怕祖父母寂寞，特地将我们几个小的送到祖父母身边；至于原在扬州的哥哥姐姐，在我们南返后，有一次父亲来扬州将他们带回北平。他那次来扬州，因我年龄还小，印象不深，只记得他面孔胖胖的，戴眼镜，非常温和可亲。回来那天，父亲给我带来许多玩具。晚上，并为我们开唱机。我当时坐在父亲怀里，对这个能发出歌声的“怪物”极感新奇，痴痴地看着那能动的唱片，竟舍不得去睡觉。后来，还是父亲将我抱上床去的。

从那里起，我才朦胧地懂得领略父亲的慈爱。在我幼稚的脑海里，也就逐渐形成了一个慈父的影子。1937年当时我读初中时，在“国文”书（即现在的“语文”）上读到了父亲的名篇《背影》，回家便告诉爷爷。爷爷说那是真事，接着便给我讲起那时家里的情况。爷爷说，你父亲写的文章是民国六年（1917）的事。在此以前，爷爷任徐州烟酒公卖局长的差事交卸了。那年，我曾祖母又病逝，爷爷又没有积蓄，父亲、二叔又要上学，只好把家里一些值钱的东西如郑板桥手迹、碧玉如意、朱红掸瓶、古钟等典当了，贵重衣物卖了，又借了三千元高利贷，才维持了生活，办了丧事。爷爷说，父亲对爷爷有感情才能写出那篇感人的文章。还说你父亲孩子多，他那里一家子，扬州这里一家子，负担够重，真是苦了他了。

父亲在扬州时，对我们非常爱护、关心。星期天常带我们到城外瘦西湖、小金山、平山堂，租下一只小船，或泛舟湖上，或登临游览。他有时也与三叔谈到我们的将来。他说，他主张将来让我们根据自己的兴趣求得发展，因为做父亲的不能束缚儿女的意志。当然，大人们要注意引导。如今，我玩味父亲的这些话，这正是说在教育子女上也要扬长避短，因材施教。可惜的是，由于随后日本帝国主义发动侵华战争及抗战胜利后国民常政府发动的内战，战火人为地隔离了我们，使我们未能继续直接受到父亲的关怀与教育。更令人悲痛与遗憾的是，父亲1936年回扬州，竟是他与祖父、儿女的最后一次聚首，直到他病逝，我们再也未见过他的音容笑貌。

父亲对我们始终是极为关心、钟爱的。1928年他的《儿女》一文，对我们兄弟姐妹幼时的笑闹、争吵等等以及当时我们每一个人的特点都描绘得极为生动，把幼小的我们的活泼、纯真如实地表现出来，真是观察入微，刻画传神。我想，没有这份对儿女的爱，是写不出这样的文章的。到昆明后，他对于住在“沦陷区”扬州的老父及我们，思念之情不断在信中、诗中出现。1943年12月，父亲给在北平的老友俞平伯伯伯的信中就提到：“家父与一男二女在扬州，一男（指我）已成‘壮丁’，颇为担心，但亦无力使其来西南，此事甚以为苦。……闰生明暑可卒业矣？”1944年，我二姐病逝，父亲非常痛心。他在《我是扬州人》一文里痛惜地写道：“她性情好，爱读书，做事负责任，待朋友最好，不知什么病，一天半就完了！”1946年我读书时有个问题不清楚，曾经写信问父亲。那时父亲正患病，他怕我着急，在病中让弟弟根据他的口述在信中给我作了解答。父亲因为想念我们，曾作《忆诸儿》诗一首，其中有“平生六儿女，尽夜别情牵”等句，充分表现了他对儿女的怀念。

（选自朱自清二子朱闰生《魂牵梦萦绿杨情——记父亲朱月清与扬州》）

父亲总是和蔼可亲　关心孩子们的学习

我是朱自清的女儿朱冷梅。民国十六年冬天，母亲武钟谦在北京生下了我。因排行第五，乳名“小五”，后为纪念我的母亲，便改称作“效武”。

在我虚龄3岁的那年，母亲得了重病，医生说她肺里烂了个洞，但她仍然操持着家务，不让爸爸分心。爸爸要送她去北京西山养病，她考虑家中的经济负担重，如果去疗养，更将摞上一笔不小的债务。随爸爸怎样劝解，她始终不肯去疗养。最后，在征得爸爸的同意后，妈妈带着四个孩子——闰生二哥、采芷大姐、我，还有一个比我小一岁的弟弟，从北京回到了扬州，让爷爷、奶奶帮同照看我们这群孩子。从此，我便离开了我的爸爸。当时，留在祖父母身边的还有迈先大哥和逖先二姐，连同祖父、祖母、妈妈、三叔国华，还有一位胖奶奶——是我的庶祖母，真可算是一个大家庭哩！

妈妈回到扬州，不到两个月的光景，便因病情加重而去世了。她仅虚龄32岁，我那时还没有记事，便过早地失去了妈妈。对她的音容笑貌，连一丝儿印象也没有。仅在后来，看到她的照片，才知道那是我亲爱的妈妈。

我真正记得的事情是在我7岁时，爸爸接走了迈先大哥和采芷大姐。为的是减轻祖父母的精神负担，同时也为了让他们在北京接受良好的教育。

我还记得当我家住在安乐巷27号的时候，曾经有土匪来抢过。外界以为祖父曾经做过小官，而爸爸又是位大学教授，家中一定很有钱。其实，内囊子早就空虚了。匪徒们逼着祖父，问他愿意“吃红烧”还是“吃白煮”，“红烧”是用香烟头子烫，“白煮”是用滚开水浇。当时，我躲在胖奶奶怀里，真是可怕极了。

给我印象最深的是，我虚龄 10 岁的那年，祖母不幸去世了。三叔国华写信通知了爸爸，这年夏天他从北京回到扬州家里，可以说，这是我记忆中第一次见到爸爸，真正地听到他的声音，见到他的笑貌。因为妈妈带我回扬州，离开爸爸时，我还是一个茫昧无知的幼儿，其后，他虽和继母来过一趟，可在我的脑海里仍没有留下清晰的印象。而这次总算是记得清清楚楚的了，至今在我的记忆中留下的爸爸形象，就是这次唯一的聚晤。他的模样、身材和我的二叔物华很相像。不同的是，爸爸总是笑容可掬，和蔼可亲。

爸爸这趟回来，带给我们一些玩具。分给我的是一只小兔子，也许因为我是属兔的缘故吧！那只小兔子长着一身白茸茸的毛，瞪着一对红眼睛，很好玩，至今我还记忆犹新哩！

爸爸很关心孩子们的学习，虽然他蹲在家里的时间很短暂，还给闰生二哥和逖先二姐讲古文，教他们打算盘，什么“斤求两”“两求斤”，我在旁听了很是感到新鲜好玩。我小时候开蒙是从祖父教我识“字块”开始的，后来又教我念唐诗，虽然我那时并不完全懂得诗里的含义，但却能背诵得朗朗上口。爸爸常逗着我背给他听，那时我可真得意哩！当时，我听说迈先大哥和采芷大姐在北京上中学，爸爸亲自教他们在课余读古文。此后，爸爸在写给扬州的家信里，也经常问起孩子们的学习情况。

这年暑假结束后，爸爸便回到北京。谁知这次分别以后，我就再也没有机会见过爸爸的面了！第二年，抗日战争爆发，北平沦陷，爸爸随学校转迁往西南，我时常想念着那一段为期不长的“天伦之乐”。

（选自朱自清小女朱冷梅《我对爸爸的怀念》）

父亲始终为国事家事煎熬

自我能记事直到父亲去世，家境就一直处于贫困状况。抗战前的情况我是全无印象了。听母亲说，因为爷爷是借钱供父亲和二叔朱物华上学的，所以从父亲工作后，一直要拿出相当一部分工资给扬州老家还债并维持生计。因此，在抗战前虽然清华教授的工资是较高的，但家中的生计一直仍是量入为出，并不富裕。抗战开始后，父亲先离开北平辗转到云南，母亲带着我们随后经河内从滇越铁路也到云南。开始在蒙自待了些天，再转到昆明。那里的生活就相当困难了。在昆明住了约两年，因为母亲是成都人，接成都亲友来信说成都的物价较低，还可以找工作挣钱（以前清华规定夫妻中只许一人在校工作，所以母亲结婚后就不工作了，家中只靠父亲挣钱养家）。和父亲商量后，决定母亲带我们兄弟二人去成都生活，父亲则一人留昆明。这样，为了生计，家庭就分居了。到成都后，不出数月，物价也涨上去了。虽然母亲在四川大学图书馆找了份工作，家庭生计仍相当困难。父亲只身一人在昆明，也非常艰苦。那时最困难的事情就是孩子生病。有一年，哥哥和我先后得了麻疹，后来我转猩红热，接着年幼的妹妹也得了猩红热和肺炎，家中大人是顾此失彼，简直照顾不过来。多亏母亲的老友刘云波大夫（新中国成立后连任多届全国人大代表）的全力帮助，才渡过了难关。事后父母都说，要不是刘大夫，妹妹恐怕活不下来了。

1946 年夏，父亲又回到成都。这次是准备复员回北平。他到后不久，就传来了闻一多先生被刺的消息。这事对他的震动很大，在家中也屡次谈及此事，所以连我这对政治一无所知的孩子，也了解这件事。8 月我们从成都到重庆，

10 月全家回到北平。

回到北平后，先暂住在宣武门内靠城墙的一个院子里。那时，一项重要的任务就是在旧货店买家具。因为抗战前的东西基本上都没有了，一切都要重新购置。而新的又买不起，只好都买旧货。据我记忆，像书桌、床、书架、五屉橱等都是那时购的，后来用了多年。有张书桌，买来时就是有虫蛀过的，父亲愈用发现虫蛀愈严重，只好让三哥用 DDT 加水后，在虫孔处涂抹，果然见效。后来这书桌父亲一直用着，父亲去世后仍保留着，直到今年初，清华要建校史馆，征集文物，我们把这书桌和父亲一些别的遗物赠给清华了。

还有一件事印象较深。那时，一个晚上全家去西单逛街，走回宣内时，父亲和哥哥在前面，母亲、妹妹和我走得慢，在后面。等我们三人进了一个小胡同不久，突然蹿出来一个拿刀的人喝叫站住。母亲抱起妹妹回头就跑，我也跟着跑，没跑多远母亲就摔倒了，那个路劫的人却也跑了。这次只是母亲摔了一跤，我们受些惊吓，还算幸运的。过些天，我见父亲写一篇回平杂感的文章中，还提到这件事。

10 月中旬回到清华。本想家庭团圆了，生活能改善些。哪知实际情况与预期的相反，物价飞涨，生活十分拮据。那时为了生计，父亲工作很辛苦。晚上，我们早已入睡，他仍一人在书房中伏案工作到深夜，给各种刊物写文章，靠微薄的稿酬贴补家用。在国事、家事的煎熬中，父亲的身体状况急剧恶化，胃病频发，体重有时竟降到 90 斤以下。同时，精神方面也受到压力，在家中的脾气变得较为急躁，发脾气的时候也多了起来。那时，家中的生活是维持三餐还勉强可以，但如有例外开支，例如我们交学费或其他费用等，就经常要借债解决。记得有一次为了要交中学的什么费，没有钱，父亲急得大骂“王八蛋”。

到了 1948 年，父亲终于胃病大发作，只好进北大医院开刀。当时全家人都进城在朋友家暂住。记得开刀后，母亲带着我们到医院去探望过一次。当时父亲神志清醒，对我们还说了几句话，我还以为没有什么问题。哪知没过多久，母亲突然叫我们立即再去，到医院后看到的就只是遗体了。

父亲在生前对孩子们的成长是较关心的。抗战期间回成都时就曾抽暇教哥哥和我认英文字母，并叫我们抄些古诗。后来，又开始让我们练习刻图章，回来叫我们磨平了再刻。刻完后他予以评论，觉得不好的就磨掉重来。父亲有两个图章是闻一多先生给刻的，一个是名章，另一个是“佩弦藏书之印”的藏传章。这两方印是故友的纪念，所以他是最为珍爱的。母亲是齐白石、徐悲鸿在20世纪20年代北平艺术学院的学生，父亲就也常给我们讲齐白石，并告诉我们白石老人的图章刻得道劲有力，要学这个风格。有一次白石老人还到清华来看望过父母亲，但我们去上学了，没碰见，回来时听说起，真遗憾得不得了。当时，我们刻的图章都通不过父亲的评论。一次，父亲叫我刻一个印，是“邂逅斋”三个字，准备作为藏书印。来回刻了好几次，最后一次终于得到父亲的认可，以后就作为他的一个藏书章了。1948年初，父亲把全家人的照片，包括不在北平的哥哥姐姐及家人的照片集到一起，放在书桌的玻璃板下，只缺我没照片。于是父亲就在上面题了一首诗“今年五十岁，照相看一家，少了朱思俞，刻印代表他”，旁边盖了一个章，就是“邂逅斋”。

（选自朱自清五子朱思俞《对父亲的片段回忆》）

父亲是一个走四方步的人

我 7 岁多，父亲就去世了，只有点滴的记忆，但这记忆却是难忘的。

在我的记忆中，父亲是个既亲切又很严格的人。

那时，我们家生活很困难，每天要吃两顿窝头。我生在成都，年纪又小，开始时吃棒子面窝头很不习惯，父亲总是用既慈爱又忧伤的目光看着我。这充满了歉疚之情的目光我永不会忘记。父亲爱我们，想使我们生活得更好些，但那时，他也没有办法啊！

有一次，清华北院 16 号我们家门口，学校用马车拉来了一些黄土，我和哥哥有时就去玩。父亲见了，立即阻止。他不让我们动公家一点东西，真是公私分明。我长大后，常听母亲谈起，说父亲是一个走四方步的人，绝不做一点点不规矩的事。她说，抗日战争时期，我三叔要找工作，父亲都不愿托人情，好像大家都知道朱自清绝不会托人情为自己亲戚介绍工作似的。但他却满腔热情地帮助自己的学生，我记得那时每逢当局要抓人，就会有学生来我们家暂时躲避。尽管他本身的安全也受到威胁，却不怕冒这种风险。他就是这样一个人。

父亲已经逝世多年了，但他却永远活在我心中！

（选自朱自清小女朱蓉隽《我记忆中的父亲》）

治学

清华一日

早晨上两课。第一课国文，讲《史通叙事篇》。篇中力说叙事应该省句省字，但本文铺张排比的地方就不少。这是被当时骈体所限，不能冲出网罗的缘故。骈文宜于表情，记事说理，都不能精确。

第三课宋诗，讲王介甫《明妃曲》。宋人攻击王介甫，说他将明妃写成一个不忠君不爱国的人；其实是断章取义，故人人罪，细读全诗，王介甫所写的明妃还是那不忘汉的老明妃，不过加了些配角，说了些汉恩浅的话，以资映衬，以资翻新出奇而已。

本日星期三，十一时至十二时是看书样子的时候。浦江清、余冠英二先生分看五家的样子。样子不多，不到十二时就完了。在书单上签字的时候，见不拟购买的书名里有《白石山翁印存》和《印匄（寿石公先生）印存》。这两位是故都刻印的名手，时间又还早，便翻阅了一回。寿氏不废规矩，风华中却见功力，甲骨钟鼎小篆各体都有，所收以诗词的印为多。齐氏朴拙苍老，独创一格，有时却不免粗野。所收以人名印为多；周作人、罗家伦、徐悲鸿的都在这里。

齐氏的脾气据说颇有点古怪。他家里润格单上印着许多话，教人不可和他讲价，惹他老年人生气。这《印存》里有“见贤思齐”一印，边款云：

> 旧京刊印者无多人，有一二少年皆受业于余，学成自夸师古，背其恩本。君子耻之，人格低矣。中年人于非厂，刻石真工，亦余门客。独仲子先生之刻，古工秀劲，殊能绝伦；其人品亦驾人上，余所佩仰，为刊此石。

因先生有感人类之高下，偶尔记于先生之印侧，可笑也。

可以见此老之火气。又“不知有汉”一印，边款云：

余之刊印不能工，但脱离汉人窠臼而已。同侣多不称许。独松厂老人尝谓曰：“西施善颦，未闻东施见妒。”仲子先生刊印，古劲秀雅，高出一时，既倩余刊“见贤思齐”印，又倩刊此。欧阳永叔所谓有知己之恩，为余言也。

可以见此老之独创和自诩。

午后读王介甫诗。四时开评议会，通过清寒公费生章程的修正条文。晚读日本历史教科书。

（选自朱自清《清华一日》）

我所见的清华精神

这半年来同事们和同学们常常谈到“清华精神”。自己虽然不是清华人，但是在校服务多年，对这个问题也感到很大的兴趣。有一回和一位同学谈话，曾经假定清华精神是“服务”。后来和钱伟长先生谈起，他似乎觉得清华精神是“独立的、批评的”，例如清华人到一个机关服务，往往喜欢表示自己的意见，不甘心苟同。我承认钱先生的看法，连带着他的例子，是有理由的。但是关于“服务”，我还请申说一下。

提到“服务”，很容易想到青年会。青年会的服务精神有它的好处和缺点，这里不想讨论。我所假定的清华的服务精神，跟青年会的不同。为清楚起见，我现在想改为“实干”。清华毕业生不论旧制新制，在社会的各部门里做中级干部的最多。顾一樵先生十多年前说过这样的话，现在看来大体似乎还是如此。顾先生说这些中级干部平实的工作者，他们的贡献虽然是点滴的，然而总起来看也够重大的。钱先生的看法是指出他们的不重世故。这正是为了重事，要实干，要认真地干。青年人讨厌世故，重实干，虽然程度不同，原是一般的趋向。不过清华跟都市隔得远些，旧制生出洋五年，更跟中国隔得远些，加上清华学生入学时一般年岁也许小些，因此这种现象就特别显著。有些人谈清华精神，强调在学时期的爱清洁守秩序等。乍看这些似乎是小事，可是实在是跟毕业后服务时期的按部就班地实干精神密切的联系着的。

有人也许觉得这种实干的精神固然很好，不过太强调了这种精神，有时会使人只见树而不见林。然而这是春秋责备贤者的话，能够一棵树一棵树地修整着，究竟是对林子有帮助的。

（选自朱自清《我所见的清华精神》）

控制文字是一种本领

我是一个国文教师，我的国文教师生活的开始可以说也就是我的写作生活的开始。这就决定了我的作风，若是我也可说是有作风的话。我的写作大体上属于朴实清新一路。一方面自己的才力只能做到这地步，一方面也是国文教师的环境教我走这一路。我是个偏于理智的人，在大学里学的原是哲学。我的写作大部分是理智的活动，情感和想象的成分都不多。虽然幼年就爱好文学，也倾慕过《聊斋志异》和林译小说，但总不能深入文学里。开始写作的时候，自己知道对于小说没希望，尝试的很少。那时却爱写诗。不过自己的情感和想象都只是世俗的，一点儿也不能超群绝伦。我只是一个老实人，或一个乡下人，如有些人所说的。——外国文学的修养差，该也是一个缘故。可是我做到一件事，就是不放松文字。我的情感和想象虽然贫弱，却总尽力教文字将它们尽量表达，不留遗憾。我注意每个词的意义，每一句的安排和音节，每一段的长短和衔接处，想多少可以补救一些自己的贫弱的地方。已故的刘大白先生曾对人说我的小诗太费力，实在是确切的评语，但这正是一个国文教师的本来面目。

后来丢开诗，只写些散文；散文对于自己似乎比较合宜些，所以写得也多些。所谓散文便是英语里的"常谈"，原是对"正论"而言；一般人又称为小品文，好似对大品文而言，但没有大品文这名称。散文虽然也叙事、写景、发议论，却以抒情为主。这和诗有相通的地方，又不需要小说的谨严的结构，写起来似乎自由些。但在我还是费力。有时费力太过，反使人不容易懂。如《桨声灯影里的秦淮河》里有一处说道"无可无不可"，有"无论是升的沉的"一句话。升的“无可无不可”指《论语》里孔子的话，所谓“时中”的态度。沉的指一般人口头禅的“无可无不可”，只是“随便”“马虎”的意思。有许多人不懂这“升的沉的”。也许那句话太简了，因而就太晦了。可是太简固然容易晦，繁了却也腻人。我有一篇《扬州的夏日》（在《你我》里），篇末说那些在城外吃茶的人回城去，有些穿上长衫，有些只将长衫搭在胳膊上。一个朋友说穿上长衫是常情，用不着特别叙出。他的话有道理。但这并不由于我的疏忽；这是我才力短，不会选择。我的写作有时不免牵于事实，不能自由运用事实，这是一例。

我的《背影》《儿女》《给亡妇》三篇，注意的人也许多些。《背影》和《给亡妇》都不曾怎样费力写出。《背影》里引了父亲来信中一句话。那封信曾使我流泪不止。亡妇一生受了多少委屈，想起来总觉得对不起她。写《给亡妇》那篇是在一个晚上，中间还停笔挥泪一回。情感的痕迹太深刻了，虽然在情感平静的时候写作，还有些不由自主似的。当时只靠平日训练过的一支笔发挥下去，几乎用不上力量来。但是《儿女》，还有早年的《笑的历史》，却是费了力琢磨成的。就是《给亡妇》，一方面也是一个有意的尝试。那时我不赞成所谓欧化的语调，想试着避免那种语调。我想尽量用口语，向着言文一致的方向走。《给亡妇》用了对称的口气，一半便是为此。有一位爱好所谓欧化语调的朋友看出了这一层，预言我不能贯彻自己的主张。我也渐渐觉得口语不够用。我们的生活在欧化（我愿意称为现代化），我们的语言文字适应着，也在现代化，其实是自然的趋势。所以我又回到老调子。所谓老调子是受《点滴》等书和鲁迅先生的影响。当时写作的青年很少不受这种影响的。后来徐志摩先生，再后来梁宗岱先生、刘西渭先生等，直接受取外国文学的影响，算是异军突起，可是人很少。话说回来，上文说到的三篇文里，似乎只有《背影》是“情感的自然流露”，但也不尽然。《背影》里若是不会闹什么错儿，我想还是平日的训练的缘故。我不大信任“自然流露”，因为我究竟是个国文教师。

国文教师做久了，生活越来越狭窄，所谓“身边琐事”的散文，我慢慢儿也写不出了。恰好谢谢清华大学，让我休假上欧洲去了一年。回国后写成了

《欧游杂记》和一些《伦敦杂记》。那时正是“身边琐事”的小品文已经腻了，而且有人攻击。我也觉得身边琐事确是没有多大意思，写作这些杂记时便专从客观方面着笔，尽力让自己站在文外。但是客观的描叙得有充分的、详确的知识作根据，才能有新的贡献。自己走马看花所见到的欧洲，加上游览指南里的一点儿记载，实在太贫乏了，所以写出来只是寒尘。不过客观的写作却渐渐成了我的唯一的出路。这时候散文进步了。何其芳先生的创作，卞之琳先生的翻译，写那些精细的情感，开辟了新境界。我常和朋友说笑，我的散文早过了时了。既没有创新的力量，我只得老老实实向客观的描叙的路走去。我读过瑞恰慈教授几部书，很合脾胃，增加了对于语文意义的趣味。从前曾写过几篇论说的短文，朋友们似乎都不大许可。这大概是经验和知识还不够的缘故。但是自己总不甘心，还想尝试一下。于是动手写《语文影》。第一篇登在《中央日报》昆明版的《平明》上，闹了点错儿，挨了一场骂。可是我还是写下去。更想写一些论世情的短文，叫作《世情书》。试了一篇，觉得力量还差得多，简直不能自圆其说似的，只得暂且搁下。我是想写些“正论”或“大品文”，但是小品文的玩世的幽默趣味害我“正”不住我的笔，也得再修养几年。十六年前曾写过一篇《正义》，虽然幼稚，倒还像“正义”，可惜没有继续训练下去。现在大约只能先试些《语文影》。这和《世情书》都以客观的分析为主，而客观的分析语文意义，在国文教师的我该会合宜些。

我的写作的经验有两点也许可以奉献给青年的写作者。一是不放松文字，注意到每一词句，我觉得无论大小，都该从这里入手。控制文字是一种愉快，也是一种本领。据说陀思妥耶夫斯基很不讲究文字，却也成为大小说家，但是他若讲究文字，岂不更美？再说像陀思妥耶夫斯基那样大才力，古今中外又有多少人？为一般写作者打算，还是不放松文字的好。现在写作的青年似乎不大在乎文字。无论他们的理由怎样好听，吃亏的恐怕还是他们自己，不是别人。二是不一定创作，“五四”以来，写作的青年似乎都将创作当作唯一的出路。不管才力如何，他们都写诗，写散文，写小说戏剧。这中间必有多数人白费了气力，闹得连普通的白话文也写不好。这也是时代如此，当时白话文只用来写论文，写文学作品，应用的范围比较窄。论文需要特殊的知识和经验，青年人办不了，自然便拥挤到创作的路上。这几年白话文应用的范围慢慢儿广起来了，报纸上可以见出。“写作”这个词代替了“创作”流行着，正显示这个趋势。写作的青年能够创作固然很好，不能创作，便该赶紧另找出路。现在已经能够看到的最大的出路，便是新闻的写作。新闻事业前途未可限量，一定需要很多的人手。现在已经有青年记者协会，足见写作的青年已找出这条路。从社会福利上看，新在文艺的写作之下，只要是认真写作的话。

（选自朱自清《写作杂谈》）

文学的标准与尺度

我们说“标准”，有两个意思。一是不自觉的，一是自觉的。不自觉的是我们接受的传统的种种标准。我们应用这些标准衡量种种事物种种人，但是对这些标准本身并不怀疑，并不衡量，只照样接受下来，作为生活的方便。

自觉的是我们修正了的传统的种种标准，以及采用的外来的种种标准。这种种自觉的标准，在开始出现的时候大概多少经过我们的衡量，而这种衡量是配合着生活的需要的。本文只称不自觉的种种标准为“标准”，改称种种自觉的标准为“尺度”，来显示这两者的分别。“标准”原也离不了尺度，但尺度似乎不像标准那样固定；近来常说“放宽尺度”，既然可以“放宽”，就不是固定的了。这种“标准”和“尺度”的分别，在一个变得快的时代最容易觉得出：在道德方面在学术方面如此，在文学方面也如此。

中国传统的文学以诗文为正宗，大多数出于士大夫之手。士大夫配合君主掌握着政权。做了官是大夫，没有做官是士；士是候补的大夫。君主士大夫合为一个封建集团，他们的利害是共同的。这个集团的传统的文学标准，大概可用“儒雅风流”一语来代表。载道或言志的文学以“儒雅”为标准，缘情与隐逸的文学以“风流”为标准。

有的人“达则兼济天下，穷则独善其身”，表现这种情志的是载道或言志。这个得有“正其谊不谋其利，明其道不计其功”的抱负，得有“怨而不怒”“温柔敦厚”的涵养，得用“熔经铸史”“含英咀华”的语言。这就是“儒雅”的标准。有的人纵情于醇酒妇人，或寄情于田园山水，表现这种种情志的是缘情或隐逸之风。这个得有“妙赏”“深情”和“玄心”，也得用“含英咀华”的语言。这就是“风流”的标准（关于“风流”的解释，用冯友兰先生语，见《论风流》一文中）。在现阶段看整个的传统的文学，我们可以说“儒雅风流”是标准。但是看历代文学的发展，中间还有许多变化。即如诗本是“言志”的，陆机却说“诗缘情而绮靡”“言志”其实就是“载道”，与“缘情”大不相同。陆机实在是用了新的尺度。“诗言志”这一个语在开始出现的时候，原也是一种尺度；后来得到公认而流传，就成为一种标准。说陆机用了新的尺度，是对“诗言志”那个旧尺度而言。这个新尺度后来也得到公认而流传，成为又一种标准。又如南朝文学的求新，后来文学的复古，其实都是在变化；在变化的时候也都是用着新的尺度。固然这种新尺度大致只伸缩于“儒雅”和“风流”两种标准之间，但是每回伸缩的长短不同，疏密不同，各有各的特色。文学史的扩展从这种种尺度里见出。

这种尺度表现在文论和选集里，也就是表现在文学批评里。中国的文学批评以各种形式出现。魏文帝的“论文”是在一般学术的批评的《典论》里，陆机《文赋》也许可以说是独立的文学批评的创始，他将文作为一个独立的课题来讨论。此后有了选集，这里面分别体类，叙述源流，指点得失，都是批评的工作。又有了《文心雕龙》和《诗品》两部批评专著。还有史书的文学传论，别集的序跋和别集中的书信。这些都是比较有系统的文学批评，各有各的尺度。这些尺度有的依据着“儒雅”那个标准，结果就是复古的文学，有的依据着“风流”那个标准，结果就是标新的文学。但是所谓复古，其实也还是求变化求新异；韩愈提倡古文，却主张务去陈言，戛戛独造，是最显著的例子。古文运动从独造新语上最见出成绩来。胡适之先生说文学革命都从文字或文体的解放开始，是有道理的，因为这里最容易见出改变了的尺度。现代语体文学是标新的，不是复古的，却也可以说是从文字或文体的解放开始；就从这语体上，分明地看出我们的新尺度。

这种语体文学的尺度，如一般人所公认，大部分是受了外国的影响，就是依据着种种外国的标准。但是我们的文学史中原也有这样一股支流，和那正宗的或主流的文学由分而合的相配而行。明代的公安派和竟陵派自然是这支流的一段，但这支流的渊源很古久，截取这一段来说是不正确的。汉以前我们的言和文比较接近，即使不能说是一致。从孔子“有教无类”起，教育渐渐开放给平民，受教育的渐渐多起来。这种受了教育的人也称为“士”，可是跟从前贵族的士不同，这些只是些“读书人”士的增多影响了语言和文体，话要说得明白，说得详细，当时的著述是说话的记录，自然也是这样。这里面该有平民语调的参入，虽然我们不能确切地指出。汉代辞赋发达，主要的作为官廷文学；后来变为远于说话的骈俪的体制，士大夫就通用这种体制。可是另一方面，游历了通都大邑名山大川的司马迁，却还用那近乎说话的文体作《史记》，古里古怪的扬雄跟《问孔》《刺孟》的王充，也还用这种文体作《法言》和《论衡》；而乐府诗来自民间，不用问更近于说话。可见这种文体是废不掉的。就是骈俪文盛行的时代，也还有《世说新语》，记录那时代的说话。到了唐代的韩愈，提倡“气盛言宜”的古文，“气盛言宜”就是说话的调子，至少是近于说话的调子，还有语录和笔记，起于唐而盛于宋，还有来自民间的词，这些也都用着说话或近于说话的调子。东汉以来逐渐建立起来的门阀，到了唐代中叶垮了台，“寻常百姓”的士又增多起来，加上宋代印刷和教育的发达，所以那种详明如话的文体就大大地发达了。到了元明两代，又有了戏曲和小说，更是以说话体就是语体为主。公安派竟陵派接受了这股支派，努力想将它变成主流，但是这一个尝试失败了。直到现代，一个新的尝试才完成了语体文学，新文学，也就是现代文学。

从以上一段语体文学发展的简史里可以看出种种伸缩的尺度。这些尺度大体上固然不出乎“儒雅”和“风流”那两个标准，可是像语录和笔记，有些恐怕只够“儒”而不够“雅”，有些恐怕既不够“儒”也不够“雅”，不够“雅”因为用俗语或近乎俗语，不够“儒”因为只是一些细事，无关德教，也与风流不相干。汉乐府跟《世说新语》也用俗语，虽然现在已将那些俗语看作了古典。戏曲和小说有的别忠奸，寓劝惩，叙风流，固然够得上标准，有的却不够儒雅，不算风流。在过去的文学传统里，这两种本没有地位，所谓不在话下。不过我们现在得给这些不够格的分别来个交代。我们说戏曲和小说可以见人情物理，这可以叫作“观风”的尺度，《礼记》里说诗可以“观民风”；可以观风，也就拐了弯儿达到了“儒雅”那个标准。戏曲和小说不但可以观民风，还可以观士风，而观风就是写实，就是反映社会，反映时代。这是社会的描写，时代的记录。在我们看来，用不着再绕到“儒雅”那个标准之下，就足够存在的理由了。那些无关政教也不算风流的笔记，也可以这么看。这个“人情物理”或“观风”的尺度原是依据了“儒雅”那个标准定出来的，可是唐代中叶以后，这个尺度似乎已经暗地里独立运用，这已经不是上德化下的尺度而是下情上达的尺度了。人民参加着定了这个尺度，而俗语的参入文学，正与这个尺度配合着。

（选自朱自清《文学的标准与尺度》）

谈国文教学

“五四”以来国文科的教学，特别在中学里，专重精神或思想一面，忽略了技术的训练，使一般学生了解文字和运用文字的能力没有得到适量的发展，也未免失掉了平衡。而一般社会对青年学生们要求的，却正是这两种能力：他们第一要学生们写得通，其次是读得懂。我们根据实际情形立论，偏向技术一面也是自然而然。

一般社会看得写比读重，青年们自己也如此。但在课程里和实际教育上，却是读比写重。课程里讲读的时数多于作文的时数，是因为讲读负担着三重的任务。讲读一方面训练了解的能力，一方面传播固有的和现代的文化，另一方面提供写作的范本。学生们似乎特别注重写作的范本。从前的教本原偏重示范作用，没有读和写的比重问题发生。“五四”后的教本兼顾三重任务，学生们感到模范文的缺少，好像讲读费了很多时间，并没有什么实用，因而就不看重它。不过这个问题很复杂，范文其实还只是一个因子。另一个因子是文言。五四后一般学生愿意写白话，写白话而读文言是矛盾。再一个因子是教学。教学应该读和写并重，可是讲读的时数既多，而向来教师也没有给予作文课足够的注意，便见得读重了。其实重读也只是个幻象，一般的讲读只是逐句讲解，甚至于说些不相干的话敷衍过去。学生们毫无参加和练习的机会，怎能够引起他们趣味，领导他们努力呢？

青年们不愿意读文言，尤其不愿意读古书，是因为不容易懂，并且跟现代生活好像无甚关系似的。若能在现行的标点分段之外，加上白话注释，并附适当的题解或导言，愿意读的人也许多些。到那时青年们也许就可以看出中国人虽然需要现代化，但总是我们中国人在现代化，得先知道自己才成；而这在现时还得借径于文言或古书。我们尽可以着手用白话重述古典，等到这种重述的古典成为新的古典时，尽可以将文言当做死文字留给专门学者学习，不必再放在一般课程里，但现时大家还得学习。可是现行课程标准规定初中一年起就将文言和白话混合教学，而文言的比例逐年加增，直到大学一年整个讲读文言为止——效果却不好。学生们不但文言没有学好，白话也连带着学得不够好。教本里选的文言花样太杂，固然使他们不容易摸着门路，而混合教学也使他们傍徨，弄不清文言和白话的分别。我们赞成本书附录里浦江清先生的主张，将白话和文言分别教学。并且主张文言的教学从高中开始，初中只学白话；大学一年也还该在作文课里使学生们读些白话范本。作文该全写白话；文言教学的写的方面只学到造句就成。

青年们不看重讲读，还有一个缘故。他们觉得讲读总不免咬文嚼字费功夫，而实际的阅读只消了解大意就够；他们课外阅读，只求了解大意，快当得多。他们觉得只有这种广泛的阅读才能促进写作能力的发展；讲读在一年里只寥寥三四十篇，好像简直没有益处似的。但是没有受过相当的咬文嚼字的训练或是没有下过相当的咬文嚼字的功夫的人，是不能了解大意的，至少了解不够正确。学生们课外阅读，能以了解大意，还是靠多年的讲读教育——虽然这种讲读教育没有很大的效率——或是自修的功夫。不过阅读有时候不止于要了解大意，还要领会那话中的话，字里行间的话——也便是言外之意。这就不能太快，得仔细吟味；这就更需要咬文嚼字的功夫。再说课外阅读可以帮助增进写作的能力，固然是事实，但一目数行地囫囵吞枣地读下去，至多只能增进一些知识和经验，并不能领会写作的技术。要在写作上得益处，非慢慢咬嚼不可。一般人的阅读大概都是只观大意，并且往往随读随忘；虽然快得惊人，却是毫无用处。随读随忘，不但不能帮助写作，恐怕连增进知识和经验的效果也不会有。所以课外阅读决不能无条件的重视，而讲读还是基本，不过讲读不该逐句讲解，更不该信口开河。得切实计划，细心启发，让学生们多讨论，多练习，才能有合乎课程标准的效率。

这就要谈到师生的合作和学校的纪律了。讨论教学技术，无论如何精确，若是教师不负责任，不肯干，也是枉然。现在一般国文教师的情形，本书中有专篇讨论。我们觉得负责的教师真太少了。教师得先肯负责，才能谈到循循善诱，师生合作。教师不负责，有的因为对教学本无兴趣，做教只是暂局。这种人只有严加淘汰一法。有的因为任课太多，照顾不及。这种人也许减少钟点调整待遇可望改善。有的却因为一般纪律不好，难以独严。学校纪律不好，有时固然由于一般政治和社会的情形，不是某一学校的责任，但多半还是由于学校当局不尽职或才力不足。只要当局能够和教师通力合作，始终一贯，纪律总可以相当严明的。话说回来，即使学校纪律不好，一个教师也还有他司负的责任。只要诚恳公正，他在相当的限度之内也还可以严格教学的，所谓事在人为。

（选自朱自清《国文教学·序》）

我意在表现自己

分别文学的体制，而论其价值的高下，例如亚里士多德在《诗学》里所做的，那是一件批评的大业，包孕着种种议论和冲突；浅学的我，不敢赞一辞。我只觉得体制的分别有时虽然很难确定，但从一般见地说，各体实在有着个别的特性；这种特性有着不同的价值。抒情的散文和纯文学的诗，小说，戏剧相比，便可见出这种分别。我们可以说，前者是自由些，后者是谨严些；诗的字句、音节，小说的描写、结构，戏剧的剪裁与对话，都有种种规律（广义的，不限于古典派的），必须精心结撰，方能有成。散文就不同了，选材与表现，比较可随便些；所谓“闲话”，在一种意义里，便是它的很好的诠释。它不能算作纯艺术品，与诗、小说、戏剧，有高下之别，但对于“懒惰”与“欲速”的人，它确是一种较为相宜的体制。这便是它的发达的另一原因了。我以为真正的文学发展，还当从纯文学下手，单有散文学是不够的；所以说，现在的现象是不健全的。——希望这只是暂时的过渡期，不久纯文学便会重新发展起来，至少和散文学一样！但就散文论散文，这三四年的发展，确是绚烂极了：有种种的样式，种种的流派，表现着，批评着，解释着人生的各面，迁流曼衍，日新月异；有中国名士风，有外国绅士风，有隐士，有叛徒，在思想上是如此。或描写，或讽刺，或委曲，或缜密，或劲健，或绮丽，或洗练，或流动，或含蓄，在表现上是如此。

我是大时代中一名小卒，是个平凡不过的人。才力的单薄是不用说的，所以一向写不出什么好东西。我写过诗，写过小说，写过散文。二十五岁以前，喜欢写诗；近几年诗情枯竭，搁笔已久。前年一个朋友看了我偶然写下的《战争》，说我不能作抒情诗，只作做史诗；这其实就是说我不能作诗。我自己也有些觉得如此，便越发懒怠起来。短篇小说是写过两篇。现在翻出来看，《笑的历史》只是庸俗主义的东西，材料的拥挤，像一个大肚皮的掌柜；《别》的用字造句，那样扭扭捏捏的，像半身不遂的病人，读着真怪不好受的。我觉得小说非常地难写；不用说长篇，就是短篇，那种经济的，严密的结构，我一辈子也学不来！我不知道怎样处置我的材料，使它们各得其所。至于戏剧，我更是始终不敢染指。我所写的大抵还是散文多。既不能运用纯文学的那些规律，而又不免有话要说，便只好随便一点说着；凭你说“懒惰”也罢，“欲速”也罢，我是自然而然采用了这种体制。这本小书里，便是四年来所写的散文。其中有两篇，也许有些像小说；但你最好只当作散文看，那是彼此有益的。至于分作两辑，是因为两辑的文字，风格有些不同；怎样不同，我想看了便会知道。关于这两类文章，我的朋友们有相反的意见。郢看过《旅行杂记》，来信说，他不大喜欢我作这种文章，因为是在模仿着什么人；而模仿是要不得的。这其实有些冤枉，我实在没有一点意思要模仿什么人。他后来看了《飘零》，又来信说，这与《背影》是我的另一面，他是喜欢的。但火就不如此。他看完《踪迹》，说只喜欢《航船中的文明》一篇；那正是《旅行杂记》一类的东西。这是一个很有趣的对照。我自己是没有什么定见的，只当时觉着要怎样写，便怎样写了。我意在表现自己，尽了自己的力便行；仁智之见，是在读者。

（选自朱自清《背影·序》）

再谈经典训练

在中等以上的教育里，经典训练应该是一个必要的项目。经典训练的价值不在实用，而在文化。有一位外国教授说过，阅读经典的用处，就在教人见识经典一番。这是很明达的议论。再说做一个有相当教育的国民，至少对于本国的经典，也有接触的义务。我国旧日的教育，可以说整个儿是读经的教育。经典训练成为教育的唯一的项目，自然偏枯失调；况且从幼童时代就开始，学生食而不化，也徒然摧残了他们的精力和兴趣。新式教育施行以后，读经渐渐废止。民国以来虽然还有一两回中小学读经运动，可是都失败了，大家认为是开倒车。另一方面，教育部制定的初中国文课程标准里却有“使学生从本国语言文字上，了解固有文化”的话，高中的标准里更有“培养学生读解古书，欣赏中国文学名著之能力”的话。初高中的国文教材，从经典选录的也不少。可见读经的废止并不就是经典训练的废止，经典训练不但没有废止，而且扩大了范围，不以经为限，又按着学生程度选材，可以免掉他们囫囵吞枣的弊病。这实在是一种进步，我国经典，未经整理，读起来特别难，一般人往往望而生畏，结果是敬而远之。朱子似乎见到了这个，他注“四书”，一种作用就是使“四书”普及于一般人。他是成功的，他的“四书”注后来成了小学教科书。又如清初人选注的《史记菁华录》，价值和影响虽然远在“四书”注之下，可是也风行了几百年，帮助初学不少，但到了现在这时代，这些书都不适用了。我们知道清代“汉学家”对于经典的校勘和训诂贡献极大。我们理想中一般人的经典读本——有些该是全书，有些只该是选本节本——应该尽可能地采取他们的结论；一面将本文分段，仔细地标点，并且白话文作简要的注释。每种读本还得有一篇切实而浅明的白话文导言。这需要见解、学力和经验，不是一个人一个时期所能成就的。商务印书馆编印的一《学生国学丛书》，似乎就是这番用意，但离我们理想的标准还远着呢。理想的经典读本既然一时不容易出现，有些人便想着先从治标下手。顾颉刚先生用浅明的白话文译《尚书》，又用同样的文体写《汉代学术史略》，用意便在这里。这样办虽然不能教一般人直接亲近经典，却能启发他们的兴趣，引他们到经典的大路上去。这部小书也只是向这方面努力的工作。如果读者能把它当作一只船，航到经典的海里去，编撰者将自己庆幸，在经典训练上，尽了他做尖兵的一份儿。可是如果读者念了这部书，便以为已经受到了经典训练，不再想去见识经典，那就是以筌为鱼，未免辜负编撰者的本心了。

这部书不是“国学概论”一类。照编撰者现在的意见，“概论”这名字容易教读者感到自己满足；“概论”里好像什么都有了，再用不着别的——其实什么都只有一点儿！“国学”这名字，和西洋人所谓“汉学”一般，都未免笼统的毛病。国立中央研究院的历史语言研究所分别标明历史和语言，不再浑称“国学”，确是正办。这部书以经典为主，以书为主，不以“经学”“史学”“诸子学”等作纲领。但《诗》《文》两篇，却还只能叙述源流；因为书太多了，没法子一一详论，而集部书的问题，也不像经、史、子那样重要，在这儿也无须详论。书中各篇的排列按照传统的经史子集的顺序；并照传统的意见将“小学”书放在最前头。各篇的讨论，尽量采择近人新说；这中间并无编撰者自己的创见，编撰者的工作只是编撰罢了。全篇的参考资料，开列在各篇后面；局部的，随处分别注明。也有袭用成说而没有注出的，那是为了节省读者的注意力；一般的读物和考据的著作不同，是无须乎那样严格的。末了儿编撰者得谢谢杨振声先生，他鼓励编撰者写下这些篇常谈。还得谢谢雷海宗先生允许引用他还没有正式印行的《中国通史选读》讲义，陈梦家先生允许引用他的《中国文字学》稿本。还得谢谢董庶先生，他给我抄了全份清稿，让排印时不致有太多的错字。

（选自朱自清《经典常谈·序》）

处世

正　义

人间的正义是在哪里呢?

正义是在我们的心里！从明哲的教训和见闻的意义中，我们不是得着大批的正义么？但白白地搁在心里，谁也不去取用，却至少是可惜的事。两石白米堆在屋里，总要吃它干净，两箱衣服堆在屋里，总要轮流穿换，一大堆正义却扔在一旁，满不理会，我们真大方，真舍得！看来正义这东西也真贱，竟抵不上白米的一个尖儿，衣服的一个扣儿。——爽性用它不着，倒也罢了，谁都又装出一副发急的样子，张张皇皇地寻觅着。这个葫芦里卖的什么药？我的聪明的同伴呀，我真想不通了！

我不曾见过正义的面，只见过它的弯曲的影儿——在“自我”的唇边，在“威权”的面前，在“他人”的背后。

正义可以做幌子，一个漂亮的幌子，所以谁都愿意念着它的名字。“我是正经人，我要做正经事”，谁都向他的同伴这样隐隐地自诩着。但是除了用以“自诩”之外，正义对于他还有什么作用呢？他独自一个时，在生人中间时，早忘了它的名字，而去创造“自己的正义”了！他所给予正义的，只是让它的影儿在他的唇边闪烁一翻而已。但是，这毕竟不算十分孤负正义，比那凭着正义的名字以行罪恶的，还胜一筹。可怕的正是这种假名行恶的人。他嘴里唱着正义的名字，手里却满满地握着罪恶；他将这些罪恶送给社会，粘上金碧辉煌的正义的签条送了去。社会凭着他所唱的名字和所粘的签条，欣然受了这份礼；就是明知道是罪恶，也还是欣然受了这份礼！易卜生“社会栋梁”一出戏，就是这种情形。这种人的唇边，虽更频繁地闪烁着正义的弯曲的影儿，但是深藏在他们心底的正义，只怕早已霉了、烂了，且将毁灭了。在这些人里，我见不着正义！

在亲子之间，师傅学徒之间，军官兵士之间，上司属僚之间，似乎有正义可见了，但是也不然。卑幼大抵顺从他们长上的，长上要施行正义于他们，他们诚然是不“能”违抗的——甚至“父教子死，子不得不死”一类话也说不出来了。他们发现有形的扑鞭和无形的赏罚在长上们的背后，怎敢去违抗呢？长上们凭着威权的名字施行正义，他们怎敢不遵呢？但是你私下问他们，“信么？服么？”他们必摇摇他们的头，甚至还奋起他们的双拳呢！这正是因为长上们不凭着正义的名字而施行正义的缘故了。这种正义只能由长上行于卑幼，卑幼是不能行于长上的，所以是偏颇的；这种正义只能施于卑幼，而不能施于他人，所以是破碎的；这种正义受着威权的鼓弄，有时不免要扩大到它的应有的轮廓之外，那时它又是肥大的。这些仍旧只是正义的弯曲的影儿。不凭着正义的名字而施行正义，我在这等人里，仍旧见不着它！

在没有威权的地方，正义的影儿更弯曲了。名位与金钱的面前，正义只剩淡如水的微痕了。你瞧现在一班大人先生见了所谓督军等人的劲儿！他们未必愿意如此的，但是一当了面，估量着对手的名位，就不免心里一软，自然要给他一些面子——于是不知不觉地就敷衍起来了。至于平常的人，偶然见了所谓名流，也不免要吃一惊，那时就是心里有一百二十个不以为然，也只好姑且放下，另作出一番“足恭”的样子，以表倾慕之诚。所以一班达官通人，差不多是正义的化外之民，他们所做的都是合于正义的，乃至他们所做的就是正义了！——在他们实在无所谓正义与否了。呀！这样，正义岂不已经沦亡了？却又不然。须知我只说“面前”是无正义的，“背后”的正义却幸而还保留着。社会的维持，大部分或者就靠着这背后的正义罢。但是背后的正义，力量究竟是有限的，因为隔开一层，不由得就单弱了。一个为富不仁的人，背后虽然免不了人们的指谪，面前却只有恭敬。一个华服翩翩的人，犯了违警律，就是警察也要让他五分。这就是我们的正义了！我们的正义百分之九十九是在背后的，而在极亲近的人间，有时连这个背后的正义也没有！因为太亲近了，什么也可以原谅了，什么也可以马虎了，正义就任怎么弯曲也可以了。背后的正义只有存生疏的人们间。生疏的人们间，没有什么密切的关系，自然可以用上正义这个幌子。至于一定要到背后才叫出正义来，那全是为了情面的缘故。情面的根底大概也是一种同情，一种廉价的同情。现在的人们只喜欢廉价的东西，在正义与情面两者中，就尽先取了情面，而将正义放在背后。在极亲近的人间，情面的优先权到了最大限度，正义就几乎等于零，就是在背后也没有了。背后的正义虽也有相当的力量，但是比起面前的正义就大大的不同，启发与戒惧的功能都如掺了水的薄薄的牛乳似的——于是仍旧只算是一个弯曲的影儿。在这些人里，我更见不着正义！

人间的正义究竟是在哪里呢？满藏在我们心里！为什么不取出来呢？它没有优先权！在我们心里，第一个尖儿是自私，其余就是威权，势力，亲疏，情面等；等到这些角色一一演毕，才轮得到我们可怜的正义。你想，时候已经晚了，它还有出台的机会么？没有！所以你要正义出台，你就得排除一切，让它做第一个尖儿。你得凭着它自己的名字叫它出台。你还得抖擞精神，准备一副好身手，因为它是初出台的角儿，捣乱的人必多，你得准备着打——不打不成相识呀！打得站住了脚携住了手，那时我们就能从容地瞻仰正义的面目了。

（选自朱自清《正义》）

论自己

翻开辞典，“自”字下排列着数目可观的成语，这 些“自”字多指自己而言。这中间包括着一大堆哲学，一大堆道德，一大堆诗文和废话，一大堆人，一大堆我，一大堆悲喜剧。自己“真乃天下第一英雄好汉”，有这么些可说的，值得说值不得说的！难怪纽约电话公司研究电话里最常用的字，在 500 次通话中会发现 3990 次的“我”。这“我”字便是自己称自己的声音，自己给自己的名儿。

自爱自怜！真是天下第一英雄好汉也难免的，何况区区寻常人！冷眼看去，也许只觉得那妄自尊大狂妄得可笑；可是这只见了真理的一半儿。掉过脸儿来，自爱自怜确也有不得不自爱自怜的。幼小时候有父母爱怜你，特别是有母亲爱怜你。到了长大成人，“娶了媳妇儿忘了娘”，娘这样看时就不必再爱怜你，至少不必再像当年那样爱怜你。——女的呢，“嫁出门的女儿，泼出门的水”；做母亲的虽然未必这样看，可是形格势禁而且鞭长莫及，就是爱怜得着，也只算找补点罢了。爱人该爱怜你？然而爱人们的嘴一例是甜蜜的，谁能说“你泥中有我，我泥中有你！”真有那么回事儿？赶到爱人变了太太，再生了孩子，你算成了家，太太得管家管孩子，更不能一心儿爱怜你。你有时候会病，“久病床前无孝子”，太 太怕也够倦的，够烦的。住医院？好，假如有运气住到像当年北平协和医院样的医院里去，倒是比家里强得多。但是护士们看护你，是服务，是工作，也许夹上点儿爱怜在里头，那是“好生之德”，不是爱怜你，是爱怜“人类”。——你又不能老待在家里，一离开家，怎么着也算“作客”；那时候更没有爱怜你的。可以有朋友招呼你；但朋友有朋友的事儿，那能教他将心常放在你身上？可以有属员或仆役伺候你，那——说得上是爱怜么？总而言之，天下第一爱怜自己的，只有自己；自爱自怜的道理就在这儿。

再说，“大丈夫不受人怜。”穷有穷干，苦有苦干；世界那么大，凭自己的身手，那儿就打不开一条路？ 何必老是向人愁眉苦脸唉声叹气的！愁眉苦脸不顺耳，别人会来爱怜你？自己免不了伤心的事儿，咬紧牙关忍着，等些日子，等些年月，会平静下去的。说说也无妨，只别不拣时候不看地方老是向人叨叨，叨叨得谁也不耐烦地岔开你或者躲开你。也别怨天怨地将一大堆感叹的句子向人身上扔过去。你怨的是天地，倒碍不着别人，只怕别人奇怪你的火气怎么这样大。——自己也免不了吃别人的亏。值不得计较的，不作声吞下肚去。出入大的想法子复仇，力量不够，卧薪尝胆地准备着。可别这儿那儿尽嚷嚷——嚷嚷完了一扔开，倒便宜了那欺负你的人。“好汉胳膊折了往袖子里藏”，为的是不在人面前露怯相，要人爱怜这“苦人儿”似的，这是要强，不是装。说也怪，不受人怜的人倒是能得人怜的人；要强的人总是最能自爱自怜的人。

大丈夫也罢，小丈夫也罢，自己其实是渺乎其小的，整个儿人类只是一个小圆球上一些碳水化合物，像现代一位哲学家说的，别提一个人的自己了。庄子所谓马体一毛，其实还是放大了看的。英国有一家报纸登过一幅漫画，画着一个人，仿佛在一间铺子里，周遭陈列着从他身体里分析出来的各种元素，每种标明分量和价目，总数是 5 先令——那时合 7 元钱。现在物价涨了，怕要合国币 1000 元了罢？然而，个人的自己也就值区区这 1000 元儿！自己这般渺小，不自爱自怜着点又怎么着！然而，“顶天立地”的是自己，“天地与我并生，万物与我为一”的也是自己；有你说这些大处只是好听的话语，好看的文句？你能愣说这样的自己没有！有这样的自己，岂不更值得自爱自怜的？再说自己的扩大，在一个寻常人的生活里也可见出。且先从小处看。小孩子就爱搜集各国的邮票，正是在扩大自己的世界。从前有人劝学世界语，说是可以和各国人通信。你觉得这话幼稚可笑？可是这未尝不是扩大自己的一个方向。再说这回抗战，许多人都走过了若干地方，增长了若干阅历。特别是青年人身上，你一眼就看出来，他们是和抗战前不同了，他们的自己扩大了。一一这样看，自己的小，自己的大，自己的由小而大，在自己都是好的。

自己都觉得自己好，不错；可是自己的确也都爱好。做官的都爱做好官，不过往往只知道爱做自己家里人的好官，自己亲戚朋友的好官；这种好官往往是自己国家的贪官污吏。做盗贼的也都爱做好盗贼——好喽啰，好伙伴，好头儿，可都只在贼窝里。有大好，有小好，有好得这样坏。自己关闭在自己的丁点大的世界里，往往越爱好越坏。所以非扩大自己不可。但是扩大自己得一圈儿一圈儿的，得充实，得踏实。别像肥皂泡儿，一大就裂。“大丈夫能屈能伸”，该屈的得屈点儿，别只顾伸出自己去。也得估计自己的力量。力量不够的话，“人一能之，己百之，人十能之，己千之”；得寸是寸，得尺是尺。总之路是有的。看得远，想得开，把得稳；自己是世界的时代的一环，别脱了节才真算好。力量怎样微弱，可是是自己的。相信自己，靠自己，随时随地尽自己的一份儿往最好里做去，让自己活得有意思，一时一刻一分一秒都有意思。这么着，自爱自怜才真是有道理的。

（选自朱自清《论自己》）

论诚意

诚伪是品性，却又是态度。从前论人的诚伪，大概就品性而言。诚实，诚笃，至诚，都是君子之德；不诚便是诈伪的小人。品性一半是生成，一半是教养；品性的表现出于自然，是整个儿的为人。说一个人是诚实的君子或诈伪的小人，是就他的行迹总算账。君子大概总是君子，小人大概总是小人。虽然说气质可以变化，盖了棺才能论定人，那只是些特例。不过一个社会里，这种定型的君子和小人并不太多，一般常人都浮沉在这两界之间。所谓浮沉，是说这些人自己不能把握自己，不免有诈伪的时候。这也是出于自然。还有一层，这些人对人对事有时候自觉地加减他们的诚意，去适应那局势。这就是态度。态度不一定反映出品性来；一个诚实的朋友到了不得已的时候，也会撒个谎什么的。态度出于必要，出于处世的或社交的必要，常人是免不了这种必要的。这是“世故人情”的一个项目。有时可以原谅，有时甚至可以容许。态度的变化多，在现代多变的社会里也许更会使人感兴趣些。我们嘴里常说的，笔下常写的“诚恳”“诚意”和“虚伪”等词，大概都是就态度说的。

但是一般人用这几个词似乎太严格了一些。照他们的看法，不诚恳无诚意的人就未免太多。而年轻人看社会上的人和事，除了他们自己以外差不多尽是虚伪的。这样用“虚伪”那个词，又似乎太宽泛了一些。这些跟老先生们开口闭口说“人心不古，世风日下”同样犯了笼统的毛病。一般人似乎将品性和态度混为一谈，年轻人也如此，却又加上了“天真”“纯洁”种种幻想。诚实的品性确是不可多得，但人孰无过，不论哪方面，完人或圣贤总是很少的。我们恐怕只能宽大些，卑之无甚高论，从态度上着眼。不然无谓的烦恼和纠纷就太多了。至于天真纯洁，似乎只是儿童的本分——老气横秋的儿童实在不顺眼。可是一个人若总是那么天真纯洁下去，他自己也许还没有什么，给别人的麻烦却就太多。有人赞美“童心”“孩子气”，那也只限于无关大体的小节目，取其可以调剂调剂平板的氛围气。若是重要关头也如此，那时天真恐怕只是任性，纯洁恐怕只是无知罢了。幸而不诚恳、无诚意、虚伪等已经成了口头禅，一般人只是跟着大家信口说着，至多皱皱眉，冷笑笑，表示无可奈何的样子就过去了。自然也短不了认真的，那却苦了自己，甚至于苦了别人。年轻人容易认真，容易不满意，他们的不满意往往是社会改革的动力。可是他们也得留心，若是在诚伪的分别上认真得过了分，也许会成为虚无主义者。

人与人事与事之间各有分际，言行最难得恰如其分。诚意是少不得的，但是分际不同，无妨斟酌加减点儿。种种礼数或过场就是从这里来的。有人说礼是生活的艺术，礼的本意应该如此。日常生活里所谓客气，也是一种礼数或过场。有些人觉得客气太拘形迹，不见真心，不是诚恳的态度。这些人主张率性自然。率性自然未尝不可，但是得看人去。若是一见生人就如此这般，就有点野了。即使熟人，毫无节制的率性自然也不成。夫妇算是熟透了的，有时还得“相敬如宾”，别人可想而知。总之，在不同的局势下，率性自然可以表示诚意，客气也可以表示诚意，不过诚意的程度不一样罢了。客气要大方，合身份，不然就是诚意太多；诚意太多，诚意就太贱了。

看人，请客，送礼，也都是些过场。有人说这些只是虚伪的俗套，无聊的玩意儿。但是这些其实也是表示诚意的。总得心里有这个人，才会去看他，请他，送他礼，这就有诚意了。至于看望的次数，时间的长短，请作主客或陪客，送礼的情形，只是诚意多少的分别，不是有无的分别。看人又有回看，请客有回请，送礼有回礼，也只是回答诚意。古语说得好，“来而不往非礼也”，无论古今，人情总是一样的。有一个人送年礼，转来转去，自己送出去的礼物，有一件竟又回到自己手里。他觉得虚伪无聊，当作笑谈。笑谈确乎是的，但是诚意还是有的。又一个人路上遇见一个本不大熟的朋友向他说，“我要来看你。”

这个人告诉别人说，“他用不着来看我，我也知道他不会来看我，你瞧这句话才没意思哪！”那个朋友的诚意似乎是太多了。凌叔华女士写过一个短篇小说，叫作《外国规矩》，说一位青年留学生陪着一位旧家小姐上公园，尽招呼她这样那样。她以为让他爱上了，那里知道他行的只是“外国规矩”！这喜剧由于那位旧家小姐不明白新礼数、新过场，多估量了那位留学生的诚意。可见诚意是有分量的。

人为自己活着，也为别人活着。在不伤害自己身份的条件下顾全别人的情感，都得算是诚恳，有诚意。这样宽大的看法也许可以使一些人活得更有兴趣些。西方有句话，“人生是做戏。”做戏也无妨，只要有心往好里做就成。客气等一定有人觉得是做戏，可是只要为了大家好，这种戏也值得做的。另一方面，诚恳、诚意也未必不是戏。现在人常说，“我很诚恳地告诉你”“我是很有诚意的”，自己标榜自己的诚恳、诚意，大有卖瓜的说瓜甜的神气，诚实的君子大概不会如此。不过一般人也已习惯自然，知道这只是为了增加诚意的分量，强调自己的态度，跟买卖人的吆喝到底不是一回事儿。常人到底是常人，得跟着局势斟酌加减他们的诚意，变化他们的态度；这就不免沾上了些戏味。西方还有句话，“诚实是最好的政策”，“诚实”也只是态度；这似乎也是一句戏词儿。

（选自朱自清《论诚意》）

我人生的一种态度

我所谓“刹那”，指“极短的现在”而言。

在这个题目下面，我想略略说明我对于人生的态度。现在人说到人生，总要谈它的意义与价值；我觉得这种“谈”是没有意义与价值的。且看古今多少哲人，他们对于人生，都曾试作解人，议论纷纷，莫衷一是；他们“各思以其道易天下”，但是谁肯真个信从呢？——他们只有自慰自驱吧了！我觉得人生的意义与价值横竖是寻不着的；——至少现在的我们是如此——而求生的意志却是人人都有的。既然求生，当然要求好好地生。如何求好好地生，是我们各人“眼前的”最大的问题；而全人生的意义与价值却反是大而无当的东西，尽可搁在一旁，存而不论。因为要求好好地生，断不能用总解决的办法；若用总解决的办法，便是“好好地”三个字的意义，也尽够你一生的研究了，而“好好地生”终于不能努力去求的！这不是走入牛角湾里去了么？要求好好地生，须零碎解决，须随时随地去体会我生“相当的”意义与价值；我们所要体会的是刹那间的人生，不是上下古今东西南北的全人生！

着眼于全人生的人，往往忘记了他自己现在的生活。他们或以为人生的意义与价值在于过去；时时回顾着从前的黄金时代，涎垂三尺！而不知他们所回顾的黄金时代，实是传说的黄金时代！——就是真有黄金时代；区区的回顾又岂能将它招回来呢？他们又因为念旧的情怀，往往将自己的过去任情扩大，加以点染，作为回顾的资料，惆怅的因由。这种人将在惆怅，惋惜之中度了一生，永没有满足的现在——一刹那也没有！惆怅惋惜常与彷徨相伴；他们将彷徨一生而无一刹那的成功的安息！这是何等的空虚呀。着眼于全人生的，或以为人生的意义与价值在于将来；时时等待着将来的奇迹。而将来的奇迹真成了奇迹，永不降临于拢着手、踮着脚、伸着颈，只知道“等待”的人！他们事事都等待“明天”去做，“今天”却专作为等待之用；自然地，到了明天，又须等待明天的明天了。这种人到了死的一日，将还留着许许多多明天“要”做的事——只好来生再做了吧！他们以将来自驱，在徒然地盼望里送了一生，成功的安慰不用说是没有的，于是也没有满足的一刹那！“虚空的虚空”便是他们的运命了！这两种人的毛病，都在远离了现在——尤其是眼前的一刹那。

着眼于现在的人未尝没有。自古所谓“及时行乐”，正是此种，但重在行乐，容易流于纵欲；结果偏向一端，仍不能得着健全的，谐和的发展——仍不能得着好好的生！况且所谓“及时行乐”，往往“醉翁之意不在酒”；不过借此掩盖悲哀，并非真正在行乐。杨恽说，“及时行乐耳，须富贵何时！”明明是不得志时的牢骚语。“遇饮酒时须饮酒，得高歌处且高歌！”明明是哀时事不可为而厌世的话。这都是消极的！消极的行乐，虽属及时，而意别有所寄；所以便不能认真做去，所以便不能体会行乐的一刹那的意义与价值——虽然行乐，不满足还是依然，甚至变本加厉呢！欧洲的颓废派，自荒于酒色，以求得刹那间官能的享乐为满足；在这些时候，他们见着美丽的幻象，认识了自己。他们的官能虽较从前人敏锐多多，但心情与纵欲的及时行乐的人正是大同小异。他们觉到现世的苦痛，已至忍无可忍的时候，才用颓废的方法，以求暂时的遗忘；正如糖面金鸡纳霜丸一般，面子上一点甜，里面却到心都是苦呀！友人某君说，颓废便是慢性的自杀，实能道出这一派的精微处。总之，无论行乐派，颓废派，深浅虽有不同，却都是“伤心人别有怀抱”；他们有意的或无意的企图“生之毁灭”。这是求生意志的消极的表现；这种表现当然不能算是好好地生了。他们面前的满足安慰他们的力量，决不抵他们背后的不满足压迫他们的力量；他们终于不能解脱自己，仅足使自己沉沦得更深而已！他们所认识的自己，只是被苦痛压得变形了的，虚空的自己；决不是充实的生命，决不是的！所以他们虽着眼于现在，而实未体会现在一刹那的生活的真味；他们不曾体会着一刹那的意义与价值，仍只是白辜负他们的刹那的现在！

我们目下第一不可离开现在，第二还应执着现在。我们应该深入现在的里面，用两只手揿牢它，愈牢愈好！已往的人生如何的美好，或如何的乏味而可憎；已往的我生如何的可珍惜，或如何的可厌弃，“现在”都可不必去管它，因为过去的已“过去”了。——孔子岂不说：“往者不可谏”吗？将来的人生与我生，也应作如是观；无论是有望，是无望，是绝望，都还是未来的事，何必空空的操心呢？要晓得“现在”是最容易明白的；“现在”虽不是最好，却是最要努力的地方，就是我们最能管的地方。因为是最能管的，所以是最可爱的。占尔孟曾以葡萄喻人生：说早晨还酸，傍晚又太熟了，最可口的是正午时摘下的。这正午的一刹那，是最可爱的一刹那，便是现在。事情已过，追想是无用的；事情未来，预想也是无用的；只有在事情正来的时候，我们可以把捉它、发展它、改正它、补充它；使它健全、谐和，成为完满的一段落、一历程。历程的满足，给我们相当的欢喜。譬如我来此演讲，在讲的一刹那，我只专心致志地讲；绝不想及演讲以前吃饭，看书等事，也不想及演讲以后发表讲稿，毁誉等事。——我说我所爱说的，说一句是一句。都是我心里的话。我说完一句时，心里便轻松了一些，这就是相当的快乐了。这种历程的满足，便是我所谓“我生相当的意义与价值”，便是“我们所能体会的刹那间的人生”。无论您对于全人生有如何的见解，这刹那间的意义与价值总是不可埋没的。您若说人生如电光泡影，则刹那便是光的一闪，影的一现。这光影虽是暂时的存在，但是有不是无，是实在不是空虚；这一闪一现便是实现，也便是发展——也便是历程的满足。您若说人生是不朽的，刹那的生当然也是不朽的。您若说人生向着死之路，那么，未死前的一刹那总是生，总值得好好地体会一番的；何况未死前还有无量数的刹那呢？您若说人生是无限的，好，刹那也就可说是无限的，无论怎样说，刹那总是有的，总是真的；刹那间好好地生总可以体会的。好了，不要再思前想后的了，耽误了“现在”，又是后来惋惜的材料，向谁去追索呀？你们“正在”做什么，就尽力做什么吧；最好的是 -ing，可宝贵的 -ing 呀！你们要努力满足“此时此地此我”——这叫做“三此”，又叫刹那。

言尽于此，相信我的，不要再想，赶快去做你今晚的事吧；不相信的，也不要再想，赶快去做你今晚的事吧！

（选自朱自清《刹那》）

论不满现状

哪一个时代事实上总有许许多多不满现状的人。现代以前，这些人怎样对付他们的“不满”呢？在老百姓是怨命，怨世道，怨年头。年头就是时代，世道由于气数，都是机械的必然；主要的还是命，自己的命不好，才生在这个世道里，这个年头上，怪谁呢！命也是机械的必然。这可以说是“怨天”，是一种定命论。命定了吃苦头，只好吃苦头，不吃也得吃。读书人固然也怨命，可是强调那“时世日非”“人心不古”的慨叹，好像“人心不古”才“时世日非”的。这可以说是“怨天”而兼“尤人”，主要的是“尤人”。人心为什么会不古呢？缘故是不行仁政，不施德教，也就是贤者不在位，统治者不好。这是一种唯心的人治论。可是贤者为什么不在位呢？人们也只会说，“天实为之！”这就又归到定命论了。可是读书人比老百姓强，他们可以做隐士，啸傲山林，让老百姓养着；固然没有富贵荣华，却不至于吃着老百姓吃的那些苦头。做隐士可以说是不和统治者合作，也可以说是扔下不管。所谓“穷则独善其身”，一般就是这个意思。既然“独善其身”，自然就管不着别人死活和天下兴亡了。于是老百姓不满现状而忍下去，读书人不满现状而避开去，结局是维持现状，让统治者稳坐江山。

但是读书人也要“达则兼善天下”。从前时代这种“达”就是“得君行道”；真能得君行道，当然要多多少少改变那自己不满别人也不满的现状。可是所谓别人，还是些读书人；改变现状要以增加他们的利益为主，老百姓只能沾些光，甚至于只担个名儿。若是太多照顾到老百姓，分了读书人的利益，读书人会得更加不满，起来阻挠改变现状；他们这时候是宁可维持现状的。宋朝王安石变法，引起了大反动，就是个显明的例子。有些读书人虽然不是得君行道，可是一辈子憧憬着有这么一天。到了既穷且老，眼看着不会有这么一天了，他们也要著书立说，希望后世还可以有那么一天，行他们的道，改变改变那不满人意的现状。但是后世太渺茫了，自然还是自己来办得好，那怕只改变一点儿，甚至于只改变自己的地位，也是好的。况且能够著书立说的究竟不太多；著书立说诚然渺茫，还是一条出路，连这个也不能，那一腔子不满向哪儿发泄呢！于是乎有了失志之士或失意之士。这种读书人往往不择手段，只求达到目的。政府不用他们，他们就去依附权门，依附地方政权，依附割据政权，甚至于和反叛政府的人合作；极端的甚至于甘心去做汉奸，像刘豫、张邦昌那些人。这种失意的人往往只看到自己或自己的一群的富贵荣华，没有原则，只求改变，甚至于只求破坏——他们好在浑水里捞鱼。这种人往往少有才，挑拨离间，诡计多端，可是得依附某种权力，才能发生作用；他们只能做俗话说的"军师"。统治者却又讨厌又怕这种人，他们是捣乱鬼！但是可能成为这种人的似乎越来越多，又杀不尽，于是只好给些闲差，给些干薪，来绥靖他们，吊着他们的口味。这叫作"养士"，为的正是维持现状，稳坐江山。

然而老百姓的忍耐性，这里面包括韧性和惰性，虽然很大，却也有个限度。"狗急跳墙"，何况是人！到了现状坏到怎么吃苦还是活不下去的时候，人心浮动，也就是情绪高涨，老百姓本能地不顾一切地起来了，他们要打破现状。他们不知道怎样改变现状，可是一股子劲先打破了它再说，想着打破了总有希望些。这种局势，规模小的叫"民变"，大的就是"造反"。农民是主力，他们有他们自己地领导人。在历史上这种"民变"或"造反"并不少，但是大部分都给暂时地压下去了，统治阶级的史官往往只轻描淡写地带几句，甚至于削去不书，所以看来好像天下常常太平似的。然而汉明两代都是农民打出来的天下，老百姓的力量其实是不可轻视的。不过汉明两代虽然是老百姓自己打出来的，结局却依然是一家一姓稳坐江山；而这家人坐了江山，早就失掉了农民的面目，倒去跟读书人一鼻孔出气。老百姓出了一番力，所得的似乎不多。是打破了现状，可又复原了现状，改变是很少的。至于权臣用篡弑，军阀靠武力，夺了政权，换了朝代，那改变大概是更少了罢。

过去的时代以私人为中心，自己为中心，读书人如此，老百姓也如此。所以老百姓打出来的天下还是归于一家一姓，落到读书人的老套里。从前虽然也常说“众擎易举”“众怒难犯”，也常说“爱众”“得众”，然而主要的是“一人有庆，万众赖之”的，“天与人归”的政治局势，那“众”其实是“一盘散沙”而已。现在这时代可改变了。不论叫“群众”“公众”“民众”“大众”，这个“众”的确已经表现一种力量；这种力量从前固然也潜在着，但是非常微弱，现在却强大起来，渐渐足以和统治阶级对抗了，而且还要一天比一天强大。大家在内忧外患里增加了知识和经验，知道了“团结就是力量”，他们渐渐在扬弃那机械的定命论，也渐渐在扬弃那唯心的人治论。一方面读书人也渐渐和统治阶级拆伙，变质为知识阶级。他们已经不能够找到一个角落去不闻理乱地隐居避世，又不屑做也幸而已经没有地方去做“军师”。他们又不甘心做那被人“养着”的“士”，而知识分子又已经太多，事实上也无法“养”着这么大量的“士”。他们只有凭自己的技能和工作来“养”着自己。早些年他们还可以暂时躲在所谓象牙塔里。到了现代这年头，象牙塔下已经变成了十字街，而且这塔已经开始在拆卸了。于是乎他们恐怕只有走出来，走到人群里。大家一同苦闷在这活不下去的现状之中。如果这不满人意的现状老不改变，大家恐怕忍不住要联合起来动手打破它的。重要的是打破之后改变成什么样子？这真是个空前的危疑震撼的局势，我们得提高警觉来应付的。

（选自朱自清《论不满现状》）

论且顾眼前

俗语说，“火烧眉毛，且顾眼前。”这句话大概有了年代，我们可以说是人们向来如此。这一回抗战，火烧到了每人的眉毛，“且顾眼前”竟成了一般的守则、一时的风气，却是向来少有的。但是抗战时期大家还有个共同的“胜利”的远景，起初虽然朦胧，后来却越来越清楚。这告诉我们，大家且顾眼前也不妨，不久就会来个长久之计的。但是惨胜了，战祸起在自己家里，动乱比抗战时期更甚，并且好像没个完似的。没有了共同的远景；有些人简直没有远景，有些人有远景，却只是片段的，全影是在一片朦胧之中。可是火烧得更大了，更快了，能够且顾眼前就是好的，顾得一天是一天，谁还想到什么长久之计！可是这种局面能以长久地拖下去吗？我们是该警觉的。

且顾眼前，情形差别很大。第一类是只顾享乐的人，所谓“今朝有酒今朝醉”。这种人在抗战中大概是些发国难财的人，在胜利后大概是些发接收财或胜利财的人，他们巧取豪夺得到财富，得来得快，花去得也就快。这些人虽然原来未必都是贫儿，暴富却是事实。时势老在动荡，物价老在上涨，傥来的财富若是不去运用或花销，转眼就会两手空空儿的！所谓运用，大概又趋向投机一路；这条路是动荡的，担风险的。在动荡中要把握现在，自己不吃亏，就只有享乐了。享乐无非是吃喝嫖赌，加上穿好衣服，住好房子。传统的享乐方式不够阔的，加上些买办文化，洋味儿越多越好，反正有的是钱。这中间自然有不少人享乐一番之后，依旧还我贫儿面目，再吃苦头。但是也有少数豪门，凭借特殊的权位，浑水里摸鱼，越来越富，越花越有。财富集中在他们手里，享乐也集中在他们手里。于是富的富到三十三天之上，贫的贫到十八层地狱之下。现在的穷富悬殊是史无前例的；现在的享用娱乐也是史无前例的，但是大多数在饥饿线上挣扎的人能以眼睁睁白供养着这班骄奢淫逸的人尽情地自在地享乐吗？有朝一日——唉，让他们且顾眼前罢！

第二类是苟安旦夕的人。这些人未尝不想工作，未尝不想做些事业，可是物质环境如此艰难，社会又如此不安定，谁都贪图近便，贪图速成，他们也就见风使舵，凡事一混了之。“混事”本是一句老话，也可以说是固有文化；不过向来多半带着自谦的意味，并不以为“混”是好事，可以了此一生。但是目下这个“混”似乎成为原则了。困难太多，办不了，办不通，只好马马虎虎，能推就推，不能推就拖，不能拖就来个偷工减料，只要门面敷衍得过就成，管它好坏，管它久长不久长，不好不要紧，只要自己不吃亏！从前似乎只有年纪老资格老的人这么混。现在却连许多青年人也一道同风起来。这种不择手段，只顾眼前，已成风气。谁也说不准明天的事儿，只要今天过去就得了，何必认真！认真又有什么用！只有一些书呆子和准书呆子还在他们自己的岗位上死乞白赖地规规矩矩地工作。但是战讯接着战讯，越来越艰难，越来越不安定，混的人越来越多，靠这一些书呆子和准书呆子能够撑得住吗？大家老是这么混着混着，有朝一日垮台完事。蝼蚁尚且贪生，且顾眼前，苟且偷生，这心情是可以了解的；然而能有多长久呢？只顾眼前的人是不想到这个的。

第三类是穷困无告的人。这些人在饥饿线上挣扎着，他们只能顾到眼前的衣食住，再不能够顾到别的；他们甚至连眼前的衣食住都顾不周全，哪有功夫想别的呢？这类人原是历来就有的，正和前两类人也是历来就有的一样，但是数量加速的增大，却是可忧的也可怕的。这类人跟第一类人恰好是两极端，第一类人增大的是财富的数量，这一类人增大的是人员的数量——第二类人也是如此。这种分别增大的数量也许终于会使历史变质的罢？历史上主持国家社会长久之计或百年大计的原只是少数人；可是在比较安定的时代，大部分人都还能够有个打算，为了自己的家或自己。有两句古语说，“一年之计在于春，一日之计在于晨”，这大概是给农民说的。无论是怎样的穷打算、苦打算，能有个打算，总比不能有打算心里舒服些。现在确是到了人人没法打算的时候；“一日之计”还可以有，但是显然和从前的“一日之计”不同了，因为“今日不知明日事”，这“一日”恐怕真得限于一日了。在这种局面下“百年大计”自然更谈不上。不过那些豪门还是能够有他们的打算的，他们不但能够打算自己一辈子，并且可以打算到子孙。因为即使大变来了，他们还可以溜到海外做寓公去。这班人自然是满意现状的。第二类人虽然不满现状，却也害怕破坏和改变，因为他们觉着那时候更无把握。第三类人不用说是不满现状的。然而除了一部分流浪型外，大概都信天任命，愿意付出大的代价取得那即使只有丝毫的安定；他们也害怕破坏和改变。因此“且顾眼前”就成了风气，有的豪夺着，有的鬼混着，有的空等着。然而还有一类顾眼前而又不顾眼前的人。

我们向来有“及时行乐”一句话，但是陶渊明《杂诗》说“及时当勉励，岁月不待人”，同是教人“及时”，态度却大不一样。“及时”也就是把握现在；“行乐”要把握现在，努力也得把握现在。陶渊明指的是个人的努力，目下急需的是大家的努力。在没有什么大变的时代，所谓“百世可知”，领导者努力的可以说是“百年大计”；但是在这个动乱的时代，“百年”是太模糊太空洞了，为了大家，至多也只能几年几年地计划着，才能够踏实地努力前去。这也是“及时”，把握现在，说是另一意义的“且顾眼前”也未尝不可；“且顾眼前”本是救急，目下需要的正是救急，不过不是各人自顾自的救急，更不是从救急转到行乐上罢了。不过目下的中国，连几年计划也谈不上。于是有些人，特别是青年代，就先从一般的把握现在下手。这就是努力认识现在，暴露现在，批评现在，抗议现在。他们在试验，难免有错误的地方。而在前三类人看来，他们的努力却难免向着那可怕的可忧的破坏与改变的路上去，那是不顾眼前的！但是，这只是站在自顾自的立场上说话，若是顾到大家，这些人倒是真正能够顾到眼前的人。

（选自朱自清《论且顾眼前》）

论气节

气节是我国固有的道德标准，现代还用着这个标准来衡量人们的行为，主要的是所谓读书人或士人的立身处世之道。但这似乎只在中年一代如此，青年代倒像不大理会这种传统的标准，他们在用着正在建立的新的标准，也可以叫作新的尺度。中年代一般的接受这传统，青年代却不理会它，这种脱节的现象是这种变的时代或动乱时代常有的。因此就引不起什么讨论。直到近年，冯雪峰先生才将这标准这传统作为问题提出，加以分析和批判：这是在他的《乡风与市风》那本杂文集里。

冯先生指出“士节”的两种典型：一是忠臣，一是清高之士。他说后者往往因为脱离了现实，成为“为节而节”的虚无主义者，结果往往会变了节。他却又说“士节”是对人生的一种坚定的态度，是个人意志独立的表现。因此也可以成就接近人民的叛逆者或革命家，但是这种人物的造就或完成，只有在后来的时代，例如我们的时代。冯先生的分析，笔者大体同意；对这个问题笔者近来也常常加以思索，现在写出自己的一些意见，也许可以补充冯先生所没有说到的。

气和节似乎原是两个各自独立的意念。《左传》上有“一鼓作气”的话，是说战斗的。后来所谓“士气”就是这个气，也就是“斗志”；这个“士”指的是武士。孟子提倡的“浩然之气”，似乎就是这个气的转变与扩充。他说“至大至刚”，说“养勇”，都是带有战斗性的。“浩然之气”是“集义所生”，“义”就是“有理”或“公道”。后来所谓“义气”，意思要狭隘些，可也算是“浩然之气”

的分支。现在我们常说的“正义感”，虽然特别强调现实，似乎也还可以算是跟“浩然之气”联系着的。至于文天祥所歌咏的“正气”，更显然跟“浩然之气”一脉相承。不过在笔者看来两者却并不完全相同，文氏似乎在强调那消极的节。

节的意念也在先秦时代就有了，《左传》里有“圣达节，次守节，下失节”的话。古代注重礼乐，乐的精神是“和”，礼的精神是“节”。礼乐是贵族生活的手段，也可以说是目的。

他们要定等级、明分际，要有稳固的社会秩序，所以要“节”，但是他们要统治，要上统下，所以也要“和”。礼以“节”为主，可也得跟“和”配合着；乐以“和”为主，可也得跟“节”配合着。节跟和是相反相成的。明白了这个道理，我们可以说所谓“圣达节”等的“节”，是从礼乐里引申出来成了行为的标准或做人的标准；而这个节其实也就是传统的“中道”。按说“和”也是中道，不同的是“和”重在合，“节”重在分；重在分所以重在不犯不乱，这就带上消极性了。

向来论气节的，大概总从东汉末年的党祸起头。那是所谓处士横议的时代。在野的士人纷纷地批评和攻击宦官们的贪污政治，中心似乎在太学。这些在野的士人虽然没有严密的组织，却已经在联合起来，并且博得了人民的同情。宦官们害怕了，于是乎逮捕拘禁那些领导人。这就是所谓“党锢”或“钩党”，“钩”是“钩连”的意思。从这两个名称上可以见出这是一种群众的力量。那时逃亡的党人，家家愿意收容着，所谓“望门投止”，也可以见出人民的态度，这种党人，大家尊为气节之士。气是敢作敢为，节是有所不为——有所不为也就是不合作。这敢作敢为是以集体的力量为基础的，跟孟子的“浩然之气”与世俗所谓“义气”只注重领导者的个人不一样。后来宋朝几千太学生请愿罢免奸臣，以及明朝东林党的攻击宦官，都是集体运动，也都是气节的表现。

但是这种表现里似乎积极的“气”更重于消极的“节”。

在专制时代的种种社会条件之下，集体的行动是不容易表现的，于是士人的立身处世就偏向了“节”这个标准。在朝的要做忠臣。这种忠节或是表现在冒犯君主尊严的直谏上，有时因此牺牲性命；或是表现在不做新朝的官甚至以身殉国上。忠而至于死，那是忠而又烈了。在野的要做清高之士，这种人表示不愿和在朝的人合作，因而游离于现实之外；或者更逃避到山林之中，那就是隐逸之士了。这两种节，忠节与高节，都是个人的消极的表现。忠节至多造就一些失败的英雄，高节更只能造就一些明哲保身的自了汉，甚至于一些虚无主义者。原来气是动的，可以变化。我们常说志气，志是心之所向，可以在四方，可以在千里，志和气是配合着的。节却是静的，不变的；所以要“守节”，要不“失节”。有时候节甚至于是死的，死的节跟活的现实脱了榫，于是乎自命清高的人结果变了节，冯雪峰先生论到周作人，就是眼前的例子。从统治阶级的立场看，“忠言逆耳利于行”，忠臣到底是卫护着这个阶级的，而清高之士消纳了叛逆者，也是有利于这个阶级的。所以宋朝人说“饿死事小，失节事大”，原先说的是女人，后来也用来说士人，这正是统治阶级代言人的口气，但是也表示着到了那时代士的个人地位的增高和责任的加重。

“士”或称为“读书人”，是统治阶级最下层的单位，并非“帮闲”。他们的利害跟君相是共同的，在朝固然如此，在野也未尝不如此。固然在野的处士可以不受君臣名分的束缚，可以“不事王侯，高尚其事”，但是他们得吃饭，这饭恐怕还得靠农民耕给他们吃，而这些农民大概是属于他们做官的祖宗的遗产的。“躬耕”往往是一句门面话，就是偶然有个把真正躬耕的如陶渊明，精神上或意识形态上也还是在负着天下兴亡之责的士，陶的《述酒》等诗就是证据。可见处士虽然有时横议，那只是自家人吵嘴闹架，他们生活的基础一般的主要的还是在农民的劳动上，跟君主与在朝的大夫并无两样，而一般的主要的意识形态，彼此也是一致的。

然而士终于变质了，这可以说是到了民国时代才显著。从清朝末年开设学校，教员和学生渐渐加多，他们渐渐各自形成一个集团；其中有不少的人参加革新运动或革命运动，而大多数也倾向着这两种运动。这已是气重于节了。等到民国成立，理论上人民是主人，事实上是军阀争权。这时代的教员和学生意识着自己的主人身份，游离了统治的军阀；他们是在野，可是由于军阀政治的腐败，却渐渐获得了一种领导的地位。他们虽然还不能和民众打成一片，但是已经在渐渐地接近民众。五四运动划出了一个新时代。自由主义建筑在自由职业和社会分工的基础上。教员是自由职业者，不是官，也不是候补的官。学生也可以选择多元的职业，不是只有做官一路。他们于是从统治阶级独立，不再是“士”或所谓“读书人”，而变成了“知识分子”，集体的就是“知识阶级”。残余的“士”或“读书人”自然也还有，不过只是些残余罢了。这种变质是中国现代化的过程的一段，而中国的知识阶级在这过程中也曾尽了并且还在想尽他们的任务，跟这时代世界上别处的知识阶级一样，也分享着他们一般的运命。若用气节的标准来衡量，这些知识分子或这个知识阶级开头是气重于节，到了现在却又似乎是节重于气了。

知识阶级开头凭着集团的力量勇猛直前，打倒种种传统，那时候是敢作敢为一股气。可是这个集团并不大，在中国尤其如此，力量到底有限，而与民众打成一片又不容易，于是碰到集中的武力，甚至加上外来的压力，就抵挡不住。而一方面广大的民众抬头要饭吃，他们也没法满足这些饥饿的民众。他们于是失去了领导的地位，逗留在这夹缝中间，渐渐感觉着不自由，闹了个“四大金刚悬空八只脚”。他们于是只能保守着自己，这也算是节罢；也想缓缓地落下地去，可是气不足，得等着瞧。可是这里的是偏于中年一代。青年代的知识分子却不如此，他们无视传统的“气节”，特别是那种消极的“节”，替代的是“正义感”，接着“正义感”的是“行动”，其实“正义感”是合并了“气”和“节”，“行动”还是“气”。这是他们的新的做人的尺度。等到这个尺度成为标准，知识阶级大概是还要变质的罢？

（选自朱自清《论气节》）

丈夫的清贫气节

1945年8月，日本帝国主义投降的消息是深夜传到我家的。那天佩弦正在成都，听到鞭炮声才知道我们终于胜利了，他兴奋地走到大街上和老百姓一起狂欢了一夜。回来后，他很担心地对我说："胜利了，可是千万不能起内战。不起内战，国家的经济可以恢复得快一些，老百姓可以少受些罪。"

中国人民经历了千辛万苦的八年抗战生活，多么渴望和平安定啊！但蒋介石却在美帝国主义的支持帮助下发动内战，对人民横征暴敛，对民主运动残酷镇压。1945年12月1日，几百名国民党军人和特务用棍棒、短刀、手榴弹镇压要求民主、反对内战的学生，造成了有名的"一二·一"惨案。这件事使佩弦进一步认识了国民党的反动面貌，他亲自到西南联大的灵堂向死难的四烈士致敬。1946年7月，李公朴、闻一多先生相继被国民党特务杀害的事实，使佩弦觉醒了。闻一多先生是佩弦多年同事和挚友，闻先生的死使他特别感到悲痛和激动。他大声责问："此成何世界？"他虽已十多年不写新诗了，但为此他写成《挽一多先生》一诗。他热烈地赞颂闻先生"是一团火，照见了魔鬼，烧毁了自己！遗烬里爆出个新中国！"此时佩弦正在成都，他不怕特务要捣乱会场，毅然出席成都各界人士举行的"李闻惨案追悼大会"，并做了报告，介绍了闻一多先生的生平，向国民党提出了抗议。他的报告不但多次博得全场的掌声，而且使听众纷纷落泪。佩弦的强烈的正义感，使他在国民党的迫害面前挺起了胸膛。佩弦在给雷海宗的信中说："一年多的事我要负责。要出版他的著作，照顾他的家属。"佩弦并在他最后几年的时间里践行了自己的许诺。

1946 年 10 月，我们全家终于回到了阔别八年的北京。我们是非常喜爱北京的，在城里走一走，看一看，深感战后不残破不堪，穷人更多了。日本人走了，但国民党的宪兵警察却蛮横地欺压老百姓。有一次，我们看到他们殴打抢生意的三轮车夫，这不禁使我们联想在海防时看到的情景。佩弦很气愤，他便高声地喊："你打他做什么！他是为了生活！"他也常常激动地说："八年沦陷，难道他们还没有吃尽敌人的苦头吗？"

在回到北京后的这几年里，佩弦看到国民党的统治越来越腐败，看到社会那样混乱黑暗，心情很不好。他这个从来不会感情冲动的人，变得很容易动感情了。他的思想感情已经进一步和人民的命运联系在一起了。

1947 年 2 月，佩弦在抗议当局任意逮捕人民的十三教授宣言上签了名。此宣言在报上发表时，他的名字排第一个。国民党特务也三次"光临"到我家，但佩弦一点也不怕。他没有退却，他坚定地站立着。那时，国民党特务也常在清华园里逛，并常在清华抓人。每次抓人，佩弦都很为学生担心，我们家也成为一些进步学生躲避抓捕的地方了。一次，佩弦犯胃病躺在床上，听到外边又在抓人，便很着急地对我说："你注意听着门，怕有学生要来躲。"我们在屋里紧张地听着外面的动静。忽然响起了敲门声，我马上去开门，果然来了一个女学生，便躲在我家里。那时，还有一个进步学生要到解放区去，他来找佩弦借路费。当时我们手头真是没多少钱，但还是从保姆那儿借了点钱，凑了二十元，送他走了。佩弦对进步学生也是很信任的。他曾介绍一个进步学生到通县潞河中学教书。当时潞河中学行政上是被国民党控制的。不久，这个学生就到解放区去了。后来就有人扬言：这个学生领了一个月的薪水没工作就走了。佩弦听到后，很生气地说："要是他领了一个月工资没工作就走了，我赔钱。"他专门派居乃鹏去潞河了解情况，结果证明根本没有这回事，原来是别人故意伤害他的。终于澄清了事实，批驳了谣言。佩弦的正义感和广博的同情心，使他对相识的或不相识的人，都能伸出热情援救的手。今年（1981 年）9 月 24 日我接到王志之同志的来信，信中写道："我在抗日同盟军战败归来，为了逃避叛徒的搜捕，未敢贸然进城，在清华园站下车，冒昧到府上投宿。朱自清先生并不嫌我蓬头垢面，更不怕我‘犯上作乱’而受牵连，殷勤接待，加以掩护。”这封信使我想起了那天的情景：佩弦非常热情地接待了他，严肃地倾听他叙述山西的抗日救亡工作和沿途脱逃的情况；并一再嘱咐我：“他是山西做地下工作的，沿途很辛苦。把床被准备得舒服点，我们要让他好好休息一下。”由于这样，几乎国民党每次抓人都有学生来我家躲避，其中有的人我们根本不认识，只是他们信任佩弦而来的。

过去也曾经有人几次劝佩弦加入国民党，他都严词拒绝了，后来又有人拿来一张可以成为“特别党证”的党员表让他填，他仍不加入。他向孩子借了通俗的革命宣传的小册子来看，还借来了艾思奇的《大众哲学》看。他也曾多次和进步学生谈话，非常细心地倾听他们的见解。他对解放区作家赵树理“与人民共同生活，打成一片”，为工农兵服务的作品，给予肯定的评价。他的思想在踏踏实实地追求着进步。

抗战胜利后的生活仍是很艰苦的。国民党滥发钞票，物价一日几涨。人民在饥饿和苦难中挣扎，教授阶层的生活也到了山穷水尽的地步。我们家人口多，尤其困难。为了生活，佩弦不得不带着一身重病，拼命多写文章，经常写到深夜，甚至到天明。那里家里一天两顿粗粮，有时为照顾他有胃病，给他做一点细粮，他都从不一个人吃，总要分给孩子们吃。

这期间，佩弦进一步与中间道路划清界限，拒绝了中间刊物《新路》的邀请，并在《知识分子今天的任务》的座谈会上讲道：“知识分子的道路有两条：一条是帮闲帮凶、向上爬，封建社会和资本主义社会都有这种人；一条是向下的。”向下就是向人民大众，他正是沿着这后一条道路前进的。他在许多反对国民党黑暗统治的宣言上签过名。当时，他的病情已经很严重了，呕吐很厉害，体重只有四十五公斤，医生说应尽快动手术。1948 年 6 月 9 日，北京的学生举行了“反美扶日”的游行。佩弦以实际行动站在人民一边，他在《抗议美国扶日政策并拒绝领取美援面粉宣言》上签了名。他拒绝了美国侮辱性的施舍，并且让孩子立刻把配给证退了回去。他在日记中写道：“此事每月须损失六百万法币，影响家中甚大，但余仍决定签名。因余等既反美扶日，自应直接由己身做起，此虽只为精神上之抗议，但决不应逃避个人责任。”此时佩弦的身体已很虚弱了，脸色苍白，脊背也更弯了，走路都需扶手杖了。但他的精神是伟大的，他在中华民族的敌人面前傲然挺立着。

这时佩弦仍常常参加各种集会，并发表演说。他要编辑《闻一多全集》，要编写教科书，他要写论白话文的文章，他还要参加招生及学生毕业的各种会议，要与同事们讨论学术问题……有多少他热爱的工作需要他去做呀！但他深感自己已体力不支，深感身体重要。当时他已不能到医院去看病了，大夫来家看病时对他说：“营养全在菜里。”他便认真地遵照医嘱，大口地吃菜。虽然并不爱吃，但他仍是强迫自己吃下去。他在为生命的延续而挣扎着。为了完成《闻一多全集》，他在日日夜夜赶编着。他衰弱的身体已难以支持下去了。我特意在他的书房里支了一个行军床，书桌边放了一个痰盂。他要吐便吐，身体实在支持不住了，便在床上躺一会儿。在他有生之年，终于完成了《闻一多全集》的编辑工作，了结了自己的心愿。

1948 年 8 月 4 日早晨四点多钟，佩弦突然胃部剧烈疼痛，大口地呕吐。送到北大医院后，医生立刻让他住院，开刀做了手术。我非常着急，痛苦地守候在佩弦的身边。三四天后，佩弦的神志清醒了，在病闲上嘱托研究院的试卷请浦江清先生评阅。他还嘱告我：“有件事要记住，我是在拒绝美援面粉的文件上签过名的，我们家以后不买国民党配给的美国面粉。”8 月 12 日，佩弦病情突然恶化，昏迷不醒……他与世长辞了。是被黑暗统治逼死的！是被旧社会杀死的！

13 日上午，佩弦的遗体在广济寺下院举行了火葬。我与孩子们都感到无比悲痛，佩弦就这样永远地离开了我们。他的遗骨安葬于北京西郊的万安公墓。

（选自陈竹隐《追忆朱自清》）

最完整的人格（节选）

——哀念朱自清先生

在别人的谈话中，以及在别人的文字中，大都提到佩弦先生是一个最完整的人。我觉得这话很对，但可惜说得太笼统。我愿意抵制自己的感情，试论佩弦先生的为人。

第一，佩弦先生是一个有至情的人。佩弦先生对人处事，无时无地不现出他那坦白而诚挚的天性，对一般人如是，对朋友如是，对晚辈、对青年人，尤其如此。凡是和朱先生相识，发生过较深关系的，没有不为他的至情所感的。你越同他交情深，你就越感到他的毫无保留的诚挚与坦白。你总感觉到他在处处为你打算，有很多事，仿佛你自己还没有想到，他却早已在替你安排好了。他是这样的：既像一个良师，又像一个知友，既像一个父亲，又像一个兄长。他对于任何人都毫无虚伪，他也不对任何人在表面上表示热情，然而他是充满了热情的，他的热情就包含在他的温厚与谦恭里面。

正由于他这样的至情，才产生了他的至文。假如他不是至情人，他就写不出《毁灭》那样的长诗。假如他不是至情人，他更写不出像《背影》那样的散文。

第二，佩弦先生是一个最爱真理的人。其实，有至情，爱真理，原是一件事情的两面，因为，没有有至情而不爱真理的，也没有爱真理而无至情的，这情形，在鲁迅先生，在闻一多先生，都是同样的。凡是认识朱先生的，同朱先生同过事的，都承认朱先生是最“认真”的人，他大事认真，小事也认真，自己的私事认真，别人或公众的事他更认真。他有客必见，有信必回，他开会上课绝不迟到早退。凡是公家的东西，他绝不许别人乱用，即便是一张信笺，一个信封。学校里在他大门前存了几车沙土，大概是为修墙或铺路用的，他的小女儿要取一点儿去玩玩，他说不许，因为那是公家的。闻一多先生遗著的编辑，自始至终，他交代得清清楚楚。他主持清华大学中国文学系，一切事情都井井有条，凡比较重要的事项都要征询同人的意见，或用开会方式尽情讨论，如无开会机会，他一定个别访问，把不同的意见汇集起来，然后作为定案，即便不必讨论的事情，拟办的或已办的，他大都告诉一声。

第三，佩弦先生是一个很有风趣的人。若说朱先生是有幽默感也未尝不可，无乃“幽默”两个字已经被幽默专家们用得不辨真面目，所以我很不愿意使这两个字来和朱先生发生联系。何况，那些幽默专家或幽默大家是为幽默而幽默，而朱先生则不然。他有至情，可并不一天到晚缠绵悱恻，他爱真理，也并不逢人说教，他严肃而认真，却绝不板起铁面孔，叫人不敢亲近，只感到枯燥无味。他是极有风趣的，他的风趣之可爱可贵，正因为他的有至情，爱真理，严肃而认真。三十一年我到了昆明，在大街上遇到的第一个熟人就是朱先生，假如不是他老远地脱帽打招呼，我简直不敢认他，因为他穿了一件奇奇怪怪的大衣，后来才知道那是赶马的人所披的毛毡，样子像蓑衣，也像斗篷，颜色却像水牛皮。我当时只是想笑，然而不好意思，他却很得意地告诉我一个大消息：太平洋战争已经爆发，中国的抗战已成了世界大战的一环，前途十分乐观。以后我在街上时时注意，却不见有第二个人是肯于或敢于穿这种怪大衣的。有一次在西南联大的广场上开文艺晚会，几千听众都随便地坐在草地上。朱先生的讲题是《五四以来的散文》，他说，“什么是散文呢？像诸位这样地坐法就是散文的坐法了。”他自己不笑，全场上却哄然大笑起来，朱先生每次演讲都能引起这样的笑声。

有至情，爱真理，有风趣，这就是朱先生之所以为朱先生，这就是朱先生的人格之所以被称为最完整的人格之所在，这也就是为什么，当朱先生活着的时候，无处不赢得人的敬爱，而当他的死耗传出之后，无人不感到伤痛与惋惜。

也许有人要问：至情、真理、风趣三者，何者较重要，何者为次要呢？我不知道这问题有无意义，也不知道这问题怎么回答，因为朱先生的人格是整然的一体，我们不好把它分解开作为比较。读前一期散文的人最容易感到他的至情，常和他接近的朋友最容易了解他的风趣，而觉得他平易近人。而近年来，在时代的风暴中，在“一面是荒淫与无耻，一面是严肃的工作”的对照中，最足以现出朱先生是真理的拥护者。朱先生总在不断地进步中，他不但赶着时代向前走，他也推着时代向前走，他不但随同青年人向前走，他也领导青年人向前走，然而，无可如何，他的体力、他的健康却一天一天地向后退了，他终于退向病床，退向死亡，现在，朱先生，我们的领导人、我们的同伴、我们可敬爱的先生和朋友，却剩下了一把骨灰！这又岂止是个人的损失，岂止是少数人的损失，岂止是文艺界或学术界的损失而已呢！假如中国真正“胜利”过，假如中国没有内战也没有“勘乱”，假如中国已经民主，已经和平，假如朱先生生活得好，生活得如意，他何至于这样地死去。假如朱先生体力好，假如朱先生能够得到天寿，朱先生对于新文学、新文化、新社会的贡献将是无限的，这由他过去的成绩可以证明，由他近年的转变与进步更可以证明。朱先生在过去尽了他的力，在今天也尽了他的力，如果他活到将来，在新的社会中，将更有他的大用。然而，朱先生竟然这样地死去了！从我去年夏天来到清华大学之后，就看见朱先生的书案玻璃下压着两句诗，是朱先生自己的笔迹，下面写着“近人句”三个字，到八十月三日朱先生火葬之后，我从城外广济寺冒雨回到清华，陪朱先生的两个公子回到朱先生的寓所，看见朱先生的草帽和手杖还挂在过道的墙上，我只疑心朱先生尚未离开他的书房，走进书房，我又看见朱先生书案上那两句题诗：

但得夕阳无限好，
何须惆怅近黄昏。

从这两句诗，也约略可以窥见朱先生近年来的心境。假如人生五十也可以算作夕阳西下的话，朱先生的夕阳晚景可谓“无限好”，然而谁又想得到，黄昏倏尔而逝，突然降临的黑夜就把一切给掩没了！

（三十七年八月十九日深夜，清华园）

（选自李广田《最完整的人格》）